Dietrich Benner

Hauptströmungen der Erziehungswissenschaft

Eine Systematik traditioneller und moderner Theorien

List Verlag München

Umschlagentwurf von Wolfgang Taube

ISBN 3 471 66544 7

Printed in Germany. Schrift: Garamond-Antiqua
Satz und Druck: Georg Wagner, Nördlingen
Bindearbeit: Klotz, Augsburg

Inhalt

Vorwort

Der Titel dieser Arbeit »Hauptströmungen der Erziehungswissenschaft« mag für manchen anmaßend klingen. Er legt zumindest indirekt nahe, als handle es sich hier um eine Darstellung der Erziehungswissenschaft, welche Vollständigkeit hinsichtlich der kaum mehr überblickbaren Vielzahl ihrer Ansätze anstrebt.

Das Anliegen dieser Arbeit ist bescheidener. Sie beabsichtigt, eine »Systematik traditioneller und moderner Theorien der Erziehungswissenschaft« vorzulegen, und verfolgt dabei eine zweifache Absicht.

Zum einen will sie über einige bedeutende Ansätze und über die wissenschaftstheoretische Diskussion innerhalb der Erziehungswissenschaft informieren. Die verschiedenen Ansätze wurden bei der Behandlung der traditionellen Pädagogik nach Themenkreisen und bei der Behandlung der modernen Ansätze der Erziehungswissenschaft nach Schulrichtungen geordnet. Ich habe mich, obwohl dies für den mit der Erziehungswissenschaft noch nicht vertrauten Leser angenehmer gewesen wäre, nicht dazu entschließen können, die Themenkreise und Schulrichtungen jeweils an einem einzigen Ansatz darzustellen. Vielmehr werden in den verschiedenen Kapiteln immer zwei oder drei Ansätze einander gegenübergestellt. Dadurch sollte jede voreilige Typisierung pädagogischer Fragestellungen und Schulrichtungen vermieden werden. In der Darstellung der Themenkreise der traditionellen Pädagogik habe ich mich auf die von Wolfdietrich Schmied-Kowarzik und mir verfaßten beiden Bände »Prolegomena zur Grundlegung der Pädagogik« gestützt. Die Anregung, im Bereich der Bildungstheorie Herbart und Willmann einander gegenüberzustellen, verdanke ich W. Schmied-Kowarzik.

Daß die verschiedenen Ansätze bei der Behandlung der traditionellen Pädagogik nach Themenkreisen, bei der Behandlung der modernen Erziehungswissenschaft dagegen nach Schulrichtungen geordnet sind, verweist auf das zweite Anliegen dieser Arbeit. Die Fragestellungen der traditionellen Pädagogik und der modernen Erziehungswissenschaft haben sich in den letzten Jahrzehnten immer mehr auseinanderentwickelt. Oft wird der Anschein erweckt, als habe die moderne Erziehungswissenschaft die alte unwissenschaftliche Pädagogik einfach abgelöst und als handle es sich bei den traditionellen Ansätzen um weltanschaulich gebundene und ideologische Handlungslehren. Vor allem Vertreter einer positivistischen Erziehungswissenschaft haben dieses Klischee gefördert. Sie konnten sich dabei auf die wachsende Einsicht stützen, daß die Pädagogik den in sie gesetzten gesellschaftlichen Erwartungen nur gerecht werden kann, wenn sie sich von einer ehemals charismatischen Handlungstheorie zu einer empirischen Forschungsdisziplin weiterentwickelt. Die heutige Diskussion um den Charakter der Pädagogik als Handlungswissenschaft hat die positivistische Depravation der Tradition zumindest problematisiert. Vor diesem Hintergrund mag es aufschlußreich sein, die Frage nach einer handlungswissenschaftlichen Begründung der Erziehungswissenschaft unter Einbeziehung des bereits in der Tradition entwickelten Begriffes der Pädagogik als praktischer Wissenschaft neu zu stellen. Diese systematische Absicht bestimmt die Gesamtkonzeption dieser Arbeit ebenso wie die Einzelanalysen der verschiedenen Themenkreise und Schulrichtungen. Sie wird dabei in drei Schritten entwikkelt. Das Kapitel über die traditionelle Pädagogik beginnt mit einer Analyse der erziehungstheoretischen, der bildungstheoretischen und der wissenschaftstheoretischen Fragestellungen, welche von der Aufklärung bis ins späte neunzehnte Jahrhundert die Thematik der Erziehungswissenschaft bestimmten. In dem Kapitel über Sinn und Grenzen der traditionellen Ansätze wird dann zum einen deren Bedeutung für die gegenwärtige Diskussion und zum anderen die Notwendigkeit einer erfahrungswissenschaftlichen Erweiterung der traditionellen Handlungslehren herausgestellt. Beide Gesichtspunkte bestimmen schließlich die Analyse der modernen Forschungsansätze und werden im letzten Abschnitt in einer Theorie des pädagogischen Experiments, welche sich um eine handlungswissenschaftliche Klärung des Verhältnisses von Theorie, Forschung und Praxis bemüht, aufeinander bezogen.

Fast die gesamte Thematik dieser Arbeit wurde von mir in den letzten Jahren an der Universität Bonn und Freiburg in Vorlesungen und Seminaren zur Diskussion gestellt. Den Studenten, die mich dabei zur Kritik und Weiterentwicklung der in dieser Arbeit verfolgten Fragestellungen aufforderten, danke ich für zahlreiche Anregungen.

Münster/Bonn, im April 1973

Dietrich Benner

A TRADITIONELLE PÄDAGOGIK

Wer von »traditioneller Pädagogik« spricht, setzt sich leicht der Gefahr von Mißverständnissen aus. Denn dieser Terminus ist in sich unbestimmt; über das, was »traditionelle Pädagogik« sei oder gewesen sei, welche Systemansätze zu ihr zu rechnen seien und welche nicht, besteht kein Konsens. Zuweilen werden Pädagogik und Erziehungswissenschaft einander gegenübergestellt, wird ersterer Wissenschaftlichkeit abgesprochen und Werturteilshaftigkeit zuerkannt, letzterer Wissenschaftlichkeit bescheinigt und Werturteilsfreiheit unterstellt. Oder aber es wird mit »traditioneller Pädagogik« das umschrieben, was man als antiquiert, als überholt und überflüssig ansetzen möchte.

Wenn wir hier von »traditioneller Pädagogik« sprechen, so meinen wir damit weder den Unterschied von Pädagogik und Erziehungswissenschaft – wir verwenden beide Begriffe synonym –, noch irgend etwas antiquiertes. Vielmehr versuchen wir mit diesem Begriff im folgenden einzeln aufzuweisende Fragestellungen zu bezeichnen, die durch viele Jahrhunderte das erzieherische und erziehungswissenschaftliche Denken bestimmten. Tradition und traditionell ist dabei in einem zweifachen Sinne zu verstehen. Einmal ist damit gemeint, daß es sich hier um Fragestellungen handelt, die heute nicht mehr in gleicher Weise gültig sind; zum anderen ist damit gemeint, daß diese Fragestellungen tradiert werden und mit den neu hinzugekommenen konfrontiert werden müssen, um auf diese Weise von neuem und zugleich neue Gültigkeit zu gewinnen. Neue Fragestellungen in diesem Sinne von traditionellen abgrenzen und traditionelle Fragestellungen mit neuen in Zusammenhang bringen ist dabei ein Vorhaben, welches sich nicht einfach an die Historizität pädagogischer Fragestellungen halten kann, sondern sich zum Zwecke der Abgrenzung und Konfrontation von systematischen Gesichtspunkten leiten lassen muß. Wir haben dabei einen Weg gewählt, der die systematischen Gesichtspunkte weder an den Anfang noch an das Ende unserer Arbeit stellt, sondern diese – obgleich sie in den einzelnen Kapiteln jeweils vorausgesetzt sind – im Durchgang durch die Hauptströmungen der Erziehungswissenschaft schrittweise sichtbar macht. Dadurch sollte ermöglicht werden, daß unter dem Aspekt jeweils besonderer Fragestellungen zugleich doch immer deren Zusammenhang in den Blick gebracht werden kann.

In diesem Sinne gliedert sich dieses Kapitel über die als »traditionelle Pädagogik« apostrophierte Hauptströmung der Erziehungswissenschaft in zwei Abschnitte: Zunächst werden besondere Fragestellungen aus der Tradition erziehungswissenschaftlicher Systembildungen in ihrem Zusammenhang skizziert, dann wird nach deren begrenzter Gültigkeit gefragt und ihre bleibende Bedeutsamkeit durch Konfrontation mit neu hinzugekommenen bzw. später in das Zentrum des Interesses gerückten Fragestellungen bestimmt. Die in diesen zwei Schritten erarbeitete Systematik artikuliert sich in und durch Konfrontation traditioneller und neuer Hauptströmungen der Erziehungswissenschaft und bestimmt dann die Darstellung und Auseinandersetzung mit den Systemansätzen der Gegenwart.

1 Die Dreigliedrigkeit der traditionellen Pädagogik

Sieht man von den vereinzelten Ansätzen einer Theorie der Schule ab[1], so lassen sich an der traditionellen Pädagogik drei Frageweisen unterscheiden, von denen die erste eine Klärung und Bestimmung des Erziehungsprozesses, der konkreten Begegnung und Zuwendung zum Heranwachsenden, versucht. Wir wollen sie mit Jean Paul »Erziehlehre« oder Erziehungslehre nennen und fassen unter sie alle jene Überlegungen zusammen, die heute den weiten Horizont der »Theorie der Erziehung« ausmachen. Von dieser ersten Fragestellung der Pädagogik hebt sich eine zweite ab, die nicht den konkreten Erziehungsvorgang in seiner hodegetischen Bestimmtheit, nicht die Einrichtung der erziehenden Begegnung zwischen Erwachsenen und Heranwachsenden, sondern die Sinn- und Aufgabenbestimmtheit von Erziehung zu ihrem Gegenstand hat. Sie läßt sich am besten mit dem Insgesamt der heutigen Bemühungen um eine »Theorie der Bildung« in Beziehung bringen. Die dritte Frageweise der Pädagogik richtet sich schließlich weder auf die konkrete Einrichtung des Erziehungsprozesses noch auf dessen Sinn- und Aufgabenstellung, sondern handelt von den Bedingungen der Möglichkeit pädagogischen Wissens im Bereich der Erziehungslehre oder der Theorie der Erziehung und der Theorie der Bildung; von ihr sprechen wir als »Erziehungsphilosophie« oder »Theorie der Pädagogik«.[2]

Die hiermit angesprochene Dreigliedrigkeit der traditionellen Pädagogik ist keine zufällige; sie entspringt zugleich einer praktischen und theoretischen Notwendigkeit, denn sie trägt zum einen der schrittweisen Problematisierung der Erziehungspraxis und deren Forderung nach einer sie anleitenden und orientierenden Theorie Rechnung und charakterisiert zum anderen die systematische Gliederung der pädagogischen Theorie und deren Bezug zur Praxis. Die Pädagogik als Theorie der Erziehung und Bildung hat nämlich ihren Ursprung in der geschichtlich vorgegebenen Erziehungspraxis selbst. Und diese ist jeweils bestimmt durch die Funktion, die sie im Rahmen eines bestimmten gesellschaftlichen Kontextes zu erfüllen hat, der auf die Motivation der Erziehenden ebenso wie auf die der Zu-Erziehenden Einfluß ausübt. Immer, wenn die Erziehungswirklichkeit undurchschaubar wird, kann die alltägliche Umgangserfahrung der Erziehenden und das in diese eingegangene Erfahrungswissen den geregelten Fortgang der Erziehungspraxis für sich genommen nicht mehr garantieren. Die Problematisierung der erzieherischen Umgangserfahrung geht jeweils aus von einem Fraglichwerden der in einer Gesellschaft für wahr gehaltenen Normen und Konventionen menschlichen Zusammenlebens. Hatte Erziehung zuvor, d. h. in einer auf allgemein anerkannten Sitten und Gebräuchen gegründeten Gemeinschaft, den Auftrag, die heranwachsende Generation durch Unterrichtung und Übung in den Lebenszusammenhang der Gesellschaft einzuführen, so stellt ihr sich nun, da der Konsens über Inhalte und Formen menschlicher Kooperation und Kommunikation fraglich geworden ist, die weitaus schwierigere Aufgabe, die heranwachsende Generation auf die innerhalb der Gesellschaft stattfindende Auseinandersetzung und Diskussion um die Gewinnung eines neuen Konsenses vorzubereiten und in diese einzubeziehen. Die Einführung des Berufserziehertums und die Einrichtung öffentlicher Schulen sind ein spätes Resultat dieser Entwicklung; aber auch Schule und Berufserziehertum unterliegen stets von neuem dem Prozeß des Fraglichwerdens gesellschaftlicher Normen. Der Übergang von einer im praktischen Zirkel von Sitte, gesellschaftlichem Wandel, Veränderung der Erziehungswirklichkeit und Wiederherstellung eines Konsenses befangenen zu einer über wissenschaftliche Planung und Sinnorientierung vermittelten Weiterentwicklung der Erziehung hat sich in der Neuzeit schrittweise vollzogen. Der Prozeß der Verwissenschaftlichung der Erziehungspraxis, der heute noch nicht abgeschlossen ist, sondern gerade in unserer Zeit in sein entscheidendes Stadium tritt, ging einher mit einer Differenzierung des theoretischen pädagogischen Wissens und einer Ausgliederung verschiedener Themenbereiche der Pädagogik. Im Rahmen unserer zunächst erst vorläufigen Bestimmung des pädagogischen Denkens ist es bedeutsam, daß sowohl seine Verbesonderung und Loslösung vom religiösen, politischen und ethischen Denken als auch seine Ausgliederung in verschiedene Themenbereiche ihren Ursprung im Zerbrechen des praktischen Zirkels haben. Während im praktischen Zirkel von Leben, tradierender Erziehung und Leben die Erziehung unmittelbar den in der Sitte verwurzelten Lebensauffassungen und Interessen dient, wird ihr Verhältnis zur Aufgabe der Tradierung ambivalent, sobald Tradierung allein die Erneuerung und den Fortbestand der Gesellschaft nicht mehr garantieren kann. In Umbruchsituationen gesellschaftlicher Entwicklung löst sich die Erziehung aus dem praktischen Zirkel von gelebter Sitte, Wissen um die in der Sitte vormals bezeugte Sittlichkeit und Gewissen, was zur Folge hat, daß sie sowohl zu einem Instrument der Restauration als auch zu einem Ort der Höherbildung der Gesellschaft werden kann. Die Auflösung des praktischen Zirkels nötigt den Menschen auf der Basis unmittelbar erfahrener Not zu einer Neubestimmung seines Menschseins, die zunächst theoretisch entworfen werden muß, um dann praktisch gelebt werden zu können.

Das gilt für das erzieherische Handeln in gleicher Weise wie für das sittliche und politische. Sind einmal die in der Sitte vorgegebenen Ordnungsvorstellungen menschlichen Zusammenlebens fraglich geworden, so gilt es alle Bereiche menschlichen Handelns zu verändern. Für das politische Handeln muß nach den Möglichkeiten und Aufgaben eines menschlichen Zusammenlebens in Gemeinschaften und nach dem Zusammenleben der Gemeinschaften selbst gefragt werden; für das sittliche Handeln sind Zweck und Formen zwischenmenschlicher Kommunikation neu zu bestimmen, und für die erzieherische Praxis sind die Aufgaben und Möglichkeiten sinnbestimmter, d. h. nicht zuletzt auch über die Zwecke politischen und sittlichen Handelns sich verständigender Erziehung theoretisch zu klären und praktisch zu verwirklichen. Wie Ethik, Pädagogik und Politologie ihren gemeinsamen Ursprung im Zerbrechen des praktischen Zirkels haben, so können sie auch nur gemeinsam die Aufgabe der Neubestimmung des Menschseins und der Höherbildung der Menschheit wahrnehmen. Wie einerseits die Erziehung auf die gesellschaftlichen Verhältnisse und Wertvorstellungen zurückverwiesen ist, und wie andererseits sowohl die Gesellschaft als auch die gelebte Sitte der Erziehung bedürfen, insofern sie bereits erzogene, d. h. im Sinne der Sitte erwachsene Menschen voraussetzen, so können auch sittliche, erzieherische und politische Anstrengungen nur unter Berücksichtigung ihrer wechselseitigen Verwiesenheit problematisch und sinnleer gewordene Sitten verändern und in neue vernunftbestimmte Sitten aufheben. So utopisch eine Höherbildung der Menschheit auf dem Wege isolierter erzieherischer oder sittlicher Praxis wäre, so utopisch wäre der Versuch, der politischen Praxis allein die Aufgabe und Möglichkeit der Aufhebung von Entfremdung und der Gewinnung eines menschlicheren Lebens zuzusprechen. Die heute weit verbreitete Redewendung vom Sinn oder Unsinn der Politisierung der gesamten menschlichen Praxis hat hier ihr formales Sinnkriterium.

Wer erklärt, der Veränderungswille habe nur im Bereich der Politik seinen Ort, und daher seien die anderen Bereiche – namentlich Wissenschaft, Religion, Sittlichkeit, Erziehung, Kunst und Technik – von ihm unangetastet zu belassen, der hypostasiert das politische Handeln in gleicher Weise zum alleinigen Schauplatz der Geschichte wie derjenige, der den Veränderungswillen für politische Aktionen reserviert, um deren Anspruch auf alle Bereiche menschlicher Praxis auszuweiten. Statt dessen gilt es, die spezifischen Aufgaben und Möglichkeiten sinnvoller Praxis für die verschiedenen Bereiche menschlichen Handelns zu klären und deren Wechselverhältnis einzubeziehen in die Bestimmung der Aufgaben und Möglichkeiten eines jeden, desjenigen der Erziehung wie desjenigen der Sittlichkeit und Politik, desjenigen der Pädagogik wie desjenigen der Ethik und Politologie, desjenigen der Praxis wie desjenigen der Theorie.
Wann immer in Umbruchsituationen neue Ideen und Interessen in Gesellschaft und Erziehung praktisch wurden, drohten ihre Verfechter als Verführer der Jugend und als Zerstörer der alten, längst brüchig gewordenen Ordnung verschrieen zu werden. Es sei hier nur an die Verurteilung des Sokrates, die Verbannung Luthers oder Rousseaus, die Atheismusklage gegen Fichte oder die spätbürgerliche Marxismuskritik erinnert. Die aus problematisch gewordener Erfahrung entstehenden Impulse zur Neubestimmung menschlichen Weltverständnisses und zwischenmenschlicher Praxis sind zugleich immer Impulse für die Entwicklung und Weiterentwicklung des Wissens zur Wissenschaft. Taugt z. B. die alltägliche Erfahrung und das in sie eingegangene Erfahrungswissen nicht mehr zu einer verantwortlichen und sinnbestimmten Einrichtung der Erziehung, so entsteht das Bedürfnis nach einem wissenschaftlichen Wissen über die aufgegebene und allererst von ihrer Aufgegebenheit her verantwortbare und sinnvolle Gestaltung der Erziehung. Dieses wissenschaftliche Wissen, das über den Horizont einer bloßen Erkenntnis der vorgegebenen Erziehungswirklichkeit hinausführen und Wissen von der Erziehung für die Erziehung sein muß, bewegt sich, da der praktische Zirkel zerbrochen ist, notwendig in drei Dimensionen: zum einen muß es, da es seinen Rechtsgrund nicht von einer praktisch gelebten Sitte her – diese ist ja fraglich geworden – beziehen kann, sich als rechtmäßiges Wissen von der und für die Erziehung begründen; zum anderen muß es eine Sinnorientierung der Erziehungspraxis leisten, die weder dem vorgegebenen Selbstverständnis der Erziehungswirklichkeit entnommen, noch aus irgendeinem transzendenten Ordnungsschema her abgeleitet wer-

den kann; und zum dritten schließlich kann es sein eigenes Praktischwerden nicht einfach dem praktischen Zirkel von Leben, Umgangserfahrung, Praxis anvertrauen, noch kann es erhoffen, als solches schon Praxis zu verändern und vernünftiger zu machen, sondern es muß sein eigenes Praktischwerden bis zur Motivation des erzieherisch Handelnden hin verfolgen. In dieser dreifachen Differenziertheit hat das pädagogische Denken in einem doppelten Sinn seinen Bezugspunkt in der konkreten Erziehungspraxis. Zum einen wird es von dieser selbst gefordert, sobald dem erzieherisch Handelnden die Möglichkeit genommen ist, sich im Rahmen seiner alltäglichen Welterfahrung verantwortlich zu motivieren, und er gezwungen ist, seine Entscheidungen mehr oder weniger über eine Negation abstrakt gewordener Totalität zu vermitteln. Zum anderen kann es der aus der Erziehungspraxis entspringenden Aufforderung, den Handelnden über die Möglichkeiten und Aufgaben sinnbestimmter Praxis aufzuklären, nur dann entsprechen, wenn es seine Resultate auf den alltäglichen Erfahrungsbereich hin konkretisiert und die praktische Umsetzung seiner selbst als wissenschaftliches Wissen in praktischen Handlungssinn theoretisch entwirft und praktisch vollzieht.

Die hier angesprochene Differenzierung des pädagogischen Denkens trägt zum einen der Differenz von alltäglicher praktischer Erfahrung oder praktischem Wissen und wissenschaftlicher Erfahrung oder praxeologischem Wissen Rechnung und weiß zum anderen darum, daß diese Differenz, die wir für unseren Gegenstand »pädagogische Differenz« nennen wollen, ihren Sinn nicht in sich selbst hat, sondern über die Tat des erzieherisch Handelnden jeweils aufgehoben werden muß. Die »pädagogische Differenz« meint einmal die prinzipielle Negativität der Pädagogik als Wissenschaft gegenüber der Erziehung als Praxis, sie erkennt an, daß die Erziehungswissenschaft, weil sie ihren Ursprung in der problematisch gewordenen Handlungssituation des Praktikers hat, die Praxis nicht einfach reglementieren oder auf ein Anwendungsgebiet der Theorie reduzieren darf; die »pädagogische Differenz« spricht zum anderen aus, daß die Erziehungswissenschaft angesichts dieser prinzipiellen Negativität ihre positive Bedeutung für die Erziehungswirklichkeit allererst von der durch sie an den Möglichkeiten und Aufgaben der Erziehung auszurichtenden Erziehungspraxis, d. i. von der wissenschaftlich angeleiteten aber nicht wissenschaftlich zu deduzierenden oder zu reglementierenden Entscheidung des erzieherisch Tätigen her gewinnt. Von ihrem

Ursprung her kann die Erziehungswissenschaft weder als Theorie unmittelbar praktisch werden – weshalb die sich so verstehende Frage nach dem Praktischwerden der Wissenschaft höchst überflüssig und abstrakt ist –, noch kann sie ihren möglichen praktischen Sinn direkt vorwegnehmen und so tun, als habe sie als praktische Wissenschaft die Vermittlung von Theorie und Praxis immer schon geleistet. Die Erziehungswissenschaft gewinnt die ihr von der Praxis zugemutete Bedeutsamkeit allererst, wenn sie als Theorie über die Motivation und Tat der Erziehenden praxisrelevant wird, weshalb die Frage nach der praktischen Vermittlung von Theorie und Praxis im Unterschied zu derjenigen nach dem direkten Praktischwerden der Wissenschaft höchst sinnvoll und für die Pädagogik konstitutiv ist.

Dieser ihrer Aufgabe, als praktische Wissenschaft von der und für die Erziehung praxisrelevant sein zu müssen, aber ihr eigenes Praktischwerden nicht selber bereits verfügbar zu haben, kann die Pädagogik nur entsprechen, wenn sie sich selbst als Wissenschaft in den Primat der Praxis stellt und die allererst in der Praxis mögliche Vermittlung von Theorie und Praxis in ihren verschiedenen Fragestellungen reflektiert. Auf der obersten und zugleich abstraktesten »Stufe« pädagogischer Reflexion gilt es, die Bedingungen der Möglichkeit einer Wissenschaft von der und für die Erziehung und die Prinzipien der Pädagogik als praktischer, auf die konkrete Vermittlung von Theorie und Praxis hin auszulegender Wissenschaft zu bestimmen. Auf der mittleren »Stufe« gilt es, von diesen Prinzipien her eine die Möglichkeiten und Aufgaben der Erziehung im Hinblick auf die konkreten Probleme und Fragestellungen der Erziehungspraxis klärende Theorie zu erarbeiten. Auf der untersten und konkretesten »Stufe« endlich gilt es, die Konkretisierung der pädagogischen Theorie, die praktische Erfahrung der Möglichkeiten und Aufgaben einzelner Erziehungssituationen durch den Praktiker selbst, anzuleiten und vorzubereiten.

Bei unserer vorläufigen Bestimmung der drei Dimensionen des traditionellen pädagogischen Denkens, derjenigen der wissenschaftstheoretischen Reflexion, derjenigen der wissenschaftlichen Analyse der Möglichkeiten und Aufgaben der Erziehungspraxis und derjenigen der wissenschaftlichen Anleitung der praktischen Erfahrung und Sinnstiftung in konkreten Erziehungssituationen, sind wir vom Ursprung der pädagogischen Frage, ausgegangen. Von hierher läßt sich auch die Ausgliederung der drei Dimensionen, »Stufen« oder Themenbereiche der traditionellen Pädagogik begreifen.

Solange die Frage nach der Sittlichkeit und Sinnbestimmung menschlichen Tuns nur als Frage nach der Aneignung der allgemein anerkannten Normen auftritt, kann, da das »Was« der Sittlichkeit oder Sinnbestimmtheit grundsätzlich feststeht, nur das »Wie« der Einübung in die Sitte problematisch werden, formuliert sich die Frage nach der Lehrbarkeit der Tugend noch jenseits der Fragestellung nach der Tugend selbst. Diese ist praktisches Wissen um das durch die Sitte vorbestimmte Gute und einfache Befolgung dieses Tugendwissens. Die Sitte ist nur insoweit wirklich, als sie anerkannt und befolgt wird, und daher kann sie auch im eigentlichen Sinne ihres Wirklichseins nur von demjenigen anerkannt werden, der sich übend ein praktisches Wissen um Sitte und die in ihr gemeinte Sittlichkeit erworben hat. Innerhalb des praktischen Zirkels von Wissen und Gewissen ist der sokratische Satz, der, der das Gute kenne, tue es auch, kein Paradox. Solange die Sitte selbst unangezweifelte Bestimmung verantwortlichen und rechtmäßigen Handelns ist, solange umgekehrt nur ein der Sitte gemäßes Handeln als ein sittliches angesehen wird, fallen praktische Kenntnis der Sitte und Sittlichkeit unmittelbar zusammen. Innerhalb des praktischen Zirkels ist Ungehorsam eines in der Sitte Stehenden dieser Sitte gegenüber grundsätzlich undenkbar, da der der Sitte nicht Gehorchende nicht in der Sitte steht und diese nicht praktisch weiß. Ungehorsam ist hier nur fehlende oder noch nicht vollendete Einübung in die Sitte; er weckt weniger die Frage nach dem »Was« der Sittlichkeit als die Frage nach dem »Wie« der Einübung in die Sitte.

Erst wenn die Selbstverständlichkeit einer Sitte angezweifelt wird und in dieser nicht mehr eine allgemeine Normierung menschlichen Tuns gesehen werden kann, entsteht die Frage nach dem »Was« der Sittlichkeit. Ist der praktische Zirkel von Sitte und Sittlichkeit, von praktischer Anerkennung einer Sitte und Tugendhaftigkeit zerbrochen, so gerät das sokratische Wissen in die Aporie, die Tugend vom praktischen Nachvollzug einer nicht allgemein anerkannten Norm her bestimmen zu wollen. Der eigentliche Sinn des sokratischen Wissens geht mit der Auflösung des praktischen Zirkels verloren, denn Wissen bedeutete ihm nicht bloße Kenntnis, sondern praktisches, durch sittliche Übung erworbenes Wissen. Indem aber das, was sittliche Übung ist, nicht mehr allgemein anerkannt wird, ergeht über das sokratische Wissen das Urteil, es könne nur unter der Voraussetzung, daß das jeweils gelebte praktische Wissen ein sittliches sei, Bestimmung der Moralität sein. Damit verlagert sich das Schwergewicht von der Frage nach dem »Wie« der Einübung in die Sitte zur Frage nach dem »Was« der Sittlichkeit, und die Frage nach dem »Wie« der Einübung stellt sich nicht mehr als Frage nach der Aneignung und Eingewöhnung vorgegebener und zu tradierender Lebensformen, sondern als Frage nach dem »Wie« der Einrichtung einer allererst noch in ihrem Sinn zu bestimmenden Erziehung. Das jetzt erfragte Wissen um das »Was« der Sinnbestimmung von Erziehung und das »Wie« sinnbestimmten Erziehens kann seinen Wahrheitsanspruch nicht mehr von irgendeiner Sitte her erborgen. Insofern das Bedürfnis nach solchem Wissen aus problematisch gewordener Umgangserfahrung entspringt, kann dieses sein Wahrheitskriterium nicht mehr der Wirklichkeit selbst entnehmen, es muß wissenschaftliches Wissen für problematisch gewordene Umgangserfahrung sein, um die in ihm gestellten Fragen nach dem »Was«, der Sinnbestimmung von Erziehung, und dem »Wie«, der sinnbestimmten Gestaltung des Erziehungsprozesses, zu beantworten.

Damit zeigt sich, daß sowohl die Fragestellung der Theorie der Erziehung, welche die Möglichkeiten einer sinnbestimmten Gestaltung des Erziehungsprozesses untersucht, als auch die Fragestellung der Theorie der Bildung, welche die Aufgaben sinnbestimmter Erziehung klärt, ihren Ursprung im Zerbrechen des praktischen Zirkels haben. Fassen wir die Unterscheidung der drei Dimensionen des pädagogischen Denkens unter der Fragestellung der Theorie der Pädagogik zusammen, so sind damit die drei grundsätzlichen Frageweisen der traditionellen Pädagogik zumindest umrißhaft gekennzeichnet.

Wir wenden uns nun einigen Lehrstücken aus Arbeiten der pädagogischen Klassiker zu, um an diesen die drei Fragestellungen wissenschaftlicher Pädagogik näher zu explizieren. Hierbei ist es relativ gleichgültig, ob wir mit der Theorie der Pädagogik beginnen und die Theorie der Bildung und Erziehung anschließen, oder von der Theorie der Erziehung ausgehen und die Thematik der Theorie der Bildung und Pädagogik an den Schluß stellen. In beiden Fällen wird es darauf ankommen, den Zusammenhang dieser drei Fragestellungen zu erfassen und die in ihnen sich zeigende Differenzierung des pädagogischen Denkens zu verfolgen. Da wir in den bisherigen Überlegungen jeweils von der Problematisierung der pädagogischen Alltagserfahrung ausgegangen sind, wollen wir im folgenden die Auflösung des praktischen Zirkels von der Fragestellung der Theorie der Erziehung her schrittweise einholen. Dabei wird sich die Forderung nach einer Theorie der Bildung und einer Theorie der Pädagogik aus der Diskussion der systemimmanenten Probleme verschiedener Erziehungslehren ergeben[3].

Die drei Fragestellungen der traditionellen Pädagogik

Zerbrechen des praktischen Zirkels

Praxis ——— *Pädagogische Differenz* ——— *Theorie*

Differenzierung des pädagogischen Denkens a) Anleitung praktischer Erfahrung und Sinnstiftung in konkreten Erziehungssituationen b) Analyse der Möglichkeiten und Aufgaben der Erziehungspraxis c) Analyse der Bedingungen der Möglichkeit einer Wissenschaft von der und für die Erziehung als praktischer Wissenschaft	I *Theorie der Erziehung* (Erziehungslehre) Theorie der erzieherischen Erfahrung und Situationsbewältigung II *Theorie der Bildung* Theorie der Aufgaben und Sinnbestimmung der Erziehung III *Theorie der Pädagogik* (Erziehungsphilosophie)

1.1 Theorie der Erziehung

Von den drei Fragestellungen der Pädagogik ist die der Theorie der Erziehung am häufigsten in der Tradition erörtert worden. Wir konzentrieren uns hier auf Rousseaus *Emile* und Schleiermachers Vorlesungen zur *Theorie der Erziehung*, an welchen sich die Fragestellung der Erziehungslehre in ihrer besonderen Problematik hinreichend entwickeln läßt. Bei aller Verschiedenheit in einzelnen Fragen bemühen sich Rousseau und Schleiermacher um eine theoretische Klärung der erzieherischen Erfahrung und Situationsbewältigung. Auf sie treffen jene allgemeinen Bestimmungen einer Theorie der Erziehung zu, die wir bisher erarbeitet haben. Das Rousseau und Schleiermacher Verbindende liegt dabei in dem eigentümlichen Sachverhalt, daß ihre Ansätze, wenn auch in unterschiedlicher Weise, die Pädagogik auf die Fragestellung der Erziehungslehre einengen und die Thematik der Theorie der Bildung und Erziehungsphilosophie ausklammern.

Anthropologie und Praxeologie. Zum Streit zwischen privater oder individueller und öffentlich-staatsbürgerlicher Erziehung bei Rousseau

Die Tatsache, daß Rousseau zwei Erziehungsarten und analog hier zwei Weisen des Menschseins voneinander unterscheidet, einmal die öffentliche, die das Individuum als Staatsbürger faßt und auf dessen allgemeine Pflichten vorbereitet, und zum anderen die private, die das Individuum als Einzelperson nimmt und für sein individuelles Leben ausbildet, ist in der Rousseauforschung immer wieder diskutiert und zuweilen sehr unterschiedlich ausgelegt worden.[4] Diese Feststellung macht schon deutlich, daß Rousseaus Erziehungslehre nur angemessen verstanden werden kann, wenn man außer seinen *Emile* zugleich den *Discours sur l'origine et les fondements de l'inégalité parmi les hommes* von 1754, den fast gleichzeitig mit dem *Emile* 1762 erschienenen *Contrat social* sowie den in der von Diderot und d'Alembert herausgegebenen Enzyklopädie bereits 1755 publizierten Artikel *Economie politique* und das Gutachten *Considérations sur le gouvernement de la Pologne* von 1772 heranzieht.[5] Die wissenschaftliche Diskussion ist stets davon ausgegangen, daß Rousseau in seinem frühen Artikel zur *Politischen Ökonomie* und in den späten *Betrachtungen über die Verfassung Polens* die öffentliche oder die Nationalerziehung behandelt, in seinem pädagogischen Hauptwerk *Emile* und im 3. Brief des 5. Buches der *Nouvelle Héloise* dagegen die natürliche oder private Erziehung des Einzelindividuums in den Vordergrund stellt. Im Anschluß an die Arbeiten von Robert Derathé hat für den deutschen Sprachraum Martin Rang in seiner großen Abhandlung *Rousseaus Lehre vom Menschen* eine Auflösung des Dualismus von privater und öffentlicher Erziehung, von Erziehung zum Individuum und Erziehung zum Staatsbürger angeboten, von der wir hier ausgehen wollen.

Rang versucht Rousseaus verschiedene Bestimmungen des Menschen und seiner Erziehung dadurch in einen Ordnungszusammenhang zu bringen, daß er Rousseaus Überlegungen über den paradiesischen Naturzustand und dessen barbarische Entartung, die öffentliche Erziehung in sittlichen Gemeinschaften und deren zivilisatorische Entartung in den Gesellschaften der Neuzeit und die natürliche Erziehung des Emile als anthropologisch-genetische Bestimmungen des Werdens der Menschheit interpretiert. Hierdurch hofft er zugleich, die in der Rousseau-Forschung immer wieder herausgestellten zahlreichen Widersprüche zwischen den verschiedenen Bestimmungen des Menschen und seiner Erziehung auflösen bzw. klären zu können. Der Vorteil einer solchen Interpretation gegenüber den sich mehr auf die individuelle oder staatsbürgerliche Erziehung konzentrierenden Deutungen liegt darin, daß durch sie die Konstruktion eines Widerspruches zwischen »Rousseaus Ideen zur Nationalerziehung« und seinem »System der natürlichen Erziehung« vermieden und die Gemeinsamkeit beider Erziehungsarten, vor allem der Grundsatz der negativen und indirekten Erziehung, in den Vordergrund gestellt wird. Rangs Auflösung des Dualismus zwischen öffentlicher und privater Erziehung läßt sich mit seinen eigenen Worten folgendermaßen zusammenfassen: »Rousseaus Nationalpädagogik und Rousseaus Individualpädagogik schließen sich aus, aber widersprechen sich nicht«; und wo »scheinbare Widersprüche auftreten, da lösen sie sich leicht, wenn man die völlig verschiedenen Gesichtspunkte berücksichtigt, aus denen Rousseau (jeweils eine andere anthropologische Phase der Genese der Menschheit meinend, D. B.) urteilt«.[6]

Rousseaus Pädagogik dient uns hier als Exempel für eine Theorie der Erziehung. Ziehen wir unsere vorläufige Bestimmung des systematischen Orts der Erziehungslehre innerhalb der verschiedenen Fragestellungen der Erziehungswissenschaft heran, so zeigt sich nicht nur der gute Sinn, sondern zugleich auch die eigentümliche Beschränktheit einer solchen Rousseau-Interpretation. Zwar vermag Rangs Hypothese die Einheit des Rousseauschen Denkens zu bewahren, wenn sie dieses in seinen beiden Polen, dem der Gesellschaftstheorie und der öffentlichen Erziehung und dem der Ethik und der natürlichen Erziehung, gleichermaßen ernst nimmt. Da diese Einheit jedoch dadurch gestiftet wird, daß anthropologische und menschheitsgenetische Gesichtspunkte in den Vordergrund rücken, wird das praxeologische oder handlungswissenschaftliche Anliegen der Erziehungslehre Rousseaus vernachlässigt. Für Rousseau war nämlich – was Rang unterstellt – die staatsbürgerliche Erziehung nicht lediglich ein Kennzeichen eines früheren Stadiums der Menschheitsgeschichte, des Stadiums kleiner sittlicher Gesellschaften nach dem Vorbild Spartas, sondern zugleich Möglichkeit der Höherbildung der Menschheit und der Stiftung neuer sittlicher Gesellschaften. Als Rousseau 1771 aufgefordert wurde, gutachtlich zu einer neu zu erarbeitenden Verfassung Polens Stellung zu nehmen, empfahl er den Polen nicht die natürliche Erziehung des Emile, was einer Resignation vor den Aufgaben einer bestenfalls im Altertum einmal möglich gewesenen Errichtung einer sittlichen Gesellschaft gleichgekommen wäre; vielmehr schlug er vor, die öffentliche oder staatsbürgerliche Erziehung als »Hauptsache« bei der Errichtung eines sittlichen Staates zu berücksichtigen, die Klassenunterschiede zwischen Adel, Bürgertum und Bauern durch Verfassung und gleiche Erziehung schrittweise aufzuheben und das große, seiner Meinung nach für die Errichtung einer sittlichen Gesellschaft nach dem Vorbild Spartas zu große Staatsgebiet durch »das System der Föderativ-Verfassung, der einzigen, welche die Vorzüge der großen und kleinen Staaten vereinigt und darum allein für Polen geeignet ist«, zu regieren.[7]

Wir leugnen nicht, daß alle Schriften Rousseaus auch durch anthropologische Denkmotive gekennzeichnet sind, aber wir stellen fest, daß der Widerstreit des Ideals des nichtvergesellschafteten natürlichen Menschen mit dem Ideal des in der Gesellschaft aufgehenden vollkommenen Bürgers von anthropologischen Denkmotiven her weder begriffen noch aufgelöst werden kann. Rousseaus Denken weist nämlich nach der Fertigstellung des zweiten Diskurses im Jahre 1754 eine entscheidende Wende auf, die sich bereits in dem Artikel *Economie politique* von 1755 abzeichnet und im *Emile* und *Contrat social* deutlich hervortritt. Die Frage nach der Ungleichheit der Menschen und der auf diese aufbauenden und sie verstärkenden Herrschaft der einen und Knechtschaft der anderen wird ab 1755 nicht mehr anthropologisch-genetisch – wie in den beiden Diskursen –, sondern praxeologisch ausgelegt. Dies bezeugt vor allem der *Contrat social,* in dessen ersten Sätzen die anthropologische Betrachtungsweise ausdrücklich der praxeologischen das Feld räumt: Rousseau stellt nämlich fest: »Ich beabsichtige zu untersuchen, ob es in der bürgerlichen Verfassung irgendeinen gerechten und sicheren Grundsatz der Staatsverfassung geben kann, wenn man die Menschen nimmt, wie sie sind, und die Gesetze, wie sie sein können ... Der Mensch wird frei geboren, und überall ist er in Ketten. Mancher hält sich für den Herrn seiner Mitmenschen und ist trotzdem mehr Sklave als sie. Wie hat sich diese Umwandlung zugetragen? *Ich weiß es nicht.* Was kann ihr *Rechtmäßigkeit* verleihen? *Diese* Frage glaube ich beantworten zu können.«[8]

Nimmt man Rousseau beim Wort, so wird deutlich, daß im *Contrat social* – und wie wir zeigen werden, auch im *Emile* – der Dualismus von natürlichem und gesellschaftlichem Menschen schon überwunden ist. Der erste Diskurs über die Frage: »Hat der Wiederaufstieg der Wissenschaften und Künste zur Läuterung der Sitten beigetragen?« konfrontierte die gesellschaftliche Situation des achtzehnten Jahrhunderts noch mit der Fiktion einer einfachen, auf natürliche Sitten gegründeten Gesellschaft, und der zweite Diskurs interpretierte die Entwicklung zur gesellschaftlichen Ungleichheit noch als Folge eines schrittweisen Verlassens des Naturzustandes. Aber bereits während der Drucklegung des 1755 erschienenen zweiten Diskurses fügte Rousseau einen Abschnitt ein, der die These von der »bonté naturelle« vor dem Mißverständnis schützen sollte, als sei nach dem Verlust der Sittlichkeit des Naturzustandes eine neue Sittlichkeit nur mehr zu erreichen, wenn »man die Gesellschaften zerstören, Mein und Dein beseitigen ... (und) zu einem Leben mit den Bären im Walde zurückkehren« würde.[9] Dieser Versuch, den zu erwartenden Angriff seiner Kritiker zu vermeiden, mußte scheitern, weil der zweite Diskurs noch keinen Ausweg aus der anthropologischen Alternative von Naturzustand auf der einen und gesellschaftlicher Entfremdung auf der anderen Seite zuließ. So konnte Voltaire in seinem Brief vom 20. August 1755 mit gewissem Recht ironisch feststellen, noch nie habe jemand in einem »Buch gegen das Menschengeschlecht« »soviel Geist darauf verwendet, (die Menschen) ... wieder zu Eseln zu machen«, daß man bei der Lektüre geradezu »Lust (verspüre), auf vier Füßen zu gehen«.[10] Ungeachtet dessen setzte sich jedoch Rousseau schon in seinem Enzyklopädieartikel von 1755 mit der anthropologisch-genetischen Betrachtungsweise seiner Diskurse auseinander, von der er sich später im unveröffentlichten zweiten Kapitel der ersten Fassung des *Contrat social* kritisch distanzierte, als er einsah, daß die Fiktion des Naturzustandes und der natürlichen Ordnung für die Bestimmung des

»allgemeinen Wohls« völlig untauglich und die Konstruktion des Gegensatzes zwischen natürlichem und gesellschaftlichen Menschen im Grunde abstrakt war: Die »sanfte Stimme der Natur (ist) für uns weder ein untrüglicher Führer..., noch die Unabhängigkeit, die wir von ihr erhalten haben, ein wünschenswerter Zustand«.[11] »Obwohl es keinen natürlichen und allgemeinen Geselligkeitszustand unter Menschen gibt, obwohl sie unglücklich und schlecht werden, wenn sie gesellig werden, obwohl die Gesetze der Gerechtigkeit und Gleichheit denen nichts bedeuten, die in der Freiheit des Naturzustandes leben und zugleich den Bedürfnissen des Gesellschaftszustandes unterworfen sind, so sind wir doch weit von dem Gedanken entfernt, es gebe weder Tugend noch Glück für uns und der Himmel hätte uns hilflos dem Verfall der Gattung preisgegeben. Bemühen wir uns, aus dem Übel das Gegenmittel zu gewinnen, das es heilen muß.«[12]

Die Frage nach dem »Gegenmittel« ist keine anthropologisch-menschheitsgenetische mehr, sondern bereits eine praxeologische; sie richtet sich nicht auf das, was gewesen und unvermeidbar verloren ist, sie richtet sich an das menschliche Handeln, will ihm einen Ausweg aus der Entfremdung zeigen. Sie erkennt an, daß der praktische Zirkel eines heilen natürlichen oder gesellschaftlichen Zustandes zerbrochen ist, und sie stellt sich unter den Primat einer kritischen, auf Tradierung und Veränderung ausgerichteten Praxis. Das Gegenmittel für den entfremdeten gesellschaftlichen Zustand, zugleich das Gegenmittel oder die Alternative für die Konstruktion einer im anthropologischen Gegensatz zwischen natürlichem und gesellschaftlichem Menschen befangenen Geschichtsauffassung, hat Rousseau zweimal theoretisch entworfen: im *Emile* im Hinblick auf die Frage nach der Einrichtung einer sinnbestimmten Erziehungspraxis; und im *Contrat social* im Hinblick auf die Frage nach den Prinzipien eines Gesellschaftsbegriffes, der die Freiheit des Individuums mit der Gerechtigkeit des Gemeinwesens, die »Vorteile« des sogenannten »natürlichen Zustands mit denen der bürgerlichen Gesellschaft vereinigt«.

Die »Hauptfrage, deren Lösung der Gesellschaftsvertrag gibt«, ist diese: »Wie findet man eine Gesellschaftsform, die mit der ganzen gemeinsamen Kraft die Person und das Vermögen jedes Gesellschaftsmitgliedes verteidigt und schützt und kraft dessen jeder einzelne, obgleich er sich mit allen vereint, gleichwohl nur sich selbst gehorcht und so frei bleibt wie vorher?«[13] Rousseau versucht diese Frage in drei Schritten zu beantworten, einem ersten, der zu einer aporetischen Bestimmung des Begriffes eines vernünftigen Gemeinwesens führt,

einem zweiten, der diese Bestimmung als solche ausfüllt und einem dritten, der die aus der durchgeführten Bestimmung abzuleitenden Folgerungen angibt.
Die aporetische Findung des Begriffes des Gemeinwesens geht davon aus, daß »kein Mensch eine natürliche Gewalt über seinesgleichen hat« und daß »die Stärke kein Recht gewährt«.[14] An die Stelle feudaler Herrschaft, welche auf dem Prinzip natürlicher Gewalt und des Recht des Stärkeren basiert, soll eine Form von Herrschaft treten, die ihre Gültigkeit aus dem Begriff gerechter Herrschaft ableitet. Herrschaft ist dann gerecht, wenn sie der Idee der Freiheit nicht widerspricht; sie muß daher aus einem Akt freier Entscheidung ihre Legitimation ableiten. Akte freier Entscheidung über Herrschaftsverhältnisse können nun nicht den Zweck haben, durch die Vereinbarung eines Herrschaftsverhältnisses Freiheit unmöglich zu machen, da sie sich dann gegen sich selber und damit gegen die Voraussetzung gerechter Herrschaft wenden würden. Vereinbarungen, welche den Widerspruch zwischen Freiheit und Herrschaft zur Folge haben, führen daher, statt zur Einrichtung gerechter Herrschaftsverhältnisse, zur Verfestigung ungerechter Herrschaft. Gegen einige Vertragstheorien seiner Zeit, die die Rechtmäßigkeit feudaler Herrschaft durch die Annahme eines Aktes freier Unterwerfung des Volkes zu erweisen versuchten, wendet Rousseau ein: »Auf seine Freiheit verzichten, heißt auf seine Menschheit, die Menschenrechte, ja selbst auf seine Pflichten verzichten ... Eine solche Entsagung ist mit der Natur des Menschen unvereinbar, und man entzieht, wenn man seinem Willen alle Freiheit nimmt, seinen Handlungen allen sittlichen Wert. Kurz, es ist ein nichtiger und mit sich selbst in Widerspruch stehender Vertrag, auf der einen Seite eine unumschränkte Macht und auf der anderen einen schrankenlosen Gehorsam festzusetzen.«[15]
Vereinbarungen über gerechte Herrschaft setzen daher voraus, daß durch sie der Gegensatz zwischen Herr und Knecht nicht erneuert, sondern überwunden und damit die a priori ungerechte Herrschaft einzelner abgewendet wird. Aus der aporetischen Bestimmung gerechter Herrschaft entwickelt Rousseau folgendes Prinzip eines nicht auf Gewalt gegründeten Gemeinwesens. Soll die Vereinbarung über Herrschaft die für sie vorauszusetzenden Akte freier Entscheidung nicht unmöglich machen, soll sie gerechte Herrschaft statt eine Herrschaft einzelner herbeiführen, so muß sie an »die Stelle der einzelnen Person jedes Vertragsschlie-

ßenden... sofort einen geistigen Gesamtkörper (setzen), dessen Mitglieder aus sämtlichen Stimmabgebenden bestehen, und der durch eben diesen Akt seine Einheit, sein gemeinsames Ich, sein Leben und seinen Willen erhält. Diese öffentliche Person, die sich auf solche Weise aus der Vereinigung aller übrigen bildet, ... heißt... Republik... oder Staatskörper. Im passiven Zustand wird er von seinen Mitgliedern Staat, im aktiven Zustand Oberhaupt, im Vergleich mit anderen seiner Art, Macht genannt. Die Gesellschaftsgenossen führen als Gesamtheit den Namen Volk und nennen sich einzeln als Teilhaber der höchsten Gewalt Staatsbürger und im Hinblick auf den Gehorsam, den sie den Staatsgesetzen schuldig sind, Untertanen... Aus jener Formel erkennt man, daß der Gesellschaftsvertrag eine gegenseitige Verpflichtung zwischen dem Gemeinwesen und den einzelnen in sich schließt, und daß sich jeder einzelne, da er gleichsam mit sich selbst einen Vertrag abschließt, doppelt verpflichtet sieht, und zwar als Glied des Staatsoberhauptes gegen die einzelnen und als Glied des Staates gegen das Staatsoberhaupt«.[16]

Dieser Bestimmung zufolge beruht gerechte Herrschaft darauf, daß das Gemeinwesen in einer doppelten Verpflichtung oder in einem doppelten Verhältnis seiner Individuen sein Dasein hat. Die einzelnen sind Staatsbürger (citoyen) und Untertan (sujet) zugleich; als Untertanen gehorchen sie sich selbst als Staatsbürger, und als Staatsbürger herrschen sie über sich selbst als Untertanen. Sowohl als Herrschende als auch als Gehorchende haben die einzelnen ihr Dasein darin, daß sie Mitglieder des Gemeinwesens als des Oberhauptes (souverain) und des Staates (état) sind. Die Einheit von Staatsbürger und Untertan, von Oberhaupt und Staat verbürgt, daß in dem auf ihr beruhenden Gemeinwesen kein einzelner als Privatperson Herrschaft ausübt oder Herrschaft unterworfen ist, daß jeder einzelne nicht auf Grund seines Daseins als Privatperson, seiner volonté particulière, sondern seines Daseins als Oberhaupt und Untertan zugleich, seiner Teilhabe an der volonté générale, Mitglied des Gemeinwesens ist.[17]

Wir können hier nur einige Folgerungen nennen, die Rousseau aus dieser Idee eines nicht auf Sklaventum gegründeten gerechten Gemeinwesens ableitet. Eine Konsequenz betrifft die Definition rechtmäßigen Privateigentums:

»Jedes Glied des Gemeinwesens übergibt sich demselben in dem Augenblicke seines Entstehens, so wie es sich gerade vorfindet, sich und alle seine Kräfte, von denen die Güter, die es besitzt, einen Teil bilden... Von Natur hat jeder Mensch ein Recht auf alles, was er notwendig braucht; aber gerade der Vertrag, der ihn zum Eigentümer irgendeines Gutes macht, schließt ihn von allem übrigen aus... Um das Recht... auf irgendein Stück Land zu begründen, bedarf es im allgemeinen folgender Bedingungen: erstens, daß dieses Stück Land noch von niemandem bewohnt werde; zweitens, daß man davon nur soviel in Anspruch nehme, wie man zum Unterhalte nötig hat; drittens endlich, daß man davon nicht durch eine leere Förmlichkeit Besitz ergreife, sondern durch Arbeit und Anbau, das einzige Zeichen des Eigentums, das in Ermangelung gesetzlicher Rechtsansprüche von anderen geachtet werden muß.«[18] Dadurch, daß Privateigentum im Begriff der Arbeit begründet wird, daß also nicht sein bloßes Dasein ein Recht verbürgt, sondern sein über die Arbeit des einzelnen vermitteltes Dasein, soll jegliche in Besitz und Reichtum gegründete Herrschaft ausgeschlossen und verhindert werden, daß die Identität von Staatsbürger und Untertan in jedem einzelnen durch Abhängigkeitsverhältnisse, die auf der Trennung der Beziehung von Eigentum und Arbeit basieren, verunmöglicht oder aufgehoben wird. Das ist mehr als die These, Privateigentum verpflichte; denn in dieser wird statt von der Arbeit vom Eigentum ausgegangen.

Eine weitere Konsequenz aus der Identität von Staatsbürger und Untertan bzw. Oberhaupt und Staat betrifft das Verhältnis von volonté générale und volonté particulière: »Die erste und wichtigste Schlußfolge aus den... aufgestellten Grundsätzen ist die, daß der allgemeine Wille allein die Kräfte des Staates dem Zwecke seiner Einrichtung gemäß, der in dem Gemeinwohl besteht, leiten kann; denn wenn der Gegensatz der Privatinteressen die Errichtung der Gesellschaften nötig gemacht hat, so hat sie doch erst die Übereinstimmung der gleichen Interessen ermöglicht... Ich behaupte also, daß die Staatshoheit, die nichts anderes als die Ausübung des allgemeinen Willens ist, nie veräußert werden kann und sich das Staatsoberhaupt als ein kollektives Wesen nur durch sich selbst darstellen läßt. Die Macht kann wohl übertragen werden, aber nicht der Wille.«[19] Wenn der einzelne als Staatsbürger und Untertan zugleich seinen Willen delegiert, wird er zum bloßen Untertan, unterstellt er sich einer Herrschaft, an der er nur mehr als Untertan partizipiert. Soll dagegen die Identität von Staatsbürger und Untertan bzw. von Oberhaupt und Staat aufrecht erhalten werden, so darf es keine Vertreter des Volkswillens, sondern nur Vertreter seiner Macht geben.

Hieraus lassen sich zwei weitere Bestimmungen ableiten, von denen die eine den Begriff des Gesetzes, die andere den der Regierung betrifft. Gesetze gelten nicht nur für alle Untertanen, sie haben auf Grund ihrer Substanz, die in der Identität von Staatsbürger und Untertan liegt, nur dann Rechtmäßigkeit, wenn sie durch die Untertanen als Staatsbürger herbeigeführt werden: »Sobald... das ganze Volk über das ganze Volk beschließt, nimmt es nur auf sich selbst Rücksicht, und bildet sich dann ein Verhältnis, so findet es ohne irgendeine Teilung des Ganzen nur zwischen dem ganzen Gegenstande unter einem Gesichtspunkte und dem ganzen Gegenstande unter einem anderen Gesichtspunkte statt. Dann ist die Sache, über die man beschließt, ebenso allgemein wie der Wille, der beschließt; und diesen Akt... nenne ich ein Gesetz.«[20] Das Volk kann also keine Instanz einsetzen, welche statt seiner Gesetze macht, da es dann seinen Willen deligierte. Es kann lediglich Instanzen einsetzen, welche seine Macht nach Maßgabe seiner Beschlüsse wahrnehmen. Diese Instanz nennt Rousseau »Regierung«; ihre Erscheinungsformen reichen von der Monarchie bis hin zur Demokratie und unterscheiden sich dadurch, daß einzelne oder mehrere bzw. alle Mitglieder des Gemeinwesens die Macht ausüben.

In dem Prinzip der Identität von Staatsbürger und Untertan, von Oberhaupt und Staat hat Rousseau einen Grundsatz entwickelt, der auf die Frage nach der Möglichkeit gerechter Herrschaft und eines sittlichen Gemeinwesens eine Antwort geben will. Wir versuchten in aller Kürze zu zeigen, daß Rousseau in seinen Bestimmungen des Privateigentums, des Verhältnisses von allgemeinem und privatem Willen, von öffentlichem und privatem Interesse, sowie der Beziehung von Gesetz und Regierung eine Versöhnung des Gegensatzes von individuellem und kollektivem Dasein intendierte, die den anthropologischen Dualismus von natürlichem und gesellschaftlichem Zustand überwinden und Maximen für eine vernunftbestimmte Weiterentwicklung der bürgerlichen Gesellschaft entwickeln sollte.

Rousseaus Lehre, daß der Einzelwille als Einzelwille innerhalb des Gemeinwesens keinerlei Ort habe, ist nun immer wieder auch so ausgelegt worden, hierdurch werde das Individuum auf dem Altar der Macht eines totalitären Staates geopfert. Hat Rousseau auch zu einer solchen Deutung dadurch Anlaß gegeben, daß er in der Identität von Staatsbürger und Untertan bzw. von Oberhaupt und Staat eine ausreichende Garantie dafür erblickte, daß der allgemeine Wille auf Grund seines allgemeinen Interesses nicht irren könne, so zeugt diese Interpretation doch von einer weit verbreiteten Untu-

gend des bürgerlichen Denkens, die darin besteht, im Bereich des politischen Handelns ständig vom Privatinteresse der vermeintlich individuellen Sittlichkeit her zu argumentieren und im privaten Bereich die eigene Macht mit politischen Scheinargumenten zu rechtfertigen. Die heutige Diskussion über den Eigentumsbegriff in der BRD und die Verflechtungen zwischen den Aufgaben der Volksvertreter und partikularen Interessengruppen tut dies neuerlich durch weitgehende Abstraktion vom Unterschied zwischen privatem und öffentlichem Eigentum, privatem, partikularem und allgemeinem Interesse. So wird dem Einzelwillen mit dem Hinweis auf dessen privates Eigentum die Herrschaft einiger oder mehrerer Einzelwillen über öffentliches Eigentum schmackhaft gemacht, damit anschließend das Recht auf öffentliches Eigentum in der Form des Privatbesitzes als abstraktes Recht des Einzelwillen auf Eigentum ausgegeben werden kann.
Es wäre ebenso interessant wie lohnend, Rousseaus Gesellschaftsbegriff und die aus ihm abgeleitete Bestimmung des Staates mit der heutigen Wirklichkeit der westlichen und östlichen Demokratien zu vergleichen. Bekanntlich berufen sich beide Staatsideologien auf ihn, die westliche, wenn sie an unveräußerliche Menschenrechte anknüpft, die östliche, wenn sie die Aufsplitterung der volonté générale in Parteien ablehnt und nur eine Partei, die des ganzen Volkes, zuläßt. Eine solche Konfrontation müßte jedoch weitaus breiter, als dies hier möglich ist, angelegt sein. Sie müßte auf Alexis de Tocqueville als den eigentlichen Theoretiker der heutigen Demokratien wie auf diese selbst genauer eingehen. Aber bereits unser Rekurs auf einige prinzipielle Thesen des *Contrat social* reicht aus, um zu erkennen, daß beide Demokratieformen sich zu Unrecht auf Rousseau berufen. Während sie an dem Grundsatz, daß alle Macht vom Volke ausgehe, festhalten, reduzieren sie dessen politischen Willen weitgehend auf das Wahlrecht. Nach der Verfassung der BRD bestimmt nicht der allgemeine Wille des Volkes, sondern der Bundeskanzler die Richtlinien der Politik. Die Partei oder die Parteien wirken in den westlichen wie den östlichen Demokratien nicht nur bei der politischen Willensbildung mit; sie sind vielmehr in ihren Verflechtungen mit der volonté particulière verschiedener Interessengruppen der eigentliche Ort der Willensbildung. So kommt es, daß die von einer Einheitspartei oder von mehreren Parteien getragenen Parlamente und Regierungen, statt Verwaltungsorgan der volonté générale zu sein, den Volkswillen vertreten und in dieser Funktion z. B. außerparlamentarische Oppositionen als undemokratische Versuche der Einmischung, wenn auch nicht

mit dem Volkswillen, so doch mit der Macht des Volkes bekämpfen. Im Sinne des *Contrat social* sind Parlamentarismus, weil er sich die Vertretung des Volkswillens anmaßt, wie außerparlamentarische Opposition, weil sie nicht durch die Mehrheit des Volkes legitimiert ist, Zeichen für ein nicht nach den Prinzipien des Gesellschaftsvertrages verwaltetes, also eigentlich gar nicht existierendes Gemeinwesen. So wie der Wille nicht veräußert werden kann, weil er als veräußerter nicht mehr der Wille des Volkes ist, so kann auch die veräußertem Willen korrespondierende Macht nicht mehr vom Volke abgeleitet werden, da hierzu zumindest vorausgesetzt wäre, daß die delegierte Macht im Sinne des nichtdeligierbaren und also auch nicht zu deligierenden Volkswillens regiert, d. h. verwaltet würde.

Rousseaus Gesellschafts- und Staatstheorie ist heute noch vorzüglich dazu geeignet, Widersprüche und Unstimmigkeiten der bestehenden Gesellschafts- und Staatsordnungen aufzuzeigen. Sowenig sie aber zu ihrer Zeit für eine Veränderung des Ancien régime tauglich war[21], so wenig eignet sie sich zur Weiterentwicklung, Neuorientierung und Höherbildung der aus bürgerlichen Revolutionen, dem Niedergang faschistischer Systeme und sozialistischen Revolutionen hervorgegangenen Demokratien. So bedeutsam Rousseaus Lehre von der volonté générale in ihrer Unterschiedenheit zur volonté de tous und volonté particulière auch ist, wie gültig auch seine Unterscheidung zwischen der Souveränität des Staatskörpers und der Regierung, zwischen Oberhaupt und Obrigkeit sein mag, wie prinzipiell stimmig auch seine Überlegungen über die zweifache Stellung des Staatsbürgers sind, Rousseaus eigene Konzeption enthält Widersprüche, die in ihr selbst keine befriedigende Antwort finden können und über sie hinaus führen. Es ist hier vor allem auf drei Punkte hinzuweisen:

1. Die Ableitung von gerechten Gesellschaften aus dem vertraglichen Zusammenschluß ist ein Konstrukt anthropologischer Überlegungen, das für die Veränderung und Höherbildung bestehender Gesellschaften deshalb wenig taugt, weil es zum einen außerhalb bestehender Gesellschaften herangewachsene potentielle Staatsbürger voraussetzt und zum anderen einen législateur für die ersten Gesetze eines gerechten Staatswesens benötigt, dessen Weisheit wie ein deus ex machina sowohl produziert als auch akzeptiert werden müßte. Ungeachtet der fraglichen Konstruktion des Gemeinwesens auf Grund freier Verträge behalten die Bestimmungen des Staatsbürgers als Teil des Oberhauptes und Untertan zugleich ihre Bedeutung.

2. Die Differenzierung zwischen der volonté générale und der volon-

té de tous bzw. der volonté particulière – und dies hängt mit der eben genannten Problematik zusammen – reicht für eine Bestimmung der volonté générale nicht aus. Gerade weil die volonté générale sich von der volonté de tous unterscheidet, kann sie nicht – wie Rousseau meinte – aus einer Interpolation der verschiedenen volontés particulières gewonnen werden.[22]

3. Von der volonté générale sagt Rousseau, sie könne nicht irren. Dies trifft jedoch nur für eine im praktischen Zirkel von Wissen und Gewissen lebende und auf unangezweifelte Sitten gegründete Gesellschaft zu. Nur dann kann man behaupten, der allgemeine Wille sei immer gerecht, weil er sonst nicht ein allgemeiner, sondern ein von privaten Interessen geleiteter Wille sei. Sobald der praktische Zirkel aber zerbrochen ist, muß zwischen dem allgemeinen Willen als Prinzip oder Ideal und dem allgemeinen Willen als Faktum des Zeitgeistes, zwischen der volonté générale als Idee und der volonté de tous als Wirklichkeit, unterschieden werden.

Ungeachtet dieser einschränkenden Kritik können Rousseaus Prinzipien einer gerechten Gesellschaft als Kategorien für eine heuristische Analyse bestehender Unvollkommenheiten und Ungerechtigkeiten dienen. Die volonté générale als regulative Idee einer Sinnorientierung politischer Praxis, derjenigen des Staatsbürgers wie derjenigen der Regierungen, bedarf allerdings einer substanziellen Bestimmung, die Rousseau sich ersparte. Erst von hierher wäre eine praxisorientierende und nicht bloß praxisanleitende Bestimmung gesellschaftlich und politisch relevanten Handelns möglich; erst dann verlöre Rousseaus Politik ihre anthropologisch-retrospektive Blickrichtung, die den praktischen Primat politologischer Reflexion verkümmern ließ.

Pestalozzi hat Rousseau als einen Schwärmer kritisiert, der in seiner Abhandlung über den Staat den vollkommenen Bürger bereits voraussetzte, derweil er in seinem Buch über die Erziehung den Heranwachsenden von der Gesellschaft isoliere. Vordergründig gesehen erscheint diese Kritik ebenso wahr wie falsch. In der Tat weist der *Contrat social* keinen Weg auf, wie zur Zeit des Ancien régime angesichts der staatsbürgerlichen Entfremdung der Bourgeoisie ein sittliches Gemeinwesen denkbar und realisierbar sei, und der Emile wächst nicht im Bannkreis der Bourgeoisie, sondern auf dem Lande auf. Aber sowenig man einem Werk, das sich in dem über seinen Inhalt genauere Auskunft gebenden Untertitel als eine Abhandlung über die Prinzipien des Staatsrechts ausweist, vorwerfen kann, die Wirklichkeit sei nicht so, wie die Theorie sie sich wünsche, sowenig kann man einer Theorie der

Erziehung vorhalten, sie identifiziere sich nicht mit der entfremdeten Gesellschaft ihrer Zeit, und ihr sei deshalb jeder Erfolg versagt. Der tiefere Sinn von Pestalozzis Kritik ist denn auch ein anderer: so wie sich Rousseau über die Sinnbestimmung der volonté générale wenig Gedanken gemacht hat, so hat er die Frage nach dem Sinn der Erziehung im *Emile* dahingehend beantwortet, daß das Ziel der Erziehung die »Natur« sei.[23] Diese Aussage ist zum einen anthropologisch zu verstehen und meint den natürlichen Menschen, der sich selbst im Unterschied zum gesellschaftlichen Menschen alles bedeutet; angesichts der von Rousseau beklagten Nichtrealisierbarkeit eines sittlichen Gemeinwesens erschien die Zuflucht zum natürlichen Menschen als jener Ausweg, der den Heranwachsenden, wenn er schon nicht zum Staatsbürger (citoyen) herangebildet werden konnte, vor der Entfremdung des bourgois bewahren sollte. Diese Aussage meint jedoch zum anderen – und in dieser Hinsicht besteht kein Unterschied, ob der Heranwachsende isoliert oder in einer sittlichen Gesellschaft erzogen wird –, der Zögling werde den Sinn seines Menschseins und mithin den seines Erzogenwerdens schon selbst finden, wenn man ihm nur vernünftig begegne, d. h., wenn man ihn nach vernünftigen Grundsätzen erziehe. In dieser zweiten Bedeutung erspart der Hinweis, das Ziel der Erziehung sei die Natur selbst, jede weitere Überlegung über die Sinnorientierung der Erziehung und begrenzt die Fragestellung der Pädagogik auf den Bereich der Theorie der Erziehung. Damit wird in der Pädagogik – wie im *Contrat social* für die Politologie die Frage nach der Sinnbestimmung der volonté générale – die Thematik der Theorie der Bildung ausgeklammert. Auf diese Problematik kommen wir später zurück. Rousseaus *Emile* dient uns hier nur als Exempel einer Theorie der Erziehung, die die pädagogische Gesamtüberlegung um die Fragestellung der Theorie der Bildung verkürzt.

Die eigentliche Bedeutung des *Emile* liegt darin, daß in ihm der Versuch einer auf Prinzipien des Erziehens gegründeten pädagogischen Hodegetik, einer Bestimmung der Art und Weise des richtigen Erziehens, unternommen wird. Der *Emile* als Lehrbuch der Erziehungslehre ist in Romanform geschrieben, und der Zögling Emile, an dem dieser Weg der Erziehung in seinen konkreten Möglichkeiten aufgewiesen werden soll, ist ein imaginärer Schüler. Diese Komposition ist nun keineswegs zufällig gewählt, sie erlaubt vielmehr, die Konkretisierung der Möglichkeiten des Erziehens an einzelnen Situationen zu verfolgen, ohne dabei den Anspruch zu erheben, eine an den

Grundsätzen der rechten Art und Weise des Erziehens ausgerichtete erzieherische Begegnung mit dem Heranwachsenden müsse dem im *Emile* aufgezeigten Weg Schritt für Schritt folgen. Denn der erzieherische Wille oder die erzieherische Verantwortlichkeit ist ebensowenig delegierbar wie der politische Wille.

Die Bestimmung der rechten Art des Erziehens gewinnt Rousseau nicht, wie viele Erziehungslehren nach ihm, aus einer Analyse der in zeitgenössischen Erziehungspraktiken angelegten Möglichkeiten, sondern aus einer prinzipiellen Infragestellung der Erziehungsmethoden seiner Zeit: »Man hört nicht auf, mir zu wiederholen: Schlagen Sie vor, was durchführbar ist. Das ist, als ob man mir sagte: Schlagen Sie das vor, was man schon tut, oder zumindest irgend etwas Richtiges, was sich mit dem bestehenden Unrecht verbinden läßt. Ein solches Verfahren wäre, was gewisse Dinge betrifft, noch irrealer als das meine. Denn bei dieser Verbindung verdirbt das Gute, und das Schlechte bleibt ungeheilt.«[24] Ist die Erziehungspraxis einmal fraglich geworden, so kann ihre Erneuerung nicht die erzieherische Verantwortlichkeit an der gegenwärtigen Praxis ausrichten, sondern muß neue Beurteilungskriterien für eine sinnbestimmte Einrichtung des Erziehungsprozesses erarbeiten. Diese glaubte Rousseau in der Unterscheidung dreier aufeinander verweisender Erziehungsarten oder Prinzipien des Erziehens gefunden zu haben.

Die »Erziehung kommt uns von der Natur oder den Menschen oder den Dingen. Die innere Entwicklung unserer Fähigkeiten und unserer Organe ist die Erziehung durch die Natur. Der Gebrauch, den man uns von dieser Entwicklung zu machen lehrt, ist die Erziehung durch die Menschen, und der Gewinn unserer eigenen Erfahrung mit den Gegenständen, die uns affizieren, ist die Erziehung durch die Dinge. Jeder von uns wird also durch drei Arten von Lehrmeistern gebildet. Der Schüler, in dem sich ihre verschiedenen Lehren widerstreiten, ist schlecht erzogen und wird immer uneins sein mit sich selbst. Derjenige, bei dem es keine inneren Widersprüche gibt, ... ist der einzige, der sein Ziel erreicht und konsequent lebt. Er allein ist richtig erzogen. Nun hängt von diesen drei Erziehungsarten die erste, die der Natur, keineswegs von uns selbst ab, die durch die Dinge nur in gewisser Hinsicht, wogegen die durch die Menschen die einzige ist, deren wir wirklich Herr sind – wenigstens unter gewissen Voraussetzungen. Denn wer könnte schon hoffen, über alle Reden und Handlungen, denen ein Kind ausgesetzt ist, zu bestimmen?«[25]

Jedes dieser drei Prinzipien erhält seine Bedeutung durch die Bezie-

hung zu den beiden anderen. Der Grundsatz der Erziehung durch die Natur, die Ausrichtung der Erziehung an der jeweiligen psychischen Verfassung des Heranwachsenden, verweist auf das Prinzp der Erziehung durch die Menschen, d. h. auf die Notwendigkeit menschlicher Kommunikation, und auf das Prinzip der Erziehung durch die Dinge, d. h. auf die Ermöglichung von Welt- und Selbsterfahrung des Heranwachsenden. Der Grundsatz der Erziehung durch die Dinge bedarf zum einen der Erziehung durch die Natur, der Ausrichtung an den konkreten Möglichkeiten des Zöglings, und zum anderen der Erziehung durch die Menschen, d. h. der praktischen Ermöglichung und Einrichtung von Situationen erziehender Eigenerfahrung. Die Erziehung durch die Menschen schließlich muß sich in jedem einzelnen Erziehungsakt am Prinzip der Erziehung durch die Natur und am Grundsatz der Erziehung durch die Dinge ausrichten; d. h. sie muß dem jeweiligen Entwicklungs- und Reifezustand des Heranwachsenden angemessen sein und der über Welterfahrung vermittelten Selbsterfahrung des Zöglings dienen. Erziehen ist im Sinne der wechselseitigen Verwiesenheit der drei Grundsätze Ermöglichung jeweils bestimmter Selbst- und Welterfahrung.
Rousseau unterscheidet zwischen fünf Lebensaltern oder Erziehungsphasen, denen des Säuglings, des sprachfähigen Kindes, der Vorpubertät, des Jugendalters und des beginnenden Erwachsenenalters. Uns interessiert in diesem Zusammenhang nicht so sehr, ob die Differenzierung in fünf Phasen ausreicht oder ob eine Phasendifferenzierung überhaupt zulässig ist. Da die fünf Lebensalter nur Angaben zum Prinzip der Erziehung durch die Natur machen, im übrigen aber auf die beiden anderen Erziehungsprinzipien verwiesen und darüber hinaus in sich selbst vielfach differenziert sind, kann Rousseaus Erziehungslehre ohnedies nicht vorgeworfen werden, sie richte die Erziehung linear am psychischen Reifestatus aus und bestimme diesen durch eine starre Fixierung von Phasen. Es lohnt sich auch nicht, auf die verschiedenen Erziehungsbeispiele genauer einzugehen, an denen Rousseau seine Erziehungsgrundsätze konkretisiert, da diese zum größeren Teil aus Erziehungssituationen stammen, die von unserer Erziehungswirklichkeit zu sehr abweichen. Wir wollen vielmehr das typische der Rousseauschen Erziehungslehre herausarbeiten, das auf dem Zusammenspiel der drei Erziehungsarten beruht. Dabei sind wir uns durchaus bewußt, daß Rousseau zuweilen gegen seine eigenen Grundsätze verstößt, so in seinen Ausführungen über die Mädchenerziehung und über die Vorbereitungen zur Verheiratung des Emile und der

Sophie, welche eher in eine Rezeptologie manipulatorischer Erziehungspraktiken als in eine Erziehungslehre gehören.

Den Reifestatus des Educandus bestimmt Rousseau durch das Verhältnis von Wollen und Können, Bedürfnissen und Kräften oder Fertigkeiten. Der Reifestatus des neugeborenen Kindes ist demnach durch relativ große Bedürfnisse und weitgehend fehlendes Können gekennzeichnet. Aufgabe der Erziehung ist es, das Verhältnis von Wollen und Können so zu beeinflussen, daß das Kind lebensfähig wird. Gemäß den Prinzipien der Erziehung durch den Menschen und der Erziehung durch die Dinge entwickelt Rousseau die Maximen, den freien Gebrauch derjenigen Kräfte, die das Kind besitzt, zu fördern, die Bedürfnisse zu befriedigen und die Entstehung künstlicher Bedürfnisse, welche das Verhältnis von Wollen und Können zuungunsten des Könnens verändern würden, zu verhindern. Vom »Sinn dieser Regeln« heißt es, sie versuchten, »den Kindern mehr wirkliche Freiheit und weniger Macht zuzugestehen, sie mehr selber tun und weniger von anderen verlangen lassen. Auf diese Weise frühzeitig gewohnt, ihre Wünsche ihren Kräften anzupassen, werden sie kaum den Verlust dessen empfinden, was sie nicht erzwingen können«.[26] Unter einer an diesen Maximen ausgerichteten Erziehung erlernt der Säugling, von der Not seiner leiblichen Bedürfnisse befreit, tasten, greifen, sehen, essen, gehen und schließlich sprechen. Der Übergang vom Säuglings- zum Kindesalter vollzieht sich dabei schrittweise. Rousseau zeigt sehr schön, daß schon im vorsprachlichen Zustand die Gegenstandskonstitution erfolgt und daß die Sprache der spätere Ausdruck dieser vorsprachlichen Erfahrung ist.[27] Am Ende des ersten Lebensabschnittes ist Emile freier und stärker geworden: unbelastet durch künstliche Bedürfnisse und nicht verbildet durch die auf sie hinwirkende Erziehung der bürgerlichen Gesellschaft macht ihn die Sprache frei gegenüber dem unmittelbaren Andrang der Bedürfnisse: »Wird Emile einmal gesagt haben: Mir tut etwas weh, müßten die Schmerzen, die ihn dann noch zum Weinen bringen, schon sehr heftig sein.«[28] Mit der Sprachfähigkeit ist bereits der zweite Reifegrad erreicht; die Erziehung bedarf mithin neuer Maximen.

Das zweite bis zur Vorpubertät reichende Lebensalter ist hinsichtlich des Reifestatus dadurch gekennzeichnet, daß sich die Bedürfnisse gegenüber denjenigen des Säuglings zwar kaum vermehrt, die Kräfte dagegen enorm gesteigert haben. Die Sinne des Kindes sind ausgebildet, es ist der Sprache und mithin sachbezogener Kommunikation fähig. War bisher die Erziehung durch die Dinge ein Umgang mit den

Dingen, der die Sinne weckte und übte, so ist sie jetzt Welterfahrung mittels der Sinne. Die Maxime für das zweite Lebensalter lautet: »kluggeregelte Freiheit« durch »negative«, d.h. indirekte, den Heranwachsenden als »geistiges Wesen« ernstnehmende Erziehung.[29] Ist die erzieherische Verantwortung nicht an der Maxime der indirekten Erziehung ausgerichtet und versucht sie den Heranwachsenden auf bestimmte Verhaltensweisen festzulegen, so behandelt sie diesen nicht als ein der reflexiven Erfahrung und Erkenntnisgewinnung fähiges, sondern als ein heteronom bestimmbares Wesen. Als Beispiele solch heteronomer, die künftige Sittlichkeit des Educandus verbildender, wenn nicht gar verhindernder Erziehung nennt Rousseau die bis in unsere Zeit hineinreichende Höflichkeits- und Gehorsamserziehung des Bürgertums. An ihre Stelle soll die negative oder indirekte Erziehung treten, welche das heranwachsende Kind »einzig in der Abhängigkeit von den Dingen« hält und »seinen unvernünftigen Wünschen nur natürliche Widerstände entgegen(setzt) oder Bestrafungen, die aus seinen Handlungen selbst entstehen und deren es sich bei wiederkehrender Gelegenheit erinnert... Allein Erfahrung oder Unvermögen sollen die Stelle des Gesetzes einnehmen. Erfüllt seine Wünsche nicht weil es bittet, sondern weil sie einem Bedürfnis entsprechen. Es soll nicht wissen, was Gehorsam ist, wenn es selbst handelt, noch was Herrschaft ist, wenn man für es handelt. Es soll seine Freiheit gleicherweise in seinen wie in euren Handlungen empfinden. Ergänzt die Kraft, die ihm fehlt, genau in dem Maße, wie es ihrer bedarf, um frei zu sein, nicht aber, um zu herrschen. Es soll eure Dienste als eine Art Demütigung annehmen und den Augenblick ersehnen, da es darauf verzichten und sich... selbst helfen kann«.[30] Die negative Erziehung verfolgt somit eine zweifache Absicht. Zum einen will sie den Heranwachsenden aus dessen eigener Erfahrung die nötigen Kenntnisse und Fertigkeiten erlernen lassen; sie kann mithin nicht die Resultate der Erziehung selbst, sondern nur die Tätigkeit des Heranwachsenden herbeiführen und muß zu diesem Zwecke an die Stelle des Gesetzes des Stärkeren, der Autorität des Erziehers, das Gesetz der Notwendigkeit als korrespondierende Instanz klug geregelter Freiheit setzen. Zum anderen will sie schon zu Beginn der eigentlichen Erziehung deren Ende vorbereiten mit der Absicht, die einzelnen Erziehungsmaßnahmen so einzurichten, daß sie sich selbst überflüssig und den Heranwachsenden von seiner Angewiesenheit auf Erziehung schrittweise frei machen.[31] Am Ende des zweiten Lebensalters ist die enorme Differenz zwischen Bedürfnissen und Fähigkeiten, die zu Beginn des ersten Lebensalters bestand, völlig aufgehoben. Emile ist selbständig und lebensfähig geworden in bezug auf alle lebensunmittelbaren Situationen des Alltags: »er folgt niemals einem Schema, beugt sich weder der Autorität noch dem Beispiel und handelt und spricht nur so wie es ihm paßt. Erwartet also keine wohlaufgesetzten Reden von ihm, keine einstudierten Manieren, aber immer die getreue Wiedergabe seiner Gedanken und das Benehmen, das seinen Neigungen entspringt... Hat er seinerseits irgendwelchen Beistand nötig, so bittet er den ersten besten darum; er erbäte ihn vom König genausogut wie von seinem Diener – in seinen Augen sind noch alle Menschen gleich. An seiner Art, zu bitten, sieht man, daß er weiß, daß man ihm nichts schuldig ist; er weiß, daß das, um was er bittet, ein Gefallen ist. Er weiß auch, daß die Menschlichkeit einen bestimmt, ihm seine Bitte zu gewähren. Seine Ausdrucksweise ist einfach und lakonisch. Seine Stimme, sein Blick, seine Gebärde sind die eines Wesens, das sowohl an die Nachgiebigkeit wie an die Ablehnung gewöhnt ist. Da ist weder die kriecherische und servile Unterwürfigkeit eines Sklaven noch der befehlshaberische Ton des Herrn.«[32]

Mit der Erlangung solcher Selbständigkeit ist der dritte Reifegrad erreicht und die an den drei Prinzipien ausgerichtete Erziehung bedarf wiederum neuer Maximen. Diese dritte, bis zur Pubertät reichende Erziehungsphase ist dadurch gekennzeichnet, daß die »Kräfte« und Fähigkeiten des Heranwachsenden »sich stärker entwickelt haben« und weiterentwickeln »als seine Bedürfnisse«; es ist für Rousseau die Zeit, da das »starke Kind... für den schwachen Erwachsenen Vorräte an(legt)«.[33] Die Maxime für das dritte Lebensalter lautet zwar weiterhin: negative Erziehung; aber als korrespondierende Instanz klug geregelter Freiheit wird das Gesetz der Notwendigkeit durch das der Nützlichkeit abgelöst. Von den alltäglichen Erfordernissen des praktischen Lebens her erwirbt sich Emile die Anfangsgründe verschiedener Wissenschaften, der Geographie, Astronomie, Mechanik und Geometrie. Von der dritten Phase sagte Rousseau, sie sei die entscheidendste für die Weiterentwicklung des Heranwachsenden. Ihre Bedeutung liegt in ihrer Mittlerrolle zwischen der zweiten Phase, der eigentlichen Kindheit, und der vierten Phase, dem Jugendalter. In diesem Sinne stellt Rousseau fest: »Bisher haben wir nur das Gesetz der Notwendigkeit als solches gekannt: jetzt geht uns schon das an, was nützlich ist; bald werden wir zu dem gelangen, was angemessen und gut ist.«[34]

Unter der Maxime der Nützlichkeit erwirbt der Heranwachsende nicht nur die Anfangsgründe einzelner Wissenschaften, er gewinnt zugleich Zugang zur beruflichen Arbeit. Emile erlernt ein Handwerk und begreift die Nützlichkeit der Arbeitsteilung als wechselseitige Verpflichtung der Arbeitenden. Es ist bedeutsam, daß Rousseau Lob und Tadel nicht nur als Erziehungsmittel ablehnte, um die Provokation künstlicher Bedürfnisse, z. B. das Bedürfnis zu gefallen, zu vermeiden; er durchschaute zugleich, daß Lob und Tadel als Erziehungsmittel der Aufrechterhaltung des abstrakten Leistungsprinzips dienen. Wenn Arbeit ihren Sinn aus der Befriedigung menschlicher Bedürfnisse gewinnt, dann darf ihre Leistung sich nicht verselbständigen. Die durch Lob und Tadel geförderte Leistungsmotivation droht den Lernenden vom möglichen Sinn seines Tuns zu entfremden, indem sie ihn heteronomen Ansprüchen als den quasi-seinigen unterstellt, ohne über die Ansprüche selbst Rechenschaft zu geben: »Wir dulden es nicht, daß man seine Arbeit anders als im Vergleich mit der eines guten Meisters beurteilt. Seine Arbeit soll durch die Arbeit selbst gewürdigt werden, und nicht, weil er sie geleistet hat. Hat er etwas gut gemacht, so sagt: Das ist eine gute Arbeit; aber fügt nicht hinzu: Wer hat sie denn gemacht? Sagt er von sich aus mit stolzer und selbstzufriedener Miene: Das habe ich gemacht, dann fügt kühl hinzu: Du oder ein anderer, das ist gleich; es bleibt eine gute Arbeit ... Er mag sein Meisterstück machen, aber niemals zum Meister werden; nicht durch den Titel soll er sich als Arbeiter ausweisen, sondern durch seine Arbeit.«[35]

Sobald Emile sein eigenes Tun dem Gesichtspunkt gemeinnützlicher Arbeit unterstellt, hat er bereits die Grenze der dritten Erziehungsphase erreicht. Um zu zeigen, daß diese ihre Vermittlerrolle erfüllt hat, läßt Rousseau seinen imaginären Schüler die Frage stellen: »Sie sind reich. Sie haben es mir gesagt, und ich stelle es auch fest. Ein Reicher ist auch der Gesellschaft durch Arbeit verpflichtet ... Aber Sie, was tun Sie denn für die Gesellschaft?«[36]

Versuchte der Erzieher diese Frage von der Maxime der Notwendigkeit bzw. der Nützlichkeit her zu beantworten, so müßte er seine gesellschaftliche Funktion auf die der Fürsorge für seinen Zögling eingrenzen und dessen auf die Gemeinschaft der Arbeitenden bereits ausgerichtete Blickrichtung auf den pädagogischen Bezug verengen. Damit zeigt sich, daß das vierte Reifestadium nach einer neuen Bestimmung der Erziehungssituation und nach neuen Maximen erzieherischer Verantwortlichkeit verlangt. Die veränderte Erziehungssituation ist dadurch bestimmt, daß der Heranwachsende in der

Pubertät als der »zweiten Geburt« des Menschen zum »Gattungs- und Geschlechtswesen« die physische Geschlechtsreife und mit dieser die Möglichkeit leidenschaftlicher Zuwendung zum Du erlangt. Unterschied Rousseau für die ersten drei Erziehungsphasen zwischen natürlichen und künstlichen Bedürfnissen, so unterscheidet er nun zwischen Leidenschaften, die der Selbstliebe, dem »amour de soi«, bzw. der Eigenliebe, dem »amour propre«, entspringen. Der »amour de soi« oder die Selbstliebe »ist befriedigt, wenn unsere wirklichen Bedürfnisse befriedigt sind«; er dient der Selbsterhaltung, und die an ihn zurückgebundenen Leidenschaften fördern die gemeinnützige Kooperation der Menschen. Der »amour propre« oder die Eigenliebe, welche »im Sichvergleichen besteht, ist niemals befriedigt und könnte es auch nicht sein, weil dieses Gefühl, das uns selbst vor anderen den Vorzug gibt, ebenfalls verlangt, daß die anderen uns sich selbst vorziehen, und das ist unmöglich. So entstehen die süßen und zärtlichen Leidenschaften aus der Selbstliebe und die gehässigen und jähzornigen aus der Eigenliebe«. Die Maxime für die vierte Erziehungsphase lautet daher: Sorge dafür, daß der Heranwachsende seine Leidenschaften an die Selbstliebe bindet und fähig wird, »die wahren Beziehungen des Menschen zu erkennen, in der Gattung wie im Einzelwesen«, um »alle Regungen der Seele nach diesen Verhältnissen einzurichten«.[37] Unter dieser Maxime tritt Emile in die Gesellschaft ein. Über die Erfahrungen von Freundschaft und sympathetischer Zuwendung zum Unglück anderer erweitert sich sein Motivationshorizont von demjenigen nützlicher Kooperation zu demjenigen engagierter Anteilnahme am sittlichen Zustand und Geschick der Mitmenschen. In beständiger Reflexion der vom gesellschaftlichen System determinierten Handlungsmotive lernt er, daß die Herrschaftsstrukturen Herrn und Knecht in gleicher Weise unfrei machen, und durchschaut er die »verderbliche Wirkung« bürgerlicher »Höflichkeit«, welche »die Fertigkeit lehrt, auf die Tugenden, die sie nachahmt, verzichten zu können«.[38] Emile sieht ein, daß er die bestehende Gesellschaft nicht ändern kann; zugleich begreift er, daß die Bewahrung subjektiver Tugendhaftigkeit nicht ausreicht, um glücklich zu werden. Da er sich der bestehenden Gesellschaft nicht einfach unterwerfen will, verläßt er am Ende der vierten Erziehungsphase ihren Bannkreis und begibt sich mit seinem Erzieher auf ländliche Reisen. In der nun beginnenden letzten Phase erlernt er – fernab vom geschäftigen Treiben der Gesellschaft – die Grundsätze eines gerechten Gemeinwesens im Sinne des *Contrat social.* Indem er nun durchschaut, weshalb ein Leben in der Gesellschaft seiner Zeit nicht lebenswert sein kann, beschließt er, sich auf ein glückliches Familienleben und die Aufzucht des eigenen Nachwuchses zu konzentrieren. Er findet eine passende Lebensgefährtin und beginnt sich in der Abgeschiedenheit des ländlichen Lebens wenigstens einigen Menschen nützlich zu erweisen, da er sich dem Gemeinwohl auf Grund des Fehlens einer gerechten Gesellschaft nicht unterordnen kann.

Dieser Ausgang des Erziehungsromans mag zunächst enttäuschen. Rousseaus Versuch, den Erziehungsprozeß in der Eigenerfahrung des Heranwachsenden zu begründen und diese durch negative und indirekte Erziehung zu fördern, mag höhere Erwartungen hinsichtlich der möglichen Auswirkungen einer solchen Erziehung geweckt haben. Und dennoch ist das beschränkte Resultat seines Erziehungsexperimentes nicht zufällig; es verweist vielmehr auf die prinzipiellen Grenzen der Theorie der Erziehung und einer an ihr allein ausgerichteten Erziehung. Um dies zu zeigen, wenden wir uns noch einmal jener strittigen Frage der Rousseauforschung zu, mit der wir unsere Analyse der Rousseauschen Erziehungslehre eingeleitet haben.

Obwohl der Dualismus von natürlichem und gesellschaftlichem Menschen nicht im Sinne des Schemas einer menschheitsgenetischen Phasengeschichte aufgelöst werden kann, liefert der *Emile* eine Erziehungslehre des natürlichen Menschen. Dies scheint Rangs Deutung des Dualismus von gesellschaftlicher und natürlicher Erziehung zu bestätigen und die von uns kritisierte anthropologische Interpretation wieder in ihr Recht zu setzen. Nun sind aber die Grenzen der im *Emile* entwickelten Erziehungslehre nicht lediglich durch die anthropologische Meinung ihres Verfassers bedingt. Unsere Unterscheidung zwischen sittlicher, erzieherischer und politischer Praxis bzw. zwischen Ethik, Pädagogik und Politologie legt nämlich eine andere Interpretation des Dualismus von natürlichem und gesellschaftlichem Menschen, von natürlicher bzw. staatsbürgerlicher Erziehung nahe. Wenn es stimmt, daß erzieherische, sittliche und politische Praxis sich wechselseitig bedingen, so daß Pädagogik, Ethik und Politologie nur gemeinsam die Aufgabe der Neubestimmung des Menschseins und der Höherbildung der Menschheit übernehmen können, dann muß sich die Frage nach der sinnbestimmten Einrichtung der Erziehung sowohl am Problem der Ermöglichung sittlicher Kommunikation der Menschen untereinander als auch am Problem der Ermöglichung einer gerechten Gesellschaftsordnung ausrichten. Die bei Rousseau einander gegenüberstehenden Auffassungen des natürlichen und des gesell-

schaftlichen Menschen, welche sich nach Rang in anthropologischer Hinsicht zwar gegenseitig ausschließen, aber nicht widersprechen, sind in praxeologischer Hinsicht genau umgekehrt zu bestimmen. Sie schließen sich zwar keineswegs grundsätzlich aus, denn es ist eine Verfassung der Menschheit denkbar, in der die Freiheit und Sittlichkeit des natürlichen Menschen ihren Ort innerhalb einer gerechten Gesellschaft hat; aber sie widersprechen einander, weil das im Sinne der bestehenden Verhältnisse sittliche Einzelindividuum die gesellschaftliche Ungerechtigkeit verfestigt und der im Sinne der gegebenen Gesellschaftsordnung gerechte Bürger sich in moralischer Hinsicht sich selbst und seinem Du gegenüber unsittlich verhalten muß.
Es zeugt von der Größe Rousseaus, daß er um diesen Widerspruch genauestens gewußt und nicht versucht hat, ihn anthropologisch zu verniedlichen oder durch bloße Erziehungsmaßnahmen zu überwinden. Weil er seinen Emile weder zu einem im Sinne der politischen Ordnung seiner Zeit gerechten Bürger noch zu einer im Sinne der bürgerlichen Tugenden moralischen Person machen wollte, erzog er ihn weder für die bestehende Gesellschaft noch innerhalb der bestehenden Gesellschaft. – Ob dabei seine Erziehungslehre ein annehmbarer Ausweg ist, wird uns später noch beschäftigen, zumal Rousseau an ihr selbst gezweifelt hat. – Nur wenn wir ihn im Sinne des von ihm selbst aufgezeigten Widerspruchs verstehen, können wir ihn auch beim Wort nehmen: Im Zusammenhang mit der Entwicklung der drei Erziehungsarten heißt es im *Emile:* »Wer in der bürgerlichen (d. i. in der bestehenden ungerechten, D. B.) Ordnung die Ursprünglichkeit der natürlichen Gefühle (d. i. die Sittlichkeit des einzelnen Individuums, D. B.) bewahren will, der weiß nicht, was er will. In fortwährendem Widerspruch zu sich selbst, immer schwankend zwischen Neigung und Pflicht, wird er niemals weder Mensch (oder sittliche Person, D. B.) noch Staatsbürger sein; weder für sich selbst noch für die Umwelt wird er je etwas taugen. Er wird ein Mensch von heute sein – ein Franzose, ein Engländer, ein Bourgeois – und das ist gar nichts.«[39] Hieraus nun entnehmen zu wollen, für Rousseau seien natürlicher oder sittlicher und gesellschaftlicher oder staatsbürgerlicher Zustand zwei sich einander ausschließende Zustandsbeschreibungen des Menschen, hieße den eigentlichen Sinn dieser Stelle verkennen. Zwar war Rousseau sehr skeptisch bezüglich der konkreten Möglichkeiten einer sittlichen und gerechten Gesellschaftsveränderung, und diese Skepsis mag z. T. auch anthropologisch begründet sein, jedoch erblickte er die einzige reale Möglichkeit der Aufhebung

des Widerspruchs zwischen ungerechter und mithin scheinheiliger Sittlichkeit und gerechter aber unsittlicher Öffentlichkeit in der erzieherischen, sittlichen und politischen Höherbildung der Menschheit. So heißt es im *Emile:* »Ein Vater, der Kinder zeugt und sie großzieht, erfüllt damit nur ein Drittel seiner Aufgabe. Seiner Gattung schuldet er Menschen, seiner Gesellschaft schuldet er gemeinschaftsfähige Menschen und dem Staat schuldet er Bürger. Jeder Mann, der in der Lage ist, diese dreifache Schuld zu zahlen, und es nicht tut, ist schuldig und noch schuldiger vielleicht, wenn er sie nur zur Hälfte zahlt«[40], d. h. wenn er versucht, ein sittliches Individuum ohne einen gerechten Bürger oder einen treuen und ergebenen Staatsbürger ohne ein sittliches Individuum heranzuziehen. Daß der *Emile* später als ein Lehrbuch der natürlichen Erziehung verstanden wurde und in diesem Sinne auf Erziehung und Erziehungswissenschaft wirkte, steht in deutlichem Widerspruch zu Rousseaus eigener Aussage über den Zweck seines Erziehungsromans. Denn in ihm stellt er ausdrücklich fest: »Diese Betrachtungen (über Erziehung, D. B.) sind wichtig und dienen der Auflösung aller Widersprüche im sozialen System. Es gibt zweierlei Arten von Abhängigkeit: die von den Dingen, die der Natur entspringt; die von den Menschen, die der Gesellschaft entspringt. Die Abhängigkeit von den Dingen, die keinerlei sittliche Bedeutung hat, kann der Freiheit gar nichts anhaben und erzeugt keinerlei Laster; die ordnungswidrige Abhängigkeit von den Menschen dagegen erzeugt alle Laster, durch die der Herr und der Sklave sich gegenseitig verderben. Das einzige Mittel, dieses Übel in der Gesellschaft zu heilen, wäre, das Gesetz an die Stelle des (einzelnen, D. B.) Menschen zu setzen und den allgemeinen Willen mit wirklichen, jeglichem Einzelwillen überlegenen Kräften auszurüsten. Wenn die Gesetze der Nationen so unbeugsam wären wie die der Natur, die niemals je von menschlicher Kraft gebrochen werden können, dann würde die Abhängigkeit von den Menschen wieder zu der von den Dingen. (In meinen Grundsätzen des Staatsrechts wird dargestellt, daß keinerlei Einzelwille in das gesellschaftliche System eingeordnet werden kann.) In der Republik wären alle Vorteile vereinigt; man fügte zur Freiheit, die den Menschen frei von allen Lastern hält, die Sittlichkeit, die ihn zur Tugend emporhebt.«[41]

An diese Stelle schließt unmittelbar jene über die negative Erziehung an, mit der wir uns bereits auseinandergesetzt haben. Negative, an der Eigenerfahrung des Heranwachsenden ausgerichtete und Gehorsam wie Strafe, Lob wie Tadel als erzieherisch verantwortbare Maßnahmen ausschließende Erziehung auf der einen und die Errichtung einer im Sinne der Grundsätze des *Contrat social* geordneten Republik auf der anderen Seite könnten die Widersprüche im sozialen System auflösen. Erziehung allein kann diese Aufgabe ebensowenig wie Politik für sich genommen erfüllen; nur beide gemeinsam können die Höherbildung der Menschheit im Hinblick auf eine künftige Gesellschaft einleiten, in der Sittlichkeit und Recht einander nicht mehr widersprechen. Versucht man, die Bedeutung dieser Stelle über die mögliche Auflösung der Widersprüche im sozialen System anthropologisch-menschheitsgenetisch zu interpretieren und Naturzustand, Barbarei, gesellschaftlichen Zustand, zivilisatorische Entartung und natürlichen Zustand in ein zeitliches Schema zu zwingen, so würde man verkennen, daß der Widerspruch zwischen dem gesellschaftlichen und dem sittlichen Menschen nicht nur nicht leicht zu lösen ist – wie Rang meint –, sondern bis zum heutigen Tage ungelöst ist. Indem Rousseau die Lösung der Widersprüche innerhalb der Gesellschaft des Ancien régime von der Verwirklichung einer in der volonté générale gegründeten Gesellschaftsordnung abhängig macht und der Pädagogik als Anteil an dieser Aufgabe die Anleitung einer solchen Erziehung zuspricht, die den Heranwachsenden aus seiner Abhängigkeit von der Meinung der Vielen befreit und sein Tun an dem amour de soi und nicht am amour propre ausrichtet, verkannte er keineswegs, daß das erzieherische Geschäft nicht in der Lage ist, die Hauptlast der Höherbildung der Menschheit zu tragen. Mochte auch zunächst der Ausgang seines Erziehungsromans die in ihn gesetzten Hoffnungen enttäuschen, so erweist sich diese Enttäuschung bei näherem Zusehen als völlig unbegründet, weil sie die Grenzen der Erziehung und deren Angewiesenheit auf politische Praxis verkennt. Wir müssen daher Rousseaus Erziehungslehre gleichsam unter zwei Gesichtspunkten beurteilen: zum einen gilt es zu fragen, ob diese als Erziehungslehre für die Einrichtung einer sinnbestimmten Erziehung tauglich ist oder nicht, und zum andern gilt es zu untersuchen, ob Rousseaus Theorie der Erziehung nicht von anderen, ebenso notwendigen Fragestellungen der Pädagogik abstrahiert und die Erziehung in ihren Möglichkeiten und Aufgaben verkürzt. Die erste Frage hängt mit der gängigen Interpretation zusammen, Rousseaus Theorie der Erziehung gelte nur für den natürlichen Menschen und sage über die Erziehung des gesellschaftlichen Menschen nichts aus; die zweite Frage betrifft Rousseaus These, das Ziel der Erziehung sei die Natur.

Was die erste Frage betrifft, so läßt sie sich leicht beantworten. Unsere Interpretation hat deutlich gemacht, daß der Versuch, Rousseaus Theorie der Erziehung auf die Erziehung des natürlichen Menschen einzuengen, sich auf Rousseau selbst nicht stützen kann und statt dessen in Schwierigkeiten gerät, die nur durch eine anthropologische Verkürzung der Rousseauschen Fragestellung ausgeräumt werden können. Hätte Rousseaus Theorie der Erziehung nur die Erziehung des natürlichen Menschen im Auge, und käme ihren Grundsätzen nur für diese Bedeutsamkeit zu, so wäre seine Erziehungslehre für die Einrichtung einer sinnbestimmten Erziehung völlig untauglich und der ihr von Rousseau selbst zugesprochene eng eingegrenzte Beitrag zur Auflösung der sozialen Widersprüche wäre trotz seiner Bescheidenheit bestenfalls ein frommer Selbstbetrug. Es kann aber kein Zweifel daran bestehen, daß die Prinzipien der Erziehung durch die Natur, die Dinge und die Menschen sowie die Maxime der negativen Erziehung sowohl für die Erziehung des Einzelindividuums wie für die des gesellschaftlichen Menschen Gültigkeit beanspruchen. In den *Considérations sur le gouvernement de la Pologne* heißt es: »Die Erziehung ... muß den Seelen ihr nationales Gepräge geben, ihre Ansichten und ihren Geschmack so leiten, daß sie Patrioten aus Neigung, aus Leidenschaft, aus Notwendigkeit sind. Das Kind, das die Augen öffnet, muß das Vaterland sehen und darf bis an sein Ende nichts anderes mehr sehn. Jeder echte Republikaner sog mit der Muttermilch die Liebe zum Vaterland, das heißt zu den Gesetzen und der Freiheit ein ... Eine nationale Erziehung kommt nur freien Männern zu. Nur sie haben ein gemeinsames Dasein und sind wahrhaft verbunden durch das Gesetz. Der junge Mensch soll, wenn er lesen lernt, lesen, was mit seinem Vaterland in Beziehung steht; mit zehn Jahren soll er alle seine Erzeugnisse kennen, mit zwölf alle seine Provinzen, Straßen, Städte, mit sechzehn alle seine Gesetze.«[42] Wir erkennen hier deutlich die Phaseneinteilung des *Emile* wieder, die zweite, bis zur Vorpubertät reichende Erziehungsphase soll den Heranwachsenden selbständig und lebensfähig in bezug auf alle lebensunmittelbaren Situationen des Alltags machen, die dritte, mit der Vorpubertät zeitlich zusammenfallende Phase dient der Einübung in gemeinnütziges Handeln und Denken und die vierte, das Jugendalter kennzeichnende Phase bereitet den Heranwachsenden auf das Ende der Erziehung und die eigenverantwortliche Gestaltung seines Lebens vor. Obwohl die Grundsätze der Theorie der Erziehung sowohl für die Erziehung des einzelnen Individuums innerhalb entfremdeter Gesellschaften als auch für die Erziehung des in gerechten Gesellschaften aufwachsenden Staatsbürgers Gültigkeit beanspruchen, vermag die Theorie der Erziehung und die an ihr ausgerichtete Erziehungspraxis die Vorstellungen vom gesellschaftlichen und natürlichen Menschen nicht in Einklang miteinander zu bringen. Dieser Sachverhalt gewinnt nun besondere Bedeutung für die Klärung der zweiten Frage, welche den systematischen Ort der Erziehungstheorie innerhalb der Pädagogik betrifft.

Rousseaus skeptische Haltung gegenüber den konkreten Möglichkeiten einer Höherbildung der Menschheit durch Erziehung bezeugt unmittelbar, daß die Theorie der Erziehung und eine an ihr ausgerichtete Erziehungspraxis für sich genommen die Widersprüche im gesellschaftlichen System nicht auflösen können. Damit wird aber fraglich, ob die Sinn- und Aufgabenbestimmung der Erziehung an die Existenz eines gerechten Staates oder, sofern dieser in der Wirklichkeit nicht gegeben ist, an das Glück des einzelnen Individuums in seinen familiären und privaten Beziehungen gebunden werden darf. Wenn man – wie Rousseau selber feststellt – den gerechten Staatsbürger nicht ohne das sittliche Individuum und das sittliche Individuum nicht ohne den gerechen Staatsbürger erziehen kann, dann bietet weder die am Ideal des gesellschaftlichen Menschen noch die am Ideal des natürlichen Menschen ausgerichtete Erziehung eine sinnvolle Alternative. Wer auf Grund seiner Erziehung im privaten wie im öffentlichen Bereich sittlich handeln könnte, in der entfremdeten Welt dagegen seine Zuflucht in ein privatistisch isoliertes Leben nehmen muß, der dient der Höherbildung der Menschheit letztlich nicht mehr und nicht weniger als der im Sinne der Konventionen und Herrschaftsstrukturen bestehender Gesellschaften Erzogene. So wie Rousseau im *Contrat social* keine Sinnbestimmung der volonté générale entwickelt, so klammert er innerhalb seiner Pädagogik die Frage nach der Sinnbestimmtheit der Erziehung aus, wenn er einmal die Natur oder die natürliche Entwicklung des Menschen und ein andermal den gesellschaftlichen Menschen als das Ziel der Erziehung ansetzt. Während er bei der Analyse des Erziehungsprozesses davon ausging, daß der praktische Zirkel zerbrochen sei, klammerte er sich hinsichtlich der Bestimmung des Erziehungszieles noch an die Fiktion einer im praktischen Zirkel vorgegebenen heilen natürlichen oder gesellschaftlichen Ordnung. So träumte er – was ihm dann Pestalozzi und andere zu Recht vorwarfen – von einer Wirklichkeitsordnung, in welcher die Frage nach den Aufgaben menschlichen Daseins im vorhinein beantwortet sein sollte, derweil er die Thematik der Theorie der Erziehung und die dieser korrespondierende Frage nach der Einrichtung eines gerechten Staates wissenschaftlichen Erörterungen zugänglich machte.

Rousseaus Theorie der Erziehung ist auch heute noch von Bedeutung, da die Frage nach der sinnbestimmten Einrichtung des Erziehungsprozesses neuerlich in Konfrontation mit »altbewährten« Erziehungspraktiken gestellt werden müßte. Um die Alternative einer an vernünftigen Grundsätzen ausgerichteten Praxis aufzeigen zu können, legte Rousseau den Ort und die Welt der Erziehung in einen nahezu gesellschaftsfreien Raum. Faktisch war dies auch im achtzehnten Jahrhundert nicht mehr möglich, denn die vernünftige Einrichtung des Erziehungsprozesses ist gebunden an die Voraussetzung einer ihrerseits um die Verwirklichung sinnvollen Zusammenlebens ringenden Gesellschaft. Die Frage, wie in gegebenen gesellschaftlichen Situationen sinnvolle Erziehung möglich sei, ist die Thematik der Erziehungslehre von Schleiermacher. Dieser wenden wir uns im folgenden zu, um den Problemhorizont der Theorie der Erziehung und deren Verwiesenheit auf eine Bildungstheorie über das bereits von Rousseau erreichte Problembewußtsein hinaus zu erarbeiten. Auf den augenfälligsten Unterschied zwischen Rousseau und Schleiermacher, daß jener nämlich die Erziehung einer einzelnen Person, dieser dagegen die Erziehung mehrerer Individuen behandelt, gehen wir dabei nicht ein, weil Rousseaus Grundsätze und Maximen sich ohne weiteres auf die kollektive Erziehung anwenden lassen. Den systematischen Unterschied zwischen Rousseau und Schleiermacher haben wir bereits angesprochen; er liegt darin, daß Schleiermacher Rousseaus Optimismus hinsichtlich der Möglichkeit einer von der Gesellschaft abgeschiedenen Erziehung ebensowenig anerkennt wie Rousseau Schleiermachers Zuversicht bezüglich der Möglichkeiten vernünftiger Erziehung innerhalb gesellschaftlicher Entfremdung zugestimmt hätte.

Erziehung und Höherbildung. Schleiermachers dialektische Theorie der Erziehung

Unsere Auseinandersetzung mit Rousseaus *Emile* leitet unmittelbar zu Schleiermachers Theorie der Erziehung über. Wenn Rousseau auch nicht bei seinem Konstrukt eines unüberwindbaren Dualismus zweier unterschiedlicher und miteinander unversöhnbarer Verfaßtheiten des Menschen stehen blieb, sondern den anthropologischen Dualismus, welcher seine frühen Arbeiten bestimmte, sowohl in seinen pädagogischen wie in seinen politologischen bzw. staatsphilosophischen Schriften überwand, so gelang es ihm doch noch nicht, einen befriedigenden Ausweg für das erzieherische und politische Handeln aufzuzeigen. Nachdem in Frankreich durch die Revolution von 1789 das Ancien régime überwunden und zumindest einige Voraussetzungen für ein im Sinne der Prinzipien des *Contrat social* geordnetes Gemeinwesen und eine im Sinne der Prinzipien des *Emile* organisierte Erziehung geschaffen worden waren, löste sich Rousseaus Konstrukt, eine verantwortliche Erziehung müsse entweder ein gerechtes Gemeinwesen voraussetzen oder aber die entfremdete Gesellschaft fliehen, um wenigstens gegen diese antreten zu können, auf praktische Weise. Condorcets Schulplan von 1792 stellte eine Synthese der aufklärerischen Ideen über eine sinnvolle Einrichtung der Erziehung dar, die, wenn auch nur für kurze Zeit, die konkrete Arbeit an der Veränderung und Höherbildung der Gesellschaft sowohl im Bereich der pädagogischen als auch in dem der politischen Praxis bestimmte. Im Unterschied zu Frankreich konnte im deutschen Sprachraum die Aufklärung keine vergleichbaren Erfolge erzielen. Auf Grund des Fehlens einer politisch mündigen Klasse blieb die praktische Verwirklichung pädagogischer und politischer Ideen an die gesellschaftlichen Verhältnisse des Feudalismus gebunden. Wurde in Frankreich Rousseaus Kompromißlosigkeit und die durch diese bedingte Einseitigkeit politisch aufgehoben, so versuchte man in Deutschland, die Höherbildung der Gesellschaft durch die Erziehung der nachwachsenden Generationen zu betreiben.[43] In der Erziehungstheorie galt es Wege zu weisen, wie im Rahmen der bestehenden Verhältnisse eine verantwortliche Organisation der Erziehung und der Anleitung der erzieherischen Entscheidungsfindung gewonnen werden könne.

Vor dem Hintergrund der besonderen deutschen Verhältnisse entwickelte Jean Paul bereits vor Schleiermacher 1806 in seiner Schrift *Levana oder Erziehlehre* eine Kritik der Erziehungslehre Rousseaus, die deren Einseitigkeiten zu überwinden versuchte. An der Maxime der negativen Erziehung erkennt Jean Paul an, daß diese jedwede heteronome Normierung des Heranwachsenden abwenden wolle. Zugleich wendet er jedoch gegen sie ein, in ihr werde verkannt, daß die wirkliche Erziehung niemals bloß negative, sondern notwendigerweise immer zugleich positive Erziehung sei. Der Heranwachsende schafft sich seine Welt und sein Weltverständnis keineswegs aus dem Nichts, sondern er wird jeweils in eine bestimmte Welt hineingeboren, die ganz bestimmte Zumutungen an ihn und seine Erzieher stellt. Ohne diese positiven Zumutungen, ohne die an das Kind ergehenden Aufforderungen zum Tätigwerden, ist Erziehung undenkbar. Zwar soll der Heranwachsende nicht zum einfachen Produkt der an ihn ergehenden Aufforderungen werden – sowenig er sich seine Welt aus dem Nichts erschaffen kann, sowenig darf er die ihm vorgegebene Welt als die beste aller möglichen einfach annehmen –, die Selbstbestimmung und Selbstfindung kann sich jedoch nur in Auseinandersetzung mit der vorgegebenen Welt und ihren Anforderungen entwickeln. Liegt somit der gute Sinn der negativen Erziehung darin, daß sie diese Auseinandersetzung vor der einfachen Übernahme und Anpassung an Bestehendes bewahren will, so hat sie doch zugleich ihre Grenze daran, daß sie jeweils nur in konkreten geschichtlichen Situationen möglich und insofern immer zugleich positive Erziehung ist: »Der reine Naturmensch – den Rousseau zuweilen oder öfter mit dem Idealmenschen vermengt, weil beide rein und gleichförmig vom Säkularmenschen abliegen – wächst ganz an Reizen empor, nur daß Rousseau das Kind erstlich lieber mit Sachen als mit Menschen, lieber mit Eindrücken als Einreden weckt und potenziert, und zweitens eine gesündere, gedeihlichere Stufenfolge der Reizmittel verordnet... Gebt nur rechte Freilassung der Kinderseelen...: so entwickelt (dies scheint er zu denken) die Natur schon sich selber. Dies tut sie auch überall, immerdar, aber nur in Naturen, d. h. in der Individualität der Zeiten, Länder und Seelen.«[44]

Der These, negative Erziehung sei immer zugleich positive Erziehung, würde Rousseau auf seine Weise durchaus zugestimmt haben, nur daß er die Positivitäten, zu welchen Erziehung führt, vor allem über die Selbst- und Welterfahrung des Heranwachsenden und weniger über die vorgegebene Positivität der gesellschaftlichen Verhältnisse des Ancien régime vermittelt sehen wollte. Während Rousseau im *Emile* wegen des Fehlens einer gerechten Ordnung des Gemeinwesens die Erziehung in die Zwischenwelt einer pädagogischen Provinz verweist, fordern Schleiermacher und Jean Paul, daß der Heranwachsende im Kontext des vorgegebenen gesellschaftlichen Lebens aufwachse und seine Bestimmung in Auseinandersetzung mit den vorgegebenen Positivitäten finde. Damit sind bereits die Spannungen, welche zwischen beiden Ansätzen einer Erziehungstheorie bestehen, angedeutet. Wir werden im Anschluß an die Analyse einiger Grundzüge der Schleiermacherschen Theorie der Erziehung auf sie zurückkommen, um aus dem Spannungsverhältnis beider Modelle die Grenzen der Theorie der Erziehung und die Notwendigkeit einer den Aufgabenhorizont der Erziehung reflektierenden Theorie der Bildung zu erarbeiten.

Ungeachtet der unterschiedlichen Auffassungen über das Verhältnis von Erziehung und vorgegebenem gesellschaftlichem Leben verbindet beide Erziehungslehren miteinander, daß sie in der Pädagogik eine praktische Wissenschaft von der rechten Art und Weise des Erziehens erblicken. Schleiermachers Überlegungen zum Begriff der Pädagogik geben dabei eine systematisch erarbeitete Antwort auf Fragen, mit welchen sich bereits Rousseau im Laufe der Entwicklung seines Denkens auseinandergesetzt hat. Dies gilt für die Frage nach dem Verhältnis von Pädagogik und Politologie ebenso wie für die Frage nach der Erziehung von Pädagogik und Anthropologie.

Nach Schleiermacher liegt der besondere Gegenstand der Theorie der Erziehung in der Frage: »Was will denn eigentlich die ältere Generation mit der jüngeren? Wie wird die Tätigkeit dem Zweck, wie das Resultat der Tätigkeit entsprechen?« Die Theorie der Erziehung soll auf der »Grundlage des Verhältnisses der älteren zur jüngeren Generation« aufbauen und eine Anleitung dafür geben, »was der einen in Beziehung auf die andere obliegt«.[45] Zwei unterschiedliche Voraussetzungen müssen geklärt sein, damit die Erziehungstheorie die in sie gesetzten Hoffnungen erfüllen kann. Einmal gilt es das als Erziehung apostrophierte Verhältnis der Generationen sowohl in seiner Beziehung als auch in seiner Unterschiedenheit gegenüber anderen Verhältnissen der Menschen, namentlich den sittlichen und politischen, zu klären; und zum anderen gilt es zu zeigen, auf welche Weise die Anleitungen der erzieherischen Praxis gewonnen werden können.

Was die erste Thematik betrifft, so hat sich nach Schleiermacher die erzieherische Praxis als »Einwirkung der älteren Generation auf die jüngere« im Laufe der Geschichte aus der sittlichen Praxis der Erwachsenen verbesondert, als es galt, den Fortbestand und die Erhaltung menschlicher Lebens- und Weltbewältigung durch spezifische, auf die heranwachsende Generation gezielt auszuübende Akte zu fördern: Jeder »einzelne Mensch (muß zwar) von vorn anfangen; es kommt aber darauf an, wie bald er dahin gebracht wird, auf die Förderung des menschlichen Berufes auf Erden miteinwirken zu können; je mehr dies beschleunigt wird, desto mehr werden die Kräfte zur Entwicklung des Geistes erregt. Dies aber schließt sich schon ganz an die allgemeine sittliche Aufgabe; es ist das Einwirken auf das jüngere Geschlecht ein Teil der sittlichen Aufgabe, also ein rein ethischer

Gegenstand. Je weniger wir diese beschleunigende Einwirkung – wobei aber nicht gesagt sein soll, daß sie bloß eine beschleunigende sei – als etwas Geringfügiges ansehen können, und je weniger geringfügig sie ist...: desto weniger dürfen wir auch diese Einwirkung dem Zufall überlassen. Somit steht die Theorie der Erziehung in genauer Beziehung zur Ehtik, und ist eine an dieselbe sich anschließende Kunstlehre.«[46] So wie sich die Pädagogik als Theorie der Erziehung hinsichtlich des Begriffes sittlicher Vollkommenheit auf die Ethik verwiesen weiß, so steht sie in anderer Hinsicht in einem Beziehungszusammenhang zur Politologie, oder wie Schleiermacher im Anschluß an die Antike formuliert, zur Politik. Die Tätigkeit an der nachfolgenden Generation dient nicht nur einer beschleunigten Erreichung der in ethischen Systemen bestimmten und vom Leben geforderten Vollkommenheit; sie dient auch der Erhaltung des Staates, »daß (dieser) bei dem Wechsel der Generationen fortbestehe und sich in seiner Gesamtheit steigere«. So greifen auch hier beide »Theorien, die Pädagogik und die Politik... auf das vollständigste ineinander ein; beide sind ethische Wissenschaften und bedürfen einer gleichen Behandlung. Die Politik wird nicht ihr Ziel erreichen, wenn nicht die Pädagogik ein integrierender Bestandteil derselben ist; oder als ebenso ausgebildete Wissenschaft neben ihr besteht. Je mehr das Gesamtleben im Staate praktisch gestört, theoretisch angesehen mißverstanden ist: um so weniger kann eine richtige Ansicht bestehen in Beziehung auf die Einwirkung der älteren Generation auf die jüngere. Hier haben wir also den Standpunkt, von dem aus wir unseren Gegenstand behandeln wollen. Die Pädagogik ist eine rein mit der Ethik zusammenhängende, aus ihr abgeleitete angewandte Wissenschaft, der Politik koordiniert«.[47]

An diesen Stellen, in denen Schleiermacher Pädagogik und Politik als aufeinander wechselseitig verwiesene praktische, in seiner Terminologie: ethische Wissenschaften bestimmt, wird der Zusammenhang der praktischen Wissenschaften stärker betont als die Besonderheit der einzelnen Disziplinen. Diese tritt in den Vordergrund, wo der Ursprung der pädagogischen Frage im Problematischwerden der sittlichen, politischen und erzieherischen Ordnungsvorstellungen begriffen wird. Alsdann gilt es zu zeigen, wie die Theorie der Erziehung Anleitungen für die Begegnung zwischen der älteren und der jüngeren Generation zu erbringen vermag, wenn ein Konsens über die Aufgaben und Inhalte sittlicher Vollkommenheit ebensowenig besteht wie ein Konsens über die Organisation eines gerechten Staates. Wo

die Ethik den Begriff sittlicher Vollkommenheit und die Politologie den Begriff eines gerechten Staates zu ergründen versuchen, da kann die Pädagogik gerade wegen der wechselseitigen Verwiesenheit der praxeologischen Disziplinen aus diesen nicht abgeleitet werden. Versuchte sie das Ziel der Erziehung aus der Ethik abzuleiten, so müßte sie dieser eine materiale Bestimmung der Sittlichkeit der älteren Generation und ihrer Verbindlichkeit für die nachwachsende entnehmen. Dies ist jedoch aus zwei Gründen nicht möglich: einmal erwächst das Bedürfnis nach praktischer Theorie gerade dann, wenn der Rückgriff auf materiale Sittensysteme problematisch geworden ist; und zum anderen kann die praktische Verbindunglichkeit gar nicht der Ethik entnommen werden, soll sie doch gerade durch Erziehung allererst gewonnen werden. Weil die tatsächliche Verbindlichkeit materialer Wertauffassungen im Bereich des sittlichen wie im Bereich des politischen Handelns jeweils erst durch Erziehung realisiert werden kann, und weil der Konsens über sittliche und politische Ordnungsvorstellungen die Erziehung als bereits abgeschlossen voraussetzen muß, kann die Pädagogik weder von der Ethik noch von der Politologie direkte Anweisungen für ihre eigene Theorie erhoffen.
Ähnlich verhält es sich mit der Beziehung von Pädagogik und Anthropologie. Sowenig sich Aussagen über das Ziel der Erziehung aus der Ethik und Politologie ableiten lassen, sowenig können Aussagen über die Möglichkeiten und Grenzen der Erziehung der Anthropologie entnommen werden. Denn diese erfaßt lediglich die empirischen, nicht aber die prinzipiellen Möglichkeiten des Erziehens. Verbesserungen im Bereich der Erziehung führen zu neuen anthropologischen Erkenntnissen, und diese geben der Pädagogik wichtige Auskunft über die Faktizität bereits geschehener Erziehung; zur Vervollkommnung des erzieherischen Handelns können sie jedoch gerade wegen der Vorausgesetztheit der Erziehung für alle anthropologischen Erkenntnisse nicht unmittelbar beitragen. So stellt Schleiermacher fest: »So wie wir oben die Ethik voraussetzen mußten, so hier die Anthropologie, insofern in dieser die physischen Voraussetzungen bestimmt sein müssen. Bei dieser möchten wir uns aber noch übler befinden als bei der Ethik.«[48]
Was wir an Rousseaus Entwicklung von der anthropologischen Phase in den Frühschriften zum praxeologischen Denken in den späteren Arbeiten aufzeigten, ist bei Schleiermacher systematisch gefaßt. Nachdem feststeht, daß die pädagogische Frage wegen ihrer Vorausgesetztheit für anthropologische Befunde von diesen her keine unmit-

telbare Auskunft über die Möglichkeiten des Erziehens sich erhoffen darf, und nachdem auch aus der Ethik keine zureichende Bestimmung der Aufgaben der Erziehung entnommen werden kann, fordert Schleiermacher, die Pädagogik müsse »anderweitig eine Antwort auf (ihre) ... Fragen suchen«. »Wenn es nämlich so steht um die anthropologischen Voraussetzungen, und auch das ethische Ziel infolge der verschiedenen ethischen Systeme nicht ein durchaus entschiedenes ist: welchen Grad von Allgemeinheit kann wohl unsere Theorie haben? Wird es möglich sein eine allgemeingültige Pädagogik aufzustellen, d. h. für alle Zeiten und Räume? Diese Frage müssen wir verneinen«.[49] Die Gültigkeit der Pädagogik als praktischer Wissenschaft kann nicht in dem Sinne allgemein sein, daß sie die Richtigkeit erzieherischen Handelns sowohl zu normieren als auch zu bescheinigen vermöchte; ihre Gültigkeit ist vielmehr bezogen auf die erzieherische Entscheidungsfindung und Sinnstiftung, ist also vermittelt über das Praktischwerden der Theorie im Handlungsvollzug des erzieherisch Tätigen. Die Erziehungslehre kann und darf nie in dem Sinne allgemeingültig sein, daß sie eine von der jeweiligen geschichtlich-gesellschaftlichen Situation abstrahierende und dem Anspruch nach auf jedwede nur denkbare Situation zutreffende Anleitung der Erziehungspraxis zu geben versucht. So wie die Frage nach den Möglichkeiten sinnbestimmten Erziehens stets von seiten problematisch gewordener Erziehungspraxis her neu aufgeworfen wird, so kann auch die Anleitung der Erziehungspraxis stets nur im Primat der erzieherischen Verantwortlichkeit des Handelnden, oder wie Schleiermacher formuliert: »aus der Idee des Guten«, beantwortet werden.[50]

Leitete Rousseau seine heuristischen Maximen erzieherischer Erfahrung aus der Unterscheidung dreier Erziehungsarten oder Erziehungsprinzipien ab, indem er fiktive, den Grundsätzen entsprechende Erziehungssituationen konstruierte, so entwickelt Schleiermacher eine an die tatsächlichen Verhältnisse der Erziehungswirklichkeit anknüpfende dialektische Heuristik, die ein Lösungsverfahren für alltägliche erzieherische Grundsatzfragen anbietet und den Spielraum abgrenzt, innerhalb dessen der Handelnde in erzieherischer Eigenverantwortlichkeit seine Entscheidungen treffen muß. Unter »Dialektik« versteht Schleiermacher eine Kunstlehre des Denkens, die dadurch zu gesichertem Wissen hinzuführen versucht, daß sie Wege aufweist, wie die Übereinstimmung des Denkens mit dem Sein und die Übereinstimmung der Denkenden untereinander herbeigeführt werden kann. Der »Dialektik« als Kunstlehre fällt die Aufgabe zu, konträre

Ausgangspositionen, im Falle der Erziehungstheorie: konträre Erziehungsvorstellungen, entweder durch die Ermittlung einer Übereinstimmung des Denkens mit dem Sein und der Denkenden untereinander miteinander zu versöhnen bzw. einander anzunähern, oder aber aufzuzeigen, daß eine solche Annäherung unmöglich ist. Schleiermachers Erziehungslehre ist in diesem Sinne eine Theorie dialektischer Heuristik für die Gewinnung erzieherischer Erfahrung, die von konträren Ausgangspositionen des alltäglichen und wissenschaftlichen Erziehungswissens ausgeht und deren Annäherung sowie wechselseitige Begrenzung intendiert. Die Abgrenzung konträrer Erziehungsvorstellungen soll den Spielraum klären, innerhalb dessen der Erzieher sich verantwortlich entscheiden kann, sie soll nicht der theoretischen Ableitung erziehungspraktischer Entscheidungen, sondern der theoretischen Anleitung praktischer Situationsbewältigung dienen.
Wir können hier nicht auf alle dialektischen Denkbewegungen innerhalb Schleiermachers Theorie der Erziehung eingehen, sondern konzentrieren uns auf die in unserem Zusammenhang wichtigsten. Dies sind die Dialektik von Tradierung und Veränderung, welche die bei Rousseau bereits anstehende Überwindung des Dualismus von natürlichem und gesellschaftlichem Menschen betrifft, und die Dialektik von Unterstützung und Gegenwirkung, welche sich mit der Problematik von negativer und positiver Erziehung auseinandersetzt. Beide Dialektiken nehmen in Schleiermachers Theorie der Erziehung eine zentrale Stellung ein und bestimmen in ihrer wechselseitigen Verwiesenheit den Ort weiterer diaklektischer Denkbewegungen.
Die Dialektik Bewahren und Verbessern enthält eine »deutsche« Antwort oder Reaktion auf die Französische Revolution. Sie stellt den theoretischen Versuch dar, die Möglichkeiten der Höherbildung der Menschheit bzw. der Gesellschaft in einem geschichtlichen Zustand aufrecht zu halten, der Akte politischer Veränderung des Gesellschaftssystems, wie sie in Frankreich durch den Sturz feudaler Rechtsordnungen gesetzt worden waren, nicht hervorbrachte. Während die Dialektik von Unterstützung und Gegenwirkung die erzieherische Bewältigung konkreter Erziehungssituationen anleiten will, bestimmt die Dialektik von Erhalten und Verbessern den Rahmen, innerhalb dessen die erzieherische Entscheidungsfindung sich bewegen soll. Schon Schleiermachers Bestimmung des Verhältnisses von Ethik, Pädagogik und Politik machte deutlich, daß Erziehung nicht in der Funktion einer angewandten Praxis politischer Maximen aufgehen kann, sondern zugleich Prüfstein der Realisierbarkeit politischer Zwecke ist:

»Die Erziehung soll den einzelnen ausbilden in der Ähnlichkeit mit dem größeren moralischen Ganzen, dem er angehört. Der Staat empfängt aus den Händen der Erzieher die einzelnen als ihm analog gebildet, so daß sie in das Gesamtleben als in ihr eigenes eintreten können... Die Erziehung empfängt schon den einzelnen in dieser dem Staate homogenen Bildung, und soll in demselben ein eigentümlich ausgebildetes Einzelwesen darstellen... So teilt sich das Geschäft der Erziehung in die mehr universelle und die mehr individuelle Seite.«[51] Welcher Art soll aber nun die Erziehung des einzelnen zum Individuum und Mitglied des Gemeinwesens sein? Darf sie ihre Aufgabe darauf beschränken, die Möglichkeiten individueller und staatsbürgerlicher Praxis, wie sie im Verhalten der älteren Generation vorgegeben sind, der heranwachsenden Generation zu erschließen? Eben diese Frage ist Gegenstand der Dialektik von Bewahren und Verbessern.

Schleiermacher formuliert sie folgendermaßen: »Wenn... (aber) Mißverhältnisse stattfinden, was ist dann die Aufgabe der Pädagogik? Sagen wir, die Erziehung soll die heranwachsende Jugend so ausbilden, daß sie tüchtig ist und geeignet für den Staat wie er eben ist: so würde dadurch nichts anderes geleistet werden als dieses, die Unvollkommenheit würde verewigt und durchaus keine Verbesserung herbeigeführt werden. Die ganze jüngere Generation würde mit ihrem ganzen Wesen und vollkommener Zustimmung in diese Unvollkommenheit eingehen.«[52] Ganz im Sinne seiner dialektischen Heuristik stellt Schleiermacher dieser Vorstellung von den Möglichkeiten der Erziehung die entgegengesetzte gegenüber, um dann beide aneinander zu begrenzen: »Wollen wir das Entgegengesetzte annehmen und ausgehend von dem Bewußtsein der Unvollkommenheit sagen, das Ziel der Erziehung sei, daß jede Generation nach vollendeter Erziehung den Trieb und das Geschick in sich habe, die Unvollkommenheiten auf allen Punkten des gemeinsamen Lebens zu verbessern: dann kommen wir... in das Unbestimmte hinein... Dazu kommt..., daß diese Formel vielerlei Gefährliches in sich schließt. Denn wenn man es darauf anlegt, die Jugend zu lauter Reformatoren zu erziehen: so steht das wieder in dem grellsten Widerspruch damit, daß sie selbsttätig in das Bestehende mit hineingezogen werden und vielleicht auf die gefährlichste Weise eingreifen.«[53]

Die hier genannten einander widersprechenden Alternativen sind Ausdruck sowohl der theoretischen als auch der praktischen Situation der ausgehenden achtzehnten und der ersten Hälfte des neunzehnten Jahrhunderts im deutschen Sprachraum. Nachdem dem aufsteigenden und nach der Herrschaft strebendem Bürgertum im Raume des politischen Handelns auf Grund des Fehlens eines gemeinsamen Klassenbewußtseins durchgreifende Erfolge versagt waren, rückte der Handlungsbereich der Erziehung in wachsendem Maße in das Zentrum des Interesses. Daß die Erziehung es war, auf welche vor allem die Hoffnungen gesetzt wurden, brachte unweigerlich mit sich, daß in ihr die Alternative »Bewahren oder Verändern« an Bedeutung, auch an politischer Bedeutung, gewann. Die Entscheidung für eine nur bewahrende Erziehung hätte in der Tat die bestehenden Unvollkommenheiten – um es mit Schleiermacher zu sagen – verewigt; die Entscheidung für eine verändernde, den revolutionären Eifer befördernde Erziehung hätte dagegen einmal den Widerspruch der Herrschenden erregt und zum anderen zu einer Hypostasierung des pädagogischen Handlungsbereiches geführt, der sich, bei Fehlen einer politischen Bewegung zur Überwindung der Verhältnisse des Ancien régime, als eigentlicher Ort der Höherbildung hätte ausgeben müssen. Vor diesem Hintergrund wird verständlich, daß Schleiermacher sowohl aus praktischen als auch aus systematischen Gründen beide Möglichkeiten ausscheidet. Während eine auf bloßes Bewahren ausgerichtete Erziehung jede Verbesserung unmöglich machen mußte, wäre einer auf bloßes Verändern ausgerichteten Erziehung jeder Erfolg versagt geblieben, da sie ihre Möglichkeiten durch Überschätzung ihres eigenen und Unterschätzung der Bedeutung des politischen Handlungsbereiches verkannt hätte.

Vor dem Hintergrund der politischen Verhältnisse einerseits und der kritischen Bestimmung des Verhältnisses von Pädagogik und Politologie, bzw. von erzieherischem und politischem Handeln, andererseits fordert Schleiermacher, die Erziehung müsse »beides miteinander zu vereinigen« suchen[54]; sie müsse nach solchen Maximen eingerichtet werden, »die eine richtige Anwendung zuließen, wenn die Erziehung sich die Erhaltung des bestehenden Zustandes vorsetzt, und auch im entgegengesetzten Fall«.[55] Diese Feststellung ist mehr als ein pragmatisches Zugeständnis an seine Zeit. In ihr versucht Schleiermacher eine Selbstbegrenzung der an die Erziehung und ihre Leistungen zu knüpfenden Hoffnungen vorzunehmen. Bloß bewahrende wie unbedingt auf Veränderung dringende Erziehung sind im Sinne des hier vorgelegten Erziehungsbegriffes in gleicher Weise abzulehnen, weil Erziehung in beiden Fällen zur Indoktrination führen würde, entweder zur Indoktrination in der blinden Annahme des Bestehenden, oder aber zur Indoktrination auf eine künftige Gesellschaft hin, deren Verbesserungen gleichsam durch Erziehung unmittelbar antizierbar erscheinen müßten. Daß solche Antizipation mit dem Attribut, Verbesserung zu sein, versehen wird, ändert grundsätzlich nichts an ihrer pädagogischen Problemhaftigkeit. Denn in beiden Fällen wird ein Ist-Zustand – einmal in seiner Gelegenheit und ein andermal in seiner antizipierten Gegebenheit – als Zweck und Ziel der Erziehung angesetzt. Erziehung zur Höherbildung der Gesellschaft dagegen soll die Heranwachsenden in den praktischen Diskurs um aufgegebene Verbesserungen einbeziehen.

In diesem Sinne stellt Schleiermacher, die Antinomie von Bewahren und Verändern aufhebend, fest: »So können wir sagen, die eigentliche Aufgabe sei, alles Unvollkommene so zu verbessern, daß die entgegengesetzte Form des Revolutionären gar nicht zum Vorschein komme. Wo es dennoch geschieht, da hat dies immer seinen Grund in dem Unsittlichen was vorhergegangen ist. Wäre von Anfang an sittlich gehandelt worden, so würde das Revolutionäre nicht hervorgetreten sein. So wollen wir also die Formel stellen: Die Erziehung soll so eingerichtet werden, daß beides in möglichster Zusammenstimmung sei, daß die Jugend tüchtig werde, einzutreten in das, was sie vorfindet, aber auch tüchtig, in die sich darbietenden Verbesserungen mit Kraft einzugehen. – Je vollkommener beides geschieht, desto mehr verschwindet der Widerspruch.«[56]

Bevor wir uns der zweiten Dialektik zuwenden, welche die Möglichkeiten eines solchen Erziehens näher bestimmt, gilt es die erste noch genauer zu fassen. Vergleichen wir Schleiermachers Konzeption mit derjenigen Rousseaus, so wird die tiefere Bedeutung der Dialektik von Bewahren und Verbessern deutlich. Während Rousseau die Möglichkeiten sinnbestimmten Erziehens an einen nicht existenten natürlichen Zustand des Menschengeschlechtes bzw. an eine ebenfalls nicht gegebene gerechte Gesellschaftsordnung band, versucht Schleiermacher die Möglichkeiten sinnbestimmten Erziehens in einer der Höherbildung sowohl bedürftigen als auch fähigen Gesellschaft zu klären. Er erweitert damit den Rousseauschen Denkansatz um den Horizont des geschichtlichen Bewußtseins, indem er die Errichtung einer vernünftigen Erziehung und eines gerechten Gemeinwesens als Höherbildung bestehender Verhältnisse begreift und die Möglichkeiten sinnbestimmten Erziehens weder von existierenden vollkommenen Gesellschaftsordnungen abhängig macht noch deren Unmöglichkeit aus der Nicht-Existenz eines gerechten Gemeinwesens ableitet. Mit der Überlegenheit der Schleiermacherschen Erziehungslehre gegenüber derjenigen Rousseaus rückt jedoch zugleich die eigentümliche Beschränktheit der Schleiermacherschen Theorie der Erziehung in unser Blickfeld. Die mögliche und erforderliche Höherbildung soll nämlich ausgehen von bereits »sich darbietenden Verbesserungen«. Die Dialektik von Bewahren und Verbessern setzt also voraus, daß die Möglichkeiten der verändernden Höherbildung sich jeweils von selbst darbieten; denn nur dann tritt der mögliche Widerspruch zwischen Bewahren und Verbessern nicht auf. Indem Schleiermacher diesen Widerspruch einerseits nicht grundsätzlich ausschließt, andererseits jedoch die Erziehung auf die Vermittlung sich zeigender Möglichkeiten des Verbesserns und Bewahrens verpflichtet, macht er die Möglichkeiten sinnbestimmten Erziehens von der Existenz solcher Gesellschaften abhängig, denen die Tendenz der Höherbildung und Verbesserung gleichsam angeboren ist. Diese Voraussetzung scheint Schleiermacher unproblematisch zu sein. So stellt er bei der Erörterung des Verhältnisses von Erziehung und klassenbedingter gesellschaftlicher Ungleichheit fest, die Erziehung verlange zwar grundsätzlich die Aufhebung klassenspezifischer Bevor- bzw. Benachteiligung, sie müsse aber, um überhaupt möglich zu sein, von der gegebenen gesellschaftlichen Situation ausgehen, um in den Dienst der in ihr selbst schon angelegten Verbesserungen treten zu können; und dies sei möglich, weil »bei uns« diese »Differenz ... in Abnahme« begriffen sei.[57]

So sehr diese hoffnungsreiche Annahme wenigstens in Grenzen für das Verhältnis von Adel und Bürgertum zutreffen mochte, da das Bürgertum in politischer Abstinenz durch aktive Partizipation am Prozeß der Industrialisierung die Teilhabe an der Macht intendierte, so wenig trifft diese Annahme für das Verhältnis von Adel und Bürgertum auf der einen und nachwachsendem Proletariat auf der anderen Seite zu.[58] Vor diesem Hintergrund ist auch Schleiermachers These zu beurteilen, auf welcher seine Hoffnung hinsichtlich der in Abnahme begriffenen Klassengegensätze gründet, daß nämlich revolutionäre Praxis »gar nicht zum Vorschein« komme, wenn »von Anfang an sittlich« gehandelt würde. Die Annahme einer solchen Kontinuität sittlicher Praxis ist nicht weniger utopisch als Rousseaus Hoffnung auf die Möglichkeit einer jenseits gesellschaftlicher Entfremdung stattfindenden Erziehung. Schleiermachers Erziehungslehre ist darauf angewiesen, daß »Erziehung ... gut und sittlich (ist), wenn sie dem sittlichen Standpunkt der Gesellschaft entspricht«[59],

d. h. sie verlangt die Existenz einer ihre Höherbildung immer schon betreibenden Gesellschaft. Hier deutet sich bereits die Notwendigkeit einer Erweiterung der Fragestellung der Theorie der Erziehung durch diejenige der Bildungstheorie an. Schleiermachers Theorie der Erziehung hat letztlich, obwohl sie die Alternative von Bewahren und Verbessern kritisch reflektiert, darin ihre Grenze, daß sie die Möglichkeiten sinnbestimmten Erziehens ausschließlich durch heuristische Maximen erzieherischer Entscheidungsfindung bestimmt und die Aufgaben- und Sinnbestimmtheit von Erziehung einem praktischen Zirkel von Leben, unmittelbar gegebener Höherbildung und Leben zuweist. Rousseaus kulturkritischer Zweifel an der Gegebenheit einer im praktischen Zirkel sich erhaltenden gerechten Gesellschaftsordnung wird hierdurch ebensowenig außer Kraft gesetzt, wie Rousseaus Fiktion einer im praktischen Zirkel befangenen heilen Zwischenwelt von hierher aufgelöst werden könnte. Bei Schleiermacher tritt vielmehr Rousseaus kulturkritische Motivation so weit in den Hintergrund, daß dessen naive Fiktion einer pädagogischen Provinz in die nicht weniger naive Fiktion gerät, diese pädagogische Provinz sei inmitten einer heilen Gesellschaftsordnung gegeben.

Während die Dialektik von Bewahren und Verbessern die äußeren Grenzen der Möglichkeiten des Erziehens abzustecken versucht, zielt die Dialektik von Unterstützen und Gegenwirken auf eine Bestimmung der konkreten Möglichkeiten erzieherischer Einwirkung. Rousseaus Maxime negativer Erziehung versuchte die Auseinandersetzung zwischen erwachsener und nachwachsender Generation an der Selbsttätigkeit des Heranwachsenden auszurichten, um auf diese Weise schon zu Beginn der Erziehung deren Ende vorzubereiten. Die positive Bestimmung der Erziehung vertraute Rousseau dabei der dem Heranwachsenden innerhalb natürlicher oder gesellschaftlicher Ordnungen zugemuteten Selbst-und Welterfahrung an, welche im Sinne der Maxime negativer Erziehung gefördert werden sollte. Die Dialektik von Bewahren und Verbessern verlangt nach einer ganz anderen Bestimmung des Verhältnisses von negativer und positiver Erziehung. Wenn nämlich feststeht, daß die Gesellschaft für sich genommen durch ihre einzelnen Mitglieder nicht die Voraussetzungen ausreichender Erziehung garantiert, wird eine Bestimmung der bewußt zu vollziehenden »pädagogischen Einwirkungen« auf die Tätigkeit der Heranwachsenden erforderlich. Es entsteht das Problem, in welcher Weise die ältere Generation in ihren bewahrenden und verändernden Tendenzen auf die jüngere einwirken solle. Auf diese Frage versucht die Dialektik von gegenwirkender und unterstützender Erziehung eine Antwort zu geben. Schleiermacher entwickelt sie, indem er, analog wie bei der Bestimmung des Verhältnisses von Bewahren und Verändern, zwei unterschiedliche Auffassungen oder Modelle erziehlichen Einwirkens einander gegenüberstellt und dann aufeinander bezieht.

Die eine Vorstellung geht davon aus, daß die Erziehung lediglich »dem Unsittlichen entgegenzuwirken und die nachteiligen Einwirkungen der Umgebung aufzuheben« habe; sie legt die erzieherischen Akte auf gegenwirkende Einflußnahmen fest. Die andere Vorstellung verlangt, daß die erzieherischen Maßnahmen in der Weise »absichtlicher Einwirkung« erfolgen, weil »jeder Fortschritt von der Übung abhängig« sei; sie legt die erzieherischen Akte auf unterstützende Einflußnahmen fest.[60] Je nachdem, welcher Anschauung und welchem Modell man zuneigt, werden die erzieherischen Maßnahmen in die »Reihe« gegenwirkender oder unterstützender Tätigkeiten fallen: »So könnte man völlig Entgegengesetztes aufstellen. Die Erziehung kann aller Gegenwirkung überhoben sein, wenn sie im höchsten Grade Unterstützung der Selbstentwicklung dessen ist, was die Seele der menschlichen Natur ausmacht. Sie kann aber auch nur als Gegenwirkung dargestellt werden. – Beide Voraussetzungen haben nicht ihren Grund in dem Sachverhältnis, sondern in der Gesinnung... Nach dem einen Gesichtspunkt haben wir die Maxime, die Erziehung solle und dürfe nur die Erweckung und die Unterstützung des Guten sein, und zwar in Beziehung auf die Vorbereitung des Hineintretens in die größeren sittlichen Lebensgebiete und in Beziehung auf die Entwicklung der persönlichen Eigentümlichkeit. Die Unterdrückung des Bösen würde dann schon die natürliche Folge davon sein. – Nach dem anderen Gesichtspunkt haben wir die Maxime, die Erziehung solle und dürfe nur Gegenwirkung, also Unterdrückung des Bösen sein. Zum Guten in seinem universellen und individuellen Charakter lägen die Keime im Menschen selber und würden sich schon entwickeln, wenn die Erziehung nur vollständige Gegenwirkung gegen das Störende wäre.«[61]

Rousseau kannte unter der Maxime negativer Erziehung beide Formen des erzieherischen Handelns; sowohl das gegenwirkende als auch das unterstützende. Das Zusammenwirken beider Tätigkeiten war für ihn noch unproblematisch, da es im Rahmen natürlicher bzw. gesellschaftlicher Ordnungen von selbst geregelt wurde. Anders verhält es sich bei Schleiermacher, denn in seiner Erziehungstheorie soll die

Erziehung gemäß der Dialektik von Bewahren und Verändern an die Situation jeweils vorgegebener Verhältnisse anknüpfen, ohne in diesen völlig aufzugehen. Hier stellt sich die Frage, wie das Zusammenwirken von unterstützender und gegenwirkender Tätigkeit eingerichtet werden solle: »Denn in jedem Augenblick kann man das eine tun, aber auch das andere. Finden wir nun kein bestimmtes Gesetz, in welchen Fällen das eine oder das andere zu wählen sei, so verschwindet die Theorie, es tritt die Willkür ein. Die Kombination müssen wir aber machen; denn das Wesen der Erziehung ist in dem Ineinander beider Fähigkeiten (gemeint wohl: Tätigkeiten, D. B.): Unterstützen und Gegenwirken müssen zusammensein; jedes für sich erkennen wir als unzulänglich.«[62]

Zwei Möglichkeiten der Unterscheidung und Inbeziehungsetzung bieten sich an. Man kann beide Tätigkeiten danach betrachten, was sie zur Erziehung des Individuums und was sie zur Erziehung des gesellschaftlichen Menschen beitragen; man kann sie auch daraufhin untersuchen, inwiefern sie der positiven oder der negativen Erziehung dienen. Schleiermacher verfolgt beide Wege zur Klärung des Verhältnisses von unterstützender und gegenwirkender Erziehung.

Was die individuelle Ausrichtung der Erziehung betrifft, die Ausbildung der persönlichen Eigenschaften des Heranwachsenden, stellt Schleiermacher fest, daß die »Anlagen eines jeden zur Eigentümlichkeit des Daseins ... gar keiner Gegenwirkung (bedürfen und) ... nur unterstützende Tätigkeit (verlangen); entgegenwirkend dürfte die Erziehung nur sein gegen das, was die Entwicklung der Eigentümlichkeit hemmt«.[63] Während im Bereich der Individualerziehung ausschließlich unterstützende Tätigkeiten angebracht erscheinen, sollen im Bereich der universellen oder der gesellschaftlichen Erziehung beide Handlungsmodelle zur Anwendung kommen: »Dagegen in dem anderen Gebiete der Erziehung, der Ausbildung des Menschen für die großen Lebensgemeinschaften, findet die Duplizität statt, und zwar vorwiegend die Gegenwirkung. In den großen Gemeinschaften finden wir überall, auch in Beziehung auf die nicht mehr zu Erziehenden, Anstalten, welche Gegenwirkungen gegen das Böse einschließen. Wenn der Staat Strafgesetze aufstellen muß, so hat das seinen Grund darin, daß die Individuen nicht tüchtig genug ihm überliefert werden... Jede Mißbilligung, welche den einzelnen trifft, weiset zurück auf die Zeit der Erziehung, während welcher alles, was später störend sein könnte, gehemmt werden mußte. Die Erziehung hat daher diese Gegenwirkung auszuüben, damit, wenn der Zögling in das Leben eintritt, nicht das Gesetz erst ihn zügele.«[64] Da gegenwirkende Maßnahmen im Bereich der gesellschaftlichen Erziehung immer erst erfolgen, wenn die Integration des einzelnen in vorgegebene gesellschaftliche Ordnungssysteme zu scheitern droht, folgt das Verhältnis, in dem gegenwirkende und unterstützende Maßnahmen jeweils stehen werden, aus der besonderen Situation und Verfaßtheit der Gesellschaft und ihrer Subsysteme: »je vollkommener die Organisation der großen Lebensgemeinschaften und je größer die Harmonie zwischen dem Ganzen und den einzelnen Gliedern ist, desto weniger wird die Erziehung Gegenwirkung zu üben haben; und umgekehrt. Unsere Aufgabe und der Gesamtzustand jener sittlichen Lebensgebiete stehen also in der genauesten Beziehung.«[65]

Die Maxime, nach welcher unterstützende und gegenwirkende Erziehung jeweils in den Vordergrund treten soll, bezieht sich nicht nur auf den mehr individuellen und mehr universellen Gegenstandsbereich der Erziehung; sie schließt zugleich eine Zuordnung von unterstützender und gegenwirkender Erziehung auf der einen und positiver und negativer Erziehung auf der anderen Seite ein. Denn unterstützende Tätigkeiten dienen der positiven Erziehung, indem sie die Entwicklung positiver Verhaltensweisen des Heranwachsenden fördern, während gegenwirkende Tätigkeiten der negativen Erziehung dienen, welche zwar Fehlentwicklungen verhindern oder hemmen, nicht jedoch positive Entwicklungen anregen kann. Wir können in diesem Zusammenhang nicht näher darauf eingehen, ob der Verzicht auf gegenwirkende Erziehungsmaßnahmen im Bereich der Individualerziehung wünschenswert ist oder nicht. Wir erinnern lediglich daran, daß Rousseau unter der Maxime der negativen, auf klug geregelter Freiheit aufbauenden Erziehung durchaus die Möglichkeit gegenwirkender Erziehungsmaßnahmen innerhalb der Individualerziehung einräumte, ohne dabei dem Grundsatz der Autonomie der Person und der Selbsttätigkeit des Zöglings zu widersprechen. Das eigentlich Interessante an der Dialektik von Gegenwirkung und Unterstützung ist vielmehr, daß Schleiermacher im Bereich der gesellschaftlichen Erziehung positive Erziehungsmaßnahmen nur für den Fall zuläßt, daß diese unterstützende Tätigkeiten verfolgen, daß er dagegen für den Fall gegenwirkender Tätigkeiten die Möglichkeit positiver Erziehungsmaßnahmen ausdrücklich ablehnt.[66] Diesen Sachverhalt gilt es noch genauer zu betrachten, da an ihm die bereits aufgewiesene Beschränktheit der Schleiermacherschen Theorie der Erziehung neuerlich deutlich wird.

Schleiermachers Verhältnisbestimmung von gegenwirkender und unterstützender Erziehung steht nämlich in direktem Zusammenhang zur Dialektik von Bewahren und Verbessern. Engte Schleiermacher dort die Möglichkeit einer Höherbildung der Gesellschaft auf jeweils vorgegebene Tendenzen einer bewahrenden Verbesserung ein, so spricht er hier allein der unterstützenden Erziehung die Funktion der Förderung positiver Verhaltensweisen zu, während er die gegenwirkende Erziehung von der Aufgabe der Höherbildung ausschließt und auf diejenige einer harmonisierenden Disziplinierung einschränkt. Schleiermacher spricht dies in aller Offenheit aus, wenn er – die Dialektik von Bewahren und Verändern in Beziehung zur Dialektik von Unterstützen und Gegenwirkung bringend – die Bedeutung der Theorie von der Fiktion einer natürlichen Fortschrittsbewegung des gesellschaftlichen Lebens her bestimmt: »In der Theorie haben wir ... nichts anderes zu tun, als die gegenwirkende und unterstützende pädagogische Tätigkeit aufzustellen und deren gegenseitiges Verhältnis nachzuweisen; dem Leben selbst haben wir dann zu überlassen, was in jedem Augenblick getan werden solle. Die Theorie leistet nur den Dienst, welchen das besonnene Bewußtsein überall in der Praxis leistet.«[67] Noch deutlicher spricht er diesen Sachverhalt aus, wenn er Praxis und Theorie in ein zeitliches und fundamentales Nachfolgeverhältnis bringt: »Die Theorie muß (d. h. zugleich: kann, D. B.) sich erst Raum verschaffen, wenn die Praxis schon begründet ist. Verschafft sie sich diesen Raum durch ihre eigenen Kräfte, und gewinnt sie unter denen, welche die Praxis handhaben, allmählich freie Anerkennung: so wird Theorie und Praxis sich einigen, die Praxis sich *von selbst* ändern. Das ist die einzig richtige Form ... So haben wir denn unser Augenmerk nur darauf hinzurichten, daß wir eine solche Theorie aufstellen, die zwar immer anknüpfend an das Bestehende, doch auch zugleich dem *natürlichen sicher fortschreitenden* Entwicklungsgang entspricht. Je mehr dies uns gelingt, desto weniger dürfen wir dann um die Praxis bekümmert sein, da wir die Überzeugung haben, daß eine *reine Kontinuität der Praxis*, die aber zugleich Fortentwicklung der Theorie in sich schließt, daraus hervorgehen werde.«[68]

Durch die Ausschaltung der Möglichkeit positiver Gegenwirkung in der Erziehung auf der einen und die lineare Vorordnung vorgegebener Praxis gegenüber der Theorie auf der anderen Seite entzieht Schleiermacher der erzieherischen Erfahrung und Situationsbewältigung und der diese anleitenden Theorie jede Möglichkeit, den Heranwachsenden auf die Aufgaben einer Höherbildung der Gesellschaft kritisch vorzubereiten. Während Rousseaus Kulturkritik die Möglichkeit sinnvollen Erziehens an die Existenz sittlicher Gemeinschaften band und dadurch indirekt die Erziehung an utopische Voraussetzungen knüpfte, bindet Schleiermachers als Realismus getarnter Optimismus die Erziehung so sehr an die jeweils gegebenen gesellschaftlichen Verhältnisse, daß von ihr ein Beitrag zu deren Höherbildung kaum mehr erwartet werden kann. Da Schleiermacher die Möglichkeit positiver Gegenwirkungen ausscheidet und damit verhindert, daß die gesellschaftliche Kritik an der Erziehung umschlägt in eine erzieherische Kritik an der Gesellschaft, verfällt seine Erziehungstheorie dem Konstrukt, das gesellschaftliche Ganze könne und solle gegenüber dem einzelnen stets als Repräsentant der Sittlichkeit auftreten. Die Frage nach Sinn und Aufgabe der Erziehung tritt damit gar nicht mehr auf.

Die tiefere Ursache hierfür liegt darin, daß Schleiermacher ebenso wie Rousseau die Frage nach der Sinn- und Aufgabenbestimmung von Erziehung als gelöst voraussetzt. Rousseau knüpfte die Aufgabenbestimmtheit der Erziehung einmal an die Voraussetzung einer heilen Naturordnung und ein andermal an die Fiktion intakter Gesellschaftsordnungen; Schleiermacher ließ die Frage nach der Aufgabenbestimmung von Erziehung gar nicht erst aufkommen, wenn er von der »reinen Kontinuität der Praxis« spricht, an welche die Theorie anzuknüpfen habe, um dem »Bestehenden« ebenso wie dem »natürlich sicher fortschreitenden Entwicklungsgang« zu entsprechen. Schleiermachers heuristische Dialektik kennzeichnet seine Pädagogik als einen Versuch, alle Probleme der Erziehungswissenschaft auf die Thematik der Erziehungstheorie zu reduzieren. So sehr seine antinomischen Überlegungen über die Beziehungen von Bewahren und Verbessern, von Unterstützen und Gegenwirken nachweisen, daß Erziehung nur im Ausgang von den jeweils gegebenen gesellschaftlichen Verhältnissen möglich ist – hierin vermag er Rousseaus Erziehungslehre durchaus zu korrigieren –, so sehr behält Rousseau gegenüber Schleiermacher recht, dem er vorhalten könnte: »Wer in der bürgerlichen Ordnung die Ursprünglichkeit der natürlichen Gefühle bewahren will, der (wisse) nicht, was er (wolle).«[69] Freilich wollte auch Schleiermacher keinen »Bourgeois« erziehen, von dem Rousseau sagte, »er sei gar nichts«; der Versuch, die Frage nach der Sinnbestimmung der Erziehung gemeinsam mit der Konstruktion aporetischer Dialektiken zu lösen, muß jedoch mit Notwendigkeit scheitern, weil

in ihm die Frage nach der Aufgabenstellung von Erziehung im angenommenen dialektisch fortschreitenden Entwicklungsgang der Geschichte immer schon als gelöst vorausgesetzt ist. Versuchten wir der Dialektik von Bewahren und Verbessern nun dadurch zu entkommen, daß wir an die Stelle einer dem Bestehenden und dessen Tendenzen zur Veränderung verpflichteten Erziehung die von Schleiermacher abgelehnte Erziehung von Revolutionären setzten, so verfielen wir selber jenem Irrtum, der Schleiermachers Rückzug auf die Thematik der Erziehungslehre kennzeichnet, indem wir nämlich unsererseits die Sinnfrage praktizistisch kurzschlössen und einer anderen Praxis, einer anderen Kontinuität, unser blindes Vertrauen aussprächen.
Gegen die prinzipielle Möglichkeit revolutionärer Praxis besagt dies freilich ebenso wenig etwas wie gegen die Möglichkeit einer das Bestehende bewahrenden und gutheißenden Praxis. Denn die Möglichkeiten sinnbestimmten Erziehens lassen sich im Ausgang von der Fragestellung der Theorie der Erziehung nicht hinreichend beantworten. Die Erziehungslehre verweist auf die Theorie der Bildung, die nach der Sinnbestimmung der Erziehung und ihren Aufgaben fragt und eine Sinnorientierung der Praxis zu erbringen versucht. Und die Erziehungspraxis bedarf nicht nur einer wissenschaftlichen Anleitung hinsichtlich der Möglichkeiten und Grenzen des Erziehens, sondern verlangt zugleich nach einer Sinnorientierung der Erziehung. Wir wenden uns daher im folgenden der zweiten Fragestellung der traditionellen Pädagogik zu. Dabei wird sich zeigen, daß diese in analoger Weise auf die Thematik der Theorie der Erziehung verweist und ihrerseits, wo immer sie diese in sich aufzuheben sucht, in Aporien gerät, die denjenigen vergleichbar sind, die wir an den Erziehungslehren von Rousseau und Schleiermacher aufgedeckt haben.

1.2 Theorie der Bildung

Wir wiesen bereits darauf hin, daß die Thematik der Theorie der Erziehung unter den drei Fragestellungen traditioneller Pädagogik am häufigsten behandelt wurde. Dabei gelangte die Theorie der Erziehung zwar zu einem sehr differenzierten Problembewußtsein, jedoch blieb ihr eine befriedigende Lösung pädagogischer Fragen versagt, weil die sich in ihr stellenden Probleme zugleich in das Gebiet der Theorie der Bildung hinüberweisen. Während die Theorie der Erziehung die Möglichkeiten erzieherischer Kommunikation im Hinblick auf eine Anleitung praktischer Erfahrung in konkreten Erziehungssituationen analysiert, bemüht sich die Theorie der Bildung um eine Sinnbestimmung der Erziehung und Sinnorientierung erzieherischer Praxis. Wie die Erziehungslehre, was die Sinn- und Aufgabenstellung von Erziehung betrifft, auf die Theorie der Bildung verweist, so ist diese hinsichtlich der Ermöglichung einer konkreten Sinnstiftung auf die Theorie der Erziehung angewiesen. Nur beide gemeinsam können die Möglichkeiten und Aufgaben sinnbestimmten Erziehens klären. Die besondere Fragestellung der Theorie der Bildung und ihre spezifischen Grenzen entwickeln wir im folgenden im Ausgang von einigen Lehrstücken aus Herbarts und Willmanns pädagogischen Systemen.

Praktische Philosophie und Bildungstheorie. Herbarts Lehre vom pädagogischen Takt und erziehenden Unterricht.

Über erziehungstheoretische Anleitungen hinaus bedarf die Erziehung einer bildungstheoretischen Sinn- und Aufgabenorientierung. Sobald die Pädagogik als Theorie der Bildung sich um eine Klärung des Gedankenkreises der Erziehung bemüht, wird sie mit neuen Schwierigkeiten konfrontiert. Jetzt reicht es nicht mehr, wie Schleiermacher es tat, zwischen gegenwirkenden und unterstützenden Erziehungsmaßnahmen zu unterscheiden und die Häufigkeit gegenwirkender Erziehungsmaßnahmen in Korrelation zu Zustand und Glaubwürdigkeit der gesellschaftlichen Mächte (Staat, Kirche, Wirtschaft, Wissenschaft, Kunst etc.) zu setzen, da diese selber aus sich heraus keine überzeugenden Zielsetzungen für die Erziehung mehr abzugeben vermögen. Kann die Frage nach den Aufgaben der Erziehung nicht mehr durch Annahme eines Regelkreises von Leben, Erziehen und Leben ausgeklammert werden, so darf die erziehungswissenschaftliche Reflexion keinen natürlichen Prozeß der Versittlichung und Höherbildung mehr voraussetzen, sondern muß zum einen Sinnkriterien für die Erziehung aufstellen, welche diese in kritische Distanz zum gesellschaftlichen Leben rücken, und zum anderen ihre Beziehung zur Erziehungspraxis neu bestimmen. Denn jetzt, da der praktische Zirkel nicht nur im Bereich der erzieherischen Erfahrung, sondern darüber hinaus im Bereich der erzieherischen Sinnstiftung zerbrochen ist, tritt das Bedürfnis nach einer die Erziehung kritisch orientierenden Theorie der Bildung auf, welche zur vorgegebenen gesellschaftlichen und erzieherischen Praxis nicht mehr in ein zeitliches oder fundamentales Nachfolgeverhältnis gesetzt werden kann.

Mit dem Verhältnis von Theorie und Praxis und der Möglichkeit des Praktischwerdens bildungstheoretischer Sinnorientierungen setzt sich Herbarts Lehre vom pädagogischen Takt auseinander. Das Problem der Gewinnung pädagogischer Sinnbestimmungen wird in der *Allgemeinen Pädagogik* von 1806 ebenso wie im *Umriß pädagogischer Vorlesungen* von 1835 und 1841 als bereits gelöst vorausgesetzt; mit ihm beschäftigt sich Herbarts frühe Abhandlung *Über die ästhetische Darstellung der Welt als das Hauptgeschäft der Erziehung* von 1804 und seine *Allgemeine praktische Philosophie* von 1808.[70]

Herbarts Pädagogik zielt auf eine Klärung des Aufgabenhorizontes der Erziehung; sie greift damit jene Fragen auf, die bei Rousseau in der Fiktion einer natürlichen bzw. gesellschaftlichen Ordnung und bei Schleiermacher in der Konstruktion einer den Prozeß natürlicher Versittlichung charakterisierenden Dialektik von Bewahren und Verbessern ausgeklammert worden waren. Wie Rousseau und Schleiermacher versteht auch Herbart Erziehung als einen Prozeß, in dem die »Menschheit selbst ... sich fortdauernd durch den Gedankenkreis (erzieht), den sie erzeugt«.[71] Hierbei »ist das Höchste, was die Menschheit in jedem Moment ihrer Fortdauer tun kann, daß sie den ganzen Gewinn ihrer bisherigen Versuche dem jungen Anwuchs konzentriert darbiete, sei es als Lehre, sei es als Warnung«.[72] Die Konzentration der Bildungsinhalte, die Aufstellung des Gedankenkreises für die Erziehung, soll jedoch nicht mehr dem unmittelbaren Leben anvertraut werden, sondern bedarf einer wissenschaftlichen Analyse, welche die auch ohne sie stattfindende permanente Erzeugung von Gedankenkreisen aus Beliebigkeit und Zufälligkeit befreit und an der Höherbildung der Menschheit ausrichtet. Daher wendet Herbart gegen eine sich zur Erziehungstheorie verkürzende Pädagogik ein: »Die konventionelle Erziehung sucht die jetzigen Übel zu verlängern; Naturmenschen bilden heißt die Reihe aller überstandenen Übel womöglich von vorn an wiederholen. Den Kreis der Lehre und Warnung auf das Nahe beschränken ist natürliche Folge der eignen Beschränktheit, die das übrige weder kennt noch anzubringen versteht.«[73] Sobald die Frage nach dem Aufgabenhorizont der Erziehung gestellt ist, verbietet es sich, die Natur bzw. die natürliche Entwicklung bereits als das Ziel der Erziehung auszugeben oder die Erziehung darauf zu verpflichten, den Heranwachsenden auf das Erdulden und Überstehen der selbstentfremdeten »Winterjahrhunderte« der Menschheit (Jean Paul) vorzubereiten. Denn: »Was man wolle, indem man erzieht und Erziehung fordert, das richtet sich nach dem Gesichtskreise, den man zur Sache mitbringt. Die meisten, welche erziehen, haben vorher ganz unterlassen, sich für dies Geschäft einen eignen Gesichtskreis zu bilden. Er entsteht ihnen während der Arbeit allmählich; er setzt sich ihnen zusammen aus ihrer Eigentümlichkeit und aus der Individualität und den Umgebungen des Zöglings ... Aber die Erzieher hören nicht auf zu klagen, wieviel ihnen die Umstände verderben, die Bedienten, Verwandten, Gespielen, der Geschlechtstrieb und die Universität! Natürlich genug, wenn da, wo mehr der Zufall als menschliche Kunst die geistige Diät bestimmte, bei der oft so magern Kost nicht immer eine robuste Gesundheit hervorblüht, die allenfalls dem schlimmen Wetter trotzen könnte.«[74]

Die bildungstheoretische Sinnorientierung der Erziehung entwickelt Herbart im *Umriß pädagogischer Vorlesungen* und in seiner *Allgemeinen Pädagogik*. Von seiner *Allgemeinen Pädagogik* sagt er in ihrem Untertitel – und dies gilt in gleicher Weise für den *Umriß* –, sie sei »aus dem Zweck der Erziehung abgeleitet«. Von diesem Hinweis hat fast die gesamte Herbartforschung abstrahiert. Wollen wir ihn ernst nehmen, so gilt es zu fragen, wie bei Herbart die Sinnbestimmung der Erziehung mit dem Zweck der Erziehung zusammenhängt. Vom Zweck der Erziehung handelt die praktische Philosophie, welche bei Herbart sowohl Ethik als auch Politik umfaßt. Es gilt also zu untersuchen, worin der systematische Zusammenhang von *Allgemeiner Pädagogik* und *Allgemeiner praktischen Philosophie* liegt. Um Herbarts Bildungstheorie als »aus dem Zweck der Erziehung abgeleitet« zu begreifen, wenden wir uns zunächst einigen fundamentalen Bestimmungen der praktischen Philosophie zu, welche Herbart z. T. bereits in seiner frühen Schrift *Über die ästhetische Darstellung der Welt als das Hauptgeschäft der Erziehung* entwickelt hat.

Dort bemüht er sich um eine Klärung des Begriffes der Sittlichkeit, die diese nicht lediglich als »höchsten«, sondern zugleich als »ganzen Zweck des Menschen und der Erziehung« begreifen will.[75] Versuchte man in der Sittlichkeit lediglich die »höchste« Aufgabe der Erziehung anzusetzen, so wäre Sittlichkeit zwar ein besonderer Zweck, letztlich aber nur ein besonderer neben anderen Zwecken der Erziehung, und die Frage nach dem Zusammenhang der verschiedenen Zwecksetzungen bliebe ungeklärt. Herbarts Bildungstheorie stellt den Versuch dar, in der Sittlichkeit des privaten und gesellschaftlichen Menschen das alle Aufgabenstellungen und Zweckbestimmungen der Erziehung umfassende Ziel erziehender Einwirkungen der älteren auf die jüngere Generation zu fassen. Um diesem Anspruch zu genügen und in der Sittlichkeit den »ganzen« Zweck des Menschen zu begreifen, gilt es den Begriff der »Moralität« so zu fassen, daß in ihm alle Zwecke konzentriert sind, die Erziehung sich setzen kann, angefangen von den für die Erhaltung und Fortentwicklung der Gesellschaft notwendigen Kulturtechniken bis hin zur Einübung verantwortlicher Selbstbestimmung in den verschiedenen Handlungsbereichen menschlicher Existenz.

Seine Bestimmung der Moralität als des ganzen Zwecks des Menschen nimmt Herbart in einer phänomenologischen Analyse der »Bedingungen (der) ... realen Möglichkeit« von Sittlichkeit vor. Dabei unterscheidet er zwischen zwei substanziellen Voraussetzungen der Sittlichkeit, der Einsicht in Sollensanforderungen und dem Gehorsam. Die Einsicht in Sollensanforderungen bestimmt Herbart als Urteil des »ursprünglichen Wollens« über Neigungen und Handlungsantriebe, zu welchem der Gehorsam als die zweite Bedingung der realen Möglichkeit von Sittlichkeit hinzukommen muß, soll Sittlichkeit wirklich werden: »Gehorsam ist das erste Prädikat des guten Willens. Ihm gegenüber muß ein Befehl stehn, oder muß wenigstens irgend etwas als Befehl erscheinen können. Der Befehl hat etwas Befohlenes zum Gegenstande. Aber nicht jeder Gehorsam gegen den ersten besten Befehl ist sittlich. Der Gehorchende muß den Befehl geprüft, gewählt, gewürdigt, das heißt: er selbst muß ihn für sich zum Befehl erhoben haben. Der Sittliche gebietet sich selbst. – Was gebietet er sich? Hier ist allgemeine Verlegenheit! Kant, der diese Verlegenheit am besten unter allen empfand, schieb nach vielem Zaudern endlich ganz eilig die Form des Gebots, die Allgemeinheit (wodurch es sich von momentaner Willkür unterscheidet) in die Stelle des Inhalts. Andre schieben ihre theoretischen Begriffe – Annäherung an die Gottheit, an das reine Ich, an das Absolute – ja auch die Sitten und Gesetze des Landes oder gar das Nützliche, das Angenehme hier herein. Wer unbefangen ist, erkennt die leere Stelle für leer. Er schließt: Wir alle kennen den Begriff der Sittlichkeit. Enthielte er nun einen bestimmten Gegenstand des Befehls, so würden wir auch diesen mit dem Begriff kennen. Einen bestimmten Gegenstand also enthält er nicht. Aber er bezieht sich doch auf vorauszusetzenden Befehl, d. h. auf ein vorauszusetzendes Wollen ... Dies Wollen muß das ursprüngliche und erste sein; der Gehorsam folgt nach. Ist nun dies ursprüngliche Wollen kein bestimmtes, aber doch ein wirkliches, so ist es offenbar ein unbestimmt-vielfaches. Hierin liegt der Grund, daß man von dem Gehorsam aus nicht darauf geführt wird; denn diesem steht als Befehl nur der allgemeine Begriff gegenüber: es gebe überhaupt ein solches Wollen, das gegen alle Neigungen und individuelle, zufällige Begehrungen als Gebot auftrete.«[76]

Diese Überlegungen aus Herbarts früher Schrift enthalten die Fundierung seiner späteren Arbeiten über die praktische Philosophie. Sie gehen davon aus, daß der praktische Zirkel sich unmittelbar tradierender Sittlichkeit zerbrochen und die Notwendigkeit einer Orientierung sittlichen Handelns offenkundig geworden ist. Wenn die Sitten fraglich geworden sind, so daß »allgemeine Verlegenheit« hinsichtlich der materialen Bestimmtheit sittlicher Einsicht vorliegt und der Rekurs auf »die Sitten und Gesetze des Landes« keinen Ausweg mehr anzubieten vermag, dann verliert auch der Gehorsam seine unmittelbar sittlichkeitstragende und -verbürgende Funktion. Gehorsam materialen Sittennormen gegenüber hört auf, zureichende Bestimmung verantwortlicher Selbstbestimmung zu sein. Sitte und Gehorsam treten auseinander; die Sitte hört auf, sich unmittelbar zu tradieren, Gehorsam kann zu Ungehorsam werden. Zwar gilt auch weiterhin, daß der Sittliche sich selbst gebietet, aber dieses Sich-selbst-Gebieten bedarf einer grundsätzlichen Neubestimmung. Da Sitte und Gehorsam auseinandergetreten sind, gilt es zum einen die Aufgaben verantwortlicher Selbstbestimmung neu zu bestimmen, zum anderen den Gehorsam aus seiner unmittelbaren Bindung an die materialen Bestimmungen vorgegebener Sittenordnungen zu befreien und der durch vorgegebene Sittenordnungen nicht mehr verbürgten Einsicht in aufgegebene Sollensanforderungen zu verpflichten. Der praktischen Philosophie stellen sich damit zwei Fragen; einmal muß sie versuchen, das Verhältnis von Einsicht und Gehorsam neu zu bestimmen und zum anderen muß sie nach einer kritischen Orientierung des Urteils – oder wie Herbart sagt: des Gehorsam verlangenden Wollens – Ausschau halten.

Im praktischen Zirkel fielen Einsicht und Gehorsam noch unmittelbar zusammen, derjenige, der das in der Sitte vorgegebene »Gute« erkannte, gehorchte der Sitte und handelte damit in ihrem Sinne sittlich. Mit dem Auseinandertreten von Sitte und sittlichem Gehorsam verbesondern sich Einsicht und Gehorsam zu bestimmungsbedürftigen Bedingungen der realen Möglichkeit von Sittlichkeit. Sittlichkeit in ihrer realen Wirklichkeit wird weder durch Einsicht noch durch Gehorsam mehr garantiert. Weder die Einsicht in das sittlich Gebotene noch der Gehorsam reichen für sich genommen zur Sittlichkeit aus; diese wäre bloße Gesinnung, jener blinde Folgsamkeit. Wollte der Wille oder die Einsicht bereits auf Grund ihres Urteils über die Handlungsantriebe Sittlichkeit beanspruchen, so wäre der Gehorsam nicht zweite Bedingung der Sittlichkeit, sondern bestenfalls Resultat der ersten; resultierte der Gehorsam unmittelbar aus den Handlungsantrieben, so wäre der Wille oder die Einsicht in das Gesollte nicht erste Bedingung der Sittlichkeit; er charakterisierte allenfalls im Nachhinein eine Bestimmtheit des Gehorsams. In beiden Fällen wäre Sittlichkeit vernichtet und von ihren wesensmäßigen Voraussetzungen her verfehlt. Die Frage nach dem Wesen der Sittlichkeit setzt voraus, daß Einsicht und Gehorsam nicht mehr im praktischen Zirkel vermittelt sind. Die praktische Vermittlung von Einsicht und Gehorsam ist »der Tat des Menschen überlassen« und aufgegeben[77]; das Auseinandertreten von Einsicht und Gehorsam hat zur Folge, daß zwischen der Einsicht in aufgegebene Sittlichkeit als der ersten Bedingung der realen Möglichkeit von Moralität und der aus sittlichem Handeln resultierenden Einsicht ebenso unterschieden werden muß wie zwischen dem Gehorsam als der zweiten Bedingung der realen Möglichkeit von Sittlichkeit und dem praktischen Gehorsam im Handlungsvollzug.

Die praktische Philosophie handelt nicht mehr wie die Sitte unmittelbar von der tätigen Selbst- und Weltbestimmung; sie tritt zu dieser vielmehr in eine praktische Differenz. Ihr fällt die Aufgabe zu, das Urteil oder die Willenseinsicht an den Aufgaben sittlichen Tuns auszurichten, damit der Handelnde die Möglichkeiten sittlicher Praxis erkennen und durch Gehorsam seinem an den Grundsätzen der praktischen Philosophie orientierten Urteil gegenüber verwirklichen kann. Wo praktische Philosophie um die für sie konstitutive praktische Differenz weiß, erkennt sie an, daß es ihr zum Zwecke der Sinnorientierung sittlicher Praxis versagt sein muß, an die Stelle fraglich gewordener Sitten zu treten, um die in diesen offenbar gewordenen Lücken zu schließen. Den Unterschied zwischen Sitte und praxeologischer Reflexion spricht Herbart in aller Deutlichkeit aus, wenn er von seiner praktischen Philosophie sagt: Sie »urteilt gar nicht, sie macht aber urteilen«.[78] Im Unterschied zur Sitte kann es der praktischen Philosophie nicht an einer materialen Bestimmung des sittlich Gesollten gelegen sein, denn diese ist in ihrer Verbindlichkeit mit dem Zerbrechen des praktischen Zirkels fraglich geworden und muß jeweils durch sittliche Praxis neu gestiftet werden. Vielmehr fällt der praktischen Philosophie die Aufgabe zu, das Urteil über die verschiedenen Handlungsantriebe an einem kritischen Begriff der aufgegebenen Möglichkeiten sittlicher Selbst- und Weltbewältigung auszurichten.

Herbart versucht die verschiedenen Sinnorientierungen menschlichen Handelns in einer phänomenologischen Analyse des Verhältnisses von Wille und Handlungsantrieben zu entwickeln. Für das Verhältnis von Wille und Handlungsantrieben, sofern dieses sich auf die eigene Person richtet, stellt er als Handlungsorientierung die »Idee der Vollkommenheit« auf; das Verhältnis zu anderen bloß vorgestellten Vernunftwesen wird an der »Idee des Wohlwollens«, das Verhältnis mehrerer wirklicher Vernunftwesen zueinander an der »Idee des Rechts« und das Verhältnis zwischen tätigen und dieser Tätigkeit ausgesetzten Vernunftwesen an der »Idee der Billigkeit« ausgerichtet. Diesen Verhältnisorientierungen oder praktischen Ideen, welche jeweils von der Gegebenheit eines individuellen Willens ausgehen, werden analoge Verhältnisorientierungen für die kollektive Kommunikation mehrerer Individuen zugeordnet, so die »Idee der Rechtsgesellschaft«, die »Idee des Lohnsystems«, die »Idee des Verwaltungssystems«, die »Idee des Kultursystems« und schließlich die alle diese Orientierungen umfassende »Idee der beseelten Gesellschaft«. Wir können in der hier gebotenen Kürze nicht auf alle diese Verhältnisbestimmungen oder praktischen Ideen eingehen. Statt dessen konzentrieren wir uns auf eine für Herbarts Bildungstheorie unmittelbar relevante Idee, auf die »Idee der inneren Freiheit«, in welcher die allgemeinste und zugleich abstrakteste Orientierung des Verhältnisses von Wille und Handlungsantrieben vorgelegt wird und welche in den anderen Verhältnisorientierungen ihre konkretere Bestimmung hat.

Ohne daß dies ausdrücklich geschehen wäre, ist die Idee der inneren Freiheit in den vorausgegangenen Überlegungen bereits expliziert worden. Der Versuch, das Willensurteil über Handlungsantriebe bzw. die Einsicht in sinnvolle Handlungsmöglichkeiten an praktischen Ideen auszurichten, steht nämlich unter der fundamentalen Voraussetzung, daß der Wille über Handlungsantriebe urteilen könne. Diese Voraussetzung besagt, daß Wille und Handlungsantriebe als Äußerungen ein und desselben Vernunftwesens sich nicht unmittelbar wechselseitig bestimmen; denn anderenfalls könnte dieses nur wollen und tun, wozu es sich jeweils getrieben fühlte. Damit überhaupt Einsicht in sittlich Aufgegebenes möglich werde, muß das Vernunftwesen als ein der Herrschaft über seine Handlungsantriebe grundsätzlich fähiges gedacht werden. Diese Voraussetzung, unter welcher die Frage nach einer Sinnorientierung menschlichen Handelns allein sinnvoll sein kann, faß Herbart im Begriff der Idee der inneren Freiheit. Die Idee innerer Freiheit besagt nicht, daß jeder Mensch faktisch frei sei; Herbart wendet sich ausdrücklich dagegen, Freiheit zu einem ontischen Prädikat des Menschen zu machen und diesen in theoretischer Einstellung als ein Wesen der Freiheit zu interpretieren. Die Idee innerer Freiheit meint vielmehr, der Mensch müsse seinen Willen an der Möglichkeit der Herrschaft über seine Handlungsantriebe und deren kritischer Beurteilung orientieren, um frei zu sein oder zu werden. Wie die anderen Ideen, so ist auch diejenige der inneren Freiheit – um es in der Terminologie Kants zu sagen – kein konstitutives Prinzip der Erfahrung, sondern ein regulatives Prinzip der praktischen Vernunft, das den Regreß sittlicher Höherbildung orientieren will, damit Freiheit und Sittlichkeit praktisch oder wirklich werden könne.

Diese Feststellung, daß die Idee der inneren Freiheit nicht die faktische Freiheit des Menschen behaupte, sondern verlange, der Mensch müsse sein Wollen gemäß der Idee der inneren Freiheit bestimmen, um frei zu werden, verweist dabei auf prinzipielle Schwierigkeiten, welche sich innerhalb der praktischen Philosophie stellen, ohne in dieser gelöst werden zu können. Denn wenn die Idee der inneren Freiheit auch insofern die faktische Freiheit nicht voraussetzt, als sie regulative Idee der Selbstbestimmung des Menschen ist, so muß sie zum Zwecke ihres Praktischwerdens doch immer schon faktische Freiheit des Menschen voraussetzen, da dieser sonst gar nicht die Möglichkeit hätte, sich in ihrem Sinne zu motivieren. Um die sich hier andeutende Grenze der Ideenlehre hat Herbart genau gewußt. Er setzt nämlich nicht nur die Ideenlehre seiner praktischen Philosophie für seine Bildungstheorie voraus – diese soll ja aus dem Zweck der Erziehung abgeleitet sein –, er stellt zugleich ausdrücklich die Verwiesenheit der praktischen Philosophie auf die Theorie der Bildung fest. Bezüglich der eben genannten Problematik heißt es bei ihm: »Fragte sich's nach dem, was zu tun sei, so wäre an diesem Orte der Eingang zur Pädagogik.«[79] Die praktische Philosophie kann die Veränderung der Wirklichkeit im Sinne der von ihr erarbeiteten praktischen Ideen nur postulie-

ren; die Sorge, daß diese Ideen den praktischen Regreß des Handelns orientieren, obliegt der Pädagogik oder Erziehungswissenschaft und der Politologie, auf welche Herbart nicht näher eingeht.
Diese knappen Ausführungen zu Herbarts praktischer Philosophie, welche mit der Feststellung der wechselseitigen Verwiesenheit von praktischer Philosophie und Pädagogik schließen, mögen ausreichen, um im folgenden einholen zu können, inwiefern Herbart von seiner Bildungstheorie behaupten konnte, sie sei aus dem Zwecke der Erziehung abgeleitet. Der Grundbegriff seiner Bildungstheorie, die »Bildsamkeit« des Zöglings, und die Unterscheidung zwischen »Regierung«, »Unterricht« und »Zucht« lassen sich nun aus den beiden Bedingungen der realen Möglichkeit von Sittlichkeit, dem Willensurteil über die Handlungsantriebe und dem Gehorsam, sowie aus der Idee der inneren Freiheit in ihrem systematischen Zusammenhang begreifen. Unter dem Gesichtspunkt, daß der Erziehung die Aufgabe praktischer Ermöglichung sittlichen Handelns und der Bildungstheorie die Sinnorientierung der Erziehung an der Aufgabe der Realisierung von Sittlichkeit gemäß den Bedingungen ihrer realen Möglichkeit zufalle, erscheint die Idee innerer Freiheit in der Pädagogik als Prinzip der Bildsamkeit und artikulieren sich Einsicht und Gehorsam als Bedingungen der realen Möglichkeit von Sittlichkeit in der Unterscheidung zwischen Regierung, Unterricht und Zucht.[80]
Vom Prinzip der Bildsamkeit heißt es im *Umriß pädagogischer Vorlesungen:* »Der Grundbegriff der Pädagogik ist die Bildsamkeit des Zöglings.«[81] Nur unter der Voraussetzung der Bildsamkeit des Heranwachsenden kann Erziehung der Realisierung der Sittlichkeit und der Ermöglichung innerer Freiheit dienen. Nur insofern der Heranwachsende seinem Wesen nach als bildsam vorgestellt wird, kann er die Herrschaft über seine Handlungsantriebe und die Einsicht in die ihm aufgegebene Sittlichkeit gewinnen und endlich seiner Einsicht gehorchen. Indem die Idee innerer Freiheit die Bildsamkeit als Voraussetzung ihrer praktischen Ermöglichung fordert, wird die Scheinantinomie von ontischer Freiheit bzw. ontischer Unfreiheit überwunden. Wäre der Mensch ein von Natur aus freies und sittliches oder unfreies und böses Wesen, so bedürfte er nicht der Erziehung und Pädagogik. In beiden Fällen wäre Erziehung überflüssig und unmöglich. Nur ein zur Realisierung innerer Freiheit aufgerufenes Wesen kann erzogen werden. Daher stellt Herbart sowohl in der Selbstanzeige seiner pädagogischen Vorlesungen als auch in diesen selbst fest: »Philosophische Systeme, worin entweder Fatalismus oder transzendentale Frei-

heit angenommen wird, schließen sich von selbst aus der Pädagogik aus. Denn sie können den Begriff der Bildsamkeit, welcher ein Übergehen von der Unbestimmtheit zur Festigkeit anzeigt, nicht ohne Inkonsequenz in sich aufnehmen«; »man kann das Fatum nicht beugen und die Freiheit nicht befestigen«.[82]

Die »Bildsamkeit des Zöglings« als »Grundbegriff der Pädagogik« umfaßt sowohl die reale als auch die ideale Möglichkeit des Werdens des Kindes unter dem Einfluß erzieherischer Maßnahmen. Sie meint erstens die Begrenztheit der realen Möglichkeiten des Heranwachsenden, denn »die Unbestimmtheit des Kindes ist beschränkt durch dessen Individualität. Die Bestimmbarkeit durch Erziehung wird überdies beschränkt durch Umstände der Lage und der Zeit«. Sie meint zweitens die »Beweglichkeit des Menschengeistes«, an die Erziehung anzuknüpfen hat, um der Realisierung innerer Freiheit und der Ermöglichung von Sittlichkeit zu dienen. Die Idee der inneren Freiheit geht in die Sinn- und Aufgabenbestimmung der Erziehung über, indem sie fordert, daß die Erziehung sich erstens an der Ermöglichung der Herrschaft des Willens über die Handlungsantriebe, zweitens an der Ausrichtung der Einsicht als der ersten Bedingung der Sittlichkeit gemäß den praktischen Ideen und drittens an der Provokation des Gehorsams als der zweiten Voraussetzung von Sittlichkeit orientiere. Diese dreifache Aufgabenbestimmung der Erziehung, wie sie aus dem Grundbegriff der Bildsamkeit und der Idee der inneren Freiheit folgt, entwickelt Herbart in der Unterscheidung zwischen Regierung, Unterricht und Zucht.

Die »Kinderregierung« hat die Aufgabe, dafür zu sorgen, daß Wille und Handlungsantriebe beim Kind nicht zusammenfallen, damit sich beim Kind ein Wille bilden könne, der »sich zu entschließen fähig« wird. Versuchte die Regierung den Willen des Kindes selbst schon zu bestimmen, so machte sie dieses zwar nicht seinen eigenen Handlungsantrieben, wohl aber denjenigen des Erziehers oder der erziehenden Umgebung hörig. Der Wille würde bestimmt, bevor er fähig geworden wäre, sich zu entschließen; die Einsicht in die Aufgegebenheit sittlichen Tuns und der Gehorsam der eigenen Einsicht gegenüber wären durch »Kinderregierung« verunmöglicht. Daher stellt Herbart zur Aufgabe der »Kinderregierung« fest: »alles kommt darin zusammen, daß diese Regierung keinen Zweck im Gemüt des Kindes zu erreichen« habe; so »fordern es die Grundsätze der praktischen Philosophie«[83], welche zwischen Handlungsantrieben und dem Urteil des Willens unterscheidet, wie wir gesehen haben.

Sobald das Kind die ersten »Spuren eines echten Willens« zeigt, kann und darf es nicht mehr regiert werden. Damit sich aber der Wille des Kindes entwickeln kann, bedarf die Erziehung anderer Sinn- und Aufgabenorientierungen, als sie durch diejenigen der Regierung gegeben sind. Die Einsicht des Kindes muß entwickelt werden. Dies ist die Aufgabe des Unterrichts, der sich zum Zwecke der Realisierung der ersten Bedingung der Sittlichkeit um die Bildung des Gedankenkreises des Heranwachsenden bemüht. Die erste Bedingung der Sittlichkeit meint das Verhältnis von Wille und Handlungsantrieben, welches im Sinne der praktischen Ideen bestimmt werden soll; sie bezieht sich also sowohl auf den Willen, der fähig sein soll, sich zu entschließen, als auch auf die Handlungsantriebe. Daher stellt sich dem Unterricht bei der Bildung des Gedankenkreises eine zweifache Aufgabe, denn er muß zum Zwecke einer im Sinne der praktischen Ideen zu realisierenden inneren Freiheit sowohl die Handlungsantriebe als auch den Willen bei der Bildung des Gedankenkreises berücksichtigen. Herbart stellt fest: »Aus Gründen, deren Nachweisung hier zu weitläufig wäre, erhellt (sich), daß der Unterricht zwei getrennte, aber stets gleichzeitig fortlaufende Reihen (einander) ... entgegenzuführen habe, um endlich beide... zu verknüpfen; man kann diese Reihen durch die Namen Erkenntnis und Teilnahme unterscheiden.«[84] In der Reihe der Erkenntnis versucht der Unterricht dem Heranwachsenden die Welt in ihrem Ordnungszusammenhang zu erschließen, in der Reihe der Teilnahme gilt es das Interesse am Handeln der Menschen in Gegenwart und Geschichte zu wecken. Die Verknüpfung beider Reihen, durch welche die Einheit des Gedankenkreises allererst gestiftet werden kann, soll den Heranwachsenden in die Lage versetzen, Erkenntnis und Teilnahme, Wissen und Partizipation an den gesellschaftlichen Verhältnissen, so aufeinander zu beziehen, daß aus dem Wechselverhältnis von Erkenntnis und Teilnahme die an den praktischen Ideen auszurichtende kritische Einsicht in die Möglichkeiten und Aufgaben sittlichen Handelns resultieren kann. Nur wenn der Unterricht in seinen beiden Reihen der Entwicklung des kritischen Urteils über die Handlungsantriebe dient, ist er wahrhaft »erziehender Unterricht«. Seine Aufgabe besteht darin, im Heranwachsenden ein »vielseitiges Interesse« zu wecken, die Welt, wie sie ist, im Sinne der praktischen Ideen sinnbestimmten Handelns zu beurteilen und der aus solchem Urteil resultierenden Einsicht gemäß die Teilnahme am gesellschaftlichen Leben auszurichten.

In der Verknüpfung seiner beiden Reihen gelangt der Unterricht nicht über die Eröffnung von Gewissensansprüchen hinaus. Als Unterricht vermag er lediglich den Gedankenkreis des Heranwachsenden auszubilden. Eine Erziehung, welche nur den Unterricht kennen würde, und sei es den von Herbart verlangten erziehenden Unterricht, diente ausschließlich der Ermöglichung der ersten Bedingung der Sittlichkeit. Wo der Unterricht darum weiß, daß er an der zweiten Voraussetzung der Sittlichkeit, dem Gehorsam der Einsicht gegenüber, seine Grenze hat, muß er um seiner selbst willen eine weitere Bestimmung der Aufgaben der Erziehung fordern. Soll die Bildung des Gedankenkreises praktisch folgenhaft werden, so darf Erziehung nicht zur Gesinnungsbildung verkümmern; soll Erziehung ihrem Zweck, der Ermöglichung von Sittlichkeit, dienen, so muß sie den Heranwachsenden in die Lage versetzen, seinen Willenseinsichten zu folgen, d. h. die Welt nicht lediglich auf der Basis des im Unterricht erworbenen Gedankenkreises kritisch zu beurteilen, sondern auch praktisch zu verändern. Die Ermöglichung des Gehorsams gegenüber der eigenen Einsicht in die aufgegebene Sittlichkeit, die Herbeiführung der zweiten Bedingung sittlichen Handelns, ist Aufgabe der »Zucht«. Diese hat zum einen die negative Funktion, der Willkür des Heranwachsenden entgegenzuwirken, um diesen an übereiltem Handeln zu hindern; sie hat zum anderen die positive Funktion, den Heranwachsenden zur Realisierung seiner Einsichten aufzufordern, d. h. den Gehorsam vorzubereiten. Die negative Aufgabe erwächst der Zucht angesichts der in der praktischen Philosophie aufgezeigten Unzulässigkeit, die zweite Bedingung der Sittlichkeit, den Gehorsam, aus der ersten Bedingung der Sittlichkeit, der Einsicht, herzuleiten; kann Zucht die Einsicht des Zöglings, zu welcher dieser durch Unterricht gelangt, nicht unmittelbar in sittliche Praxis überführen, so kann sie doch zu verhindern suchen, daß der Zögling aus falscher Einsicht tätig werde und sich in ihm durch solches Tätigwerden ein im Widerspruch zu den praktischen Ideen orientierter Charakter verfestige. Die positive Bedeutung der Zucht folgt aus dem Gedanken, daß Sittlichkeit nur als Synthesis von Einsicht und Gehorsam wirklich ist, und daß der Zögling seine Einsichten praktisch bezeugen und realisieren muß, um sittliche Person zu werden. Wo der Heranwachsende seinen Einsichten folgt und für diese praktisch eintritt, ist das Ende der Erziehung erreicht, geht Zucht in Selbstzucht über.

An der Synthesis von Einsicht und Gehorsam, am praktischen Handeln des Heranwachsenden, haben sowohl Zucht als auch Unterricht ihre Grenze. Der sich aus eigenem Handeln im Heranwachsenden ausbildende Charakter geht weder in dem durch Unterricht zu bildenden vielseitigen Interesse noch in der durch Zucht zu bewirkenden Stärke auf. Daher wendet Herbart gegen jedwede normative Bildungstheorie, welche Unterricht und Zucht zu Mitteln der Indoktrination herabwürdigt, ein: »Machen, daß der Zögling sich selbst finde als wählend das Gute, als verwerfend das Böse: dies oder nichts ist Charakterbildung! Diese Erhebung zur selbstbewußten Persönlichkeit soll ohne Zweifel im Gemüt des Zöglings selbst vorgehn und durch dessen eigne Tätigkeit vollzogen werden; es wäre Unsinn, wenn der Erzieher das eigentliche Wesen der Kraft dazu erschaffen und in die Seele eines anderen hineinflößen wollte. Aber die schon vorhandene ... Kraft in eine solche Lage zu setzen, daß sie jene Erhebung unfehlbar und zuverlässig gewiß vollziehn müsse: das ist es, was sich der Erzieher als möglich denken, was er zu erreichen, zu treffen, zu ergründen, herbeizuführen, fortzuleiten als die große Aufgabe seiner Versuche ansehn muß.«[85]

So wie die Erziehung an der Praxis des Heranwachsenden ihre Grenze hat, da sie diese weder normieren noch dem Zufall überlassen darf, sondern an den Aufgaben sinnbestimmten Handelns orientieren muß, so hat die Bildungstheorie am Handeln des Erziehers ihre Grenze. Konnte sich die Pädagogik bei Rousseau und Schleiermacher, welche die Thematik der Theorie der Erziehung in den Vordergrund stellten, noch auf eine ursprüngliche Dignität der Praxis berufen, welcher die Theorie zu dienen hatte, so verlangt die Theorie der Bildung nach einer grundsätzlichen Neubestimmung des Verhältnisses von Theorie und Praxis. Sobald über Probleme erzieherischer Situationsbewältigung hinaus die Situation der Erziehung im gesellschaftlichen Kontext als solche problematisch geworden ist, kann von einer vorgängigen Dignität der Praxis nicht mehr die Rede sein. Das Bildungsproblem richtet sich weniger auf das mehr oder weniger klug eingerichtete erzieherische Verhalten der älteren Generation und ihrer Repräsentanten, es richtet sich vielmehr auf die gesellschaftliche Situation selbst und auf das Bedürfnis und die Notwendigkeit ihrer vernunftbestimmten Veränderung. Theorie kann nun nicht mehr den Primat der Praxis dadurch anerkennen, daß sie – wie bei Schleiermacher – zu dieser in ein Nachfolgeverhältnis tritt, Theorie muß sich als Bildungstheorie unter den Primat einer Praxis stellen, die durch sie als Theorie gleichzeitig postuliert und antizipiert wird. Mit der veränderten Problematik des Theorie-Praxis-Verhältnisses setzt sich Herbarts Lehre vom »pädagogischen Takt« auseinander.

Die Differenzierung der wesensmäßigen Möglichkeiten der Erziehung in die Aufgaben der Regierung, des erziehenden Unterrichts und der Zucht will den Gesichtskreis des Erziehers an den bildungstheoretisch zu legitimierenden Aufgaben seines Handelns orientieren. Diese Orientierungsfunktion kann die Bildungstheorie nur wahrnehmen, wenn sie um ihre Negativität und Positivität für das Handeln des Erziehers weiß. Herbarts Lehre vom »pädagogischen Takt« versucht das Verhältnis von Theorie und Praxis so zu bestimmen, daß die Theorie ihre kritische Orientierungsfunktion wahrnehmen kann, ohne sich zur praxisnormierenden Instanz zu verabsolutieren oder auf ein bloßes Selbstbewußtsein des faktischen Lebens zu reduzieren, und daß die Praxis durchaus ihre Eigenständigkeit behält, indem sie weder einer normativen Theorie noch dem unmittelbar gelebten Leben verpflichtet wird. Bildungstheorie wird praktisch, indem der Erzieher sein Handeln an ihren Aufgabenbestimmungen orientiert. Die Vermittlung von Theorie und Praxis kann nur eine praktische sein. Dies versucht Herbart im Begriff des »pädagogischen Taktes« zu fassen, der die sinnorientierende Funktion der Theorie ebenso anerkennt wie die Unverfügbarkeit der Praxis für die Theorie: Bei »jedem noch so guten Theoretiker (schiebt sich), wenn er seine Theorie ausübt und nur mit den vorkommenden Fällen nicht etwa in pedantischer Langsamkeit wie ein Schüler mit seinen Rechenexempeln verfährt, zwischen die Theorie und die Praxis ganz unwillkürlich ein Mittelglied ein, ein gewisser Takt nämlich, eine schnelle Beurteilung und Entscheidung, die nicht wie der Schlendrian ewig gleichförmig verfährt, aber auch nicht, wie eine vollkommen durchgeführte Theorie wenigstens sollte, sich rühmen darf, bei strenger Konsequenz und in völliger Besonnenheit an die Regel zugleich die wahre Forderung des individuellen Falles ganz und gerade zu treffen«.[86] Der pädagogische Takt, der im Erzieher sich während seiner Praxis ausbildende Charakter, ist weder unmittelbares Resultat der Theorie noch unmittelbares Produkt der Praxis, denn die Theorie verfügt bei ihrer Orientierung der Erziehung nicht unmittelbar über die konkrete Inhaltlichkeit der erzieherischen Akte, und die Praxis nötigt den Erzieher ständig zu Entscheidungen, ohne deren Vernünftigkeit aus der von der Handlungssituation ausgehenden Nötigung ableiten zu können. So bildet sich der pädagogische Takt zwar allererst in der Praxis, seine Bestimmung, welche er in dieser erreicht, hängt jedoch zugleich von der Theorie, von der theoretischen Orientierung und Bildung des Gedankenkreises des Erziehers, ab. Daher stellt Herbart fest: »unvermeidlich« tritt »der Takt in die Stellen ein ..., welche die Theorie leer ließ, und (wird) so der unmittelbare Regent der Praxis ... Glücklich ohne Zweifel, wenn dieser Regent zugleich ein wahrhaft gehorsamer Diener der Theorie ist ... Im Handeln nur lernt man die Kunst, erlangt man Takt, Fertigkeit, Gewandtheit, Geschicklichkeit; aber selbst im Handeln lernt die Kunst nur der, welcher vorher im Denken die Wissenschaft gelernt, sie sich zu eigen gemacht, sich durch sie gestimmt und die künftigen Eindrücke, welche die Erfahrung ihm machen sollte, vorbestimmt hatte.«[87]

Damit zeigt sich, daß Herbart nicht nur innerhalb seiner Bildungstheorie und praktischen Philosophie das Prinzip der praktischen Differenz anerkannte, wenn er zwischen Gehorsam und Einsicht als den wesensmäßigen Voraussetzungen der Sittlichkeit unterschied und von diesen den praktischen Gehorsam als Synthesis von Einsicht und Gehorsam abhob, sondern daß er darüber hinaus die praktische Differenz auch hinsichtlich der handlungsrelevanten Bedeutsamkeit seiner Bildungstheorie anerkannte. Herbarts Lehre vom pädagogischen Takt ist der älteste Teil seines erziehungswissenschaftlichen Systementwurfs; sie wurde in den Vorlesungen von 1802 erstmals entwickelt. An ihr läßt sich nun prüfen, ob Herbarts spätere Sinn- und Aufgabenanalyse der Erziehung den Erfordernissen einer wissenschaftlichen Sinnorientierung erzieherischer Verantwortlichkeit genügt oder nicht. Es lassen sich aus Herbarts eigener Lehre vom pädagogischen Takt drei Einwände gegen seine Bildungstheorie erheben, von denen der erste noch innerhalb des Herbartschen Systems eine befriedigende Antwort finden kann, während die beiden anderen zu einem Hinausgehen über seine Pädagogik zwingen.

Der erste Einwand richtet sich auf das Verhältnis von Bildungstheorie und Takt. Wenn Erziehung zugleich an den Aufgaben des erziehenden Unterrichts und der Zucht ausgerichtet werden soll, sich also nicht auf eine bloße Bildung des Gedankenkreises beschränken darf, dann kann sich auch die Pädagogik als Wissenschaft nicht damit begnügen, dem angehenden Erzieher lediglich einen wissenschaftlich orientierten Gesichtskreis seines künftigen Tuns zu erschließen; dann muß sie darüber hinaus jene Aufgabe ernst nehmen, welche innerhalb der Erziehung der Zucht zugewiesen wurde, d. h. sie muß die Bildung des Taktes in der Praxis ebenfalls zum Gegenstand pädagogischer Analysen erheben. Dem hier angesprochenen Einwand kommt Herbart insofern zuvor, als er in Königsberg die Einrichtung eines »pädagogischen Seminars« – wir würden heute sagen: eines Didaktikums –

plante, »worin (die Studierenden) die wichtigsten und schwersten Teile der Erziehungskunst durch Anschauung und eigene Übung ... kennenlernen« sollten.[88] Dieser Plan, der teilweise realisiert wurde, sollte die wissenschaftliche Lehrerausbildung aus der für sie bis in unsere Tage charakteristischen Beschränkung auf eine weitgehendst pädagogische Gesinnungsbildung befreien und das Erlernen theoretisch-praktischer Sinnanalysen eigener Praxis in die wissenschaftlichen Studien einbeziehen.

Der pädagogische Takt ist jedoch – und hiergegen richtet sich der zweite Einwand – nicht nur in Beziehung zur Bildungstheorie zu sehen. An ihm wird indirekt zugleich ein Desiderat innerhalb der Herbartschen Pädagogik deutlich. Der pädagogische Takt »tritt« nämlich nicht nur »in die Stellen ein«, die die Bildungstheorie angesichts ihrer prinzipiellen Negativität gegenüber der pädagogischen Praxis »leer« lassen mußte; der pädagogische Takt muß zugleich eine Lücke innerhalb der Herbartschen Pädagogik schließen, welche zwar die Thematik der Theorie der Bildung kennt, von derjenigen der Theorie der Erziehung jedoch weitgehend abstrahiert. Hinsichtlich der Einübung in die erzieherische Situationsbewältigung bedarf der pädagogische Takt über eine bildungstheoretische Orientierung an den Aufgaben der Erziehung hinaus einer erziehungstheoretischen Anleitung, wie sie Rousseau und Schleiermacher zu geben versucht haben. Wo Herbart diese Thematik streift, versucht er die konkrete Situationsbewältigung an einem psychologischen Wissen um geeignete »Erziehungsmittel« auszurichten. Wir haben uns mit dieser Seite seiner Systematik hier nicht beschäftigt, weil diese uns als Exempel einer Theorie der Bildung dient und dort, wo sie die Thematik der Erziehungslehre auf die einer anthropologischen Psychologie reduziert, der bereits bei Schleiermacher entwickelten Kritik des Verhältnisses von Erziehungstheorie und Anthropologie unterliegt.

Der dritte und wohl entscheidendste Einwand richtet sich gegen Herbarts Sinnanalyse selbst. Bei der Skizzierung der Ideenlehre der praktischen Philosophie hatten wir uns auf die Ableitung der Idee der inneren Freiheit konzentriert und die Klärung der anderen Ideen hintangestellt, weil diese für die heutigen Handlungssituationen von geringerer Bedeutung sind. In diesem Zusammenhang muß jedoch festgestellt werden, daß die Idee der inneren Freiheit leer und nichtig ist, wenn sie nicht in weiteren praktischen Ideen konkretisiert wird, die – wie Herbarts praktische Philosophie es zumindest versuchte – alle Bereiche menschlichen Handelns in ihrem Zusammenhang erfassen müssen. So wie die Idee der inneren Freiheit ohne Explikation durch weitere regulative Sinnbestimmungen formal und abstrakt ist, so bleibt auch der Grundsatz der Bildsamkeit als Prinzip der Realisierung innerer Freiheit solange unbestimmt, wie er sich nicht an den durch die anderen Ideen orientierten Aufgaben sinnbestimmten Handelns ausrichtet. Nun konzentriert sich jedoch Herbarts Pädagogik weitgehend auf die Realisierung und Eröffnung der Idee innerer Freiheit. Die anderen Ideen gewinnen fast gar keine Relevanz. Und hierin liegt die eigentliche Beschränktheit der Herbartschen Bildungstheorie. Die im Rahmen der Herbartschen Systematik eigentlich zu fordernde kritische Analyse der kulturellen, wirtschaftlichen, gesellschaftlichen und politischen Verhältnisse seiner Zeit wird weder in der praktischen Philosophie, obwohl diese u. a. »Ideen des Rechts« und der »Rechtsgesellschaft«, des »Lohnsystems« und der »beseelten Gesellschaft« kennt, noch in der Pädagogik in ihrer Notwendigkeit eingesehen. Statt dessen gerät Herbarts Ansatz, trotz seiner Bildungstheorie, welche nicht nur die Aufgaben des erziehenden Unterrichts, sondern zugleich auch die der Zucht reflektiert und trotz seiner Lehre vom pädagogischen Takt sowie der Anerkennung des Gehorsams als der zweiten Voraussetzung von sittlichem Handeln, letztlich in eine Zweiweltentheorie. Die ideale Welt der Ideen und die reale Welt des Faktischen stehen unvermittelt und scheinbar unvermittelbar einander gegenüber.

Gleichsam als wolle sich Herbart der Konfrontation zwischen dem im Sinne seiner praktischen Ideen zu fordernden Regreß des erzieherischen, politischen, sittlichen, wirtschaftlichen und religiösen Handelns auf der einen und dem faktischen Regreß des Handelns auf der anderen Seite entziehen, stellt er fest: Die »sittliche Idee ruft zwar dem Geschlechte, aber sie verstummt dem Einzelnen, sofern er einzeln ist. Sie weiß nichts von seiner nächsten Schranke, sie tadelt und beschämt, aber helfen kann sie nicht. Sie will ihn am Ziele, er ist auf dem Wege, aber sie weiß nichts vom Wege, viel weniger kann sie ihn führen«.[89] Hier artikuliert sich die Resignation eines Bürgers des neunzehnten Jahrhunderts, der in den Schranken der bürgerlichen Klasse das Hindernis für die durch das Bürgertum eigentlich zu realisierende Idee der Menschheit erahnte: Der Sittliche hat dem gemeinen Menschen gegenüber nur mehr den Vorzug, Bürger zweier Welten zu sein; seiner Gesinnung nach hat er Anteil an der idealen Welt der Ideen, an seinen Taten gemessen ist er wie alle anderen ein Opfer seiner Zeit. Zwar »versucht (die Tugend) zu handeln, aber ihr Handeln kann ihr schwerlich genügen. Es wird zu vielfach beengt, um in ihrem Sinne sich ganz zu entwickeln«.[90]

So stimmig diese Diagnose, welche Herbart seiner eigenen Zeit gab, sein mag, so fatal sind die Folgen, die er aus ihr ableitete. Indem er sich der Aufgabe entzog, die Widersprüche zwischen einer den praktischen Postulaten gemäßen Ordnung und den faktischen Verhältnissen seiner Zeit aufzudecken, um die Einsicht in diese Widersprüche sowohl für die inhaltliche Konkretion der praktischen Postulate als auch für den durch Unterricht zu erzeugenden Gedankenkreis des Heranwachsenden nutzbar zu machen, versagte er seiner eigenen Theorie ihre mögliche Bedeutsamkeit für eine Aufhebung der gesellschaftlichen Widersprüche und die Höherbildung der Gesellschaft selbst. Statt im aufgegebenen Handeln den notwendigen Versuch zu erblicken, den faktischen Regreß der Praxis im Sinne der praktischen Postulate zu kritisieren und zu verändern, begnügt Herbart sich resignativ damit, »das Handeln stets als eine unvollständige Äußerung der Gesinnungen zu betrachten, um deren Wert es ... eigentlich zu tun« sei.[91] Aus Gründen, welche auf die fehlende Konfrontation der praktischen Ideen mit den bestehenden Verhältnissen zurückgeführt werden können, verkehrt sich hier die gesamte Systematik des Herbartschen Ansatzes: Aus der im Primat sinnbestimmter Praxis begründeten notwendigen Negativität der Theorie, welche die konkrete Praxis weder normieren noch deduzieren darf und kann, wird die Defizienz der Praxis gegenüber der Fiktion einer im Einklang mit den Ideen stehenden reinen Gesinnungstugend. Das einzelne Individuum wird wegen seiner Verstrickung in die faktischen Verhältnisse zum Hindernis für die Realisierung des sittlichen Ideals. Dieses verliert damit seinerseits die ihm eigentlich zuerkannte Funktion einer Sinnorientierung menschlichen Handelns.
An der hier offenbar werdenden Verkehrung des eigentlichen Sinnes der Herbartschen Bildungstheorie zeigt sich die Notwendigkeit, über Herbarts Analyse der Aufgaben von Regierung, Unterricht und Zucht hinauszugehen, damit der Unterricht ein im Sinne handlungsorientierender Postulate erziehender werde und der Zucht die ihr schon bei Herbart zugewiesene Bedeutung für die Ermöglichung sittlicher Charakterstärke zukomme. Um der Idee der inneren Freiheit willen muß die Sinnorientierung der Erziehung den gesamten gegenwärtigen und künftigen Lebens- und Handlungsbereich des Heranwachsenden erfassen, damit dieser lerne, die ihn umgebenden Verhältnisse nach den Postulaten ihrer Höherbildung zu beurteilen und aktiv an ihrer Höherbildung mitzuarbeiten. Herbarts Pädagogik ist lediglich in der Lage, den von den Erziehungslehren konstruierten Regelkreis natürli-

cher Versittlichung im Bereich der Gedanken- oder Gesinnungsbildung zu durchbrechen; in der Gegenüberstellung der idealen Welt praktischer Ideen und der realen Welt der bestehenden Verhältnisse zu verharren, hieße die Widersprüche der gesellschaftlichen Verhältnisse wenn nicht rechtfertigen so doch erdulden. Die Theorie der Bildung vermag jedoch nur dann ihre Aufgaben zu erkennen, wenn sie den erzieherischen Takt und den Gedankenkreis der heranwachsenden Generation an der real notwendigen Möglichkeit der Höherbildung der Menschheit ausrichtet, damit diese in ihrer Aufgegebenheit erkannt und praktisch betrieben werden kann.
Wir wenden uns daher im folgenden einem zweiten Versuch einer traditionellen Theorie der Bildung zu, der den in der Kritik der Herbartschen Systematik erarbeiteten Anforderungen zwar auch nicht zu genügen vermag, der jedoch dadurch charakterisiert ist, daß er, Herbarts Analyse der Aufgaben von Regierung, Unterricht und Zucht ernstnehmend, sich um die Gewinnung eines die gesellschaftlichen Verhältnisse in sich aufnehmenden Gedankenkreises der Erziehung bemüht.

Theorie der Bildung und Kulturgut. Otto Willmanns »Didaktik als Bildungslehre«

In Willmann erreicht die traditionelle Pädagogik, wenn auch nicht hinsichtlich des systematischen Problembewußtseins, so doch hinsichtlich der Breite der Themenhorizonte, ihren Höhepunkt. Willmann kennt sowohl die Fragestellung der Erziehungslehre, zu deren Vertretern unter anderem Rousseau, Jean Paul und Schleiermacher zählt, als auch die der Theorie der Bildung, mit welcher er sich selbst beschäftigte. Sein Versuch, zwischen der Theorie der Erziehung und der Theorie der Bildung dadurch zu unterscheiden, daß er erstere als »Pädagogik«, letztere als »Didaktik« kennzeichnete, hat sich in der Erziehungswissenschaft zu deren eigenem Nutzen nicht durchgesetzt.[92] Didaktik wie Curriculumforschung umfassen heute beide Themenbereiche, denjenigen der erzieherischen Organisation der Lernprozesse ebenso wie denjenigen der bildenden Organisation der Lerninhalte. Den systematischen Zusammenhang von Erziehungs- und Bildungstheorie und dessen Bedeutung für die Didaktik durchschaute

Willmann noch nicht, was besonders deutlich an seiner Verurteilung der Erziehungslehre Rousseaus aufgewiesen werden kann.

Willmanns historische Bedeutung resultiert daraus, daß er die Bildungstheorie auf geschichts- und sozialwissenschaftliche Analysen aufzubauen versuchte[93], seine systematische Bedeutung entspringt aus der besonderen Stellung, welche seine Bildungslehre zu Herbarts Pädagogik einnimmt. Während diese durch Tuiskon Zillers Formalstufentheorie vor allem im Bereich der Theorie der Erziehung Einfluß und Anerkennung gewann, wobei die mögliche Bedeutung der praktischen Ideen für die Aufgabenbestimmung des Gedankenkreises immer mehr in Vergessenheit geriet, stellt Willmann in seiner 1882 und 1888 erstmals erschienen *Didaktik als Bildungslehre nach ihren Beziehungen zur Sozialforschung und zur Geschichte der Bildung* eine an die Güterlehre der Antike anschließende Theorie der Bildung auf, welche die Sinnbestimmung der Erziehung an der sozialen Eingliederung der heranwachsenden Generation in die geschichtlich gewordene Lebenswelt der Erwachsenen ausrichten will.

An Herbarts Pädagogik kritisiert Willmann, diese habe vom objektiven Element der Bildung, von deren Beziehung zur Gesamtheit der Lebensgemeinschaften (Familie, Staat, Kultur- und Religionsgemeinschaft) und den durch diese verkörperten Gütern abstrahiert. Sie gründe sich auf eine individual-ethische Auffassung von Sittlichkeit und verkenne, daß Erziehung nicht bloß auf der Beziehung zweier Individuen, sondern zugleich auf der Beziehung zweier Generationen fuße.[94] Diese Einwände gegen Herbarts Bildungstheorie gilt es nach zwei Seiten hin zu beurteilen. Zum einen richten sie sich gegen jene Schwäche der Herbartschen Pädagogik, auf die wir bereits aufmerksam machten, als wir das Fehlen jeglicher Konfrontation der praktischen Ideen mit den zeitgenössischen gesellschaftlichen Verhältnissen kritiserten, zum anderen legitimieren sie sich durch einen Rekurs auf eine Güterlehre, deren spezifische Mängel und deren Untauglichkeit für eine Sinnorientierung der Erziehung Herbarts praktische Philosophie bereits nachgewiesen hatte. Wir gehen zunächst von Willmanns berechtigter Kritik aus und wenden uns im Anschluß an die Darstellung seiner Bildungstheorie als einer notwendigen Ergänzung der Herbartschen Bildungskonzeption jenen Einwänden zu, die von Herbart her gegen sie gemacht werden können und müssen.

In seiner *Didaktik als Bildungslehre* analysiert Willmann das Problem einer Aufgabenbestimmung der Erziehung in seiner Beziehung zur Gesellschaft und Geschichte. Wie Schleiermacher interpretiert er dabei die »soziale Lebenserneuerung und Tradierung« als einen Vorgang, durch den die »nachwachsenden Elemente« unter den Einwirkungen der Gesellschaft in das vorgegebene Kultursystem integriert werden. »So wenig der Mensch dem Lernen und der Erweiterung oder Umbildung seines Gedankenkreises entwächst, so wenig entwächst er den haltenden und regelnden Einwirkungen auf seine Lebensführung, wie sie von den sozialen Einrichtungen ausgehen. Alle Gesellschaftsverbände üben Zucht oder Disziplin gegen ihre Glieder aus, und nicht bloß gegen die zuwachsenden, die es gilt, in die bestehende Ordnung einzuführen, sondern auch gegen die bereits aufgenommenen, welche darin erhalten werden müssen.«[95] Unter dem Gesichtspunkt der gesellschaftlichen Assimilation erscheinen Willensbildung und intellektuelle Bildung »nur als ein besonderer Fall einer allgemeinen Funktion des geistigen Lebens«. Die Disziplinierung seiner einzelnen Glieder, durch welche sich ein gesellschaftliches System erhält, ist zunächst auf Erwachsene wie auf Heranwachsende in gleicher Weise gerichtet; den »Vermittlungen ..., welche dem sozialen Erneuerungsprozesse dienen, haftet einzeln genommen keine spezifische Beziehung auf die nachwachsenden Elemente an«.[96] Daher gewinnen Erziehung und Bildung ihre besondere Stellung nicht unmittelbar aus der Funktion des gesellschaftlichen Daseins; die spezifische Bestimmtheit der Erziehungs- und Bildungsarbeit erwächst vielmehr aus deren besonderer Ausgerichtetheit und Aufgabenstellung »im Ganzen der menschlichen Lebensaufgaben«.[97] Der Bildungsarbeit kommt ihre besondere Stellung nach Willmann dadurch zu, daß sie »die Aufgabe (hat), die Werte der Kultur in der rechten Weise zusammenzuführen, sie zu frei verfügbaren Elementen des individuellen Geisteslebens zu machen und damit die Fortpflanzung der Kultur zu sichern... Die soziale Bildungsarbeit funktioniert richtig, wenn sie auf die Totalität der Güter angelegt ist und (diesen) ... ihre Stelle gibt«.[98]

Wie später Erich Weniger, so geht auch Willmann in seiner Bildungstheorie davon aus, »es (bereite) keine Schwierigkeit (mehr), ... der Bildung ihren Ort« im Kultursystem zuzuweisen, wenn zuvor »die Stellung der Kultur im Ganzen der menschlichen Lebensaufgaben richtig bestimmt« sei.[99] Willmanns These vom »richtigen Funktionieren« der Bildungsarbeit kehrt bei Weniger in dem Postulat wieder, »ein Lehrplan (sei) ›richtig‹, (wenn er) nach der Seite der Welt die Lagerung der Kräfte bei den an der Bildung beteiligten Faktoren« ausdrücke.[100] So wie Weniger dabei voraussetzt, daß die durch gesell-

schaftliche Kämpfe jeweils erreichten Machtbalancen a priori gutartig seien und den Einfluß der gesellschaftlichen Mächte und Interessengruppen auf die Weiterentwicklung der Gesellschaft in der richtigen Art und Weise reglementierten, so setzt Willmann voraus, es gebe eine »Totalität der Güter«, an welcher die Bestimmung der Aufgaben der Erziehung ihren Maßstab haben könne. Die »Totalität der Güter« wird dabei so gedacht, daß sie sowohl Ordnungsinstanz für künftige Bildungsarbeit als auch Resultat menschlicher Bildungsanstrengungen in der Geschichte ist. Auch hierin Überlegungen der späteren geisteswissenschaftlichen Pädagogik vorwegnehmend, stellt Willmann fest: »Mit der Forderung, Pädagogik und Didaktik auf die sozialen und kollektiven Erscheinungen ihres Gebietes auszudehnen, ist auf das engste die andere verbunden, ihren Horizont zugleich nach Seiten der Geschichte zu erweitern, ja beide sind, richtig verstanden, nur verschiedene Fassungen eines und desselben Prinzips. Erziehung und Bildung im Ganzen des sozialen Erneuerungsprozesses aufsuchen, heißt nichts anderes, als ihre Stellung in der geschichtlichen Lebensbewegung, ihre Mitwirkung zur historischen Kontinuität der menschlichen Dinge zu erkennen streben; sie als ein Verhältnis der Generationen, als Überlieferung und Angleichung auffassen, bedeutet, sie unter den historischen Gesichtspunkt stellen, denn was da überliefert wird und worin die angleichende Kraft liegt: die geistig-sittlichen Güter und die menschlichen Verbände sind überall ein geschichtlich Gewordenes und nur durch Geschichte zu Deutendes; den Kräften und Verhältnissen nachgehen, welche sich im Erziehungs- und Bildungswesen kollektiv zusammenfassen, heißt mit historischen Erscheinungen und Werten arbeiten.«[101]
Mit der Annahme dieser Wechselwirkung zwischen historischen und gesellschaftswissenschaftlichen Fragestellungen glaubte Willmann eine ausreichende Basis dafür gefunden zu haben, »daß die Erziehungs- und Bildungslehre eine wissenschaftliche Gestaltung gewinnen und ebenbürtig neben die älteren verwandten Disziplinen, welche die anderen Sphären der menschlichen Betätigung behandeln, treten möge«.[102] Die Einsicht in die Historizität der Bildungsgüter soll der Deutung des jeweils aufgegebenen sozialen Erneuerungsprozesses dienen, und der aus solcher Einsicht erwachsende Erneuerungsprozeß soll die künftige Kontinuität der geistigen Entwicklung sichern. Es kann kein Zweifel daran bestehen, daß die Konstruktion eines solchen Regelkreises von Geschichte, Sinnbestimmung der Erziehung und Geschichte, wird sie im gesellschaftlichen Leben praktisch, der Her-

stellung einer Kontinuität von Bildungsgütern und Wertvorstellungen dienlich ist; es kann ferner kein Zweifel bestehen, daß die aus solcher Aktivität hervorgehende Praxis hernach historisch als Kontinuität erkannt werden kann. Fraglich ist jedoch, ob die Annahme eines Regelkreises von vorgegebener geschichtlicher Kontinuität, aufgegebener Praxis und herzustellender Kontinuität eine befriedigende Lösung für das Problem einer wissenschaftlichen Sinnorientierung der Erziehung anzubieten vermag. Wir werden uns mit der Leistungsfähigkeit einer historischen Hermeneutik bei der Behandlung des geisteswissenschaftlichen, des erfahrungswissenschaftlichen und des emanzipatorischen Ansatzes der Pädagogik genauer auseinandersetzen.[103] An dieser Stelle soll lediglich angedeutet werden, daß Willmanns Grundthese: »Die auf die geistige und sittliche Angleichung der Jugend gerichtete Tätigkeit arbeitet an der Geschichte und mittels der Geschichte«[104] zum einen die Gültigkeit historischer Erkenntnis überschreitet und zum anderen an die Stelle wissenschaftlicher Sinn- und Aufgabenanalysen die Ideologie des Historismus setzt, welche den jeweils empirisch vorgegebenen Werthaltungen dient und nach einer zutreffenden Bemerkung von Wolfgang Fischer der »ideologischen Okkupation der Sache der Pädagogik« Vorschub leistet.[105]

Bedenken wir, daß die Frage nach den Aufgaben der Erziehung stets dann einer wissenschaftlichen Behandlung bedarf, wenn sie im praktischen Zirkel vorgegebener Kontinuität nicht mehr beantwortet ist, so wird schon deutlich, daß die auf »sittliche Angleichung der Jugend gerichtete Tätigkeit« nicht »an der Geschichte« arbeiten kann, weil sie eher ein Produkt noch nicht kritisch aufgearbeiteter Geschichte ist und als Angleichung nicht notwendig schon sittlich sein kann. Wann immer das Problem der Bildung sich stellt, kann Erziehung auch nicht »mittels« der Geschichte arbeiten, weil die Geschichte im historischen Verstande weder Mittel noch Güter für die Höherbildung der Menschheit bereitzustellen vermag. Die Kontinuität der geschichtlichen Entwicklung kann schon deshalb keine zureichende Maxime für verantwortliches Handeln sein, weil dieses über Sinn und Fragwürdigkeit traditioneller Wertvorstellungen und Ordnungsstrukturen urteilen und seinem Urteil gemäß tätig werden muß. Dadurch, daß Willmann Kontinuität zu einem Wertkriterium erhebt, welches das Faktum der Diskontinuität negativ beurteilt, verkennt er, daß empirische Diskontinuität oder das Faktum des Umschreibens der Geschichte in Richtung auf eine in der Vorgeschichte noch nicht angelegte Zukunft seinerseits Voraussetzung für die Stiftung neuer Kontinuität ist. Die Kontinuität der Geschichte, welche die Historie aufzuweisen hat, lebt sowohl aus empirischer Kontinuität als auch aus empirischer Diskontinuität; sie ist jeweils nur im Nachhinein faßbar, niemals jedoch auf eine mögliche Zukunft hin anwendbar. Willmanns These, die Erweiterung der Frage nach dem Sinn von Erziehung durch Einbeziehung der sozialen und kollektiven Erscheinungen und die historische Klärung der Bildungstradition seien Fassungen ein und desselben Prinzips, abstrahiert davon, daß Freiheit in der Geschichte gerade auf der Möglichkeit einer über die sozialen und kollektiven Erscheinungen urteilenden Vernunft gegründet ist, welche nicht in irgendeiner Tradition aufgeht. Der mögliche Sinn dieser These, daß nämlich solche Freiheit der Aufklärung über die Geschichte der sozialen und kollektiven Ordnungsstrukturen der Gesellschaft bedürfe, wird erst dann erreicht, wenn diese Geschichte über ihren historischen Begriff hinaus dem Urteil praktischer Vernunft unterstellt wird, welche nach der aufgegebenen Verfaßtheit der sozialen und kollektiven Verhältnisse fragt. Zwar unterscheidet Willmann gelegentlich zwischen historischer und praxeologischer Gültigkeit, so, wenn er feststellt, jene »Hinweisung der moralischen Wissenschaften auf die Geschichte berühr(e), richtig verstanden, weder (deren) spekulativen noch (deren) normativen Charakter; durch die Aufnahme des historischen Elements werden sie ihrer Aufgabe – nicht bloß das, was ist, sondern auch das, was sein soll ... hinzustellen – keineswegs entfremdet«[106]; diese Unterscheidung bleibt jedoch innerhalb des Regelkreises von gesellschaftlicher und geschichtlicher Entwicklung uneingelöst, denn im Rahmen einer Ontologie der Kontinuität kann ihr keinerlei Relevanz zukommen.

Besonders deutlich zeigt sich dies an Willmanns Pauschalurteilen über erzieherische Reformversuche. So wenn er feststellt: »die pädagogische Reflexion (wird allermeist) durch den praktischen Antrieb hervorgerufen ..., die bestehenden Erziehungssitten und Bildungsformen zu verbessern, wenn nicht völlig zu erneuern, und (ist) daher weniger auf deren Ursprung und Entwicklung als auf deren Gestaltung für die Zukunft gerichtet ... Ein reformatorisches Streben aber wird niemals der Vergangenheit gerecht; indem es darauf ausgeht, das Gegebene umzubilden, kann es nicht unbefangen die Kräfte und Werte untersuchen und schätzen, welche in diesem vorliegen, und so nicht das Verständnis für die darin aufgesammelte geschichtliche Arbeit bewahren.«[107] Diese These, daß ein reformatorisches Bestreben nicht der

Vergangenheit gerecht werden könne, wird hier als Argument gegen aus praktischen Antrieben erfolgende Reformversuche verwendet. Indem diesen jedoch zumindest praktische Antriebe zuerkannt werden, impliziert die These zugleich ihre eigene Antithese, denn wann immer Reformversuche aus praktischen Antrieben hervorgehen, wird offenbar, daß die Vergangenheit als Vergangenheit der Gegenwart nicht mehr Gerechtigkeit widerfahren läßt. Nun wäre es freilich ebenso müßig, sich bei der Vergangenheit zu beschweren, weil diese der Gegenwart Unrecht antue, wie die Gegenwart zu tadeln, weil sie die Wertvorstellungen der Vergangenheit nicht schätze, denn ein reformatorisches Streben hat ebensowenig an der Vergangenheit sein Kriterium, wie diese die Richterinstanz für die Gegenwart sein kann. Indem Willmann jedoch die naive Alternative: Konformismus oder Nonkonformismus durch Rekurs auf die Tradition und die empirische Kontinuität als Wert an sich zu entscheiden versucht, abstrahiert er von den in pädagogischen Reformversuchen zutage tretenden praktischen Bedürfnissen und der Notwendigkeit ihrer vernünftigen Beurteilung. So kritisiert er an Rousseau: was diesem »die Feder in die Hand drückte, war das Bestreben, Neues zu versuchen, mit dem Überkommenen aufzuräumen, ungeahnte Erfolge zu erzielen. Von dieser Neuerungssucht ist der modernen Pädagogik etwas geblieben und noch mehr von dem populären Räsonnement, dessen sich ihre ersten Wortführer bedienten«.[108]

Wir wollen und brauchen Rousseau hier nicht gegen Willmann verteidigen. Unsere Darstellung der Rousseauschen Erziehungslehre hat bereits gezeigt, daß dieser ein solcher Vorwurf nicht gemacht werden kann. Daß Willmann ohne tiefere Einsicht in die Bedeutung der Erziehungslehre Rousseaus von blinder Neuerungssucht statt vom Fehlen der Fragestellung einer Theorie der Bildung spricht, läßt ihn selber seine Gemeinsamkeiten mit Rousseau verkennen. So wie dieser die Frage nach der Aufgabenbestimmung von Erziehung durch den Rekurs auf eine heile Natur zu beantworten versuchte, so dient Willmanns Konstruktion eines Regelkreises von Tradition, Sinnbestimmung von Erziehung und künftiger Geschichte eher der Verschleierung der Frage nach den Aufgaben der Erziehung als deren Lösung. Zwar nimmt Willmann nicht mehr wie Schleiermacher bei der Fiktion eines praktischen Zirkels Zuflucht, wenn er die Frage nach den Aufgaben der Erziehung einer wissenschaftlichen Klärung zugänglich machen will; er setzt jedoch an die Stelle des praktischen Zirkels von Leben, Bildung und Leben den Zirkel geschichtlicher Kontinuität, für welchen die Frage nach der Aufgabenorientierung menschlichen Tuns immer schon als durch und mittels der Geschichte beantwortet bzw. beantwortbar vorausgesetzt ist. Die Voraussetzung der Anwesenheit vernünftiger Sinnbestimmungen menschlichen Tuns in der Geschichte, die Voraussetzung einer faktischen Totalität und Ordnung sittlicher und geistiger Lebenszwecke oder Güter, ist jedoch durch historische Analysen nicht einholbar. Der Versuch ihrer historischen Rechtfertigung macht vielmehr blind für die Aufgaben der Gegenwart, indem er diese lediglich als vorläufigen Endpunkt der Geschichte, nicht aber als Ort und Material künftiger Geschichte begreift, statt dessen die Wertvorstellungen der Tradition als gerechtfertigt vortäuscht und die Frage nach der aufgegebenen Sinnstiftung menschlichen Tuns überspringt.

Trotz dieses fundamentalen Irrtums konnte Willmann seinen Versuch einer Didaktik als Bildungslehre zu Recht Herbarts Bildungstheorie gegenüberstellen. Von ihrer wechselseitigen Begrenzung gewinnen beide Modelle allererst ihre mögliche Bedeutung für die heute noch anstehende Lösung der Problematik wissenschaftlicher Sinnorientierung der Erziehung. Es kann nämlich nicht verwundern, daß weder Herbarts noch Willmanns Bildungstheorie bis zu einer Sinnorientierung der Erziehung vorstoßen. Während Herbarts Pädagogik die unter dem Prinzip der Bildsamkeit einzuleitende Konfrontation der praktischen Ideen mit den konkreten gesellschaftlichen Verhältnissen durch eine abstrakte Trennung zwischen der idealen Welt der Ideen und der realen Welt der Faktizität verhinderte, ist eine solche Konfrontation innerhalb Willmanns Bildungstheorie schon allein deshalb unmöglich, weil diese Bildungsideen nur im empirischen Verstande kennt, deren Hervortreten der geschichtlichen Entwicklung blindlings überläßt und deren Gültigkeit durch einen Rückgriff auf eine in der Kontinuität der geschichtlichen Entwicklung für wahr gehaltene Güterlehre versichert. Kritisierte Willmann auch zu Recht an Herbarts Pädagogik, daß diese vom objektiven Element der Bildung, von deren Beziehung zur Gesamtheit der gesellschaftlichen Verhältnisse abstrahiere, so verkannte er dabei doch zugleich die mögliche Bedeutsamkeit der praktischen Ideen, indem er in der faktischen Geschichte der Bildung bereits eine Sinnorientierung künftiger Bildungsanstrengungen erblickte. Ebenso kritisiert Herbart zu Recht jeden Versuch, die Sinnbestimmung menschlichen Tuns in einer Güterlehre aufzusuchen, aber auch er versäumt letztlich, den praktischen Ideen die ihnen systematisch eingeräumte Bedeutsamkeit für die Gewinnung eines sinnbestimmten Gedankenkreises von der Erziehung tatsächlich einzuräumen.

Was Herbart gegen jedwede Güterlehre einwendet, daß diese nämlich die Gültigkeit der Güter postuliere, statt diese zu begründen, gilt auch als Argument gegen Willmanns Bildungstheorie: »Wenn etwas insofern ein Gut ist, wiefern es begehrt und angestrebt wird: so liegt der letzte Grund seiner Vorzüglichkeit eben in diesem Begehren und Anstreben selbst. Aber die Güte dieses Begehrens, sein Vorzug vor jedem schlechten Begehren, sollte ihm von diesem Gute kommen? So drehen wir uns im Kreise; alles bleibt unbestimmt; und die praktische Philosophie gewinnt keinen Anfang noch Inhalt.« Die Güterlehre sieht in der Tatsache der Wertschätzung schon deren Rechtfertigung. Als wolle Herbart Willmanns Versuch einer Bildungslehre schon im vorhinein vereiteln, wendet er sich gegen die Annahme, eine Wertschätzung könne bereits durch ihr bloßes Dasein auf Dauer Gültigkeit erlangen: »Wenn in der Welt der Menschen etwa ein Herr von altem und wahrhaft ruhmvollem Adel seinen Stammbau dem Sohne durch die Taten der Vorfahren erläutert: so läßt sich begreifen, daß dem Sohne beides, der Mut und die Zumutung wachse, zu verhüten, daß nicht die angestammte Kraft durch eine, mehr als gemeine, individuelle Schlechtigkeit in ihm unterdrückt werde; allein wer lächelt nicht über den törichten Wahn, der, in Fällen dieser Art, zuweilen die bloße Kenntnis von dem Geist des Hauses und von dem Kern seines Charakters gelten läßt, statt des Urteils über den Wert dieses Geistes und Charakters?«[109]

Herbart verstand seine eigene Ideenlehre als einen Versuch, dem Urteilen über die Aufgabenbestimmung menschlichen Tuns ein vernünftiges Regulativ zu geben; seine Bildungstheorie sollte sowohl die sinnbestimmte Ermöglichung als auch die sittliche Befolgung und Realisierung solchen Urteilens in ihrer Aufgegebenheit für die Erziehung analysieren. Willmans Forderung, das objektive Element der Bildung dürfe nicht vernachlässigt werden, gilt es mit Herbarts Ansatz einer regulativen Sinnorientierung der Erziehung zu verbinden. Daß ein solcher Versuch bis heute aussteht, kennzeichnet den gegenwärtigen Stand der Erziehungswissenschaft. Legten wir unsere Fragestellung auf die Gegenwart hin aus, so stellte sich uns das Problem und die Aufgabe, den Herbart nahestehenden und zugleich über Herbart hinausgehenden sinntheoretischen Ansatz einer kategorialen Bildungstheorie von Franz Fischer und Josef Derbolav mit dem die geschichtliche Entwicklung der Bildung von der Idee der Freiheit her analysierenden Ansatz einer neomarxistischen Bildungstheorie Heinz J. Heydorns zu konfrontieren. Da eine solche Weiterentwicklung unseres Problems den Rahmen dieser Untersuchung und ihrer beschränkten Aufgabenstellung sprengen würde, sei an dieser Stelle lediglich auf die hier angedeutete Möglichkeit verwiesen.[110]

Bevor wir uns den Ansätzen der modernen Erziehungswissenschaft zuwenden, gilt es die für deren Beurteilung ebenso bedeutsame dritte Fragestellung der traditionellen Pädagogik einzuholen, welche sich mit der Pädagogik und ihren beiden Disziplinen, der Theorie der Erziehung und der Theorie der Bildung, selber beschäftigt. In der derzeitigen gesellschaftlichen Situation, in welcher das positivistische Wissenschaftsideal hinsichtlich der praktischen Relevanz von Wissenschaft weitestgehend unangefochten ist, weil es einer Interessenlage korrespondiert, welche durch Verwaltung und Effektivierung die Tendenzen zur Höherbildung restringiert, stellen sich den Bemühungen um die Entwicklung praktischer Wissenschaften von und für das erzieherische, das sittliche und das politische Handeln besondere Schwierigkeiten entgegen. Von den Möglichkeiten einer praktischen Erziehungswissenschaft handeln die traditionellen Erziehungsphilosophien. Wenn sie sich auch nicht um die Fundierung einer besonderen pädagogischen Forschungsstrategie bemühten, so gewinnen sie doch gerade heute trotz der Grenzen der traditionellen Pädagogik ihre besondere Bedeutung, weil die moderne Erziehungswissenschaft von der Fragestellung und vom Anspruch einer praktischen Wissenschaft weiter entfernt ist, als es die traditionellen Erziehungs- und Bildungstheorien einmal waren.

1.3 Theorie der Pädagogik

Aus unserer Analyse traditioneller Erziehungslehren und Bildungstheorien geht unmittelbar hervor, daß die Pädagogik auf eine erziehungsphilosophische Klärung ihrer Voraussetzungen, eine prinzipienwissenschaftliche Theorie der Pädagogik, angewiesen ist. In den Erziehungs- und Bildungstheorien wurden Begriffe wie »negative Erziehung«, »Dialektik von Bewahren und Verbessern«, »Bildsamkeit«, »innere Freiheit« verwendet, ohne daß diese Begriffe dabei zugleich als Grundbegriffe der Pädagogik legitimiert werden konnten. Zugleich treten sowohl innerhalb der Erziehungslehren und Bildungstheorien als auch zwischen den Erziehungslehren und Bildungstheorien markante Spannungen und Widersprüche auf, die nach einer Aufklärung verlangen. Sollen die Grundbegriffe der Theorie der Erziehung und der Theorie der Bildung fundiert und soll das Verhältnis beider Fragestellungen zueinander geklärt werden, so muß nach einer fundamentalen Begründung des pädagogischen Wissens gefragt werden. Die Analyse der Bedingungen der Möglichkeit wissenschaftlicher Aussagen über Erziehung und Bildung wurde im Rahmen der traditionellen Pädagogik vor allem im Anschluß an Kant und Fichte vorgenommen. Im folgenden wenden wir uns zwei Ansätzen einer Theorie der Pädagogik zu. Der eine wurde in der Nachfolge Fichtes von dessen Schülern aus der Jenenser Zeit erarbeitet und bemüht sich vor allem um die Grundlegung einer Theorie der Erziehung; der andere wurde von Hönigswald in der Nachfolge Kants entwickelt und erörtert vornehmlich das Problem der Letztbegründung einer wissenschaftlichen Analyse der Aufgaben der Erziehung.

Bildsamkeit und Aufforderung zur Selbsttätigkeit. Die erziehungswissenschaftlichen Prinzipien der frühen Fichteaner

Unter den zahlreichen Schülern Fichtes aus der Jenenser Zeit (1794–1799) bemühten sich vor allem Ritter, Sauer, Harl, Johannsen, Hülsen und Cramer um eine wissenschaftstheoretische Grundlegung der Pädagogik.[111] Wir konzentrieren uns im folgenden auf einige Passagen aus Sauers Abhandlung *Über das Problem der Erziehung* von 1798 und Johannsens 1804 erschienene Arbeit *Kritik der Pestalozzischen Erziehungs- und Unterrichtsmethode nebst Erörterung der Hauptbegriffe der Erziehungswissenschaft.*[112] Für Sauers wie für Johannsens Arbeiten ist in gleicher Weise charakteristisch, daß sie im Anschluß an den in Fichtes Abhandlungen über die Wissenschaftslehre und die »Grundlage des Naturrechts« entwickelten Begriffe des endlichen Vernunftwesens eine Fundierung der Erziehungswissenschaft durch die Beantwortung der Frage anstreben: Wie wird aus dem bloß möglichen ein wirkliches Vernunftwesen? Von der Klärung des Begriffes des endlichen Vernunftwesens hängt es nach Meinung der Fichteaner ab, ob die Pädagogik zur Wissenschaft erhoben werden kann.

In seinen Überlegungen geht Sauer von folgender Definition des Vernunftwesens aus: »Das Vernunftwesen ist ein mit Bewußtsein tätiges; denn es ist nicht nur tätig überhaupt, sondern es schaut sich auch in seiner Tätigkeit als tätig sich verhaltend an... Tätigkeit eines Vernunftwesens und eine mit Bewußtsein verbundene Tätigkeit sind ganz gleichbedeutende Ausdrücke.«[113] Das »Vernunftwesen ist ein tätiges«, besagt, daß jede Bestimmtheit, die ihm als Vernunftwesen zukommt, über seine Tätigkeit vermittelt ist. Das Vernunftwesen ist »mit Bewußtsein« tätig, besagt, daß diese Bestimmtheit des Vernunftwesens als über sein Bewußtsein jeweils vermittelt gedacht werden muß, d. h., daß es das Bewußtsein der Tätigkeit ist, welches diese zu der seinigen macht. Nun lassen sich zwei verschiedene Tätigkeiten und mithin zwei Weisen des Bewußtseins unterscheiden, je nachdem ob die Tätigkeit auf das Vernunftwesen selbst gerichtet und das Bewußtsein mithin ein unmittelbares ist oder ob die Tätigkeit auf ein außer ihm Seiendes gerichtet und das Bewußtsein mithin ein mittelbares ist. Während das Vernunftwesen in der auf es selbst gerichteten Tätigkeit seiner selbst unmittelbar bewußt ist, ist es in der auf ein Nicht-Ich gerichteten Tätigkeit nur insofern mit Bewußtsein tätig, als es auf seine Tätigkeit reflektiert. Damit gewinnt der Satz: »Das Vernunftwesen ist ein mit Bewußtsein tätiges« je nach der Gerichtetheit der Tätigkeit des Vernunftwesens eine zweifache Bedeutung: »In gewissen Tätigkeiten... wird sich das Vernunftwesen seiner durch Anschauung seiner selbst, in gewissen anderen durch Reflexion auf sich, bewußt. In den erstern ist nicht viel zu unterscheiden, denn Subjekt und Objekt der Tätigkeit sind ein und dasselbe Vernunftwesen, sie fallen beide mit dem Anschauenden als identisch zusammen; in den letztern aber ist Subjekt und Objekt der Tätigkeit durchaus verschieden und nur Subjekt und Objekt der Reflexion ist das mit sich selbst einige Vernunftwesen.«[114]
Der Zusammenhang beider Tätigkeiten besagt, daß das Vernunftwesen seine Bestimmtheit dadurch erlangt, daß es mit sich selbst als Subjekt der ersten Tätigkeit durch Reflexion auf sich selbst als Objekt der Reflexion und Subjekt der zweiten Tätigkeit in eine Wechselwirkung tritt. Oder anders ausgedrückt: das Vernunftwesen gewinnt seine aus Welterfahrung resultierende Bestimmtheit dadurch, daß es sich die Welt als Objekt der zweiten Tätigkeit durch Reflexion auf sich selbst als an der Welt tätigem aneignet. Das Verhalten des Vernunftwesens zur Welt setzt somit das Verhältnis des Vernunftwesens zu sich selbst voraus, und nur unter dieser Voraussetzung kann

das Ich als Subjekt der auf ein Nicht-Ich gerichteten Tätigkeit zum Objekt seiner Reflexion werden. Daher stellt Sauer fest: »die Bildung des Vernunftwesens findet... auf keine andere Weise als durch eine Wechselwirkung desselben mit sich selbst statt. Was auch immer von außen zu ihrer Beförderung geschehen mag, seine Bildung verdankt es schlechthin sich selbst, denn so wie es aus sich selbst nie heraustritt, so gelangt auch nie etwas in dasselbe hinein, es sei denn, daß es sich dasselbe aneigne.«[115]

Diese Wechselwirkung des Vernunftwesens als Subjekt der Reflexion mit sich selbst als Subjekt der Tätigkeit und Objekt der Reflexion ist transzendentale Voraussetzung des Begriffs vom Menschen. Sie findet sich bei Johannsen in einer etwas allgemeinverständlicheren Formulierung wieder: Der »Begriff des Menschen ist nicht der Begriff von etwas, das ohne Zutun seiner selbst da ist und besteht, sondern der Mensch wird nur durch sich selbst ein Mensch. Er ist kein Sein, sondern ein Werden, und er wird nur das, wozu er sich selbst macht und ohne sein Zutun wird er nichts. Wer sich diesen Begriff scharf denkt, unterscheidet im Menschen eine notwendige Duplizität seines Wesens, indem hier ein Handeln, eine Tätigkeit des Menschen auf sich selbst als Gegenstand dieses Handelns aufgestellt wird; die einzige Art und Weise, auf welche ein endliches Vernunftwesen denkbar ist... Jenes zweifache im Menschen ist aber nie getrennt, sondern macht nur ein einziges Ganzes aus, und diese Identität des Handelnden und des Behandelten ist der erschöpfende Begriff eines Vernunftwesens«.[116]

Diese Wechselwirkung zwischen Tätigkeit und Reflexion, zwischen dem Vernunftwesen als Handelndem und Behandeltem, differenziert sich, je nachdem ob die Reflexion sich auf vergangene oder zukünftige Tätigkeit richtet. So stellt Sauer fest: »In bezug auf die verflossene Tätigkeit ist das Subjektive (das Vernunftwesen als Subjekt der Reflexion, D. B.) bestimmt durch das Objektive (das Vernunftwesen als Objekt der Reflexion, D. B.)«, in bezug auf künftige Tätigkeit dagegen ist das Objektive, das Vernunftwesen als Objekt der Reflexion und Subjekt künftiger Tätigkeit, bestimmt durch das Subjektive, durch das Vernunftwesen als ein den »Zweck, (die) Richtung und Mittel zur Erreichung des Zweckes der Tätigkeit« beratschlagendes. »In dem Teile der Reflexion, in welchem das Subjektive bestimmt ist durch das Objektive, findet sich das Vernunftwesen gebunden; denn es kann seinen Zustand nur so auffassen, wie es ihn findet; in dem auf die nächstfolgende Tätigkeit gerichteten Teile der Reflexion, wo umgekehrt das Objektive durch das Subjektive bestimmt wird, findet es sich frei ... Daher hat jeder gegenwärtige Zustand und jede für den Moment geschlossene Tätigkeit den entschiedensten Einfluß auf die nächstfolgende und in der freien Wahl für künftige Unternehmungen sieht sich das Vernunftwesen bestimmt durch die ganze vorweggegangene Reihe geschehener Handlungen.«[117]

Bei Johannsen korrespondiert dieser Unterscheidung zwischen der auf künftige und der auf vergangene Tätigkeit gerichteten freien bzw. gebundenen Reflexion die Unterscheidung zwischen »Artikulation« und »Sinn«, die an Fichtes diesbezügliche Ausführungen im § 5 und § 6 der *Grundlage des Naturrechts nach Prinzipien der Wissenschaftslehre* anschließt und das Leib-Apriori des endlichen Vernunftwesens mit in dessen Begriff aufnimmt. Die Entwicklung des endlichen Vernunftwesens wird in beiden Begründungsversuchen als Wechselwirkung zwischen freier und gebundener Reflexion bzw. zwischen Artikulation und Sinn verstanden. Hierdurch wird eine Bestimmung des Freiheitsproblems möglich, die Freiheit nicht als ontisches Prädikat des Menschen, sondern als transzendentales Prinzip seines Begriffs als Vernunftwesen versteht, und die die Antinomie von Naturkausalität und Freiheit dadurch überwindet, daß sie den Menschen als ein praktisches, zur Selbstbestimmung und Verwirklichung seiner Freiheit aufgefordertes Wesen begreift.

Das Prinzip der Wechselwirkung von Tätigkeit und Reflexion, von freier und gebundener Reflexion bzw. Artikulation und Sinn, bestimmt den Begriff des wirklichen Vernunftwesens. Die Theorie der Erziehung, der es um die wissenschaftliche Anleitung des praktischen Werdens des möglichen zum wirklichen Vernunftwesen geht, bedarf über den Begriff des wirklichen Vernunftwesens hinaus einer prinzipiellen Bestimmung des bloß möglichen und noch nicht wirklichen Vernunftwesens. Diese gewinnen Sauer und Johannsen dadurch, daß sie einen zeitlichen Anfang der Wechselwirkung aus dem Begriff des endlichen Vernunftwesens ableiten: »eine Bildung, die durch Wechselwirkung im Fortgange der Zeit weiter schreitet, muß im Rückgange der Zeit in stufenmäßiger Abnahme gefunden werden. Der Fortschritt vom Mindervollkommenen zum Vollkommenen ist nur insofern denkbar, als ich bis auf einen Grad der Mindervollkommenheit zurückgehe, der kein weiteres Zurückgehen erlaubt, denn sonst erhielte ich im endlichen Wesen eine unendliche Zeit des Stufenganges, und ich würde es in seiner Endlichkeit der Wechselwirkung nach unendlich setzen, welches sich widerspricht. Ich muß also in der

Annahme der Wechselwirkung zu irgendeiner Zeit stille stehen, um sie nur begreifen zu können, und mir einen Anhub der Wechselwirkung im endlichen Vernunftwesen denken, also eine Zeit, wo noch gar keine Wechselwirkung begonnen hat, und die gegeneinander wirkenden Kräfte ... nicht im Wechsel gewirkt haben.«[118]
Hieraus folgt, daß des möglichen Vernunftwesens gedacht werden muß als eines Wesen, das zwar noch nicht in Wechselwirkung mit sich selbst getreten, also noch nicht tätig geworden ist und folglich noch nicht reflektiert hat, dem jedoch eine »absolute Tendenz auf sich selbst« (Sauer), ein »Bestimmtsein des Subjekts zur Selbstbestimmung« (Fichte), ein »Trieb zur Selbsttätigkeit« oder ein »Trieb zur Freiheit« (Johannsen) a priori zugesprochen werden muß. Ohne dieses Prinzip der »Bestimmtheit des Subjekts zur Selbstbestimmung« – wir können, wenn wir den schon bekannten Begriff verwenden wollen, auch vom Prinzip der Bildsamkeit sprechen –, ohne dieses Prinzip ist Erziehung als Bildung des möglichen zum wirklichen Vernunftwesen nicht denkbar. Zugleich zeigt sich freilich, daß das Prinzip der Bildsamkeit für sich genommen noch nicht zur Grundlegung der Pädagogik ausreicht, denn könnte das mögliche Vernunftwesen bereits auf Grund seiner Bestimmtheit zur Selbstbestimmung mit sich in Wechselwirkung treten, d. h. handeln und reflektieren, so wäre es nicht bloß als ein bildsames mögliches, sondern als ein immer schon gebildetes und mithin wirkliches Vernunftwesen gedacht. Wäre die Bildsamkeit das einzige Prinzip eines wissenschaftlichen Begriffs von Erziehung, so würde sie zugleich besagen, daß Erziehung weder möglich noch notwendig sei. Sofern sie jedoch Prinzip eines wissenschaftlichen Erziehungsbegriffs sein soll, verlangt sie mit Notwendigkeit, daß noch andere Prinzipien aufgedeckt werden. Daher stellt Sauer fest: »es ist ... nicht zu begreifen, wie sie (die Kräfte des möglichen Vernunftwesens, D. B.) von sich selbst ohne äußeren Anstoß in Wechselwirkung treten könnten, denn von welcher aus der Anfang gemacht werden sollte, diese müßte, wider unsere Voraussetzung, in ihrer Ruhe schon als tätig einwirkend auf die Übrigen gedacht werden. Sollen sie also denn doch aus ihrer Ruhe in wechselseitige Tätigkeit übergehen, so kann der Grund davon nur einem äußern Antriebe beigelegt werden.«[119]
Die Bildsamkeit als erstes Prinzip der Erziehung verlangt nach einem zweiten Prinzip, das den Begriff der faktischen Ermöglichung des Werdens des bloß möglichen zum wirklichen Vernunftwesen durch den Nachweis der Notwendigkeit eines »äußeren Antriebs« fundieren

und Antwort auf die Frage geben muß: »Wie müßte denn etwa dieser äußere Antrieb auf das Vernunftwesen gedacht werden?«[120] Der an das mögliche Vernunftwesen ergehende Antrieb, in Wechselwirkung zu treten, reflexiv tätig zu werden, muß so bestimmt sein, daß auf das mögliche Vernunftwesen »nach Maßgabe jener unbestimmten Tendenz gewirkt« werde. »Es mag sich ... auf dasselbe wie auf einen rohen Fleischklumpen wirken lassen, wenn jene Bestimmbarkeit (d. i. jene Bildsamkeit, D. B.) aus den Augen gesetzt wird, aber daraus erfolgt auch weiter nichts für das Vernunftwesen, es beharrt in seiner bisherigen Unbestimmtheit und Leerheit.«[121] Soll das mögliche Vernunftwesen durch einen äußeren Antrieb erzogen werden, so muß dieser Antrieb »als ein materiales, gehaltreiches Streben, jene Tendenz (oder Bildsamkeit, D. B.) zur Tätigkeit zu erheben, gedacht werden. (Der Inhalt dieses Antriebs) ... muß also wieder durch eine eigne Tätigkeit so bestimmt und angelegt sein, daß das unbestimmte Vernunftwesen, auf welches er sich bezieht, vermittelst seiner zur Tätigkeit erhoben werden kann. Die mit ihm verbundene Tendenz ist also nicht nur eine Tätigkeit auf das Vernunftwesen, sondern diese setzt zu ihrer möglichen Erklärung eine Tätigkeit in ihr und auf sich selbst voraus. Aber eine zweckmäßige Tätigkeit auf ein Äußeres, die zugleich in sich selbst tätig ist, ist Tätigkeit eines Vernunftwesens, wir müssen also jene Tendenz einem andern, jenem entgegengesetzten Vernunftwesen zuschreiben. Und daraus ergibt sich der Satz: das unbestimmte Vernunftwesen kann mit sich selbst in keinen bestimmten Wechsel treten, wenn es nicht durch ein anderes, bestimmtes Vernunftwesen dazu ausdrücklich bestimmt wird«.[122] Johannsen kommt zu demselben Resultat, indem er nach der transzendentalen Bedingung der Möglichkeit fragt, daß der noch unbestimmte Trieb zur Selbstbestimmung, zur Wechselwirkung von Artikulation und Sinn, zu einem bestimmten werde. Er stellt fest: »Das Resultat des Gesagten ist also der Satz: daß die ganze Erziehung lediglich darin besteht, daß das Wesen, welches erzogen werden soll, durch äußere Gegenstände zum freien Handeln aufgefordert und dadurch seine Selbsttätigkeit angeregt werde... Es muß dieser Zweck, mithin der Begriff des freien Handelns, und die Möglichkeit, daß das Vernunftwesen, auf welches gewirkt wird, diese Absicht erkenne, der äußeren Einwirkung zugrunde liegen, mithin muß diese Einwirkung von einem Wesen herrühren, das selbst Begriffe vom freien Handeln hat, d. h. die Aufforderung des endlichen Vernunftwesens zur Freiheit muß von einem außer demselben befindlichen anderen Vernunftwe-

sen herkommen. Daher können nur Menschen erziehen, weil diese allein der Begriffe von Freiheit und Vernunft fähig sind.«[123]
Aufforderung zur freien Selbsttätigkeit und Trieb zur Selbsttätigkeit (Bildsamkeit) sind die beiden Prinzipien des Begriffs der Erziehung, wie sie in der Erziehungsphilosophie der frühen Fichteaner entwickelt werden. Versuchte man, Erziehung ausschließlich vom Prinzip der Bildsamkeit her zu fassen, so wäre Erziehung ein allein im Zögling stattfindender Prozeß, der der erzieherischen Einflußnahme letztlich nicht bedürfte; der Zögling erzöge sich gleichsam immer schon selbst, er wäre nicht ein bildsames, sondern ein bereits gebildetes Vernunftwesen, immer schon im eigentlichen Sinne des Wortes erzogen, oder aber der Erziehung gar nicht bedürftig. Wollte man dagegen das, was Erziehung ist, ausschließlich vom Prinzip der Aufforderung zur Selbsttätigkeit her begreifen, so hypostasierte man Erziehung zu einem ursprünglichen Schöpfungsprozeß, der sogar die Bildsamkeit des Zöglings allererst »aus dem Nichts« erschaffen müßte. Bildsamkeit und Aufforderung zur Selbsttätigkeit als Prinzipien der Pädagogik verweisen daher wechselseitig aufeinander. Wie die Aufforderung zur Selbsttätigkeit Prinzip der Erziehungswissenschaft ist, weil sie auf den Educandus als bildsames Wesen verweist, der sie erfahren und für welchen sie fruchtbar werden kann, so ist die Bildsamkeit des Zöglings auf das Prinzip der Aufforderung zur Selbsttätigkeit verwiesen, da sie allein von ihm her als Bildsamkeit des möglichen im Unterschied zur Gebildetheit des wirklichen Vernunftwesens begriffen werden kann. Im Aufweis beider Prinzipien eines wissenschaftlichen Begriffs von Erziehung liegt das eigentliche Verdienst der Erziehungsphilosophie der frühen Fichteaner.
Den transzendentalen Prinzipien der Erziehungswissenschaft kommt keine direkte Bedeutung für die Erziehungspraxis zu, denn sie fragen nicht nach den konkreten Möglichkeiten und Aufgaben des Erziehens und der Erziehung, sondern nach den Bedingungen der Möglichkeit einer wissenschaftlichen Theorie der Erziehung und Bildung. Wollte man sie, statt in ihnen transzendentale Voraussetzungen eines wissenschaftlichen Begriffs von der Erziehung zu erkennen, zu ontischen Bestimmungen der Erziehung hypostasieren, so geriete man in unabsehbare Schwierigkeiten, um deren Ausräumung sich Kants Begründung der Transzendentalphilosophie gerade bemüht hatte. Auf diese Schwierigkeiten wollen wir hier zumindest aufmerksam machen, weil sie von der Erziehungsphilosophie oft übersehen worden sind.
Faßte man zum Beispiel das Prinzip der Aufforderung zur Selbsttätig-

keit als eine ontische Bestimmung des Menschen, so ließe sich auf ihm die Fiktion eines Gottesbeweises errichten, denn man müßte nun in der Reihe der Geschlechter, von denen das jeweils ältere als ein das jüngere zur Selbsttätigkeit aufforderndes anzusetzen wäre, bis zu einem ersten Geschlecht zurückgehen, um Gott als den ersten Erzieher dieses Geschlechtes einzusetzen. Dieser Verstoß gegen die Gültigkeit transzendentaler Erörterungen, durch welchen diese – je nach Beurteilung des sittlichen Zustands der Menschheit – für die Deduktion des Teufels in gleicher Weise wie für die Gottes dienstbar gemacht werden könnten, findet sich zwar nicht bei den frühen Fichteanern, wohl aber bei Fichte selbst.[124] Hier interessieren vor allem jene Hypostasierungen der transzendentalen Reflexion auf die Voraussetzungen der Erziehungswissenschaft, die sich in den Arbeiten der frühen Fichteaner finden. Die Bedeutung der von ihm aufgewiesenen Prinzipien verkennend, versucht Sauer im zweiten Teil der von uns herangezogenen Abhandlung in fünf Gedankenschritten aufzuzeigen, wie das bloß mögliche, aber bildsame Vernunftwesen auf Grund der Aufforderung zur Selbsttätigkeit zum wirklichen Vernunftwesen werde. Er entwickelt dabei folgendes Konstrukt: In einem ersten Schritt wird das Vernunftwesen zunächst angesichts der an es ergehenden Aufforderung seines Mangels an Bildung bewußt; aus dem Wunsch, dem verhaßten gegenwärtigen Zustande der Ungebildetheit ein Ende zu machen, folgt es schließlich in der Meinung, es gehorche dem eigenen Antrieb, der an es ergangenen erzieherischen Aufforderung und erfährt hernach, gleichsam von seinem eigenen Tun überrascht, daß es nicht sich selbst, sondern einer fremden Aufforderung gefolgt ist; indem es diese Einsicht nachträglich zu der seinigen macht, tritt es mit sich selbst in Wechselwirkung und erhebt sich zum wirklichen Vernunftwesen. Der Unsinn solcher Hypostasierung transzendentaler Voraussetzungen zu ontischen Prädikaten wird an diesem Konstrukt besonders deutlich: Das unbestimmte Vernunftwesen soll seines eigenen Bildungsmangels und seines Bildungstriebes bewußt werden, um als unglückliches Bewußtsein einer Aufforderung zur Selbsttätigkeit zu verfallen und hernach diese als List der Vernunft zu begreifen und zu rechtfertigen. Dabei wird jedoch vorausgesetzt, was durch das Konstrukt erklärt werden sollte. Denn diese Konstruktion erklärt keineswegs die Genesis des endlichen Vernunftwesens, sie muß diese, damit es seines Mangels an Bildung überhaupt bewußt werden könne, immer schon als wirkliches Vernunftwesen voraussetzen.

Sobald die Erziehungsphilosophie die von ihr aufzudeckenden Prinzi-

pien wissenschaftlichen Wissens von der Erziehung zu ontischen Bestimmungen der Erziehung verkehrt, verliert sie die ihr eigentlich zukommende Bedeutung für die Erziehungswissenschaft. Alsdann versucht sie nämlich, die Erziehung selbst anzuleiten und praktisch zu reglementieren. Die Erziehungswissenschaft, deren prinzipienwissenschaftliche Begründung die eigentliche Aufgabe der Erziehungsphilosophie ist, droht alsdann mit der Erziehungsphilosophie selbst zusammenzufallen und die Erziehungsphilosophie dient statt der Fundierung wissenschaftlicher Pädagogik deren Verunmöglichung. Exemplarisch sollte dies hier an den von Sauer entwickelten fünf Phasen der Entwicklung des möglichen zum wirklichen Vernunftwesen aufgezeigt werden.
Die bei den frühen Fichteanern zuweilen anzutreffende Hypostasierung der von ihnen aufgewiesenen transzendentalen Prinzipien jedweder wissenschaftlichen Rede von der Erziehung ist freilich kein Zufall. Die frühen Fichteaner kennen nämlich ausschließlich die Fragestellung der Theorie der Erziehung; wie Rousseau und Schleiermacher abstrahierten sie weitgehend vom Problem der Sinnorientierung der Erziehung. Führte diese Einseitigkeit bei Rousseau zur Fiktion heiler gesellschaftlicher oder natürlicher Ordnungen, bei Schleiermacher zur Annahme eines natürlichen Versittlichungsprozesses der Menschheit, so verleitet sie hier dazu, die Aufforderung zur Selbsttätigkeit als handfeste Maxime auszugeben und die Sinn- und Aufgabenbestimmung der Erziehung der existentiellen Wechselwirkung von Tätigkeit und Reflexion, Artikulation und Sinn, wie sie im werdenden und wirklichen Vernunftwesen statthat, anzuvertrauen.[125]
Ohne die mögliche Bedeutsamkeit der von den frühen Fichteanern entwickelten Prinzipien der Erziehungswissenschaft zu begreifen, wandte sich schon Herbart gegen die Einseitigkeit der im Anschluß an Fichte entwickelten Theorie der Pädagogik. So wenn er darauf hinwies, daß die ontische Interpretation der transzendentalen Prinzipien im Falle der Fichteschen Philosophie der Abstraktion von der Fragestellung der Theorie der Bildung Vorschub leiste.[126]

Konzentration und Determination. Die erziehungswissenschaftlichen Prinzipien R. Hönigswalds

Im folgenden wenden wir uns der Erziehungsphilosophie von Richard Hönigswald zu, um an ihr die Problematik einer transzendentalen

Begründung der Theorie der Bildung aufzuzeigen, von der die Erziehungsphilosophie der frühen Fichteaner noch abstrahierte. Auch hier können nur einige für unseren Zusammenhang besonders wichtige Überlegungen zur Sprache kommen. Wir beschränken uns auf wenige Passagen aus Hönigswalds erstmals 1913 erschienenen *Studien zur Theorie pädagogischer Grundbegriffe*, aus seiner Arbeit *Über die Grundlagen der Pädagogik* von 1918 und 1927 und aus der Abhandlung *Zur Theorie des Konzentrationsunterrichts* von 1917.[127]

Nach Hönigswald hat sich die philosophische Pädagogik oder die Erziehungsphilosophie mit folgenden Fragen zu beschäftigen: »Welches ist die Beschaffenheit des ›pädagogischen Begriffs‹...? Welches weiterhin die eigentümliche Struktur einer pädagogischen Wissenschaft? Welches ihr Ort in dem System der Wissenschaften? Welches die Eigenart ihrer Beziehungen zu den anderen?«[128] Wir werden uns hier vor allem mit den beiden ersten Fragen auseinandersetzen.

»Pädagogisches Verhalten« ist nach Hönigswald »die planmäßig gewollte Überlieferung des in einer Gegenwart gegebenen wissenschaftlichen und außerwissenschaftlichen Kulturbestandes an nachfolgende Generationen durch die Vermittlung der zeitlich nächsten.«[129] Auf den ersten Blick gleicht diese Bestimmung derjenigen von Schleiermacher und Willmann; bei genauerem Hinsehen fallen jedoch zwei bedeutsame Unterschiede ins Auge: zum einen fordert Hönigswald nicht wie Schleiermacher die Einordnung der Erziehung in den Lebensstrom und die diesem innewohnende Tendenz zur natürlichen Versittlichung, sondern spricht von »planmäßig gewollter Überlieferung«; und zum anderen erstreckt sich diese Überlieferung nicht auf den wissenschaftlichen und außerwissenschaftlichen Kulturbestand in der Zufälligkeit seiner historischen Gegebenheit, sondern ist an einen geltungstheoretischen Kulturbegriff gebunden. Schon hier zeigt sich, daß Hönigswalds Erziehungsphilsophie an Fragen anknüpft, deren Lösung in den traditionellen Erziehungslehren immer schon vorausgesetzt wurde und auf die die Bildungstheorien von Herbart und Willmann keine befriedigende Antwort zu geben vermochten. Der Begriff der Überlieferung des Kulturbestandes bestimmt aus Gründen, die im fundamentalphilosophischen Ansatz der Hönigswaldschen Philosophie und deren Unterscheidung zwischen Geltungstheorie oder Theorie des Objekts und Monadologie oder Theorie des Subjekts zusammenhängen, in zweifacher Hinsicht den systematischen Ort der Pädagogik. Dies läßt sich nicht zuletzt an Hönigswalds dreifachem Kulturbegriff aufweisen: »Das Wort ›Kultur‹... bedeutet zunächst das

System objektiver Geltungswerte als solches. (Wissenschaft, Kunst, Sittlichkeit, Recht, Religion.) Es bedeutet sodann deren Repräsentation in der normativen Idee aller Pädagogik, derjenigen einer ›Höherbildung‹ der Menschheit. Und schließlich die Konkretion dieser Idee in Werken und Gesinnungen. Sie sind die drei miteinander in unauflösbarem Bedingungsverhältnis stehenden Faktoren, die in den Begriff aller Pädagogik eingehen.«[130] Meint die dritte Bedeutung des Wortes »Kultur« die historisch-gesellschaftliche Wirklichkeit menschlicher Werke und Gesinnungen – Schleiermacher und Willmann hatten lediglich diesen Kulturbegriff im Auge, dem sie freilich zugleich objektive Gültigkeit zusprachen –, so richtet sich die erste Bedeutung auf die prinzipielle Gültigkeit wissenschaftlicher ästhetischer, sittlicher, rechtlicher und religiöser Werte, während die zweite Bedeutung die Tatsache der »Abbildung« der objektiven Geltungswerte in der Zeit meint. Im Hinblick auf die praktische Aufgabe der Erziehung, die Tradierung des Kulturbestandes in Werken und Gesinnungen faktisch zu ermöglichen, bedarf die Pädagogik zum einen einer geltungstheoretischen Sinnorientierung an den objektiven Geltungswerten – diese versucht Hönigswald im Prinzip der »Konzentration« zu leisten –, bedarf sie zum anderen einer monadologischen Fundierung hinsichtlich der Aufgabe der Konkretion der Geltungswerte in der Haltung der Individuen – diese artikulierte Hönigswald im Prinzip der »Determination«.
Während die Sinnorientierung der Überlieferung des Kulturbestandes die Erziehung am Prinzip des Systems objektiver Geltungswerte orientiert und damit die »Konzentrationsaufgabe« aller Erziehung bestimmt, nämlich »die Idee eines harmonischen Systems der ›Wahrheiten‹ aller möglichen Geltungsgebiete zum bewußten Motiv der Lebenshaltung (des) Zöglings zu gestalten«[131], richtet die monadologische Anleitung der Überlieferung des Kulturbestandes die Erziehung an den »Bedingungen ... pädagogische(r) Beeinflussung als Tatsache« aus und bestimmt den Begriff der »pädagogischen Determination« als »Abbildung von Geltungswerten auf die Zeit«.[132]
Wenden wir uns zunächst dem ersten Problemkreis zu, den Hönigswald in seiner Arbeit *»Über die Grundlagen der Pädagogik«* im Kapitel *»Pädagogik und Geltungsgedanke«* und in seiner Abhandlung *»Zur Theorie des Konzentrationsunterrichts«* erörtert.
Um die Unterscheidung zwischen Theorie des Objekts oder Geltungstheorie und Theorie des Subjekts oder Monadologie und die aus dieser abzuleitende Unterscheidung zwischen Konzentration und Determination als Prinzipien des Begriffs wissenschaftlicher Pädagogik zu

begreifen, gilt es kurz auf Hönigswalds Geltungsbegriff einzugehen. »Gelten und Geltungswert haben heißt nicht von irgend jemand als geltend anerkannt sein, oder gar von irgend jemandes Anerkennung und Zustimmung abhängen. Es heißt im Gegenteil von jeglicher Anerkennung und Verwerfung unabhängig sein oder doch unabhängig sein sollen. Was, sei es in wissenschaftlicher, sei es in künstlerischer oder in religiöser Hinsicht für ›wahr‹ gelten will, das mag immerhin Zustimmung, und zwar nach jeweils verschiedenen Kriterien und Grundsätzen, fordern; in seiner Wahrheit aber, und Wahrheit bedeutet hier nichts anderes wie Geltungswert, will es sich ebenso jeglicher Zustimmung und Verwerfung gegenüber behaupten. Das ›Wahre‹ verlangt Zustimmung; es ›soll‹ ihm zugestimmt werden. Gerade darum aber bedeutet ›Wahrheit‹ ein anderes wie den Tatbestand jener Zustimmung als solchen. Wahrheit, so kann man auch sagen, ist Gegenstand der Zustimmung. Zustimmung nicht Grund der Wahrheit. An einer Fülle von Beispielen ließe es sich erweisen: Die Wahrheit ›ist‹ nicht, weil man ihr zustimmt; sondern man soll ihr zustimmen, weil sie ›ist‹. Ihr Sein aber ist allemal Geltung ... Nicht die Tatsache des Anerkanntwerdens eines Geltungswertes durch viele, selbst alle, begründet dessen Geltungsanspruch. Wohl aber gehören zu seinem Begriff die Idee des Anerkanntwerden-Sollens und damit der Gedanke des Anerkanntwerden-Könnens.«[133]

Der Überlieferung kommt somit nicht die für sich genommen notwendig abstrakte Aufgabe zu, den Konsens und dessen Tradierung zu sichern, sie gewinnt ihre Sinnbestimmtheit allererst durch ihre Beziehung auf Geltungswerte, deren Wahrheit unabhängig vom Konsens ist und gerade dieser ihrer Unabhängigkeit wegen allgemeine Zustimmung fordern kann. »Geltungswerte sind es, Geltungswerten gemäß bestimmtes Gültige, was pädagogisch übermittelt wird, was jeglichen, an sich indifferenten Akt der Überlieferung von Inhalten überhaupt erst zu einem pädagogischen macht, als einen pädagogischen Akt kennzeichnet.«[134] Der Begriff der Überlieferung und Erziehung ist damit bereits im Geltungsbegriff gesetzt. Und da der Begriff der Überlieferung immer schon den der Gemeinschaft fordert, so läßt sich auch dieser aus dem der Geltung, ableiten: Der »Begriff der Überlieferung von Gültigem (setzt) ... die Idee einer Gemeinschaft nach Grundsätzen urteilender Wesen. Das Kulturgut als Lehr- oder Erziehungsgut wird der ideelle Mittelpunkt solcher Gemeinschaft.«[135] Insofern im Begriff der Geltung derjenige der Überlieferung und der Gemeinschaft immer bereits gesetzt ist, kann Hönigswald feststellen: »So entspricht der gesamte mögliche Tatbestand der Pädagogik recht eigentlich dem Begriff einer auf Geltungswerte bezogenen, durch Geltungswerte bestimmten Gemeinschaft; den Bedingungen somit des Begriffs der ›Kultur‹ selbst. Überblickt man nunmehr den gesamten Zusammenhang, so darf man sagen: Nicht sowohl in dem Sinn ist für Pädagogik als Wissenschaft der Begriff des Geltungswertes Voraussetzung, daß er sich, obschon auf sie bezogen, in allen seinen Funktionen auch unabhängig von ihr entfalten könnte; sondern vor allen Dingen in jenem anderen, daß Pädagogik als Wissenschaft Probleme stellt, die mit dem Problem des Geltungswertes selbst schon gesetzt sind ... Nur das Wort ›philosophisch‹ vermag den Inbegriff der Voraussetzungen zu kennzeichnen, die den Tatbestand der Pädagogik bestimmen. Pädagogik als Wissenschaft stellt Aufgaben, die Aufgaben der wissenschaftlichen Philosophie sind.«[136]

Auf die hier gestellte These, Pädagogik sei philosophische Wissenschaft, werden wir später erst eingehen; hier interessiert uns vor allem der Zusammenhang von Geltung, Tradierung und Gemeinschaft. Aus ihm läßt sich nun der Begriff der Konzentration als Prinzip der Theorie der Bildung ableiten. So wie der Begriff der Geltung den der Gemeinschaft impliziert, so impliziert derjenige der Überlieferung den der »Persönlichkeit«, die »das pädagogische Korrelat jener objektiven Einheit des Systems der Geltungswerte« ist.[137] Denn Geltung verlangt nach Anerkennung und Zustimmung; Anerkennung und Zustimmung gegenüber Geltungswerten in Gesinnungen und Werken aber ist der Begriff der Persönlichkeit. Diese ist dabei insofern »pädagogisches Korrelat« des »Systems der Geltungswerte«, als die in diesem fundierte Sinnbestimmung der Erziehung, Überlieferung des Kulturbestandes zu sein, die »Geltendmachung« der Geltung gegenüber dem heranwachsenden Subjekt fordert. Damit ist bereits der Begriff der »Konzentration« als Prinzip der Theorie der Bildung eingeholt, denn diese besagt, es sei Aufgabe der Erziehung, die Konzentration der Geltungswerte in die Vollzüge des zu bildenden Subjektes herbeizuführen, damit dieses, an jenen orientiert, erkenne und handle und somit Persönlichkeit werde. In der Korrelation von Geltung und Person ist die doppelte Bestimmtheit des Konzentrationsprinzips begründet. Dieses meint zum einen »den sachlichen Zusammenhang der Wissenschaftsgebiete« und deren Beziehung zu außerwissenschaftlichen Geltungswerten wie Sittlichkeit, Recht, Kunst und Glaube; in dieser Bedeutung spricht Hönigswald von ihm als der »Konzentriertheit« der Geltungsbereiche. Es meint zum anderen »die Möglichkeit eines einheitlichen ›konzentrierenden‹, pädagogischen Verhaltens«; die Voraussetzung solchen Verhaltens faßt Hönigswald im Begriff der »Konzentrierbarkeit der pädagogischen Absicht«, welche in der Bildsamkeit des Zöglings angesprochen ist: »diese beiden Momente (der sachliche Zusammenhang der Geltungsgebiete und die Möglichkeit »pädagogischen Verhaltens«, D. B.) bezeichnen geradezu die Angelpunkte des theoretischen Problems der Konzentration, wenn man es so ausdrücken wollte: die Konzentriertheit des Wissensstoffs und die Konzentrierbarkeit der pädagogischen Absicht«.[138] In beiden Momenten korrespondiert der Begriff der Konzentration dem der Geltung, zu dem sowohl der Gedanke des »Anerkanntwerden-Sollens« wie der des »Anerkanntwerden-Könnens« mit prinzipieller Notwendigkeit gehört. Die Konzentriertheit der Erziehungs- und Unterrichtsinhalte entspricht dem Gedanken des Anerkanntwerden-Sollens; die Konzentrierbarkeit des pädagogischen Verhaltens dem des »Anerkanntwerden-Könnens«.

Im Prinzip der Konzentration als dem Grundbegriff der Theorie der Bildung spricht Hönigswald jene Problematik an, die schon Herbart und Willmann bewegte. Die beiden Momente »Konzentriertheit« und »Konzentierbarkeit« sind bereits bei Herbart in der auf die Ideenlehre der praktischen Philosophie gegründeten und aus dieser abgeleiteten Sinnorientierung der Erziehung einerseits und im Grundbegriff der Bildsamkeit als dem Prinzip der Ermöglichung sinnbestimmter erzieherischer Begegnung andererseits angedeutet. Indem Hönigswald jedoch nicht nur die Konzentriertheit des Unterrichts, sondern zugleich den Kulturbegriff geltungstheoretisch, d. h. von einer Theorie des Objekts oder der Gegenständlichkeit her fundiert, bietet er eine Begründung des Bildungsbegriffes an, die sowohl Willmanns Kritik an Herbarts Abstraktion vom objektiven Element der Bildung als auch dem von Herbart her gegen Willmann zu erhebendem Einwand entspricht. Da Hönigswald den Konzentrationsbegriff als das pädagogische Korrelat einer Theorie der Geltung, einer Systematik der Geltungsbereiche und Geltungswerte, ansetzt, wird in ihm die in Herbarts Bildungstheorie angelegte moralistische und gesinnungsethische Verengung des Gedankenkreises der Erziehung ebenso aufgehoben, wie Willmanns unkritische Voraussetzung vorgegebener Güter hinterfragt wird. Indes deutet Hönigswald den Bezug des wissenschaftlichen zum außerwissenschaftlichen Kulturbestand und dessen Geltungsbereichen eher an, als daß er ihn ausführt. Seine

Theorie des Konzentrationsunterrichts eliminiert zwar nicht den außerwissenschaftlichen Kulturbestand wie Sittlichkeit, Recht, Kunst und Glaube, beschränkt sich jedoch bis auf wenige verbale Versicherungen auf den Bereich wissenschaftlicher Geltung und Konzentriertheit. Auch tritt die in seinem dreifachen Kulturbegriff angedeutete Möglichkeit einer geltungstheoretisch fundierten Kritik der Kultur in ihrer gesellschaftlich-geschichtlichen Wirklichkeit nirgends zutage. Hier deuten sich Probleme und Aufgaben an, die in das Gebiet didaktischer Inhaltsforschung hinüberweisen. Die Notwendigkeit einer geltungstheoretisch fundierten Analyse der Sinndimensionen menschlicher Existenz für eine wissenschaftliche Beantwortung der Frage nach der Einrichtung von Unterrichtslehrplänen ließe sich vor allem am Zustand der heutigen Didaktik- und Curriculumforschung aufweisen, welche unter weitgehender Eliminierung bildungstheoretischer Überlegungen den Konsens über Inhalte und Aufgaben der Erziehung durch einen Rekurs auf den funktionalen Zusammenhang vorgegebener Meinungen und Bedürfnisse abzusichern versucht.[139]

Wenden wir uns nun dem zweiten Problemkreis zu, den Hönigswald in seiner Arbeit *Über die Grundlagen der Pädagogik* im Kapitel »Pädagogik und Kulturbegriff« und in den *Studien zur Theorie pädagogischer Grundbegriffe* erörtert. Das Resultat der geltungstheoretischen Fundierung leitet dabei selbst unmittelbar zur Analyse des zweiten Prinzips wissenschaftlicher Pädagogik über: »Nur im Hinblick auf ein System von Geltungswerten überhaupt kann von pädagogischem Verhalten die Rede sein; andererseits aber auch nur im Hinblick auf die Bedingungen der tatsächlichen Anerkennung dieser Geltungswerte.«[140] Während der erste Fragenkreis den Begriff der Überlieferung des Kulturbestandes in seiner Sinnbestimmung analysierte und in der Korrelation von Geltung und Person das Prinzip der Konzentration aufdeckte, das die geltungsmäßige Konzentriertheit des Wissensstoffes und dessen Konzentrierbarkeit im pädagogischen Verhalten zugleich erfaßte, wendet sich der zweite Fragenkreis dem Problem der Überlieferung als Tatsache zu: »Die volle wissenschaftliche Klarheit darüber, was der Pädagoge bei der tatsächlichen Bewältigung seiner Aufgaben eigentlich ›tut‹ – nichts anderes bezeichnet hier das nächste und wichtigste Ziel wissenschaftlicher Einsicht.« Nun gilt es zu untersuchen, welche »Bedingungen, welches System von Bedingungen ... als erfüllt gelten (müssen), wo pädagogische Beeinflussung als Tatsache vorliegt«, d. h. es gilt den Begriff der pädagogischen Beeinflussung als Tatsache zu klären.[141]

Hönigswald geht in dieser Analyse von der zweiten Bedeutung des Wortes »Kultur« aus, in welcher – wie wir bereits gesehen haben – »deren Repräsentation in der normativen Idee aller Pädagogik, derjenigen der ›Höherbildung‹ der Menschheit« angesprochen wird. Die Tradierung des Kulturbestandes als Tatsache kann nur gedacht werden als »Abbildung von Geltungswerten auf die Zeit«. Hier gilt es, »das Verhältnis dessen, was Gegenstand der unterrichtlichen oder erzieherischen Übermittlung an andere ist, zu den Akten der Überlieferung selbst auszudrücken; zu den Vorgängen, die sich in Beziehung auf diese Akte in Lehrer und Schüler abspielen. Das, was gelehrt, beziehungsweise gelernt wird, entbehrt zunächst der zeitlichen Bestimmtheit. Es ›ist‹, indem es ›gilt‹. Es ist eben ›Wahrheit‹, es wird als ›Wahrheit‹ gelehrt, beziehungsweise gelernt. Aber indem es ›ist‹, d. h. ›gilt‹, muß es gedacht, ›verstanden‹ und übermittelt werden können. Oder vorsichtiger ausgedrückt: die Absicht, es zu übermitteln, muß sinnvoll sein ... Das eigenartige Wechselverhältnis nun zwischen zeitlosem Wahrheitsbestand und den Bedingungen seiner zeitlichen Gestaltung in den Akten des Unterrichts und der Erziehung kennzeichnet das Problem, das hier zur Erörterung steht«.[142]
Damit erweist sich die »Zeit« als konstitutives Moment des Kulturbegriffs und der Erziehung als der Überlieferung des Kulturbestandes. Erst vom Zeitbegriff her kann Kultur nicht nur in ihrer prinzipiellen Verwiesenheit auf überzeitliche Geltung, sondern zugleich als Tatsache der Realisierung und Konkretion von Geltung begriffen werden. »So ... erscheint ... der Faktor Zeit als ein unerläßliches Moment des Kulturbegriffs; als eines seiner wesentlichen Bestimmungselemente; als die Bedingung, vermöge deren sich die systematische Gemeinschaft der Werte erst zu greifbarer, d. h. erfahrungsmäßiger, eben pädagogischer, Wertwirksamkeit entfaltet.«[143] »Kulturwirksamkeit« als »Wertwirksamkeit« und Erziehung als Kulturtradierung sind unter dem Begriff der Kultur als »Abbildung von Geltungswerten auf die Zeit« prinzipiell »zukunftbezogen«; d. h. Erziehung als Konkretion der Geltungswerte in der Zeit durch Tradierung des Kulturbestandes kann nur als »Höherbildung« der Menschheit gedacht werden. Der Korrelation von Geltung und Person, wie sie im Begriff der Konzentration als dem Prinzip der Theorie der Bildung ausgesprochen ist, entspricht hier, wo es um die Klärung des Begriffs der Überlieferung geht, die Korrelation von überzeitlicher Geltung und deren Konkretion in die zeitlichen Vollzüge des Subjekts.
Während das Prinzip der Konzentration die Konzentriertheit des

Unterrichts- und Erziehungsstoffes und seine Konzentrierbarkeit in die Vollzüge des Subjekts umfaßte, geht es hier um die Bestimmung des Begriffs der Erziehung, welches die Lehr- und Lernbarkeit von Wahrheit betrifft, die ihrerseits in ihrer Gültigkeit von Anerkennung oder Verwerfung durch das Subjekt unabhängig ist. An dieser Stelle gewinnt für die Grundlegung der Pädagogik Hönigswalds Monadologie oder Theorie des Subjekts Relevanz, in welcher das menschliche Subjekt in seiner dreifachen Bestimmtheit als Naturobjekt, als Organismus und als reflektierendes Wesen analysiert wird. Als Naturobjekt ist der Mensch affizierbar, als Organismus ist er fähig nicht nur zu leben, sondern zugleich zu »erleben«, als reflektierendes Wesen, das zu sich »ich« sagen kann, ist er nicht nur Erlebnis- sondern zugleich Erkenntnismittelpunkt: »Das ›Ich‹ bedeutet einmal das ›Ich-Sagen‹ zu sich selbst; es bedeutet das Denken als Tatsache. Aber es bedeutet zugleich die ›Möglichkeit‹ des Gegenstandes; die Form der Setzung im Urteil; die Forderung der Geltung von der Seite der Bedingung ihrer Erfüllung her, d. h. das Prinzip aller Tatsächlichkeit.« So kann Hönigswald sagen, »in dem ›Ich‹, der erlebniskontinuierlichen Monas, (fallen) Prinzip und Tatsache zusammen«, denn die menschliche Monas ist sowohl Tatsache des Denkens als auch Prinzip aller Tatsächlichkeit, sie ist zwar nicht Prinzip der Geltung selbst, wohl aber Prinzip der Tätigkeit von Geltung.[144]

Alles Erleben ist vermittelt über den Leib als Organismus; insofern er Leib eines sich reflektierenden, der Selbstgewißheit grundsätzlich fähigen Wesens ist, ist er zugleich Erkenntnismittelpunkt. Die menschliche Monas ist Erkenntnismittelpunkt, insofern sie Erlebnismittelpunkt ist und umgekehrt. Als solche ist sie der Verständigung und mithin der Überlieferung von Verständigung durch neue Verständigung mit anderen menschlichen Monaden fähig. Erziehung ist ein besonderer Fall solcher zwischenmenschlichen Verständigung, in welcher die erziehende Monade die Gewißheit der Geltungswerte tradiert und der Kulturbestand in seiner geltungsmäßigen Sinnorientiertheit weitergegeben wird. Mit dem Begriff solcher Verständigung haben wir das zweite Prinzip der Erziehungswissenschaft erreicht, das Hönigswald mit dem Begriff der »Determination« anspricht. Er umfaßt wie der Begriff der »Konzentration« zwei Momente, von denen das eine sich auf die »Determination im ›Sinn‹«, das andere sich auf die »Determination in der Zeit« bezieht.[145] Beide Momente muß Erziehung als Tatsache jeweils verfolgen und miteinander verknüpfen: »Wissenserwerbung im allgemeinen« und »Wissensüberlieferung

im besonderen« sind notwendig als »Interferenz zweier Typen von Gesetzlichkeiten« zu denken, »deren einer als Gesetzlichkeit zeitlicher Beziehungen, deren anderer als Voraussetzung einer reinen Bedeutungsbeziehung zu charakterisieren« ist. »Beide zusammen erst konstituieren ... das Objekt der Untersuchung (der Erziehung als Tatsache, d. i. der Bedingungen pädagogischen Verhaltens, D. B.), sofern dieses selbst eine Funktion der ›Bedeutung‹ in die ›Zeit‹ ist.«[146]
Erziehung als Tatsache muß den Bedingungen beider Momente der Determination genügen; sie muß an die Erlebniskontinuität des zu Erziehenden anschließen und zugleich der logischen Entfaltung der Bedeutung folgen. In der Synthesis beider Reihen, der der Erlebniskontinuität der Monas und der der Erkenntniskontinuität der Bedeutung, ist die Möglichkeit der Erziehung als Tatsache begründet.
Mit dem Prinzip der Determination als Grundbegriff der Theorie der Erziehung spricht Hönigswald eine Theamatik an, die heute das weite Gebiet der didaktischen Methodenforschung ausmacht. Er selbst hat den Sachverhalt pädagogischer Determination am Begriff des Anschauungsunterrichts näher expliziert und aufgezeigt, daß der Begriff der »Anschauung« immer sowohl in seiner methodischen Funktion für die Gewinnung gültiger Erkenntnisse als auch in seiner pädagogischen Funktion der Erschließung solcher Kenntnisse gesehen werden muß. Die Funktion der Anschauung im Unterricht muß sowohl den Geltungsbedingungen des jeweiligen Wissenschaftsbereiches oder Objekts als auch der psychischen Struktur der menschlichen Monas entsprechen. Versuchten wir, die Bedeutung des Determinationsbegriffes für die zeitliche und sachliche Gliederung des Unterrichts und der Erziehung weiter zu verfolgen, so müßten wir uns der didaktischen Methodik oder Unterrichtsforschung zuwenden. Die Notwendigkeit einer unter dem Prinzip der pädagogischen Determination begründeten Methodenforschung ließe sich vor allem an deren gegenwärtigen Zustand aufweisen, der nicht zuletzt dadurch charakterisiert ist, daß diese fast ausschließlich mit psychologischen und soziologischen Kategorien arbeitet und von der Aufgabe einer geltungstheoretisch zu bestimmenden und monadologisch zu konkretisierenden Höherbildung der Menschheit zugunsten des abstrakten Kriteriums der Effektivierung und Optimierung von Lernleistungen abstrahiert hat.[147]

»Konzentration« – als Synthesis von geltungsmäßiger »Konzentriertheit« der Unterrichtsgegenstände und »Konzentrierbarkeit« des pädagogischen Verhaltens – und »Determination« – als Synthesis von

»Determination im ›Sinn‹« und »Determination in der Zeit« – sind die beiden Prinzipien der Erziehungswissenschaft, wie sie in Hönigswalds Erziehungsphilosophie entwickelt werden. Versuchte man die Aufgabe der Erziehung allein vom Prinzip der Konzentration her zu begreifen, so ginge der Unterschied zwischen der sittlichen und politischen Konzentrationsaufgabe der Gemeinschaft wirklicher, d. i. erzogener, und möglicher, d. i. zu erziehender, Vernunftwesen verloren. Wollte man dagegen die Aufgabe der Erziehung lediglich vom Prinzip der Determination her bestimmen, so müßte man bereits jedwede Einflußnahme auf den Heranwachsenden Erziehung nennen; die Erziehung löste sich in die Beliebigkeit unzählbar vieler Maßnahmen auf. Konzentration und Determination als Prinzipien der Sinnbestimmtheit von Erziehung verweisen daher wechselseitig aufeinander. Wie der Begriff der Konzentration, um eine pädagogische Konzentrationsaufgabe zu bestimmen, desjenigen der Determination bedarf, so bedarf dieser der Konzentriertheit der Geltungs- oder Sinnbereiche menschlicher Existenz, um die Determinationsaufgabe der Erziehung als ein Ganzes zu fassen. Im Aufweis des Konzentrations- und des Determinationsbegriffes als einander ergänzender Prinzipien wissenschaftlicher Pädagogik liegt das eigentliche Verdienst der Erziehungsphilosophie von Richard Hönigswald.

Beiden Prinzipien kann ebensowenig wie den von den Fichteanern aufgewiesenen eine unmittelbare Bedeutung für die Erziehungspraxis zugesprochen werden, denn sie kennzeichnen den Begriff wissenschaftlicher Pädagogik, nicht aber das erzieherische Tun als solches. Im Unterschied zu den frühen Fichteanern, die ihren Prinzipien unmittelbare Gültigkeit für das erzieherische Tun zuerkannten, weist Hönigswald immer wieder auf diese prinzipielle Schranke transzendentaler Voraussetzungsreflexion hin. So stellt er, um nur eine der vielen diesbezüglichen Hinweise heranzuziehen, bei der Erörterung des Begriffs der Höherbildung und der auf die Zukunft des Individuums und der Menschheit gerichteten Determinationsaufgabe der Erziehung fest: »Gilt dieser Begriff (der Höherbildung, D. B.), und er muß gelten, soll pädagogisches Tun ›möglich‹, d. h. zu rechtfertigen sein, dann gilt auch jenes System (gemeint ist das System der Interdependenz geltungsmäßiger und zeitlicher Determination, D. B.). Und um jegliches Mißverständnis auszuschließen, sei es nun noch einmal mit allem Nachdruck ausgesprochen: Nicht eine Tatsache ist jene ›Höherbildung‹ der Menschheit...; nicht ein Verhalten, das in der Vergangenheit seine Bestätigung sucht, um auch für die Zukunft angenommen zu werden; sondern eine Idee, unter deren Voraussetzung die Tatsache der Pädagogik selbst erst begriffen wird.«[148] Diese Stelle mag hier genügen, um zu verdeutlichen, daß Hönigswald nicht in gleicher Weise wie die frühen Fichteaner die Bedeutsamkeit seiner Erziehungsphilosophie verkennt. Dennoch macht auch er sich einer Grenzüberschreitung der Erziehungsphilosophie schuldig. Wir schließen hier an jene Stelle an, in der Hönigswald die These vertritt, die Pädagogik sei eine philosophische Wissenschaft, weil sie sich mit Aufgaben beschäftige, die solche der wissenschaftlichen Philosophie seien. Diese Bemerkung soll hier stellvertretend für Hönigswalds Auffassung vom Verhältnis zwischen Philosophie und Pädagogik stehen. Ihr zufolge, und dies ließe sich an weiteren Stellen ebenso aufzeigen, fallen bei Hönigswald die transzendentalphilosophische Reflexion auf die Bedingungen der Möglichkeit der Pädagogik als Wissenschaft mit dieser selbst zusammen, so daß zwischen dem Begriff der Erziehungswissenschaft und dieser selbst nicht mehr unterschieden wird. Die Pädagogik ist philosophische Wissenschaft, dies besagt nämlich nichts anderes als dies: sie ist gar keine besondere Wissenschaft, sondern ein Teil der Philosophie selbst.

Diese Gleichsetzung von Erziehungsphilosophie als einem auch von uns zugestandenen prinzipiell notwendigen Teil der Erziehungswissenschaft mit der Erziehungswissenschaft als Ganzem hat verhängnisvolle Folgen. Wo nämlich Pädagogik als ein besonderer Teil der Philosophie aufgefaßt wird, abstrahiert die Philosophie von ihrer eigentlichen Aufgabe, die keineswegs darin liegt, sich als Erziehungswissenschaft zu setzen, sondern diese von ihren Voraussetzungen her zu begründen. Durch eine solche Gleichsetzung verliert die als Erziehungsphilosophie begriffene Pädagogik jeglichen Bezug zur Praxis. Zwar besagen die Begriffe der Determination und Konzentration nicht, daß Erziehung als Faktum wirklich auch immer und überall der Höherbildung und der Realisierung und Konkretisierung der Geltungswerte in der Zeit diene. Aber eben dieser ihrer nicht ontischen Auslegbarkeit wegen können die Prinzipien des Begriffs der Erziehung für sich genommen nicht den Anspruch erheben, in ihnen erschöpfe sich die Erziehungswissenschaft als Ganzes; vielmehr gewinnen sie ihre positive Funktion als Begriffe der Erziehung und Bildung allererst über eine von ihnen her begründete Erziehungswissenschaft, die sich nun ihrerseits um eine kritische Analyse, Sinnbestimmung und Anleitung der Erziehungspraxis bemühen muß, damit die Idee der Höherbildung nicht leeres Prinzip bleibe, sondern

vermittelt über eine erziehungsphilosophisch fundierte Erziehungswissenschaft als konkreter Auftrag für die Praxis in der Praxis ernstgenommen werde.
Die erziehungsphilosophischen Prinzipien dürfen weder – wie bei den frühen Fichteanern – zu existentiellen Bestimmungen des erzieherischen Tuns hypostasiert werden, wodurch von dessen aus der jeweiligen geschichtlich-gesellschaftlichen Situation erwachsenden Aufgaben abstrahiert würde; noch darf die prinzipienwissenschaftliche Analyse – wie bei Hönigswald – zum vollentwickelten Begriff der Erziehung erhoben werden, da dann die Erziehung in der konkreten Wirklichkeit sich selbst blindlings überlassen bliebe. In beiden Fällen verkennt die Erziehungsphilosophie die ihr eigentlich zukommende Bedeutung für die Grundlegung der Pädagogik als Wissenschaft. Wenn auch sowohl die frühen Fichteaner als auch Hönigswald um die hier aufgedeckte und in unserer Systematik pädagogischer Fragestellungen bereits entwickelte Grenze der Theorie der Pädagogik nicht gewußt haben, so wäre es freilich voreilig, den von ihnen aufgedeckten Prinzipien jegliche Bedeutsamkeit abzusprechen. Vielmehr gewinnen diese allererst angesichts der spezifischen Grenze der Erziehungsphilosophie ihre positive Funktion für die Erziehungswissenschaft. Um diese herauszustellen, werden wir im folgenden versuchen, die von den frühen Fichteanern entwickelten Prinzipien der Aufforderung zur Selbsttätigkeit und Bildsamkeit und die von Hönigswald aufgewiesenen Prinzipien der Konzentration und Determination in ihrem Implikationszusammenhang zu begreifen.

Die Prinzipien der Theorie der Erziehung und der Theorie der Bildung

Die Erziehungsphilosophie der frühen Fichteaner und Hönigswalds sind einander ergänzende Modelle für eine Grundlegung der Erziehungswissenschaft.
Unsere Analyse beider Ansätze stellte zunächst den interdependenten Zusammenhang der in ihnen jeweils entwickelten Prinzipien fest: Das Prinzip der Aufforderung zur Selbsttätigkeit als Grundbegriff einer jeden Theorie der Erziehung verweist auf das Prinzip der Bildsamkeit, insofern dieses die Sinnbestimmtheit des Vernunftwesens im Unterschied zum Begriff eines nicht vernunftbegabten Wesens herausstellt; zugleich ist das Prinzip der Bildsamkeit auf das der Aufforde-

rung zur Selbsttätigkeit verwiesen, insofern von ihm allein Erziehung noch nicht als Werden des möglichen zum wirklichen Vernunftwesen gedacht werden kann. In ähnlicher Weise zeigte sich ein interdependenter Zusammenhang unter den von Hönigswald entdeckten Prinzipien der Erziehungswissenschaft: Das Prinzip der Konzentration vermochte für sich genommen noch nicht die besondere Sinnbestimmung der Erziehung gegenüber der sittlichen und politischen Praxis zu fassen; es bedurfte, damit die spezifisch pädagogischen Aufgaben erfaßt werden konnten, des Prinzips der pädagogischen Determination. Das Prinzip der Determination als Grundbegriff der Erziehung als Tatsache war dabei seinerseits auf das der Konzentration verwiesen, insofern von diesem her allererst die Erziehung als ein Ganzes begriffen werden konnte. Der hiermit aufgezeigte Zusammenhang von Aufforderung zur Selbsttätigkeit und Bildsamkeit auf der einen und Konzentration und Determination auf der anderen Seite erweist sich bei näherem Zusehen als Interdependenz von Theorie der Erziehung und Theorie der Bildung. So wie das Prinzip der Aufforderung zu Selbsttätigkeit als Grundbegriff einer jeden Theorie der Erziehung hinsichtlich der Sinnbestimmung von Erziehung auf das der Bildsamkeit verweist, so verweist das Prinzip der Konzentration als Grundbegriff einer jeden Theorie der Bildung hinsichtlich der Möglichkeiten sinnbestimmten Erziehens als Tatsache auf das der Determination.

Wollen wir den Zusammenhang zwischen der Erziehungsphilosophie der frühen Fichteaner und derjenigen Hönigswalds herausarbeiten, so dürfen wir uns nicht darauf beschränken, für jedes Modell die Interdependenz erziehungstheoretischer und bildungstheoretischer Fragestellungen aufzuweisen, sondern müssen den Zusammenhang aller vier Prinzipien der Pädagogik als solchen aufdecken. Wir werden zeigen, daß »Aufforderung zur Selbsttätigkeit« (Fichteaner) und »Determination« (Hönigswald) Prinzipien der Theorie der Erziehung, »Konzentration« (Hönigswald) und »Bildsamkeit« (Fichteaner) dagegen Prinzipien der Theorie der Bildung sind.

Mit dem Prinzip der Bildsamkeit innerhalb der Erziehungsphilosophie der frühen Fichteaner, die sich vor allem mit dem Begriff des Werdens des möglichen zum wirklichen Vernunftwesen, also mit der Grundlegung einer Theorie der Erziehung auseinandersetzte, ist zumindest die Thematik der Theorie der Bildung als Restproblem angesprochen; und mit dem Prinzip der pädagogischen Determination innerhalb der Erziehungsphilosophie Hönigswalds, die sich vor allem um den Begriff der Sinnbestimmung der Erziehung und mithin um die Grundlegung der Theorie der Bildung bemühte, ist die Thematik der Theorie der Erziehung angesprochen. Um die Interdependenz beider erziehungsphilosophischen Ansätze aufzuweisen, gilt es nun, im einzelnen nachzuweisen, daß das Prinzip der Aufforderung zur Selbsttätigkeit und das Prinzip der Determination, jedes für sich genommen, zur Grundlegung einer Theorie der Erziehung ebensowenig ausreichen, wie vom Prinzip der Bildsamkeit und vom Prinzip der Konzentration, jedes für sich genommen, die Grundlegung der Theorie der Bildung geleistet werden könnte.

Der Begriff der Aufforderung zur Selbsttätigkeit folgt aus der logischen Struktur des Begriffs des Werdens des möglichen zum wirklichen Vernunftwesen, derjenige der Determination aus der logischen Struktur des Begriffs der Abbildung des Systems der Geltungswerte in die Erlebniskontinuität der menschlichen Monas. Beide charakterisieren jeweils eine Seite der Erziehung als Tatsache. Diese muß als Aufforderung zur Selbstätigkeit gedacht werden, um als Erziehung möglicher zu wirklichen durch wirkliche Vernunftwesen verstanden werden zu können; diese muß zugleich als Prozeß pädagogischer Determination gedacht werden, um als ein inhaltlich strukturiertes und nicht bloß formal bestimmtes Geschehen begriffen werden zu können. Versuchte man Erziehung lediglich als Aufforderung zur Selbsttätigkeit zu verstehen, so geriete die Theorie der Erziehung in die Aporie der Rousseauschen Erziehungslehre, nämlich den inhaltlichen Erfahrungskontext erzieherischer Praxis in der Form eines geordneten natürlichen oder gesellschaftlichen Systems voraussetzen zu müssen; versuchte man Erziehung lediglich als pädagogische Determination zu begreifen, so geriete man in die Aporie der Schleiermacherschen Erziehungslehre, welche den inhaltlichen Erfahrungskontext in der Dimension einer natürlichen Dialektik von Bewahren und Verbessern zu begreifen versuchte. Die Möglichkeit der Höherbildung kann der Erziehung nur dann zugesprochen werden, wenn sie von einer Theorie angeleitet wird, die sowohl im Prinzip pädagogischer Determination als auch in dem der Aufforderung zur Selbsttätigkeit begründet ist. So rundet sich hier in der erziehungsphilosophischen Analyse der Prinzipien der Theorie der Erziehung unser bereits bei der Darstellung und Kritik der Erziehungslehren von Rousseau und Schleiermacher begonnener Gedankengang ab, indem die dort aufgezeigte Spannung zwischen den Positionen von Rousseau und Schleiermacher hier als Spannung zwischen den Prinzipien der Aufforderung zur Selbsttätigkeit und der Determination neuerlich auftritt und auf ihren systematischen Ursprung zurückgeführt wird. So wie die Theorie der Erziehung nach einem Prinzip verlangt, das die Grundbegriffe der Aufforderung zur Selbsttätigkeit und der pädagogischen Determination synthetisch vereinigt, so bedarf der Erzieher einer Theorie der Erziehung, die, in einem solchen Prinzip begründet, die Möglichkeiten sinnbestimmten Erziehens klärt und im Primat der erzieherischen Verantwortlichkeit die konkrete Situationsbewältigung und Entscheidungsfindung in der Praxis anleitet.

Das Resultat der Gegenüberstellung der von den frühen Fichteanern und Hönigswald entwickelten Prinzipien der Theorie der Erziehung kann freilich nicht überraschen, denn gerade darin, daß sich hier der Widerspruch zwischen Rousseaus und Schleiermachers Positionen wiederholt, sehen wir die Bestätigung der von uns an den Anfang unserer Darstellung der traditionellen Ansätze gestellten Systematik. Innerhalb der Erziehungsphilosophie mußte sich der Widerstreit der Positionen der Erziehungslehre wiederholen, wenn dieser wirklich die in unserer Systematik pädagogischer Fragestellungen entwickelte Begründungsfunktion zukommen soll. Nachdem sich unsere Systematik pädagogischer Fragestellungen an den traditionellen Positionen der Erziehungslehre und den ihre Voraussetzungen klärenden Erziehungsphilosophien bewährt hat, gilt es nun, auch die zweite Fragestellung der Erziehungswissenschaft von den bei den frühen Fichteanern und Hönigswald entwickelten Prinzipien her einzuholen. Wir fragen daher im folgenden nach dem Verhältnis der beiden Prinzipien Bildsamkeit und Konzentration.

Der Begriff der Konzentration folgt aus der logischen Struktur des Begriffs eines Systems von Geltungswerten oder Sinndimensionen menschlicher Existenz, der sowohl die Idee des Anerkanntwerden-Sollens als auch den Gedanken des Anerkanntwerden-Könnens fordert; der Begriff der Bildsamkeit folgt aus der logischen Struktur der Sinnbestimmung des Werdens des möglichen zum wirklichen Vernunftwesen. Beide charakterisieren jeweils eine Seite der Bildungsaufgabe. Diese muß als Konzentrationsaufgabe gefaßt werden, um die Geltendmachung der Geltungswerte als wesentliche Bestimmung der Kulturtradierung zu begreifen; diese muß zugleich vom Prinzip der Bildsamkeit her begriffen werden, damit die Konzentrationsaufgabe nicht einfach mit derjenigen der Kulturtradierung und Überlieferung gleichgesetzt, sondern in ihrer Beziehung zur Bildungsaufgabe des möglichen zum wirklichen Vernunftwesen gesehen wird. Versuchte

man den Bildungsbegriff lediglich vom Prinzip der Konzentration her einzuholen, so geriete die Theorie der Bildung letztlich in die Aporie der Willmannschen Erziehungsphänomenologie, welche die Aufgabe der Höherbildung auf die der Kulturtradierung reduziert und vom Problem des Werdens des Zöglings weitgehend abstrahiert; versuchte man dagegen den Bildungsbegriff lediglich vom Prinzip der Bildsamkeit her einzuholen, so geriete man in die Aporie der Herbartschen Bildungstheorie, welche unter Hintansetzung der Beziehung der Idee der inneren Freiheit zu den anderen Ideen die Aufgabe der Erziehung ausschließlich vom Begriff der Bildsamkeit als der Ermöglichung innerer Freiheit zu fassen versucht und dadurch die systematische Fülle der Sinndimensionen menschlicher Existenz aus dem Gedanken kreis der Erziehung weitgehend ausschließt. Die Erziehung bedarf also einer Sinnorientierung, welche sowohl im Prinzip der pädagogischen Konzentration als auch im Prinzip der Bildsamkeit begründet ist. So schließt sich hier in der erziehungsphilosophischen Analyse der Prinzipien der Theorie der Bildung unser bereits in der Darstellung und Kritik der Erziehungsphänomenologien von Herbart und Willmann begonnener Gedankengang, indem die dort bereits aufgewiesene Spannung zwischen der Herbartschen und der Willmannschen Bildungstheorie sich hier als Spannung zwischen dem Prinzip der Bildsamkeit und dem Prinzip der Konzentration erweist und aus dieser erklärt wird. So wie die Theorie der Bildung nach einem Prinzip verlangt, das die Grundbegriffe der Konzentration und Bildsamkeit synthetisch vereinigt, so bedarf der Erzieher einer Theorie der Bildung, die in einem solchen Prinzip begründet die Aufgaben sinnbestimmter Erziehung analysiert und im Primat der Verwirklichung sinnbestimmter Erziehung die konkrete Sinnstiftung des in der Praxis tätigen Erziehers wissenschaftlich orientiert.
So hat sich auch am Resultat der Gegenüberstellung der von den frühen Fichteanern und Hönigswald aufgewiesenen Prinzipien der Theorie der Bildung unsere Systematik der drei Fragestellungen der traditionellen Pädagogik bewährt, insofern sich innerhalb der erziehungsphilosophischen Fragestellung der Widerstreit der traditionellen Positionen der Bildungstheorie wiederholte. Nachdem wir im Rahmen unseres Begriffs der Pädagogik als einer praktischen Wissenschaft von der und für die Erziehung einige traditionelle Schulrichtungen auf die systematische Einheit der Pädagogik als Wissenschaft hin interpretiert haben, wenden wir uns im folgenden den gegenwärtigen Ansätzen zu. Als Aufgabe für die Erziehungswissenschaft bietet

sich aus der Summe unserer bisherigen Überlegungen die These an, die Pädagogik müsse die von uns unterschiedenen drei Fragebereiche, den der Theorie der Erziehung, den der Theorie der Bildung und den der Theorie der Pädagogik, weiterentwickeln und dabei versuchen, den Widerstreit zwischen den traditionellen Positionen im Sinne der von uns aufgezeigten Richtung zu heben. Indes reicht schon eine nur oberflächliche Kenntnis der Erziehungswissenschaft unseres Jahrhunderts dazu aus, um einzusehen, daß die Pädagogik diesen Weg nicht beschritten hat. Um sich als Wissenschaft zu etablieren, hat sie heute weitgehend einen Bruch mit ihrer eigenen Tradition vollzogen. Da wir nicht beabsichtigen, diesen Bruch in der Darstellung und Kritik der heutigen Schulrichtungen lediglich anzuprangern und als ein unfaßbares Mißgeschick in der Geschichte unserer Wissenschaft zu bedauern, stellt sich uns nun die Aufgabe, den Bruch innerhalb der Erziehungswissenschaft in seiner Notwendigkeit zu begreifen, um auch die Vielfalt heutiger Ansätze in die aufgegebene Einheit der Pädagogik als Wissenschaft einbeziehen zu können. Wir müssen also versuchen, den Bruch mit der Tradition nicht lediglich als ein willkürliches Faktum anzusehen, das etwa auf mangelndes Problembewußtsein der heutigen Schulrichtungen zurückgeführt werden könnte, sondern wir müssen aufzeigen, daß dieser Bruch zwischen den traditionellen und den heutigen Schulrichtungen gleichsam von beiden Seiten her bedingt ist. Zu diesem Zweck ist es dienlich, daß wir zum Abschluß unserer Auseinandersetzung mit der Tradition im Hinblick auf die heutige Situation der Erziehungswissenschaft nach den spezifischen Möglichkeiten und Grenzen der traditionellen Pädagogik fragen.

2 Sinn und Grenzen der traditionellen Ansätze der Pädagogik

Wenn wir hier Sinn und Grenzen der traditionellen Pädagogik untersuchen, so geht es uns nicht mehr um eine Analyse ihrer verschiedenen Ansätze, sondern um die Klärung der übergeschichtlichen Bedeutung und der spezifischen Beschränktheit der traditionellen Pädagogik. Hiernach zu fragen, setzt freilich immer schon zwei Dinge voraus: zum einen kann von übergeschichtlicher Bedeutung nur dort gesprochen werden, wo der Gegenstand, der auf diese hin untersucht werden soll, als ein und derselbe begriffen wird; zum anderen kann von spezifischer Beschränktheit nur dort gesprochen werden, wo der Gegenstand, obwohl er ein und derselbe ist, als ein geschichtlicher begriffen wird. Beides kann für unseren Gegenstand, die Pädagogik als Wissenschaft oder die Erziehungswissenschaft, nicht ohne weiteres vorausgesetzt werden, denn die Neuansätze der Pädagogik im 20. Jahrhundert verstehen sich zum größten Teil aus einem bewußten Bruch mit der Tradition, d. h. sie erkennen diese gar nicht als ihre Tradition an und beanspruchen, der Anfang wissenschaftlicher Pädagogik sei erst durch sie getan worden. Nun ist diese Haltung der Tradition gegenüber freilich kein Novum in der Geschichte der Pädagogik, sondern kennzeichnet bereits die traditionellen Bemühungen um die Errichtung einer Wissenschaft von der Erziehung; alle von uns behandelten Ansätze beanspruchen in gewisser Weise, Neuansätze wissenschaftlicher Pädagogik zu sein. Während sich jedoch die traditionellen Ansätze letztlich aus der Kontinuität pädagogischer Denkrichtungen verstanden und sich als Neuansätze immer sowohl von ihrer Tradition abgehoben als auch zugleich in diese eingeordnet haben, sind einige der heute einflußreichsten Neuansätze der Pädagogik nicht zuletzt dadurch charakterisiert, daß sie sich als eine weitgehende Negation der Tradition ausgeben und die meist mehr auf Unkenntnis als auf genauerer Kenntnis der Tradition beruhende These vertreten, die traditionellen Lehren über Erziehung und Bildung seien insgesamt unwissenschaftlich; man müsse daher zwischen ihnen und der eigentlichen Wissenschaft streng unterscheiden, etwa indem man jene als Pädagogik, diese aber als Erziehungswissenschaft bezeichne.

Besteht nun auch kein Grund, die durch Negation der Tradition gekennzeichneten Ansätze schon allein dieser ihrer Haltung wegen als Erziehungswissenschaft anzuerkennen, so verlangt die These, die Pädagogik oder Erziehungswissenschaft – wir setzen beide Begriffe, wie bisher, auch im folgenden gleich – sei in ihrer Geschichte ein und dieselbe, grundsätzlich nach einer die gegenwärtigen Schulrichtungen erfassenden Analyse. So scheint zunächst, aus Gründen, die in den Voraussetzungen der Frage nach Sinn und Grenzen der traditionellen Ansätze der Pädagogik liegen, eine Beantwortung dieser Frage, wenigstens zum jetzigen Zeitpunkt und im Rahmen der bisher erarbeiteten Problemsicht, noch gar nicht möglich zu sein. Indes wäre es ebenso verfehlt, zu meinen, die übergeschichtliche Bedeutsamkeit und die spezifische Beschränktheit der traditionellen Ansätze ließe sich durch einen einfachen Vergleich mit den Neuansätzen der modernen Erziehungswissenschaft herausarbeiten, so daß etwa die von diesen in der Konstatierung und Setzung eines Bruches mit der Tradition übersehenen Gemeinsamkeiten als deren übergeschichtliche Bedeutung und die von diesen erkannte Verschiedenheit als deren spezifische Grenze ausgegeben werden könnten. Der Vergleich verschiedener Positionen, will er sich nicht in Zufälligkeiten erschöpfen, setzt immer schon einen Begriff des jeweiligen Gegenstandes voraus, der von den Positionen jeweils gemeint und verschieden gesehen wird. Dies trifft in besonderem Maße dann zu, wenn die eine der zu vergleichenden Positionen behauptet, der fragliche Gegenstand sei allererst von ihr wissenschaftlich thematisiert worden.

Unseren Begriff der Erziehungswissenschaft haben wir bereits vor der Analyse der traditionellen Schulrichtungen in einer Systematik der pädagogischen Fragestellungen skizziert. Er muß sich erst in der Auseinandersetzung mit den modernen Schulrichtungen der Erziehungswissenschaft bewähren, soll er sich als wirklicher Begriff der Erziehungswissenschaft und nicht bloß als eine Kennzeichnung einer unter mehreren Positionen erweisen. Unter der hier freilich noch nicht einholbaren Voraussetzung, daß er sowohl die traditionellen als auch die modernen Ansätze unter sich begreift, können wir von ihm her eine Analyse der Möglichkeiten und Grenzen der traditionellen Ansätze versuchen. Dabei wird sich zeigen, daß der Bruch in der Tradition der Erziehungswissenschaft nicht nur von den Ansätzen unseres Jahrhunderts gesetzt wurde, sondern in der Tradition selbst schon angelegt war. Nur wenn dies gelingt, nur wenn sich zeigen läßt, daß aus der systematischen Begrenzung der Tradition die Notwendig-

keit des von den gegenwärtigen Schulrichtungen vollzogenen Bruchs folgt, können wir zu Recht von einer übergeschichtlichen Bedeutung der traditionellen Ansätze sprechen.
In diesem Sinne soll zunächst von unserer Systematik pädagogischer Frageweisen her die übergeschichtliche Bedeutung der Tradition, deren auch heute noch gültiger Beitrag zur Erziehungswissenschaft bestimmt werden.

2.1 Die übergeschichtliche Bedeutung der Tradition. Die Pädagogik als auf Prinzipien begründete praktische Wissenschaft

Unsere Systematik der Fragestellungen der Erziehungswissenschaft – so können wir das Resultat unserer bisherigen Überlegungen zusammenfassen – hat sich insofern an der Tradition bewährt, als sie deren Ansätze in ihrer wechselseitigen Verwiesenheit zu begreifen und einander zuzuordnen vermochte. Dadurch fanden die verschiedenen Lehrstücke der pädagogischen Klassiker die ihnen im System der pädagogischen Fragestellungen zukommende Bedeutung, welche von den mehr oder weniger unvermittelt nebeneinander stehenden pädagogischen Theorieansätzen nur z. T. erkannt worden war. Daß die Tradition sich jedoch nicht nur in unser systematisches Interpretationsschema einordnen ließ, sondern zugleich in ihren Lehrstücken eine solche Systematisierung nahelegte, kennzeichnet ihre übergeschichtliche Bedeutung, denn hieran zeigt sich, daß die Erziehungswissenschaft in der Tradition fast durchgängig vom Ursprung der pädagogischen Frage her, der in problematisch gewordener alltäglicher Erziehungserfahrung liegt, als praktische Wissenschaft verstanden worden ist.
Als die erzieherische Umgangserfahrung transzendierendes Denken gewinnt Pädagogik die von der pädagogischen Frage her ihr zugemutete Positivität allererst, wenn sie sich in ihren Resultaten auf den alltäglichen Erfahrungshorizont zurückverwiesen weiß. Wie Ethik und Politologie hat sie die eigentümliche Struktur, Wissenschaft von Praxis für Praxis zu sein.
Wäre Pädagogik lediglich Wissenschaft von Praxis, d. h. wäre

ihre Erziehung als Gegenstand in der Weise gegeben, wie den Erkenntniswissenschaften ihre Gegenstände jeweils gegeben sind, so löste sie die Erziehung aus ihrem Bezug zu der aus problematisch gewordener Umgangserfahrung entspringenden pädagogischen Frage nach den Aufgaben und Möglichkeiten von Erziehung. Sie reduzierte damit Erziehung zu einem Gegenstand theoretischer Erkenntnis und überließe die Klärung ihrer Möglichkeiten und Aufgaben dem Streit der Ideologien und der Zufälligkeit gemeinverständiger Übereinkünfte hinsichtlich der praktischen Einrichtung und Gestaltung des Erziehungsprozesses. Sie wäre alsdann im eigentlichen Sinne gar nicht Wissenschaft von Erziehung als Praxis, sondern Wissenschaft von biologischem, psychischem und sozialem Geschehen in der Erziehungswirklichkeit. Die Frage nach der sinnbestimmten Einrichtung der Erziehung würde von der Pädagogik als theoretischer Erkenntniswissenschaft entweder als im praktischen Konsens der erziehenden und zu erziehenden Generationen immer schon gelöst vorausgesetzt oder aber als wissenschaftlich gar nicht thematisierbar ausgeschlossen. Die Pädagogik löste sich damit in eine angewandte Diätetik oder Psychologie bzw. Soziologie auf. Die heutige Redeweise von der sogenannten pädagogischen Psychologie bzw. pädagogischen Soziologie verschleiert diesen Tatbestand lediglich, denn sie abstrahiert von der eigentlichen Aufgabe, die mögliche Bedeutsamkeit erkenntniswissenschaftlicher Aussagen über die Erziehungswirklichkeit für deren sinnbestimmte Gestaltung zu klären, indem sie den psychologischen und soziologischen Aussagen über die Erziehungswirklichkeit ohne weiteres das Attribut, pädagogische Aussagen zu sein, zubilligt. Sowenig freilich eine sozialwissenschaftliche Analyse der verschiedenen Meinungen über die Natur und der statistischen Wahrscheinlichkeit und des Bedingungsgefüges dieser Meinungen für Naturwissenschaft selbst gehalten werden darf, so falsch ist es, sozialwissenschaftliche Analysen des Bedingungsgefüges der Erziehungswirklichkeit als Erziehungswissenschaft auszugeben.[149]

Wann immer Pädagogik lediglich als Wissenschaft von Praxis verstanden wird, verliert sie zugleich die erzieherische Praxis als ihren eigentlichen Gegenstand, insofern sie nämlich diese auf biologisches, psychisches und soziales Geschehen und dessen Bedingungszusammenhänge verkürzt. Ebenso verfehlt wäre es freilich, Pädagogik als eine Wissenschaft für Praxis in dem Sinne auszulegen, als sei sie eine normative Disziplin, welche die wissenschaftliche Anleitung und Sinnorientierung der Erziehung direkt vorzunehmen vermag. Wo immer dieser Anspruch von der Pädagogik selbst oder für diese erhoben wurde, betrieb sie im Grunde unter dem Deckmantel von Wissenschaft die konkrete Einrichtung der Erziehungspraxis im Dienste handfester politischer, moralischer, theologischer und ökonomischer Ideologien.[150]

Beide hier genannten Verkürzungen der Pädagogik als praktischer Wissenschaft von der und für die Erziehung schließen einander keineswegs aus; sie ergänzen sich vielmehr unter gewissen Umständen. Während nämlich durch die Reduktion der Pädagogik auf eine rein theoretische Erkenntniswissenschaft von der Erziehung von der gesamten Sinnproblematik abstrahiert wird, wird bei der Reduktion der Pädagogik auf eine normative Wissenschaft unterstellt, die Sinnproblematik sei in dem als unanzweifelbar vorausgesetzten Ordnungsschema gelöst, die Praxis brauche lediglich diesem angeglichen werden bzw. für dessen allgemeine Anerkennung Sorge tragen. Wenn sich auch beide Verkürzungen der Pädagogik in Scheingefechten bekämpfen, in welchen die erkenntniswissenschaftliche Pädagogik gegen die normative Pädagogik die Maxime der Werturteilsfreiheit und diese gegen jene die Erziehungspraxis als Gegenstand der Erziehungswissenschaft ins Feld führt, so bedarf die normative Pädagogik bei der Realisierung ihrer Ideologie doch jeweils der technologischen Hilfe der erkenntniswissenschaftlichen Pädagogik. Diese ist für eine solche Inanspruchnahme gerade dadurch vorzüglich geeignet, weil sie sich auf die Maxime der Werturteilsfreiheit beruft, wie umgekehrt die erkenntniswissenschaftliche Pädagogik jeweils eine Ideologie voraussetzt, die ihre Resultate in Anspruch nimmt und diesen ihren möglichen Anwendungssinn in der Praxis erschließt.

Die übergeschichtliche Bedeutung der Tradition beruht gerade darauf, daß sie im Grunde über diese Scheinalternative von erkenntniswissenschaftlicher und normativer Pädagogik schon hinaus war. Daß diese Alternative künstlich und mithin nicht ernst zu nehmen ist, zeigt sich zum einen daran, daß trotz der Scheingefechte, welche beide aus Mangel an wissenschaftstheoretischer Fundierung miteinander führen, zwischen der erkenntniswissenschaftlichen und der normativen Pädagogik eine permanente Kooperation stattfindet. Dies zeigt sich zum anderen daran, daß in dieser Kooperation die erkenntniswissenschaftliche, sich auf Wertfreiheit berufende Pädagogik zur normativen Disziplin wird, indem sie sich unter Abstraktion von den sie tragenden Ideologien als deren Erfüllungsgehilfe erweist, während die normative Pädagogik in dieser Kooperation zur technologischen

Disziplin wird, indem sie sich bei der Realisierung ihrer Ideologie der von der erkenntniswissenschaftlichen Pädagogik zu diesem Zwecke willentlich oder auch nicht willentlich zur Verfügung gestellten Mittel bedient. Angesichts dieser Kooperation wird die erkenntniswissenschaftliche Pädagogik unweigerlich zur normativen und die normative zur erkenntniswissenschaftlich-technologischen Pädagogik, eine Tatsache, die heute immer wieder verkannt wird, wenn man der Behauptung vermeintlicher Werturteilsfreiheit der erkenntniswissenschaftlichen Pädagogik und der Versicherung des Niedergangs der normativen Systeme vorschnell Glauben schenkt. Der vermeintliche Niedergang normativer Pädagogik und der festzustellende Aufstieg der erkenntniswissenschaftlichen Pädagogik fallen nicht zufällig zusammen, sondern kennzeichnen die heutige Situation, in welcher die normative Pädagogik die Gestalt der erkenntniswissenschaftlich-technologischen annimmt, derweil die Ideologien sich hinter sogenannten Sachzwängen verbergen.[151]

Erkenntniswissenschaftliche wie normative Pädagogik haben darin ihre Gemeinsamkeit, und auf ihr beruht die Möglichkeit ihrer wechselseitigen Kooperation, daß sie beide vom Erzieher als dem Adressaten der pädagogischen Theorie und dem Vermittler ihres Praktischwerdens abstrahieren; die erkenntniswissenschaftliche, wenn sie den Erzieher entweder auf einen Faktor der Erziehungswirklichkeit reduziert oder als weltanschaulich bestimmtes Individuum aus ihrer Analyse ausschließt; die normative, indem sie, die erzieherische Motivation überspringend, den Anspruch erhebt, über deren materiale Bestimmtheit entscheiden zu können. Daran ändert sich auch dann nichts, wenn sich die normative Pädagogik scheinbar auflöst in hinter Sachzwängen sich verbergende Interessen, denn alsdann wird die erzieherische Motivation, indem sie auf sogenannte Sachzwänge verpflichtet wird, unwillkürlich jenen Interessen unterworfen, die hinter diesen stehen.

Das unverlierbare Verdienst der traditionellen Pädagogik in ihren systematischen Höhepunkten liegt darin, den Erzieher als Adressaten der Theorie und Instanz ihres Praktischwerdens anerkannt zu haben. Sie verstand Pädagogik als Wissenschaft von der Erziehung für die Erziehung. Zum einen bedarf die Erziehung selbst, sobald sie in ihrer Aufgabenstellung und konkreten Situationsbewältigung fraglich wird, einer wissenschaftlichen Sinnorientierung und Anleitung; zum anderen ist diese wissenschaftliche Anleitung und Sinnorientierung auf die Erziehung verwiesen, denn sie gewinnt ihre praktische Bedeutsamkeit allererst über die an ihr ausgerichtete und durch sie orientierte Erziehungspraxis. Pädagogik als Theorie und Erziehung als Praxis stehen in einer doppelten pädagogischen Differenz: Die Theorie kann die Praxis weder in ihrer Insichvermitteltheit in sich aufheben noch ist ihr ihr eigenes Praktischwerden verfügbar. Die Praxis kann von der Theorie weder eine fertige Lösung der in ihr sich stellenden Probleme noch direkte Anweisungen zu deren Bewältigung erwarten. In dieser prinzipiellen Negativität der Theorie gegenüber der Erziehungspraxis gewinnt die Theorie die ihr von der Erziehung her zugemutete Positivität allererst, wenn sie im Primat der praktischen Erziehung ihre Aufgabe in der wissenschaftlichen Aufklärung der Erziehenden über die Möglichkeiten und Aufgaben der Erziehung, nicht aber in der wissenschaftlichen Bestimmung der konkreten Möglichkeiten und Aufgaben selbst sieht.

Als Theorie der Erziehung geht es ihr nicht um eine vorgängige Normierung, sondern um eine wissenschaftliche Anleitung der erzieherischen Erfahrung, durch die der Erzieher aufgefordert wird, die konkreten Erziehungssituationen in erzieherischer Verantwortlichkeit zu bewältigen. Die Theorie der Erziehung gewinnt allererst dann die ihr als Disziplin einer praktischen Wissenschaft zukommende Bedeutung, wenn sie sich unter den Primat der erzieherischen Verantwortlichkeit stellt und diese an einer heuristischen, die erzieherische Verantwortlichkeit mithin nicht überspringenden, sondern zur Tätigkeit auffordernden Anleitung pädagogischer Situationsanalyse und Situationserfahrung ausrichtet. Ebenso geht es ihr als Theorie der Bildung nicht um eine vorgängige Normierung, sondern um eine wissenschaftliche Sinnorientierung der Erziehung, von welcher her der Erzieher aufgefordert wird, die konkrete Sinnstiftung in der Erziehungspraxis zu entwerfen. Auch sie erfüllt die Anforderungen wissenschaftlicher Aussagen über Praxis nur dann, wenn sie sich unter den Primat der Praxis, in diesem Falle unter den Primat der Verwirklichung sinnbestimmter Erziehung, stellt, d. h. wenn sie die konkrete Sinnstiftung, statt sie vorwegnehmend zu normieren, an der Aufgabenstellung sinnvoller Erziehung ausrichtet. Als Theorie der Pädagogik schließlich geht es ihr nicht um eine spekulative Bestimmung der Erziehungspraxis oder eine vollständige Aufstellung der Erziehungswissenschaft, sondern um die Aufdeckung der Bedingungen der Möglichkeit wissenschaftlicher Ausagen von der Erziehung. Dabei stellt sich die Erziehungsphilosophie indirekt, insofern sie die Prinzipien einer wissenschaftlichen Anleitung der erzieherischen Situationsbewältigung im Primat erzieherischer Verantwortlichkeit und die Prinzipien einer wissenschaftlichen Sinnorientierung der Aufgaben der Erziehung im Primat der Verwirklichung sinnbestimmter Erziehung klärt, ihrerseits als Theorie des Verhältnisses von Erziehungstheorie und Erziehungspraxis unter den praktischen Primat der wirklichen Vermittlung von erzieherischer Verantwortung und Sinnbestimmung.

Liegt somit die übergeschichtliche Bedeutung der traditionellen Pädagogik darin, die Erziehungswissenschaft als praktische Wissenschaft von der und für die Erziehung in ihren einzelnen Fragestellungen verfolgt zu haben, so deutet sich ihre ‚systematische Beschränktheit darin an, daß die von uns aufgewiesenen Frageweisen wissenschaftlicher Pädagogik in der Tradition zwar bereits entwickelt, nicht aber in ihrer systematischen Beziehung durchschaut worden sind. Die traditionellen Erziehungslehren klammerten die Thematik der Theorie der Bildung in der Fiktion intakter Ordnungssysteme ebenso aus, wie die traditionellen Bildungstheorien dazu neigten, die Thematik der Theorie der Erziehung auf die in der Praxis selbst sich regenerierende Erziehungskunst einzuschränken. Die Erziehungs- und Bildungstheorien abstrahierten dabei zugleich von ihrer Angewiesenheit auf eine erziehungsphilosophische Fundierung, und diese verkannte, indem sie sich entweder als die ganze Erziehungswissenschaft selbst oder als ontischer Begriff der Erziehung mißverstand, die ihr im System der pädagogischen Fragestellungen eigentlich zukommende Fundierungsbedeutung.

Daß die verschiedenen Teilansätze der Erziehungswissenschaft in der Tradition mehr oder weniger unvermittelt nebeneinander stehen, ist freilich kein Zufall, sondern weist auf die spezifische Begrenztheit der traditionellen Erziehungswissenschaft hin.

2.2 Die Beschränktheit der traditionellen Ansätze. Das Fehlen einer spezifisch pädagogischen Forschungspraxis

Fragt man, auf welche Weise die Erziehungs- und Bildungstheorie jeweils ihre für bestimmte geschichtliche und gesellschaftliche Situationen gültige Bestimmtheit gewinnen solle und auf welche Weise sie

als Theorie über die erzieherische Motivation und das erzieherische Handeln praxisrelevant werden könne, so gerät die traditionelle Pädagogik in große Verlegenheit. Zwar beanspruchen ihre Erziehungslehren und Bildungstheorien keine übergeschichtliche Bedeutsamkeit – Schleiermacher und Herbart grenzen die Allgemeingültigkeit ihrer Aussagen ausdrücklich in diesem Sinne ein –, mit dem Problem der notwendigen permanenten Weiterentwicklung der Erziehungs- und Bildungstheorien hat sich die Tradition jedoch fast nicht beschäftigt. Schleiermacher, der der Praxis und dem Leben den Primat vor der Theorie zuerkannte, erhoffte sich die Weiterentwicklung der Erziehungstheorie geradezu als ein Geschenk der Praxis und des Lebens, und Herbart, der in der wirklichen Sinnbestimmtheit der Erziehungswirklichkeit nicht mehr als eine »unvollständige Äußerung« der an den Wesensbestimmungen der Erziehung orientierten »Gesinnungen« erkannte, abstrahierte trotz seines kritischen Begriffs der Allgemeingültigkeit praxisrelevanter Urteile weitgehend von der Aufgabe der Konkretisierung der theoretischen Sinnbestimmung der Erziehung in praktische Sinnstiftung.
Daß die traditionelle Pädagogik ihr eigenes Praktischwerden trotz ihres Selbstverständnisses einer Wissenschaft von der und für die Erziehung nicht zu organisieren verstand, hängt freilich auf das engste mit der ihr vorgegebenen historisch gesellschaftlichen Situation der Erziehungswirklichkeit zusammen. Bis ins späte neunzehnte Jahrhundert regenerierte sich in Deutschland die Gesellschaft weitgehend durch die sie selbst tragenden Institutionen und Verbände. Das zeigt sich deutlich daran, daß der Volksschulgedanke, welcher durch die Jahrhunderte hindurch immer wieder in Reformkonzeptionen neu belebt und niemals ernstlich realisiert worden war, erst Ende des neunzehnten Jahrhunderts praktisch werden konnte. Noch 1850 waren in Deutschland die meisten Volksschullehrer hauptberuflich als Küster tätig, und erst in der zweiten Hälfte des neunzehnten Jahrhunderts wurde die Volksschullehrerausbildung durch Einrichtung von Lehrerseminaren organisatorisch geregelt. Bis zum heutigen Tage ist die an den Hochschulen betriebene Pädagogik – nicht zuletzt auf Grund der Trennung der Lehrerausbildung in eine erste sogenannte »wissenschaftliche« und eine zweite sogenannte »praktische« Phase – nicht so organisiert, daß sie sich im Sinne ihres Begriffs einer praktischen Wissenschaft realisieren könnte. Die im Zerbrechen des praktischen Zirkels von Leben–Erziehen–Leben angelegte Möglichkeit für eine praxisrelevante Organisation der Erziehungswissenschaft in For-

schung und Lehre wurde nur unzureichend genutzt. Die Gesellschaft ließ sich lieber verwalten und vertraute sich eher der Abhängigkeit von den hinter dieser Verwaltung jeweils stehenden Interessen an, als daß sie um ihre kritische Veränderung jemals ernstlich besorgt gewesen wäre. Der Erziehungswissenschaft blieb damit jeder Einfluß auf die Höherbildung der Gesellschaft versagt; in ihrer organisatorischen Einengung wurde sie selbst mehr oder weniger zu einem Instrument der Verwaltung und Erhaltung des jeweiligen status quo und diskreditierte zuweilen selber Reformansätze als Neuerungen. Erst wenn sich Veränderungen zum Zwecke der Erhaltung der Gesellschaft als unumgänglich notwendig erwiesen, fanden sie Eingang in die erziehungswissenschaftliche Diskussion. So ist die Geschichte der traditionellen Pädagogik sowohl die Geschichte eines Instrumentes der Erhaltung und Verwaltung der jeweiligen gesellschaftlichen Situationen als auch die Geschichte von Ideen der Höherbildung der Menschheit, denen freilich wirklicher Einfluß auf die Erziehungswirklichkeit und die Gesellschaft versagt blieb.

Nun wäre es freilich verfehlt, für die hier angesprochene Verfassung der Pädagogik ausschließlich die ihren Einfluß auf die Erziehungswirklichkeit regelnden gesellschaftlichen Verhältnisse verantwortlich zu machen; die Erziehungswissenschaft selbst versäumte ihrerseits, Modelle praxisrelevanter Forschung zu entwickeln. Ohne eine solche im Primat der Höherbildung der Gesellschaft stehende Forschung kann sie jedoch weder als Theorie der Erziehung noch als Theorie der Bildung die von uns in der Systematik der Differenzierung des pädagogischen Denkens formulierten Aufgaben einer praktischen Wissenschaft erfüllen. Die von der Erziehungsphilosophie aufgewiesenen Prinzipien wissenschaftlicher Pädagogik gewinnen ihre konstitutive und regulative Funktion für die Erziehungswissenschaft allererst über eine in ihnen fundierte pädagogische Erforschung der Möglichkeiten und Aufgaben der Erziehungspraxis.

Die Theorie der Erziehung kann eine Anleitung sinnbestimmten Erziehens nur dann erbringen, wenn sie diese aus der Planung pädagogischer Erfahrung gewinnt und die Analyse der von ihr angeleiteten Versuche sinnbestimmten Erziehens als permanentes Korrektiv ihrer theoretischen Anleitung anerkennt. Erst wenn ihre Analyse der Möglichkeiten sinnbestimmten Erziehens und ihre Anleitung praktischer Erfahrung »rückgekoppelt« wird an eine kritische Analyse des Zusammenhangs von Erziehungstheorie, Anleitung erzieherischer Erfahrung und angeleiteter Erziehungspraxis, erlangt die Theorie der Erziehung die ihr als Disziplin einer praktischen Wissenschaft zukommende Bedeutung für die Erziehung. So wie ohne Erziehungstheorie und ohne an den Möglichkeiten sinnbestimmten Erziehens ausgerichtete Erziehungspraxis keine vernünftige Erforschung der Erziehungswirklichkeit möglich ist, so kann es auch ohne eine solche Erziehungsforschung keine im Primat der erzieherischen Verantwortlichkeit stehende Erziehungstheorie geben. Die Erziehungstheorie kann ihre eigene Weiterentwicklung und damit ihre jeweils praxisrelevante Bedeutung nur dann gewinnen, wenn sie ihre Anleitung erzieherischer Erfahrung in der Erziehungswirklichkeit überprüft und ihre kritische Analyse der erzieherischen Praxis für die Weiterentwicklung ihrer wissenschaftlichen Anleitung erzieherischer Erfahrung fruchtbar macht.

Die Gewinnung pädagogischer Erfahrung und die Klärung des Zusammenhangs von Theorie der Erziehung, pädagogischer Erfahrung oder Empirie und wissenschaftlicher Anleitung erzieherischer Erfahrung ist eines der wichtigsten Probleme der heutigen Erziehungswissenschaft. Wenn sich die Tradition dieser Aufgabe auch weitgehend entzogen hat, so sind ihre Ansätze zu einer Theorie der Erziehung doch unmittelbar relevant für die Lösung dieser Aufgabe; denn diese ist nicht dadurch gekennzeichnet, daß es die Verfahren erkenntniswissenschaftlicher Empirie nun endlich auch in die Erziehungswissenschaft einzugliedern gelte, sondern dadurch, daß die Erziehungswissenschaft in der Gestalt der Theorie der Erziehung verwiesen ist auf eine praxeologische Erfahrung der Erziehungswirklichkeit. Mit dem Problem der pädagogischen Erfahrung oder der erziehungswissenschaftlichen Empirie, ihrer Beziehung zur erzieherischen Erfahrung und ihr Unterschied gegenüber der erkenntniswissenschaftlichen Empirie werden wir uns im folgenden beschäftigen, wenn wir die Hauptströmungen der Erziehungswissenschaft der Gegenwart erörtern.

Auch die Theorie der Bildung kann eine im Primat der Verwirklichung sinnbestimmter Erziehung stehende Orientierung der Aufgaben der Erziehung nur dann erbringen, wenn sie ihre Orientierung erzieherischer Sinnstiftung aus der Planung der Bildungsinhalte gewinnt und die Analyse der von ihr an den Aufgaben der Erziehung orientierten Verwirklichung sinnbestimmter Erziehung als permanentes Korrektiv ihrer theoretischen Sinnorientierung anerkennt. Erst wenn ihre Analyse der Aufgaben sinnbestimmter Erziehung und ihre Orientierung der praktischen Sinnstiftung in konkreten Erziehungssituationen »rückgekoppelt« wird an eine kritische Analyse des Zusammenhangs von Bildungstheorie, Sinnorientierung der Erziehung und praktischer Sinnstiftung, erlangt die Theorie der Bildung die ihr als Disziplin einer praktischen Wissenschaft zukommende Bedeutung für die Erziehung. So wie ohne Bildungstheorie und ohne an dieser ausgerichteten Erziehungspraxis keine vernünftige Bildungsforschung möglich ist, so kann es ohne eine solche Bildungsforschung keine im Primat der Verwirklichung sinnbestimmter Erziehung stehende Bildungstheorie geben. Die Bildungstheorie als Theorie erzieherischer Sinnstiftung kann ihre eigene Weiterentwicklung und damit ihre jeweils praxisrelevante Bedeutung nur dann gewinnen, wenn sie ihre Sinnorientierung der Erziehung an der Erziehungswirklichkeit überprüft und ihre kritische Analyse der faktischen Sinnbestimmtheit der Erziehung für die Weiterentwicklung ihrer wissenschaftlichen Sinnorientierung der Erziehung fruchtbar macht.

Die Gewinnung einer solchen Bildungsforschung und die Klärung des Zusammenhangs von Theorie der Bildung, Bildungsforschung und wissenschaftlicher Sinnorientierung erzieherischer Praxis ist die zweite hier zu nennende Problematik heutiger Erziehungswissenschaft. Wenn sich die Tradition auch mit dieser Aufgabe fast überhaupt nicht beschäftigt hat, so sind ihre Ansätze zu einer Theorie der Bildung doch unmittelbar relevant für die Lösung dieses Problems; denn es geht nicht darum, die Inhalte der Erziehung den Erfordernissen einer mobilen, ihre eigentlichen Aufgaben gar nicht reflektierenden, sondern sich nur mehr verwaltenden Gesellschaft anzupassen und in die Erziehungswissenschaft die zu diesem Zweck von den Erkenntniswissenschaften entwickelten Planungstechniken einzugliedern, sondern es geht darum, der Verwiesenheit der Bildungstheorie auf eine Bildungsforschung Rechnung zu tragen, damit die von der Bildungstheorie geforderte Sinnorientierung die Erziehung an den Aufgaben der Höherbildung der Menschheit ausrichtet, die nicht technologisch verwaltet werden kann, sondern der alle Verwaltung dienen muß.[152]

Unsere kritische Begrenzung der Tradition, wie sie aus der Systematik der pädagogischen Fragestellungen und des pädagogischen Denkens folgt, bestimmt den Ausgang unserer Analyse der Hauptströmungen der Erziehungswissenschaft des zwanzigsten Jahrhunderts. Die verschiedenen Schulrichtungen der Gegenwartspädagogik sind nämlich dadurch gekennzeichnet, daß sie sich um die Gewinnung einer pädagogischen Forschungspraxis bemühen. Ohne den folgenden Überlegungen vorgreifen zu wollen, sei an dieser Stelle auf einige

Bemerkungen aus Kants Vorlesung über Pädagogik verwiesen, welche die in unserer Begrenzung der Tradition geforderte Entwicklung erziehungswissenschaftlicher Forschung und deren spezifische Bestimmheit im Unterschied zur erkenntniswissenschaftlichen Forschung bereits andeuten. Kant durchschaute sehr wohl, daß die Erziehungs- und Bildungstheorie auf schulpraktische Forschungen angewiesen ist, um die in ihr angelegte Relevanz für die Erziehungspraxis und die Höherbildung der Menschheit zu gewinnen: »Ein Entwurf zu einer Theorie der Erziehung ist ein herrliches Ideal, und es schadet nichts, wenn wir auch nicht gleich im Stande sind, es zu realisieren. Man muß nur nicht gleich die Idee für schimärisch halten, und sie als einen schönen Traum verrufen, wenn auch Hindernisse bei ihrer Ausführung eintreten. Eine Idee ist nichts anderes, als der Begriff von einer Vollkommenheit, die sich in der Erfahrung noch nicht vorfindet.«[153] Schadet es mithin dem Begriff sinnbestimmten Erziehens und sinnbestimmter Erziehung nicht, wenn er in der Erziehungswirklichkeit nicht realisiert ist, kann mithin auch die Erziehungswirklichkeit, so wie sie ist, nicht zum Kriterium für die Richtigkeit des Erziehungs- und Bildungsbegriffs erhoben werden, so verlangt die theoretische Anleitung und Sinnorientierung der Erziehung als Idee einer in der Erfahrung noch nicht gegebenen Vollkommenheit, daß sie praktische Anerkennung gewinne und die Erziehungswirklichkeit verändere. Die Schwierigkeit eines solchen Praktischwerdens der Theorie über die Motivation und die Tat der Erziehenden ist ebenfalls kein Kriterium für die Richtigkeit oder Falschheit der Theorie, sondern an ihr erweist sich die Notwendigkeit, das Praktischwerden des Erziehungs- und Bildungsbegriffs als einen sich in die Höherbildung der Menschheit selbst eingliedernden Prozeß zu denken. Um die Schwierigkeiten eines solchen Praktischwerdens hat Kant genau gewußt: »Kinder sollen nicht dem gegenwärtigen, sondern dem zukünftig möglich bessern Zustande des menschlichen Geschlechts, das ist: der Idee der Menschheit, und deren ganzer Bestimmung angemessen, erzogen werden. Dieses Prinzip ist von großer Wichtigkeit... Es finden sich hier aber zwei Hindernisse: 1) Die Eltern nämlich sorgen gemeiniglich nur dafür, daß ihre Kinder gut in der Welt fortkommen, und 2) die Fürsten betrachten ihre Untertanen nur wie Instrumente zu ihren Absichten. Eltern sorgen für das Haus, Fürsten für den Staat. Beide haben nicht das Weltbeste und die Vollkommenheit, dazu die Menschheit bestimmt ist, und wozu sie auch die Anlage hat, zum Endzwecke.«[154]

Knüpft somit Kant die Möglichkeit einer sinnvollen Erziehung an die Voraussetzung einer um ihre eigene Höherbildung bemühten Gesellschaft – hierin stimmt Kant mit der pädagogischen Tradition überein –, so sieht er in der möglichen Gegebenheit einer solchen Gesellschaft doch nicht schon die Möglichkeit des Praktischwerdens des Erziehungs- und Bildungsbegriffs. Vielmehr verlangt seiner Meinung nach der Erziehungs- und Bildungsbegriff, wie er in der Theorie der Erziehung und der Theorie der Bildung jeweis entwickelt werden muß, nach einer seine Konkretisierung überwachenden Forschung, welche der Theorie die Erfahrungen, die allererst in der Konkretisierung gemacht werden können, als Korrektiv zuweist: »Erst muß man Experimentalschulen errichten, ehe man Normalschulen errichten kann. Die Erziehung und Unterweisung muß nicht bloß mechanisch sein, sondern auf Prinzipien beruhen ... Man bildet sich zwar insgeheim ein, daß Experimente bei der Erziehung nicht nötig wären, und daß man schon aus der Vernunft urteilen könne, ob etwas gut, oder nicht gut sein werde. Man irret hierin aber sehr, und die Erfahrung lehrt, daß sich oft bei unsern Versuchen ganz entgegengesetzte Wirkungen zeigen von denen, die man erwartete. Man sieht also, daß, da es auf Experimente ankommt, kein Menschenalter einen völligen Erziehungsplan darstellen kann.«[155]

Ohne auf Kant hier genauer einzugehen, können wir dem Gesagten doch schon entnehmen, daß die von der Bildungs- und Erziehungstheorie geforderte Forschung und das von Kant hier angesprochene Experiment nicht unter die Begriffe erkenntniswissenschaftlicher Forschung und Experimente subsumiert werden dürfen. Vielmehr ist erziehungswissenschaftliche Forschung an die Anstrengung der Höherbildung der Menschheit gebunden, sie hat diese hinsichtlich des von der Erziehung zu leistenden Beitrags zu ihrem Gegenstand. Weil aber die Höherbildung der Menschheit nicht anders als ein Versuch zu denken ist, den Begriff vernünftigen Menschseins überall dort, wo die Erfahrung ihm nicht entspricht, zu realisieren, kann Kant diesen Versuch sowohl in seiner praktischen Dimension als auch in seiner Gegenständlichkeit für die erziehungswissenschaftliche Forschung als Experiment bezeichnen. So wie das Praktischwerden der Pädagogik als Theorie der Erziehung und Theorie der Bildung nicht von der Theorie selbst reglementiert werden kann, sondern der tätigen Anstrengung der Handelnden obliegt, so muß sich Pädagogik als Theorie der Erziehung und Theorie der Bildung im Primat der erzieherischen Verantwortung und der Verwirklichung sinnbestimmter

Erziehung offen halten für das Experiment einer an ihr ausgerichteten Erziehung im Sinne der Höherbildung der Menschheit; der Fortschritt in der Theorie ist an den Fortschritt dieses Daseinsexperiments der Menschheit gebunden. Der im Primat dieses Daseinsexperiments stehenden Erziehungswissenschaft kann daher auch nur mit einer solchen Erforschung der Erziehungswirklichkeit gedient sein, die diese nicht in ihrer Gegebenheit, sondern in ihrer Aufgegebenheit zum Gegenstand hat; oder: die der Theorie der Erziehung und der Theorie der Bildung korrespondierende erziehungswissenschaftliche Forschung ist gebunden an das Experiment einer theoretisch angeleiteten und orientierten Höherbildung der Menschheit.
Unserer Analyse der Hauptströmungen der Erziehungswissenschaft der Gegenwart stellt sich daher die Aufgabe, die verschiedenen Forschungsansätze der heutigen Erziehungswissenschaft daraufhin zu untersuchen, welchen Beitrag sie zu dieser, von Kant bereits eingesehen, von der Tradition jedoch meist vernachlässigten Problematik zu leisten vermögen.

2.3 Strukturwandel des pädagogischen Denkens

In seiner Untersuchung *Strukturwandel des pädagogischen Denkens?* stellt Herbert Hornstein fest, »die drängenden Fragen, welche sich durch den Prozeß des geschichtlichen Umbaus für die Erziehung, insbesondere für die Reform und Einrichtung des Bildungswesens, stellen« und »das Eindringen der empirischen, einzelwissenschaftlichen Betrachtungsweise in das herkömmliche pädagogische Denken« kennzeichnen die veränderte Situation der Erziehungswissenschaft im zwanzigsten Jahrhundert, welche zu einer Verlagerung des Schwerpunktes erziehungswissenschaftlichen Fragens von der Thematik der »subjektiven Pädagogik«, »des pädagogischen Bezuges der idealen Erzieherpersönlichkeit, einer Ethik des erzieherischen Handelns« zur Thematik der »objektiven Pädagogik« geführt hat, des »›öffentlichen‹ Erziehungshandelns, ... der Reform, ... der Einrichtung, ... der Vorausplanung jener Institutionen ..., in deren schon vorgezeichnetem Rahmen die Erziehung als direkt persönliches Umgangsverhältnis vielfach erst möglich wird«.[156]
Freilich kam man vor allem in Deutschland sehr lange mit einer

subjektiven Pädagogik aus. Das hängt damit zusammen, daß einmal die Industrialisierung hier später einsetzte als in Frankreich und England, daß also die Notwendigkeit einer Planung des geschichtlichen Umbaus sich hier relativ spät stellte, und daß zum anderen die Industrialisierung hier wesentlich anders als dort verlief. Die Phase des Frühkapitalismus war in Deutschland nicht nur kürzer als in England und Frankreich, sie verlief für die unmündige Bevölkerung zugleich schmerzloser, denn sie wurde im kaiserlichen Deutschland vom Staat mitgetragen, war weit mehr als in Frankreich und England durch staatskapitalistische als durch privatwirtschaftliche Züge bestimmt und wurde vor allem seit Bismarck durch wohlfahrtsstaatliche Sozialmaßnahmen flankiert.[157] Hinzu kommt, daß in Deutschland der Übergang von der Monarchie und Aristokratie bzw. Diktatur zur Demokratie keineswegs in erster Linie in dem Willen zur Selbstbestimmung mündig gewordener Bürger begründet war, sondern im Kontext verlorener Weltkriege erfolgte. Für die Planung des Erziehungs- und Bildungswesen war beides, die verspätete und relativ schmerzlose Industrialisierung und das Fehlen eines politisch mündigen Bürgertums, von weitreichender Bedeutung. Zum einen trat das gesellschaftliche Bedürfnis nach einer objektiven, den Umbau und die Veränderung der Erziehungswirklichkeit planenden und kontrollierenden Pädagogik erst spät auf, und zum anderen fanden die verschiedenen – von der subjektiven Pädagogik inspirierten – Ansätze pädagogischer Reformen, wie sie seit der Jahrhundertwende in der sogenannten pädagogischen Reformbewegung entwikkelt wurden und wie sie in den zwanziger Jahren vor allem Peter Petersen im Jena-Plan und der diesem koordinierten pädagogischen Tatsachenforschung verfolgte, durch die beiden Weltkriege und den Nationalsozialismus jeweils ein vorzeitiges Ende, ohne daß sie das Stadium von Entwürfen und Modellexperimenten hätten überschreiten und hinsichtlich ihrer Bedeutung für das Selbstverständnis der Bürger hätten beurteilt werden können. Wenn sich der Strukturwandel des pädagogischen Denkens in Deutschland auch in der ersten Hälfte unseres Jahrhunderts bereits anmeldete, so vollzog er sich faktisch doch erst etwa seit der Mitte der fünfziger Jahre, als in der BRD die erste Phase eines restaurativen Wiederaufbaus beendet war und der Einsatz rationaler Planungstechniken zu einem notwendigen Instrument der Bildungspolitik wurde.

In unseren Tagen beginnt nun die »objektive Pädagogik« die subjektive Pädagogik zu verdrängen. Wir sprechen von »verdrängen« und nicht von »ersetzen«, um hierin schon jene Problemtik anzudeuten, die uns in der Analyse der Ansätze der modernen Erziehungswissenschaft beschäftigen wird. Nachdem wir zum Abschluß unserer Analyse der traditionellen Schulrichtungen die Verwiesenheit der traditionellen Erziehungs- und Bildungstheorien auf eine erziehungswissenschaftliche Forschung herausgearbeitet haben, gilt es im folgenden das Verhältnis von subjektiver und objektiver Pädagogik im Ausgang von den verschiedenen Ansätzen erziehungswissenschaftlicher Forschung zu bestimmen. Hierzu ist es erforderlich, zunächst einmal die Gegenüberstellung von subjektiver und objektiver Erziehungswissenschaft zu hinterfragen.

Der Gegenüberstellung von subjektiver und objektiver Pädagogik auf seiten der Theorie korrespondiert die Gegenüberstellung von individuellem und öffentlichem Erziehungshandeln auf der Seite der Praxis. Richtet sich die individuelle erzieherische Praxis und die ihr koordinierte Theorie auf die konkrete Bewältigung von Erziehungssituationen, so hat das öffentliche Erziehungshandeln und die ihm koordinierte Theorie den institutionellen Rahmen zum Gegenstand, innerhalb dessen das individuelle Erziehungshandeln sich jeweils bewegt. Indessen läßt sich eine radikale Trennung – wie sie die Unterscheidung der subjektiven und der objektiven Pädagogik auf den ersten Blick nahezulegen scheint – zwischen der Theorie des individuellen Erziehungshandelns, der Analyse der Möglichkeiten und Aufgaben der Erziehungspraxis, und der Theorie des öffentlichen Erziehungshandelns, der Planung und Reform der den persönlichen Erziehungsumgang reglementierenden Institutionen, nicht aufrecht erhalten. Einer radikalen Trennung zwischen subjektiver und objektiver Pädagogik müßte nämlich eine radikale Trennung zwischen individuellem und öffentlichem Erziehungshandeln entsprechen, derzufolge das öffentliche Erziehungshandeln das individuelle und die Theorie des ersten die des zweiten reglementierte. Daß eine solche Reglementierung für die Theorie zumindest unzulässig ist, leuchtet unmittelbar ein, denn die objektive Pädagogik kann sich nur dann als Pädagogik legitimieren, wenn sie in ihrer Analyse der Erziehungsinstitutionen zugleich die in diesen stattfindende Erziehung zu ihrem Gegenstand hat. Handelte sie lediglich von der äußeren Organisation des Erziehungs- und Bildungswesens, von dessen Effektivität hinsichtlich der Herstellung gewünschter bzw. unerwünschter Verhaltensweisen und dessen Tauglichkeit für die Reproduktion oder Veränderung bestimmter gesellschaftlicher Verhältnisse, so verkürzte sie die Frage nach der vernünftigen Einrichtung des Bildungswesens um ihren eigentlichen pädagogischen Akzent. Die Inhalte und Methoden erzieherischer Kommunikation, die Aufgaben und Möglichkeiten der Erziehung, sind von entscheidendem Einfluß auf die institutionelle Verankerung des Erziehungswesens, seine thematische und zeitliche Differenzierung. Die Planung und Reform des Bildungswesens darf nicht nur der individuellen Erziehungspraxis ihren institutionellen Rahmen und ihre institutionellen Möglichkeiten zuweisen, sondern sie muß den Möglichkeiten und Aufgaben des individuellen Erziehungshandelns zugleich entsprechen, soll sie pädagogische Planung und Reform und nicht Planung und Reform der Pädagogik sein. Umgekehrt ließe sich eine radikale Trennung zwischen subjektiver und objektiver Pädagogik auch nicht von seiten der subjektiven Pädagogik aufrechterhalten; denn die Inhalte der subjektiven Pädagogik, der Theorie der Aufgaben und Möglichkeiten erzieherischer Praxis, sind ihrerseits keineswegs subjektiv; die Möglichkeiten und Aufgaben gesellschaftlicher Höherbildung entspringen nicht der Subjektivität des pädagogischen Bezugs der Lehrer-Zögling-Beziehung. Die Unmöglichkeit »subjektiver Pädagogik« ließe sich in anderen Worten auch so umschreiben: Der pädagogische Bezug zwischen Erzieher und Zögling ist nicht die Instanz, welche die Möglichkeiten und Aufgaben dieses Bezugs bestimmt, sondern er bedarf einer wissenschaftlichen Anleitung und Sinnorientierung, damit er als subjektiv-persönlicher Bezug nicht zum Selbstzweck wird, sondern der Realisierung der Möglichkeiten und Aufgaben der Erziehung dient.

Ebensowenig wie sich eine starre Gegenüberstellung subjektiver und objektiver Pädagogik aufrechterhalten ließ, kann rigoros zwischen individuellem und öffentlichem Erziehungshandeln unterschieden werden. Versteht sich das öffentliche Erziehungshandeln als gleichsam über der konkreten Erziehungspraxis stehend und diese durch institutionelle Reglementierung steuernd, so tritt es der Praxis in der Gestalt einer normativen Theorie gegenüber, die gegen die pädagogische Differenz verstößt; das öffentliche Erziehungshandeln muß sich, will es sich als wirkliches Erziehungshandeln verstehen, aus seiner Beziehung zu dem im Primat erzieherischer Verantwortlichkeit und der Verwirklichung sinnbestimmter Erziehung stehenden individuellen Erziehungshandeln begreifen. Es kann sich mithin ebensowenig als dessen Obrigkeit ausgeben, wie diesem eine übergeordnete, seine Möglichkeiten und Aufgaben vorweg entscheidende Instanz aufgesetzt werden könnte. Hiermit soll nicht einer Willkürfreiheit erzieherischer Praxis das Wort geredet und die Tatsache und Aufgabe der Erziehung als einer öffentlichen Angelegenheit geleugnet werden. Die öffentliche Aufgabe kann jedoch weder als der individuellen Erziehungsaufgabe vor-, über- oder nebengeordnet noch als den institutionellen Rahmen individueller Erziehungsbemühungen mehr oder weniger bestimmend angesetzt werden, vielmehr ist die konkrete Erziehungspraxis selbst als eine öffentliche Angelegenheit sowohl hinsichtlich der Anleitung erzieherischer Erfahrung und Situationsbewältigung und der Sinnorientierung an den Aufgaben der Erziehung als auch hinsichtlich ihres institutionellen Rahmens zu betrachten. Das institutionalisierende öffentliche Erziehungshandeln des Staates und das auf jeweils individuelle Erziehungssituationen ausgerichtete öffentliche Erziehungshandeln der Erzieher, beide sind ein und derselben Theorie und ein und derselben Praxis verpflichtet. Während dem individualisierenden öffentlichen Erziehungshandeln der Erzieher die Aufgabe der Verwirklichung und Höherbildung sinnbestimmter Erziehung im Primat erzieherischer Verantwortung zufällt, kommt dem institutionalisierenden öffentlichen Erziehungshandeln des Staates die Aufgabe zu, die Höherbildung der Gesellschaft von seiten der Organisation des Bildungswesens, seiner Lehrpläne, der Lehrer- und Berufsausbildung zu ermöglichen. Beide Weisen des öffentlichen Erziehungshandelns sind dabei, wenn auch auf unterschiedlichen Konkretionsstufen, ein und derselben Theorie, der Erziehungswissenschaft in ihren Fragestellungen der Theorie der Erziehung, der Bildung und der Bildungsinstitutionen verpflichtet.

Wenn wir eben davon ausgingen, daß in unseren Tagen die objektive, empirische Entscheidungs- und Planungstechniken verwendende Pädagogik die subjektive Pädagogik des pädagogischen Bezugs als eines Verhältnisses der Innerlichkeit von Erzieher und Zögling zu verdrängen drohe, so ist diese Feststellung nun im Anschluß an die Klärung des vermeintlichen Gegensatzes von subjektiver und objektiver Pädagogik genauer zu bestimmen. Diese Feststellung meint zum einen, daß die empirische Erziehungswissenschaft, sofern sie die Anstrengungen der Tradition unter die von ihr selbst zu diesem Zwecke erfundene Konstruktion einer subjektiven Erziehungswissenschaft subsumiert, gerade dieser Konstruktion eines Gegensatzes zwischen subjektiver und objektiver Pädagogik wegen den Fragehorizont der Pädagogik als einer praktischen Wissenschaft von der und für die Erziehung zu verlieren droht. Diese Feststellung meint zum anderen, daß die empirische Erziehungswissenschaft gerade die im Fehlen jeglicher

Forschung liegende spezifische Beschränktheit der traditionellen Ansätze überwinden könnte, wenn sie sich als Erfahrungswissenschaft von der und für die Erziehung im Begriff der pädagogischen Erfahrung begründet. Ist somit die Gegenüberstellung von subjektiver und objektiver Pädagogik auch keineswegs dazu geeignet, auf den Strukturwandel des pädagogischen Denkens, das sich in unserem Jahrhundert in wachsendem Maße der Thematik erziehungswissenschaftlicher Forschung zugewandt hat, eine befriedigende Antwort zu geben, so läßt sich von ihr her dennoch der Strukturwandel in seiner eigentlichen Problematik erhellen. Die traditionellen Ansätze lassen sich zwar keineswegs unter das Konstrukt einer subjektiven Innerlichkeitspädagogik subsumieren – Rousseau erhoffte sich von seiner Erziehungslehre einen wenn auch beschränkten Beitrag zur Lösung der sozialen Widersprüche, Schleiermacher verstand die Erziehung als gesellschaftliche Höherbildung der Menschheit und Herbart orientierte die Aufgaben der Erziehung an einer kritischen, in regulativen Prinzipien vernünftigen Handelns begründeten Analyse des Zwecks der Erziehung –; nachdem jedoch unter dem Einfluß gesellschaftlicher Veränderungen nicht nur die Möglichkeiten und Aufgaben der Erziehung, sondern zugleich der institutionelle Rahmen, innerhalb dessen diese einer wissenschaftlichen Klärung entgegengeführt werden müssen, fraglich geworden sind, muß die Pädagogik eine im Primat der erzieherischen Verantwortung und im Primat der Verwirklichung sinnbestimmter Erziehung forschende und lehrende Disziplin werden, soll sie den Anforderungen an eine praktische Wissenschaft genügen. Versäumte sie heute, sich zu einer praktischen und zugleich forschenden Wissenschaft weiterzuentwickeln, so verfiele sie freilich dem Konstrukt einer subjektiven Pädagogik, unter welches die Tradition schon allein deshalb nicht subsumiert werden darf, weil sich in ihr das Problem und die Aufgabe erziehungswissenschaftlicher Forschung auf Grund der gesellschaftlichen Situation ihrer Zeit noch nicht stellten. Erkaufte die Pädagogik den von ihr angestrebten Rang einer Forschungsdisziplin dagegen mit dem Verzicht, auch in ihren erfahrungswissenschaftlichen Teilen als Wissenschaft von der und für die Erziehung zu gelten, so hörte sie auf, Erziehungswissenschaft zu sein, und verfiele dem in ihrem Niedergang selbstgewählten Konstrukt einer sogenannten objektiven Pädagogik. Somit zeigt sich, daß in der Gegenüberstellung von subjektiver und objektiver Erziehungswissenschaft in der Tat die Existenzfrage unserer Disziplin gestellt ist.

Diese Existenzfrage durchzieht alle Hauptströmungen der Erziehungswissenschaft unseres Jahrhunderts. Wir beginnen mit der Analyse der empirischen Pädagogik und untersuchen im folgenden, welchen Beitrag sie zur Erweiterung der Pädagogik als praktischer Wissenschaft zu einer praxeologischen Forschungsdisziplin geleistet hat.

B EMPIRISCHE PÄDAGOGIK

Die empirische Pädagogik hat inzwischen bereits schon eine eigene, ca. siebzigjährige Geschichte, welche angesichts ihrer Auseinandersetzung mit der traditionellen Pädagogik gekennzeichnet ist als ein Ringen um Heimatrecht innerhalb der Erziehungswissenschaft. Man kann nicht gerade behaupten, daß die der Tradition nahestehenden Schulrichtungen die Anstrengungen um eine erfahrungswissenschaftliche Pädagogik unterstützt hätten; wo man sie nicht ausdrücklich bekämpfte, tolerierte man sie bestenfalls als eine Hilfsdisziplin der eigentlichen Erziehungswissenschaft. Dies aber wieder hatte zur Folge, daß sich die Erziehungswissenschaft, vor allem was die schulpraktische Forschung betrifft, allmählich in mehrere Hilfsdisziplinen aufzulösen begann, wobei die im neunzehnten Jahrhundert durch die pädagogischen Klassiker errungene, zumindest äußerliche Einheit verlorenging. Erziehungsphilosophie, Bildungstheorie, Erziehungslehre und empirische Forschung im Erfahrungsbereich der Erziehung standen bis vor kurzem weitgehend unvermittelt neben- oder besser gegeneinander. Die Notwendigkeit schulpraktischer Forschung, die sich in der BRD nach dem Zweiten Weltkrieg auf Grund gesellschaftlicher Bedürfnisse und des gewandelten Selbstverständnisses der Erziehungswissenschaft im Ausland immer deutlicher zeigte, verhalf schließlich der empirischen Pädagogik zum Durchbruch. Wurde sie bisher von den traditionellen Ansätzen der Erziehungswissenschaft in Frage gestellt und bestenfalls als Hilfswissenschaft der Pädagogik ernst genommen, so verwies nun sie die traditionellen Schulrichtungen in den Vorhof der Erziehungswissenschaft und beanspruchte das Prädikat der Wissenschaftlichkeit mehr oder weniger ausschließlich für sich. Der Weiterentwicklung der Erziehungswissenschaft freilich war mit diesen, z. T. oberflächlichen und engstirnigen Positionskämpfen ebensowenig geholfen wie der Erziehungspraxis; denn den in der Praxis erzieherisch Handelnden ist mit einer empirischen Erforschung der Erziehungswirklichkeit, welche von den Möglichkeiten und Aufgaben der Erziehung abstrahiert, um das reine »Faktum« zu ihrem Gegenstand zu machen, ebensowenig gedient wie mit traditionellen Erziehungs- und Bildungstheorien, welche ihre eigene Konkretion in die reformbedürftige erzieherische und gesellschaftliche Wirklichkeit weder planen noch ihre eigene systematische Weiterentwicklung auf Grund der Analyse wissenschaftlich angeleiteter und sinnorientierter Reformexperimente betreiben können.

Unter dem Einfluß der in der Erziehungspraxis aufbrechenden Probleme, welche sich vor allem im Fraglichwerden der Lehrerrolle und der Funktion der Schule, der Lehrpläne und Unterrichtsstoffe und der Unterrichtsmethoden zeigten, sind seit dem Ende der fünfziger Jahre zahlreiche Anstrengungen unternommen worden, das unfruchtbare Nebeneinander von traditioneller Pädagogik und empirischer Forschung zu überwinden. Wir werden auf sie erst im Anschluß an die Analyse jener Ansätze eingehen, um deren Vermittlung sie sich bemühen. Eines freilich ist diesen Vermittlungsversuchen gemeinsam: sie abstrahieren zum einen von der in der Tradition angelegten und von uns entwickelten Systematik pädagogischer Fragestellungen, wenn sie die gesamte Tradition in Bausch und Bogen zuweilen unter die Karrikatur einer normativen oder aber einer philosophischen Pädagogik subsumieren; sie umgehen zum anderen die Notwendigkeit einer prinzipiellen Bestimmung pädagogischer Empirie, welche als theoretisch angeleitete und sinnorientierte Erfahrung über die Praxis des erzieherisch Handelnden vermittelt sein müßte, wenn sie mehr oder weniger das Forschungsinstrumentarium erkenntniswissenschaftlicher Empirie übernehmen und in Beziehung zur traditionellen Pädagogik setzen. So stellt Heinrich Roth in seinem programmatischen Vermittlungsversuch *Die Bedeutung der empirischen Forschung für die Pädagogik* von 1958, der die späteren Vermittlungsversuche entscheidend beeinflußte, fest: »Ich meine … vorwegnehmend sagen zu können, daß es gerade die philosophisch betriebene Pädagogik war und ist – und das gilt es heute zu erkennen –, die uns das denkerische Rüstzeug zur Verfügung gestellt hat, damit wir in ganz anderem Umfang und in weit sinnvollerem Maße als seither in die pädagogische Forschung, auch in die empirische Forschung, eintreten können. Alles, was auf philosophischem Wege mittels spekulativen, deduktiven und dialektischen Denkens in der Pädagogik geleistet werden kann, ist gleistet worden. Natürlich treten immer neue Erfahrungen und Probleme auf, die der philosophischen Abklärung bedürfen, aber was an Prinzipiellem für die Theorie der pädagogischen Forschung erarbeitet werden mußte, ist erarbeitet worden. Jetzt muß erkannt werden, daß die wissenschaftliche Pädagogik zur Forschung reif geworden ist.«[158]

Wir teilen nicht die Meinung, die traditionelle Pädagogik habe die in ihr sich stellenden und für die Theorie der pädagogischen Forschung relevanten Probleme gemeistert; nicht nur die Spannungen zwischen den Erziehungslehren von Rousseau und Schleiermacher, den Bildungstheorien von Herbart und Willmann und den Erziehungsphilosophien der frühen Fichteaner und Hönigswalds verlangen nach einem Ausgleich, auch und vor allem hat sich die Tradition überhaupt nicht um eine Theorie pädagogischer Forschung bemüht, denn ihre Grenze liegt – wie wir gesehen haben – nicht zuletzt darin, daß sie sich dieser Aufgabe in allen drei Fragestellungen entzogen hat. Aus unserer kritischeren Haltung gegenüber der Tradition folgt zugleich, daß wir auch nicht der Meinung sein können, die wissenschaftliche Pädagogik sei bereits reif zur Forschung geworden, denn hierzu wäre allerdings erforderlich, daß die Voraussetzungen erziehungswissenschaftlicher Forschung, d. h. praxeologischer Empirie oder Erfahrung, sowohl prinzipiell als auch organisatorisch abgeklärt sind. Vielmehr steht eine befriedigende Lösung der in der Entwicklung der empirischen Pädagogik aufgeworfenen Problemstellungen heute noch aus.

Wir unterscheiden an der empirischen Pädagogik drei Ansätze, einen experimentellen, einen unterrichtstheoretischen und einen technologisch-positivistischen. Diese wollen wir im folgenden auf die in ihnen enthaltenen Beiträge zu einer praxeologischen Empirie hin untersuchen.

1 Experimentelle Pädagogik bei Lay und Meumann

Seit der Wende vom neunzehnten zum zwanzigsten Jahrhundert wird das Experiment, nachdem es sich nicht nur in der Naturwissenschaft, sondern ebenso bereits in der Biologie bewährt hatte, in wachsendem Maße auch in der Psychologie und Pädagogik angewandt. Als eigentlicher Begründer der experimentellen Pädagogik im deutschen Sprachraum und als einer ihrer Pioniere überhaupt gilt W. August Lay. 1896 erschien sein *Führer durch den Rechtschreibeunterricht,* 1898 folgte seine Abhandlung über den *Rechenunterricht der Unterstufe.* In diesen Arbeiten wird ein erster Versuch unternommen, die Techniken des Rechtschreib- und Rechenunterrichts durch gezielte Experimente kritisch zu beurteilen, neue Techniken zu überprüfen und die spezifische Effektivität einzelner Techniken zu ermitteln. Die Bedeutung des Experiments für die Pädagogik hat W. A. Lay in zwei weiteren Arbeiten herausgestellt, in seiner *Experimentellen Didaktik* und in deren Kurzfassung *Experimentelle Pädagogik mit besonderer Rücksicht auf die Erziehung durch die Tat* aus dem Jahre 1908. Neben Lay gilt Ernst Meumann als Begründer der experimentellen Pädagogik. Seinen Arbeiten verdankt sie ihre nachhaltigen Wirkungen auf die späteren Bemühungen um eine empirische Pädagogik.[159]

Wenn sich Lay und Meumann auch wechselseitig den Rang, Begründer der experimentellen Pädagogik zu sein, absprachen, so daß das Gemeinsame ihrer Anstrengungen zuweilen angesichts ihrer persönlichen Rivalitäten in den Hintergrund trat, so ergänzen sich doch ihre Bemühungen, »das Experiment, die Statistik und die exakte oder systematische Beobachtung in eigenartiger, den pädagogischen Zwekken entsprechender Gestalt, zur Lösung von Fragen des Unterrichts und der Erziehung... zu verwerten«.[160] Während Lay der größere Praktiker war, der sowohl in seinen Forschungen als auch in der Grundlagenreflexion die enge Beziehung von experimenteller Pädagogik und Unterrichtspraxis betonte, gilt Meumann zu Recht als der größere Theoretiker, der sowohl die Beziehung der experimentellen Pädagogik zur traditionellen Pädagogik als auch zur experimentellen Psychologie, in welche er sich bei Wilhelm Wundt eingearbeitet hatte, kritisch reflektierte. Dabei waren sich Lay und Meumann darin einig, daß die experimentelle Pädagogik als erfahrungswissenschaftliche Forschungsdisziplin trotz mancher Gemeinsamkeiten von der empirischen Psychologie und Soziologie streng zu unterscheiden sei. So unterscheidet Lay zwischen Pädologie als einer theoretischen Erkenntniswissenschaft vom Kinde und der experimentellen Pädagogik als einer praktischen Erfahrungswissenschaft von der Erziehung: »Während... die pädologische Untersuchung nur von theoretischen, nicht von praktischen Gesichtspunkten geleitet wird, verfolgt die experimentell-pädagogische Forschung stets die Lösung praktischer Fragen, Fragen des Unterrichts und der Erziehung«[161]; und Meumann hebt die pädagogische Jugendforschung oder Pädologie von der Kinderseelenkunde oder Kinderpsychologie ab, wenn er feststellt: »die Pädagogik betrachtet den Geist des Kindes sowie er im Dienste der Erziehung sich vervollkomment, arbeitet, Zwecke und Ziele erstrebt oder sie verfehlt, und sie geht dem Kausalzusammenhang dieses Strebens und Verfehlens nach, nicht dem Kausalzusammenhang der psychischen Vorgänge im Kinde überhaupt – das überläßt sie der Psychologie des Kindes«.[162] – Wir dürfen uns hier vom differierenden Sprachgebrauch Lays und Meumanns nicht irreführen lassen; wenn Lay der experimentellen Pädagogik als praxeologischer Erfahrungswissenschaft die Pädologie als theoretische Erfahrungswissenschaft gegenüberstellt, Meumann dagegen zwischen Pädologie als Pädagogik und Kinderseelenkunde als Psychologie unterscheidet, so deutet sich in der konträren Verwendung des Begriffes »Pädologie« mehr die zwischen beiden bestehende Rivalität als eine wirkliche Differenz ihrer Positionen an. Was den Einsatz gezielter Beobachtungen, statistischer Auswertungen solcher Beobachtungen und experimenteller Verifikationen von Hypothesen über Ursache-Wirkungs-Zusammenhänge der Erziehung betrifft, so herrscht zwischen beiden eine sehr weitgehende Einigkeit.

Die verschiedenen Bemühungen, die Pädagogik auf eine erfahrungswissenschaftliche Basis zu heben, führten schon nach kurzer Zeit zu einer fast unüberblickbaren Vielzahl von Resultaten empirischer Forschung, von denen hier lediglich einige erwähnt werden sollen. Man untersuchte das Längenwachstum, die Gewichtszunahme, die Muskelstärke, den Kopfumfang, die Anzahl der Pulsschläge und die Bluttemperatur des Heranwachsenden, errechnete Durchschnittswerte für die verschiedenen Altersstufen und verglich die Werte erfolgreicher bzw. intelligenter Kinder mit denen der Schulversager; hierbei gelangte man u. a. zu folgenden Resultaten: während der normale Schüler eine durchschnittliche Körpertemperatur von 37,1° C hat, beträgt die durchschnittliche Körpertemperatur schwachsinniger Kinder lediglich 36,7° C; Schüler sind um so kleiner, je häufiger sie schon sitzen geblieben sind; Kinder aus sozial besser gestellten Schichten haben größere Muskelkraft, eine um 7% größere Körperlänge, 4% größeren Brustumfang und 6% größeres Körpergewicht, Kinder aus sozial unterbemittelten Verhältnissen weisen 5% mehr Rückgratverkrümmungen, 4% mehr Blutarmut, 23% mehr Zahnfäule, 8% schlechtere Auffassungs- und Gedächtnisleistungen auf; Kinder aus Trinkerfamilien entwickeln sich weitaus häufiger zu Dieben und Mördern,

Schwachsinnigen und Dirnen, als dies bei Kindern aus meist nüchternen Familien beobachtet werden kann. – Man errechnete Ermüdungskurven für Jahres- und Tageszeiten, stellte Korrelationen zwischen Muskelkraft, Wärme, Licht, Luftdruck und den Leistungen im Auswendiglernen auf, erkannte, daß unter den schwachsinnigen Kindern bis zu 25% an Gehörschwäche litten und lernte zwischen verschiedenen Anschauungs-, Gedächtnis- und Vorstellungstypen unterscheiden. – Man ermittelte, daß Landkinder besser beobachten als Stadtkinder und daß die mit ländlichen Stoffen gefüllten Fibeln der Stadtkinder das Lesen- und Schreibenlernen erschwerten, erkannte, daß der Unterricht den verschiedenen Vorstellungstypen sich anpassen müsse, wenn er fördern und nicht hemmen solle, stellte fest, daß Kinder in der Regel weitaus mehr wissen, als sie sagen können und wies nach, daß die besten und schlechtesten Schüler durch Prüfungen im Durchschnitt zu niedrig eingestuft werden.

Wir haben bewußt bei dieser Aufzählung von Resultaten der empirischen Forschung z. Z. der Jahrhundertwende und des beginnenden zwanzigsten Jahrhunderts eine Klassifikation in drei Gruppen vorgenommen. Die erste Gruppe umfaßt Resultate, welche sich auf Körpermessungen und biologisch-medizinische Feststellungen stützen; in ihnen wird in einer Weise von der konkreten Erziehungswirklichkeit abstrahiert, daß es größtenteils sinnlos wäre, nach ihrer pädagogischen Relevanz zu fragen. Von dieser ersten Gruppe hebt sich die zweite dadurch ab, daß die in ihr eingeordneten Resultate zwar noch keine pädagogische Relevanz beanspruchen können, wohl aber auf Probleme hinweisen, die eine pädagogische Erörterung verlangen. Wenn z. B. in gewissen schulischen Situationen festgestellt wird, daß bis zu 25% der schwachsinnigen Kinder an Gehörschwäche leiden, so stellt sich die Frage, ob der Schwachsinn dieser Kinder die Grenzen erzieherischer Einflußnahmen bestimmte oder ob er selbst Resultat gewisser erzieherischer Einflußnahmen sei, z. B. solcher, die davon abstrahieren, daß der Heranwachsende an einer Gehörschwäche leidet; oder wenn sich zeigt, daß ein bestimmter Unterricht bestimmte Vorstellungstypen, etwa den »Hörer« und »Seher«, begünstigt, die »Beweger« dagegen benachteiligt, so legt die Erkenntnis dieses Tatbestandes nahe, nach Unterrichtsweisen zu suchen, welche diese Benachteiligung vermeiden. Die dritte Gruppe von Resultaten weist – so scheint es zumindest auf den ersten Blick auszusehen – nicht nur auf Probleme hin, die einer pädagogischen Erörterung bedürfen, sie gibt vielmehr zugleich die mögliche pädagogische Relevanz ihrer

Feststellungen an. Wenn sich z. B. zeigt, daß ländliche Unterrichtsstoffe in den Schreib- und Lesefibeln der Stadtkinder das Lesen- und Schreibenlernen erschweren, daß der Unterricht erfolgreicher ist, wenn er sich den verschiedenen Vorstellungstypen anpaßt, daß bestimmte Prüfungsverfahren die besten und schlechtesten Schüler zu niedrig einstufen und daß die Kinder in der Regel weitaus mehr wissen, als sie in Prüfungen von sich zu geben vermögen, dann scheinen diese Resultate nahezulegen, die Lese- und Schreibfibeln mit solchen Inhalten zu füllen, die das Lesen- und Schreibenlernen erleichtern, den Unterricht den Vorstellungstypen anzupassen und die Prüfungsverfahren so zu verändern, daß durch sie eine »gerechte« Benotung herbeigeführt wird.
Dieser grobe Überblick über einige Resultate der experimentellen Pädagogik mag genügen, um deutlich zu machen, daß zumindest die zweite und dritte Gruppe der erfahrungswissenschaftlichen Einsichten vor allem bei den experimentellen Pädagogen selbst, aber auch bei einer Vielzahl von selbstkritischen Praktikern, für die der Schulerfolg ihrer Schüler kein bloßes Naturereignis, sondern immer zugleich Kriterium ihrer eigenen erzieherischen Anstrengungen war, große Hoffnungen bezüglich einer experimentellen, empirisch kontrollierten und nach pädagogischen Gesichtspunkten ausgerichteten Reform der Erziehung und des Unterrichts weckte. Bevor wir uns mit dieser Hoffnung im allgemeinen und der pädagogischen Relevanz der in der zweiten und dritten Gruppe zusammengefaßten Resultate im besonderen auseinandersetzen, gilt es zunächst den Experimentbegriff, dessen Beziehung zur traditionellen Pädagogik und dessen Bedeutung für ihre Weiterentwicklung zu einer Forschungsdisziplin genauer zu untersuchen. Lay wie Meumann sahen im Experiment nicht das einzige, wohl aber das exakteste Mittel, das neben der systematischen Beobachtung und der Statistik zur Erkenntnis der Erziehungs- und Unterrichtsprozesse eingesetzt werden kann: »Will die Pädagogik Wissenschaft sein, so muß sie jede pädagogische Erscheinung als Wirkung von Ursachen auffassen, die sich in den Erscheinungen fortsetzen. Die Wirkungen und ihre Ursachen bilden in der Pädagogik äußerst verwickelte Bestände. Es ist daher der Beobachtung und der Statistik – und noch weniger der gewöhnlichen Erfahrung – in vielen Fällen nicht möglich, die Ursachen von den zufälligen Umständen zu trennen und den Anteil der einzelnen Ursachen an der Wirkung zuverlässig zu erkennen und zu bestimmen. Man wartet daher nicht mehr wie beim Wahrnehmen und Beobachten bis die

Erscheinung sich einstellt, sondern man führt sie absichtlich herbei ... Man macht Beobachtungen an absichtlich und unter vereinfachten Umständen herbeigeführten Erscheinungen, d. h. man stellt Experimente an ... Die Ergebnisse des Experiments bringen pädagogische Einsichten und Maßnahmen, wissenschaftliche Erfahrung, deren Richtigkeit in der Praxis bestätigt werden muß. Ein pädagogisches Experiment weist also folgende Stufen auf: 1. Die Hypothesenbildung; 2. die Gestaltung und Durchführung des Versuchs; 3. seine Bewahrheitung (Verifikation) in der Praxis«.[163]

An dieser Bestimmung des Experiments als eines Mittels pädagogischer Erkenntnisgewinnung – wie wir sie bei Lay vorfinden – gilt es vor allem drei Momente genauer zu untersuchen: erstens die These, Pädagogik müsse, um Wissenschaft zu sein, »jede pädagogische Erscheinung als Wirkung von Ursachen« erklären; zweitens die Erwartung, das Experiment zeitige Resultate, welche »pädagogische Einsichten und (zugleich, D. B.) pädagogische Maßnahmen« darstellten; drittens schließlich die These, diese Einsichten und Maßnahmen müßten als wissenschaftliche Erfahrung hinsichtlich ihrer Richtigkeit in der Praxis kontrolliert werden.

Wir beginnen mit der dritten These, weil in dieser etwas angesprochen ist, was in der Tat als ein prinzipielles Kriterium erziehungswissenschaftlicher Empirie anerkannt werden muß. Die dritte These besagt, daß die Verifikation pädagogischen Erfahrungswissens in der konkreten Erziehungspraxis zu leisten sei, d. h. daß die Richtigkeit erziehungswissenschaftlicher Einsichten, sofern diese Einsichten über die Möglichkeiten und Aufgaben einer verantwortlichen Gestaltung der Erziehungspraxis darstellen, dem erziehungswissenschaftlichen Wissen nicht als einem quasi-theoretischen Wissen zukommt, das von den Problemen der Praxis abstrahiert, sondern daß die Gültigkeit erziehungswissenschaftlicher Einsichten eine solche sei, die Gültigkeit für die Praxis, mithin allererst in der Praxis sich bewahrheitende Gültigkeit besitze. Dieser Auffassung entspricht die von Lay und Meumann vorgenommene prinzipielle Unterscheidung zwischen einer praxeologisch-pädagogischen Erfahrungswissenschaft auf der einen und einer empirisch-psychologischen oder soziologischen Erkenntniswissenschaft auf der anderen Seite. Praktische Fragen, problematisierte alltägliche Erziehungserfahrungen, geben den Anstoß für eine empirische Erforschung der Möglichkeiten und Aufgaben der Erziehung. Die Resultate solcher Forschungen sind dabei nur insofern Resultate einer praxeologischen Erfahrung, als sie vermittelt über die an ihnen auszurichtende erzieherische Situationsbewältigung und Entscheidungsfindung zur Lösung jener praktischen Erziehungsfragen beitragen; d. h. sie müssen schon als Resultate erziehungswissenschaftlicher Empirie die Beziehung zur erzieherischen Situationsbewältigung und Entscheidungsfindung aufweisen und dürfen von dieser Beziehung weder abstrahieren noch sich damit begnügen, sie hernach technologisch im Sinne einer Rezeptologie herzustellen. Dieser Struktur praxeologischen Erfahrungswissens muß der Begriff der Verifikation erziehungswissenschaftlicher Erfahrung genügen. Die Verifikation erziehungswissenschaftlicher Empirie erfolgt in der Erziehungspraxis; sie ist nicht unmittelbar Produkt der erziehungswissenschaftlichen Empirie, sondern Resultat eines auf die erzieherische Motivation hin ausgerichteten praxeologischen Erfahrungswissens. Die Differenz von erziehungswissenschaftlicher oder pädagogischer Erfahrung und erzieherischer Erfahrung – es handelt sich hier um die in unserer Systematik pädagogischer Fragestellungen entwickelte pädagogische Differenz in ihrer Bedeutung für die erziehungswissenschaftliche Forschung – ist konstitutiv für pädagogische Empirie, und deren Bewahrheitung ist gebunden an die durch sie angeleitete, aber nicht technologisch normierte, durch sie ermöglichte, aber nicht durch sie unmittelbar herbeigeführte verantwortliche Gestaltung der Erziehungspraxis.

Indes weicht unsere Analyse der dritten These von Lay beträchtlich ab von dem, was Lay und Meumann unter der praktischen Verifikation erfahrungswissenschaftlicher Resultate verstehen. Denn diese sollen – wie aus der zweiten These deutlich hervorgeht – als wissenschaftliche Erfahrungen pädagogische Einsichten und pädagogische Maßnahmen zugleich beinhalten. Den erziehungswissenschaftlichen Resultaten wird eine technologische Normativität zuerkannt, ihr Praktischwerden ist nicht vermittelt über die erzieherische Situationsbewältigung und Entscheidungsfindung, sondern beansprucht, die erzieherische Praxis reglementieren zu können. Stellen sich in dieser Reglementierung der Erziehungspraxis die durch das Experiment vorausgeplanten Wirkungen ein, so ist damit – dies wenigstens ist die Überzeugung von Lay und Meumann – die im Experiment gefundene Korrelation von Ursachen und Wirkungen an der konkreten Praxis verifiziert. Stellen sich dagegen die im Experiment vorgeplanten Wirkungen nicht ein, so ist dies für die Forschung ein Hinweis dafür, daß sie in ihren unter vereinfachten Umständen durchgeführten Experimenten von entscheidenden Variablen abstrahiert hat, welche von ihr zwar in der

Experimentiersituation ausgeschaltet werden konnten, die jedoch in konkreten Erziehungssituationen die Herstellung gewünschter Wirkungen beeinflussen bzw. verhindern. Hier zeigt sich, daß eigentlich gar nicht die Praxis, d. i. die Lösung der in problematisierter Erziehungserfahrung sich stellenden Probleme, Instanz der Verifikation erziehungswissenschaftlicher Erfahrung ist, sondern daß vielmehr die Identität der Korrelation von Ursachen und Wirkungen in Experimentier- und Ernst-Situationen als Kriterium für die Gültigkeit erziehungswissenschaftlichen Erfahrungswissens angesetzt wird.

Damit haben wir in schrittweiser Abstraktion vom möglichen Vollsinn der dritten These die erste eingeholt, die besagt, jede pädagogische Erscheinung müsse sich als Wirkung von Ursachen erklären lassen. In der Tat ist diese Voraussetzung dafür, daß in der zweiten von einer Identität von Einsichten und Maßnahmen und in der dritten von einer technologischen Verifikation des in vereinfachten Experimentiersituationen ermittelten Zusammenhanges verschiedener Variablen durch Überprüfung dieses Zusammenhanges in der komplexeren Erziehungswirklichkeit gesprochen werden kann. Die dritte These hat mithin im Zusammenhang der beiden anderen letztlich eine bloß tautologische Bedeutung: sie besagt, daß jede pädagogische Erscheinung sich als Wirkung von Ursachen erklären lassen müsse, sofern Ursache-Wirkungs-Zusammenhänge den Tatbestand der Erziehungswirklichkeit ausmachen. Indem jedoch die experimentelle Pädagogik verkennt, daß sie ihr Fundament aus einer tautologischen These bezieht, erspart sie sich ihr eigenes Fundierungsproblem, das, wie wir in der Explikation des möglichen Vollsinnes der dritten These aufgezeigt haben, in der Klärung der Möglichkeiten erziehungswissenschaftlicher, d. h. zur erzieherischen Erfahrung in pädagogischer Differenz stehender Empirie liegt. Dennoch wäre es voreilig, von hierher die gesamten Anstrengungen der experimentellen Pädagogik in Bausch und Bogen zu verwerfen; vielmehr zeichnet sich gerade die experimentelle Pädagogik dadurch aus, daß sie sich in Abhebung von der erkenntniswissenschaftlichen Empirie als eine praxeologische Forschungsdisziplin, die von praktischen Interessen geleitet ist und mithin sich unter dem Primat der erzieherischen Praxis begreifen will, versteht. Dies zeigt sich u. a. auch daran, daß sie ihre Daseinsberechtigung nicht aus einer Negation der traditionellen Pädagogik, sondern aus der Einsicht in die Notwendigkeit einer Erweiterung derselben zu einer erfahrungswissenschaftlichen Forschungsdisziplin zu beziehen versucht. Aber gerade was die notwendige Ergänzung der traditionellen Pädagogik betrifft, unterscheiden sich die Positionen von Lay und Meumann in einigen wesentlichen Momenten. Auf sie gilt es hinzuweisen, weil sich hinter ihnen zugleich Probleme verbergen, die für den Experimentbegriff von entscheidender Bedeutung sind und die zur Weiterentwicklung der empirischen Pädagogik beigetragen haben.

Nach Lay unterscheidet sich die neue, d. i. die experimentelle Pädagogik von der alten lediglich »durch die neue Forschungsmethode, die man auf dem Gebiete des Unterrichts und der Erziehung in Anwendung bringt«.[164] »Die experimentelle Forschungsmethode verachtet... die pädagogischen Wahrnehmungen und Beobachtungen, die Erfahrungen der Gegenwart und der Vergangenheit, die pädagogischen Meinungen und Richtungen... in keinem Falle; sie alle sind ihr von größter Bedeutung für die Bildung von Hypothesen, die den statistischen und den experimentellen Untersuchungen zugrunde gelegt werden müssen.«[165] Und weil die »Hypothesenbildung der experimentellen Pädagogik... den Zusammenhang zwischen der ›alten‹ und ›neuen‹ Pädagogik her(stellt)« ist es müßig, der experimentellen Pädagogik vorzuwerfen, sie »bilde einen feindlichen Gegensatz zur alten. Dem ist nicht so. Die experimentelle Pädagogik verwertet stets die Lehren der alten Pädagogik... (Sie) ist... nichts anderes als eine organische Weiterentwicklung der alten, und sobald die experimentelle Forschungsmethode allgemein anerkannt ist, wird auch der Beiname ›experimentell‹ wie in der Naturwissenschaft als selbstverständlich und überflüssig wegfallen«.[166] Auch Meumann lehnt jeden feindlichen Gegensatz zwischen der alten und neuen Pädagogik ab; während Lay jedoch den Einfluß der traditionellen Pädagogik auf die Hypothesenbildung eingrenzt und damit die traditionelle Pädagogik in die experimentelle aufzuheben versucht, bestimmt Meumann das Verhältnis zwischen traditioneller und experimenteller Pädagogik weitaus kritischer. Nach Meumann gibt die »experimentelle Pädagogik« der Erziehung den »empirischen Unterbau, soweit er der exakten Forschung zugänglich wird«... »Dazu gehört... 1. alles, was in der Erziehung durch die Natur des Kindes bestimmt wird... 2. Alles was sich an der eigentlichen Erziehungsarbeit direkt durch den Versuch entscheiden läßt. Diese Unterscheidung ist überall da möglich, wo wir verschiedene unterrichtliche Prinzipien, Methoden und Mittel durch ein systematisches vergleichendes Ausprobieren auf so einfache und so genau kontrollierbare Bedingungen bringen können, daß sie einer Messung der Resultate zugänglich werden.« Um aber zu verhindern, daß die Pädagogik als Wissenschaft reduziert werde auf ein der naturwissenschaftlichen Empirie nachkonstruiertes experimentelles Kontrollverfahren, betont Meumann ausdrücklich: »Hierbei kann es sich aber nie bloß darum handeln, dieses Ausprobieren der zweckmäßigsten Maßnahmen und Methoden als solches zu erstreben, das hieße die Pädagogik zu einer Sammlung von technischen Kunstgriffen herabwürdigen, vielmehr erstreben wir dabei stets einen Einblick in den psychologischen Kausalzusammenhang und in den gesamten Komplex von Ursachen überhaupt, auf denen die größere Zweckmäßigkeit der einer oder anderen Methode – des einen oder anderen Mittels – beruht, und gewinnen daraus eine wissenschaftliche Begründung der pädagogischen Praxis. Diese wissenschaftliche Begründung praktischer Normen im Bereiche der Didaktik und der Erziehung im engeren Sinne ist das zweite große Forschungsgebiet, durch das die experimentelle Pädagogik den empirischen Unterbau der Erziehungswissenschaft gewinnt.«[167]

Im Unterschied zu Lay, der in der experimentellen Pädagogik sowohl die einzig wissenschaftliche als auch die ganze Pädagogik zu erkennen glaubt, grenzt Meumann ihre Bedeutung dahingehend ein, sie diene dazu, die Erziehungswissenschaft auf eine empirische Grundlage zu stellen, welche ihr in der Tradition weitestgehend gefehlt habe. Vor allem zwei Gebiete sind seiner Meinung nach der experimentellen Methode unzugänglich: 1. die »Bestimmung der allgemeinen Erziehungsziele« – sie »bleibt zum großen Teil Sache der philosophischen Pädagogik« – und 2. »die Darstellung und Gestaltung der Unterrichtsstoffe in den Lehrbüchern – soweit sie durch rein stoffliche Gesichtspunkte bestimmt wird«.[168] Es kann hier nicht darauf eingegangen werden, ob nicht noch weitere Gebiete von einer kausalanalytisch-experimentellen Behandlung ausgeschlossen werden müssen, z. B. das der Methodik, d. i. einen am Prinzip der Aufforderung zur Selbsttätigkeit und der pädagogischen Determination ausgerichteten Lehre vom erzieherischen Unterricht; bedeutsam scheint uns vor allem zu sein, daß Meumann Lays These, die Pädagogik sei nur da wissenschaftlich, wo sie pädagogische Erscheinungen als Wirkung von Ursachen erkläre und so wissenschaftliche Einsichten und erzieherische Maßnahmen zugleich hervorbringe, in einem zweifachen Sinne modifiziert: Zum einen grenzt Meumann die These von der Erklärbarkeit aus Ursachen als Instanz von Wissenschaftlichkeit dahingehend ein, eine experimentell zu fassende Erklärbarkeit liefere dort, wo sie möglich sei, lediglich die empirische Grundlage für eine

wissenschaftliche und praktische Analyse und Bewältigung von Erziehungsproblemen; zum anderen unterscheidet er zwischen experimentell-pädagogischen Einsichten und erzieherischen Maßnahmen, wenn er von einer »wissenschaftlichen Begründung der pädagogischen (gemeint ist: der erzieherischen, D. B.) Praxis«, nicht aber von deren wissenschaftlichen Reglementierung spricht.
Hierbei wollte Meumann Lays Konstrukt eines Regelkreises von experimenteller Erklärbarkeit und Vernünftigkeit der Erziehungspraxis vermeiden. Lay verstieg sich nämlich in seinen Erwartungen hinsichtlich der Leistungsfähigkeit der experimentellen Pädagogik soweit, daß er sich von ihr die Gewinnung einer »auf biologischer Grundlage stehende(n)... Weltpädagogik« versprach, die zeigen sollte, »wie die Erziehung aller Völker der Erde beschaffen sein müsse, einmal hinsichtlich der Form, dann auch hinsichtlich des Inhalts, soweit dieser die Naturwissenschaften und nicht die jedem Volke eigenen Sonderheiten der sozialen Kultur betrifft«.[169] Das Problem, mit dem wir uns im Anschluß an die Skizzierung des Ansatzes der experimentellen Pädagogik auseinandersetzen müssen, ist nun dieses: reicht Meumanns Einschränkung der Gültigkeit der experimentellen Pädagogik aus, um den technologischen Regelkreis von kausalanalytischer Erklärbarkeit und Vernünftigkeit erzieherischer Praxis zu vermeiden? Kommt angesichts einer solchen Selbstbegrenzung der experimentellen Pädagogik die von ihr intendierte und auch von uns anerkannte Bedeutung einer erfahrungswissenschaftlichen Erweiterung der traditionellen Pädagogik und einer erfahrungswissenschaftlichen Anleitung und Sinnorientierung der Erziehungspraxis zu? Diese Fragen sind innerhalb der experimentellen Pädagogik zwar nicht ausdrücklich diskutiert worden; sie sind jedoch indirekt in den Vorhaltungen angesprochen, die die Begründer der experimentellen Pädagogik gegeneinander erhoben. Dies läßt sich an jenen Streitpunkten innerhalb der Kontroverse zwischen Lay und Meumann aufzeigen, die weniger auf persönliche Rivalität als auf fundamentaltheoretische Schwierigkeiten des experimentellen Ansatzes hinweisen.
Lay hat gegen Meumanns Version der experimentellen Pädagogik den Einwand erhoben, diese spalte die Pädagogik als Ganzes künstlich »in die experimentelle Pädagogik und die systematische Pädagogik« und weise »der ersteren die Tatsachenforschung und dieser die Systembildung und also auch die Hypothesen- und Theoriebildung« zu; »die Tatsachenforschung und die Hypothesen- und Theoriebildung (seien aber) durch tausendfache Wechselwirkung verflochten«; die

willkürliche Trennung der Pädagogik in eine systematische und eine experimentelle bringe den »verhängnisvollen Fehler« mit sich, daß zwischen der »experimentellen Psychologie und der experimentellen Pädagogik« letztlich nicht mehr unterschieden werde; dadurch gehe die enge Beziehung zwischen experimenteller Pädagogik und Unterrichtspraxis, derzufolge die Forschung »stets von der Lebenswahrheit der Praxis auszugehen und wieder zu derselben zurückzukehren« habe, verloren.[170] Während Lay gegen Meumann einwendet, dieser erniedrige die experimentelle Pädagogik und den experimentellen Pädagogen »zum bloßen Handlanger«, wenn er davon ausgehe, die »experimentelle Pädagogik werde niemals die ganze Pädagogik, sondern ›nur die empirische Grundlegung der Pädagogik‹ umfassen«[171], wirft Meumann Lay die Absolutsetzung der experimentellen Pädagogik vor: »W. A. Lay hat mehrfach unrichtige und ungenaue Ansichten über die logischen Grundlagen empirischer Forschung hingestellt. Den Gipfel dieser Unrichtigkeiten bildet seine Behauptung, daß er meinen Nachweis: die experimentelle Pädagogik umfasse nur die Grundlegung der Pädagogik, damit zu widerlegen glaubt, daß mir Hypothesen fehlten (!). Gegen diese ganz konfuse Behauptung ist zu erwidern (:) ... durch Hypothesen wird die experimentelle Pädagogik nimmermehr zu einer die ganze Pädagogik umfassenden Wissenschaft.«[172]

Interessant an dieser Kontroverse ist, daß beide, Lay und Meumann, in ihrer gegenseitigen Kritik durchaus recht haben und daß – dies ist nur die andere Seite desselben Sachverhalts – die Summe ihrer Kritik zu einem Hinausgehen über den Ansatz der experimentellen Pädagogik zwingt. Lays Feststellung, daß Hypothesen- und Theoriebildung auf der einen und Tatsachenforschung auf der anderen Seite eng zusammenhängen, ist ebenso ernst zu nehmen wie Meumanns These, »durch Hypothesen (werde) die experimentelle Pädagogik nimmermehr zu einer die ganze Pädagogik umfassenden Wissenschaft«. Lays Feststellung besagt nämlich im Grund nichts anderes, als daß Tatsachenforschung niemals mehr wert sein könne als jene Hypothesen, zu deren Verifikation oder Falsifikation sie antrete, und daß nur solche Hypothesen einer ernst zu nehmenden Verifikation oder Falsifikation unterzogen werden können, die Hypothesen über denjenigen Tatbestand sind, welchen die Tatsachenforschung zu klären versucht. Wer unter psychologischen oder soziologischen Hypothesen im Erziehungsfeld Tatsachenforschung betreibt, der ist ebensowenig ein Experimentalpädagoge wie derjenige, der unter vermeintlich pädagogischen Hypothesen im Erziehungsfeld eine mit Kategorien nichtpädagogischer Wissenschaften vorgehende Tatsachenforschung betreibt. Wo immer dieser interdependente Zusammenhang von Hypothesen- und Theoriebildung auf der einen und kategorial bestimmter Tatsachenforschung auf der anderen Seite verkannt wird, droht die pädagogische Tatsachenforschung mit einer nichtpädagogischen Tatsachenforschung zusammenzufallen. Hätte Lay seine These zu Ende gedacht, so wäre ihm kaum entgangen, daß sie sich weniger gegen Meumanns Verständnis der Experimentalpädagogik als vielmehr gegen seine eigene Version richtet. Lay geht nämlich davon aus, pädagogische Erfahrung müsse – sofern sie wissenschaftliche Erfahrung zu sein beanspruche, jede pädagogische Erscheinung als Wirkung von Ursachen erklären. Er betreibt mithin nur scheinbar pädagogische Tatsachenforschung, denn die Kategorie der Kausalität besitzt Gültigkeit allein für empirische Analyse naturhafter oder quasi-naturhafter Erscheinungen; oder anders formuliert: er betreibt letztlich gar keine pädagogische Tatsachenforschung in dem in seiner These von der Interdependenz zwischen Hypothesenbildung und Tatsachenforschung gemeinten Sinne.

Nun hat freilich Lays These auch in jenen Fällen Gültigkeit, wo die Tatsachenforschung mit gegenstandsfremden Kategorien arbeitet. Alsdann ist dieser freilich ihr Gegenstand nicht als jener, für den sie ihn hält, sondern als ein anderer, etwa als Gegenstand kausalanalytischer Psychologie gegeben. Insofern aber Lays These, wendet man sie auf seine eigene Version der experimentellen Pädagogik an, besagt, daß in dieser der Tatbestand der Erziehung gar nicht als ein pädagogischer gefaßt werde, trifft zugleich Meumanns Feststellung zu, durch Hypothesen werde die experimentelle Pädagogik nimmermehr zu einer die ganze Pädagogik umfassenden Wissenschaft. Hier wäre nun zu fragen, ob die experimentelle Pädagogik, wenn beide Thesen einander gar nicht widersprechen, als Erfahrung naturhafter oder quasi-naturhafter Erscheinungen überhaupt noch beanspruchen dürfe, ein Teil der Erziehungswissenschaft zu sein.

Lays Kritik der Meumannschen Version der experimentellen Pädagogik, welche letztlich, was den Experimentbegriff betrifft, mit der Layschen weitgehend identisch ist, führt für Meumanns Ansatz zumindest zu dem Resultat, dieser leiste gar keinen wirklichen Beitrag zur Pädagogik, weil er pädagogische und psychologische Empirie einander gleichsetzte. Wenn auch Lay davon abstrahierte, daß dieser Einwand auf ihn selbst in gleicher Weise zutrifft, so verliert die in ihm angelegte Kritik der experimentellen Pädagogik hierdurch doch nicht an Bedeutung. Vielmehr stellt sich jetzt allererst das Problem pädagogischer Tatsachenforschung und pädagogischer Experimente in aller Schärfe. Dies läßt sich an der zweiten und dritten Gruppe der Forschungsresultate der experimentellen Pädagogik aufzeigen.

Die von uns vorgenommene, im Selbstverständnis der experimentellen Pädagogen angelegte Unterscheidung zwischen der zweiten und dritten Gruppe von Forschungsresultaten legt nahe, in der zweiten Gruppe solche Ergebnisse zusammenzufassen, die auf Probleme hinweisen, welche einer pädagogischen Erörterung bedürfen, der dritten Gruppe dagegen diejenigen Ergebnisse zuzuweisen, in denen eine pädagogische Erörterung bereits geleistet ist, denen mithin pädagogische Relevanz schon zukommt. Im Sinne der Kontroverse zwischen Lay und Meumann und des hinter dieser sich verbergenden Fundierungsproblems erziehungswissenschaftlicher Empirie gilt es hier zu fragen, ob die Unterscheidung zwischen der zweiten und dritten Gruppe von Resultaten aufrechterhalten werden darf oder nicht. Wir wollen dies im Ausgang von zwei Forschungsresultaten der experimentellen Pädagogik tun.

Die zweite Gruppe enthält z. B. Berechnungen über Ermüdungserscheinungen und deren Verteilung auf die verschiedenen Tages- und Jahreszeiten. Da die Lernleistung mit zunehmender Müdigkeit nachläßt, könnte man versuchen, in die dritte Gruppe Experimente über Stundenpläne und Ferienordnungen aufzunehmen, welche die Ferien in die für besonders hohe Müdigkeitswerte charakteristischen Jahreszeiten legen und die Fächer im Stundenplan so plazieren, daß die für alle Schüler oder für bestimmte Schülergruppen schwierigeren Unterrichtsinhalte in die ermüdungsfreieren, die leichten Inhalte dagegen in die ermüdungsreicheren Tageszeiten fallen. Oder nehmen wir das in die zweite Gruppe gehörende Resultat über die Abhängigkeit des Lernerfolgs beim Lesenlernen von den Inhalten der Lesefibeln, dem in der dritten Gruppe Experimente zur Ermittlung der für das Lesenlernen besonders günstigen Inhalte korrespondieren würden. Es kann kein Zweifel darüber bestehen, daß sowohl die wissenschaftlich betreute Aufstellung von Stundenplänen als auch die inhaltliche Bestückung von Lesefibeln eminent pädagogische Fragen darstellen und daß die traditionelle Pädagogik in Ermangelung einer erfahrungswissenschaftlichen Forschungspraxis bei ihrer Beantwortung in Schwierigkeiten geraten müßte. Schließlich ist ebenfalls anzuerkennen, daß sowohl bei der Planung von Stundenplänen und der Festsetzung der täglichen Schulzeiten als auch bei der inhaltlichen Festlegung von Lesefibeln die Resultate über den Einfluß von Müdigkeit und die seitens verschiedener Inhalte den Lernenden sich stellenden Schwierigkeitsgrade berücksichtigt werden müssen. Dennoch wäre es abwegig, Stundenpläne nach Ermüdungskurven und Lesefibeln nach den für das Lesenlernen besonders effektiven Inhalten einrichten zu wollen; die Aufstellung von Stundenplänen und Lesefibeln wird ja nicht dadurch zu einer pädagogischen Angelegenheit, daß in ihr Ermüdungsfreiheit und durch Leichtigkeit bedingte Effektivität zu Wertgesichtspunkten avancieren, sondern dadurch, daß sich in ihr Aufgaben stellen, die mit dem Problem der pädagogischen Konzentration und der Bildsamkeit des Heranwachsenden und mit dem Problem der pädagogischen Determination und der Aufforderung zur Selbsttätigkeit zusammenhängen.

Lay bemerkt selbst an einer Stelle, es sei voreilig gewesen, Stundenpläne nach Ermüdungskurven einrichten zu wollen[173]; Gründe, warum dies voreilig sei, führt er nicht an. Es scheint jedoch, daß er die Festlegung der Stundenpläne von weiteren Gesetzmäßigkeiten abhängig machen wollte, so z. B. vom Verlauf der Vergeßlichkeitskurve. Wenn jedoch die Herstellung von Stundenplänen allererst wegen ihrer Beziehung zum Problem und zur Aufgabe der pädagogischen Konzentration und der Bildsamkeit des Heranwachsenden, der pädagogischen Determination und der Aufforderung zur freien Selbsttätigkeit zu einer pädagogischen Angelegenheit wird, dann ist nicht nur die Herstellung von Stundenplänen auf Grund von Ermüdungsmessungen, sondern überhaupt die Differenzierung der Resultate der experimentellen Pädagogik in eine zweite und eine dritte Gruppe problematisch. Nicht die technische Anwendbarkeit von Ursache-Wirkungszusammenhängen verbürgt deren pädagogische Relevanz; auch läßt sich die Frage nach der pädagogischen Legitimation erzieherischer Maßnahmen nicht auf die Thematik der Gewünschtheit oder Unerwünschtheit experimentell ermittelter Ursache-Wirkungszusammenhänge reduzieren, so daß, wenn schon nicht ihre technologische Anwendung, wenigstens doch ihre Außeranwendungssetzung eine pädagogische Angelegenheit wäre. Vielmehr kommt den Resultaten kausalanalytischer Experimente nur insofern eine mögliche pädagogische Bedeutsamkeit zu, als sie auf pädagogische Probleme verweisen, die nach einer praxeologisch-erfahrungswissenschaftlichen Klärung verlangen; wann immer versucht wird, den Resultaten kausalanalytischer Experimente selbst bereits pädagogische Relevanz

zuzuerkennen, verstellt sich der Blick auf die eigentliche pädagogische Problematik, und verlieren diese ihre mögliche Bedeutung.
An dieser Stelle könnte man nun dazu neigen, der traditionellen Pädagogik die Bedeutung zuzusprechen, über die pädagogische Relevanz der kausalanalytischen Empirie zu entscheiden, um auf diese Weise zugleich die kausalanalytische Empirie für jene empirische Forschungspraxis nehmen zu können, deren die Erziehungswissenschaft als ganze ebenso wie die Fragestellungen der traditionellen Pädagogik bedürfen. Der Pädagogik als Wissenschaft und der Erziehung als Praxis wäre hiermit auf Dauer jedoch kaum geholfen. Erst wenn die Hypostasierung des unter Hypothesen gewonnenen kausalanalytischen Erklärungswissens vermieden wird, erst wenn in der experimentellen Verifikation von Hypothesen keine den Gegenstand der Empirie in seiner praktischen Dimension limitierende Instanz mehr gesehen wird, öffnet sich der Blick auf das eigentliche Problem pädagogischer Erfahrung und pädagogischer Empirie, für welche die Erziehungswirklichkeit nicht mehr in den Beziehungen der auf Bedingungsfaktoren und Variablen von Gesetzeszusammenhängen reduzierten Gegebenheiten aufgeht, welche die Erziehungswirklichkeit vielmehr als Ort der Verwirklichung sinnbestimmter Erziehungspraxis zurückgewinnt und welche sich als praxeologisch-erfahrungswissenschaftliche Planung und Kontrolle von Versuchen einer an den Möglichkeiten und Aufgaben der Erziehung ausgerichteten Erziehungspraxis versteht. Unter diesen Ansprüchen könnte die pädagogische Empirie ihren Sinn nicht aus dem Nachweis von Gesetzeszusammenhängen und dem Nachweis ihrer Gültigkeit in Experimentier- und Ernstsituationen ableiten, unter diesen Ansprüchen müßte sich die erziehungswissenschaftliche Empirie vielmehr im Kontext des praktischen Experiments einer Erziehung zur Höherbildung der Menschheit begründen.
Angesichts des inneren Widerspruchs innerhalb der experimentellen Pädagogik der Jahrhundertwende und des beginnenden zwanzigsten Jahrhunderts, den wir an der Kontroverse zwischen Lay und Meumann aufgewiesen haben, zeigte sich innerhalb der kausalanalytischen experimentierenden Empirie die Notwendigkeit eines Hinausgehens über sich selbst. Dabei gilt es entweder Lays These von der Gebundenheit der Empirie an die praktischen Fragen und Probleme der Erziehungswirklichkeit ernst zu nehmen und den Begriff des pädagogischen Experimentes in Richtung auf das praktische Experiment der Höherbildung der Menschheit zu verändern – diese

Möglichkeit verfolgte die unterrichtstheoretische Pädagogik; oder aber es gilt Meumanns These, die experimentelle Pädagogik reiche nur bis zur empirischen Fundierung erzieherischer Praxis, sie sei lediglich ein Teil der Erziehungswissenschaft, weiterzuverfolgen, um auf diese Weise den inneren Widerspruch innerhalb der experimentellen Pädagogik zu überwinden. Dieser Weg führte über die Versuche einer deskriptiven Pädagogik zum positivistischen Verständnis der Erziehungswissenschaft, für welches die Pädagogik letztlich keine praktische Wissenschaft, sondern lediglich ein besonderer Fall der Sozialwissenschaften ist. Wir verfolgen in den nächsten Abschnitten beide Wege getrennt und wenden uns zunächst den Bemühungen um eine unterrichtstheoretische Erziehungswissenschaft zu. Während die positivistische »Auflösung« der systemimmanenten Aporie der experimentellen Pädagogik mehrfach versucht wurde, wobei von der eigentlich pädagogischen Problematik der Aporie der experimentellen Pädagogik jeweils abstrahiert wurde, ist für die unterrichtstheoretische Überwindung des in der experimentellen Pädagogik vorliegenden Widerspruchs zwischen dem praktischen Anspruch erziehungswissenschaftlicher Empirie und dem apraktischen Methodeninstrumentarium der Erkenntniswissenschaften eigentlich nur eine einzige Schulrichtung, nämlich die von Peter Petersen begründete Tatsachenforschung, zu nennen.

2 Unterrichtstheoretische Pädagogik bei P. Petersen

Die pädagogische Tatsachenforschung wurde von Peter Petersen und seinen Mitarbeitern, vor allem seiner Frau Else Müller-Petersen, in Jena in der Zeit zwischen 1923 und 1950 entwickelt. Sie begann 1923, in dem Jahr, in dem Petersen Nachfolger des Herbartianers W. Rein in Jena wurde, und sie endete, nachdem sie mehrfache Korrekturen erfahren hatte, 1950, als die Jenaer Universitätsschule geschlossen wurde und in der DDR eine marxistische Unterrichtsforschung entwickelt worden war, welche auf der einen Seite zu einer intensiveren politischen Akzentuierung der Erziehungswissenschaft und auf der anderen Seite zu deren Rückfall in den technologisch-positivistischen Erfahrungsbegriff führte.[174]

Peter Petersen nennt als Ursprung seiner pädagogischen Tatsachenforschung zwei Quellen. Die eine ist die pädagogische Reformbewegung, welche sich seit 1900 mit der traditionellen und in Deutschland durch die pädagogische Theorie der Herbartianer wesentlich bestimmten Lernschule auseinandersetzte. Petersen nahm an ihr aktiv teil. Die »neueuropäische Erziehungsbewegung« – wie Petersen sie nennt – war für seine eigene Schulreformkonzeption im Jena-Plan insofern bedeutsam, als sich in ihm, wie Döpp-Vorwald gezeigt hat, die in der Reformpädagogik entwickelten Konzeptionen des Gesamtunterrichts und der Arbeitsschule vereinigen. Die andere Quelle ist die in der experimentellen Pädagogik angelegte – aber noch nicht verwirklichte – Tendenz zur pädagogischen Tatsachenforschung. Petersen hat während seiner Tätigkeit als Oberlehrer und Schulleiter in Hamburg mit E. Meumann zusammengearbeitet und nach dessen Tod 1915 eine der von Meumann gegründeten Arbeitsgemeinschaften über experimentelle Pädagogik geleitet. Über diese Zeit hat er sich später folgendermaßen geäußert:
»Die Mitarbeit an dieser empirischen Grundlegung der Pädagogik durch Meumann öffnete bereits mir, dem um fast eine Generation jüngeren Pädagogen, der sich ebenfalls philosophisch wie psychologisch zur Schule Wilhelm Wundts zählte, die Augen für das neue wissenschaftliche Forschungsgebiet. Die tägliche praktische Tätigkeit im Unterricht und an den Erziehungsaufgaben der Jugend half nachdrücklich zu erkennen, daß es eine ›pädagogische Wirklichkeit‹ gäbe, die von keiner der vorhandenen Fachwissenschaften ausreichend bearbeitet und gedeutet werden konnte, die aber vor allen Dingen von einer philosophischen Pädagogik kaum mehr als eben betastet werde.«[175] Bereits z. Z. seiner Mitarbeit mit Meumann erkannte Petersen, daß es mit der Scheidung zwischen einer die Möglichkeiten und Aufgaben der Erziehung reflektierenden Erziehungswissenschaft und einer empirischen Begründung pädagogischer Praxis nicht getan sei, daß es vielmehr auf die Begründung und Gewinnung einer der »pädagogischen Wirklichkeit« zugewandten »pädagogischen Tatsachenforschung« ankomme. »Wie hatte sich die Psychologie um das pädagogische Aufgabengebiet bemüht und sich darum gemüht, ihr (der Pädagogik, D. B.) Wege und Mittel zu weisen, seine Ansprüche vorbildlich zu erfüllen. Die überlieferte Psychologie, und die neuere Psychologie in der Regel nicht anders, hatten die alte pädagogische Welt nur in den Randgebieten und auf der Oberfläche erfaßt, ja sogar die Pädagogik irregeleitet und zu Folgerungen verleitet, die der Erzie-

hung widersprachen. Diese Psychologie hatte durch ihre Untersuchungen überreiche Handhaben geboten, selbst die Lernschule ältester Form, den alten klassengebundenen Unterricht, zu stützen; auch sie war weithin methodengläubig an eine Untersuchung der Schulmethoden gegangen. Schulpolitisch stützte sie eine vierjährige Grundschule, obwohl es kaum einen unglücklicheren Einschnitt in die schulische Entwicklung von Kindern geben kann als den im 10. Lebensjahr. Von ihr aus ist nichts Entscheidendes gegen das Fesselsystem der alten Schulbänke geschehen und was dergleichen mehr ist. Die jetzt (durch die pädagogische Reformbewegung, D. B.) erhellte, in das volle Licht der Erziehungswissenschaft hineingerückte pädagogische Wirklichkeit wies nach kurzer Zeit die Unzulänglichkeit der bisherigen Psychologie nach, aber zugleich stellte sie ihr bedeutungsvollste neue Aufgaben.«[176]

Aber gerade die von seiten der reformpädagogischen Bewegung sich der Empirie stellenden Aufgaben konnten von einer der Psychologie nachgeahmten Empirie nicht bearbeitet werden. Die erkenntniswissenschaftliche Empirie abstrahierte immer schon vom pädagogischen Tatbestand der Erziehungswirklichkeit; sie gelangte folglich – und hieran hat sich bis zum heutigen Tage nichts geändert – zu hinsichtlich ihrer pädagogischen Relevanz abstrakten Resultaten, denen auch nachträglich, etwa durch eine pädagogische Interpretation, keinerlei direkte pädagogische Relevanz verliehen werden konnte. Zwischen den Resultaten der Empirie auf der einen und ihrer pädagogischen Interpretation auf der anderen Seite ließ sich lediglich ein Verhältnis von szientifisch-technologischer Empirie und Ideologie herstellen, weil im empirischen Ansatz selbst schon vom pädagogischen Tatbestand abstrahiert worden war. Die experimentell-psychologische Empirie vermag weder pädagogische Reformen anzuregen noch zu kontrollieren, sie kann daher weder der Erziehungspraxis vor- noch nachgeordnet werden, sondern sie gewinnt ihre mögliche Bedeutsamkeit allererst, wenn sie sich einer pädagogischen Tatsachenforschung nebenordnet. Mit dieser Einsicht legte Petersen eine Klärung des Verhältnisses zwischen erziehungswissenschaftlicher und erkenntniswissenschaftlicher Empirie nahe, die bis heute sowohl von der philosophischen wie von der empirisch-positivistischen Erziehungswissenschaft in ihrer fundamentalen Bedeutsamkeit nicht eingesehen worden ist.

Bevor wir uns den verschiedenen Lehrstücken zur pädagogischen Tatsachenforschung zuwenden, wollen wir auf Petersens Kritik der experimentell-pädagogischen Empirie genauer eingehen, da sich von ihr her sowohl die einzelnen Lehrstücke selbst als auch deren Zusammenhang einholen lassen. Im Hinblick auf seine Erfahrungen in den Arbeitsgemeinschaften Hamburger Lehrer stellt Petersen fest, bei der an der Psychologie sich anlehnenden Forschung handle es sich um eine solche, »die unbedingt lieber neben als erst nach der pädagogischen Tatsachenforschung laufen soll. Insofern nun der um Ernst Meumann gescharte Arbeitskreis Hamburger Lehrer und Erzieher vor allen Dingen um der pädagogischen Notwendigkeiten willen seine Kraft einsetzte, auch darauf mit Vorliebe immer in seinen Fragestellungen und methodischen Gedankengängen abzielte, so trat bereits in dieser regen Arbeitsgemeinschaft ein Hauptmangel heraus. Es wurde immer wieder herausgefunden und betont, daß die dem fortschrittlichen, dem Reformpädagogen auf den Nägeln brennenden Fragen der Erziehung und des Unterrichts keine ausreichende Beantwortung fänden, ja mit den vorgeschlagenen Methoden nur angeschlagen würden. Die Lehrer und Erzieher des Hamburger Arbeitskreises ließen die bestehende Schulwelt mit ihrem Schulleben und ihrem Unterricht unangetastet, ja sie bekannten, daß es nicht ihre Aufgabe sei, sich an erster Stelle, überhaupt nicht an entscheidender Stelle, um solche Reformen zu bekümmern. Wenn eine pädagogische Reformarbeit in einer greifbaren Wirklichkeit vorläge, dann könnte sie mit den genannten Methoden ebenfalls umfaßt und als interessantes Vergleichsmaterial verwertet werden. Mit anderen Worten: Der Primat der Erziehung und damit der erziehungswissenschaftliche Forschungsgesichtspunkt gelangte nicht zur vollen Auswirkung. Es mußte ... ein neuer pädagogischer Wille geweckt werden und sich in aller Energie auswirken. So brachten die Studien zur Pädologie eine wachsende Klarheit über die Eigenart und die Selbständigkeit der Pädagogie (der erzieherischen Praxis, D. B.) und der pädagogischen Wirklichkeit zugleich – und dies besondere Verdienst Meumanns sei nochmals unterstrichen – ihrer erziehungswissenschaftlichen Einlagerung. Sie führten aber über die Pädologie hinaus«.[177]

Um ein solches theoretisches und praktisches Hinauskommen über die im experimentell-pädagogischen Ansatz angelegten Möglichkeiten hat sich Peter Petersen Zeit seines Lebens bemüht. In seiner Kritik des Meumannschen Ansatzes einer empirischen Pädagogik sind alle Momente enthalten, die ihm für die Überwindung dieses Ansatzes und die Gewinnung einer pädagogischen Tatsachenforschung wesentlich erschienen. Zum einen ist die erziehungswissenschaftliche Forschung an einen pädagogischen »Willen« gebunden, der sich im »Primat der Erziehung« mit »aller Energie« in der Erziehungswirklichkeit auswirkt. Erziehungswissenschaftliche Forschung hat diesen »Willen«, dessen Tätigkeit als theoretisch angeleitete und nicht als abstraktes Faktum, zu ihrem Gegenstand. Zum anderen muß der Primat der Erziehung oder die theoretische Anleitung und Orientierung der Erziehungspraxis die Forschungsgesichtspunkte der pädagogischen Tatsachenforschung bestimmen, damit dieser Erziehung immer als Tatsache und Aufgabe zugleich zum Gegenstand werde. Erziehungswissenschaftliche Erfahrung oder pädagogische Tatsachenforschung ist nur dort möglich, wo sie Erziehung als problematische, an den Möglichkeiten und Aufgaben sinnbestimmten Erziehens ausgerichtete Praxis zu ihrem Gegenstand hat; d. h. sie ist gebunden an eine pädagogische Erfahrung pädagogischer Situationen und an die Gegebenheit pädagogischer Situationen in der konkreten Erziehungswirklichkeit. Wir wenden uns im folgenden diesen Momenten einzeln zu: zunächst dem Begriff der »pädagogischen Situation« und deren Angewiesenheit auf eine im »Primat der Erziehung« stehende Theorie, dann der im Jena-Plan vorgelegten und in der Jenaer Experimentierschule realisierten Reformkonzeption, d. h. dem energischen Praktischwerden des pädagogischen Willens in der Erziehungswirklichkeit, und schließlich dem Erfahrungsbegriff der an »pädagogischen Situationen« und theoretisch angeleitete und sinnorientierte Erziehungspraxis gebundenen pädagogischen Tatsachenforschung. Dabei abstrahieren wir weitgehend von der hinter Peter Petersens Erziehungslehre und letztlich auch hinter seiner Tatsachenforschung stehenden »Erziehungsmetaphysik«; eine Auseinandersetzung mit ihr führte zurück zur Diskussion der in der Tradition bereits angelegten drei Fragestellungen der Erziehungswissenschaft und verlangte eine kritische Begrenzung dessen, was Petersen unter »Erziehungsmetaphysik« verstand. An ihre Stelle setzen wir hier den bereits erarbeiteten Horizont pädagogischer Fragestellungen, um auf diese Weise Peter Petersens Verständnis der »pädagogischen Situation«, deren Gebundenheit an ein Erziehungskonzept und die ihr koordinierte pädagogische Tatsachenforschung als einen bedeutsamen Schritt in Richtung auf die von uns geforderte praxeologisch-pädagogische Empirie würdigen zu können.

Seinen Begriff der pädagogischen Situation hat Petersen vor allem in seiner *Führungslehre des Unterrichts* und in seiner Abhandlung *Von der Lehrprobe zur Pädagogischen Tatsachenforschung* entwickelt. In beiden Schriften setzt er sich dabei von seinem frühen, 1927 im *Kleinen Jena-Plan* vorgelegten Begriff der pädagogischen Situation ab. Während es dort hieß, eine pädagogische Situation sei die »Gesamtheit der Reizfaktoren, die ein Wesen nötigen, als eine Gesamtheit zu reagieren«[178], findet sich in der späten Abhandlung über die Entwicklung der pädagogischen Tatsachenforschung, nachdem bereits in der *Führungslehre des Unterrichts* der behavioristische Situationsbegriff suspendiert worden war, folgende Bestimmung: »Pädagogische Situation ist jener absichtsvoll gebildete und unterhaltene Lebenskreis problemhaltiger (gleich: fragenerfüllter) Situationen, der dazu bestimmt ist, der allseitigen Entwicklung, Formwerdung (Bildung) und Reifung der rein menschlichen Anlagen geistigen Kräfte von Kindern und Jugendlichen die beste Umwelthilfe zu gewähren. Sie stellt die Jugend unter Reize und vor Aufgaben der mannigfaltigsten Art, durch die ein jeder genötigt wird, sich als ganzer Mensch, als ganze Persönlichkeit zu äußern, tätig zu werden, zu handeln und mit relativ abgeschlossenen Stellungnahmen und Leistungen zu antworten.«[179]

Petersen kennzeichnet die pädagogische Situation vor allem durch drei Bestimmungen: er stellt fest, sie sei erstens eine absichtsvoll herbeigeführte problemhaltige Kommunikation, diese Kommunikation beziehe sich zweitens auf den Heranwachsenden als ganze Person und fordere ihn zur Tätigkeit auf, und in ihr antworte drittens der Heranwachsende in relativ abgeschlossenen Stellungnahmen und Leistungen. Daß die pädagogische Situation absichtsvoll herbeigeführt ist, besagt, daß sie ihren Zweck nicht in sich selbst hat, sondern der Verwirklichung des Zwecks der Erziehung dient; daß sie problemhaltig ist, besagt, daß die Aufgabe sich in ihr nicht als eine in ihrer Lösung fertig vorgeplante, sondern als eine problemhaltige, fragenerfüllte stellt, die den Heranwachsenden als ganze Person, in allen seinen Bezügen zur Welt und zur Aufgabe der Erziehung, angeht. Da das Erziehungsziel selbst mithin problemhaltig, d. h. nicht vorgefertigt ist, kann der Heranwachsende es nur durch eigene Tätigkeit und deren Leistungen zu erreichen versuchen, wobei die von ihm gesetzten Stellungnahmen oder Leistungen jeweils zu einer nur relativen Abgeschlossenheit führen, Anstoß zu erneuter sinngerichteter Tätigkeit geben und nie zu einem absoluten Abschluß der Tätigkeit gelangen. Diese Offenheit pädagogischer Situationen versuchte Petersen dadurch zu fassen, daß er vom Grenzcharakter problemhaltiger Situationen sprach: »Jene Tatsache, daß ich immer in bestimmten Situationen bin, ist nun an sich von höchster Bedeutung; denn sie drückt etwas aus, das auf mich als mögliche Existenz geht. Bin ich nämlich immer in Situationen, so als mögliche Existenz im Dasein ständig in Grenzsituationen. Grenzsituationen aber sind solche, die mit dem Dasein selbst sind, die sich nicht wandeln (d. h. die nie aufhören, Grenzsituationen zu sein, D. B.), sondern nur in ihrer Erscheinung ändern.«[180]

Aus dieser Bestimmung der wesentlichen Momente der pädagogischen Situation, die den in der Erziehungsphilosophie der Fichteaner erarbeiteten Prinzipien des Erziehungsbegriffs durchaus entspricht, leitet Petersen zwei Konsequenzen ab, die für die pädagogische Tatsachenforschung von entscheidender Bedeutung sind. Einmal stellt er fest: »Auf Grenzsituationen kann ich nicht mit Plan und Berechnung reagieren«, wenigstens nicht mit einem solchen Plan, der von der Offenheit pädagogischer Situationen abstrahierte und deren stets relative Bestimmtheiten zu absoluten Größen hypostasierte. Zum anderen erhebt er in diesem Zusammenhang jene Forderung, die bereits seine Auseinandersetzung mit der Meumannschen Pädologie kennzeichnete: »Mit jeder bewußten wissenschaftlichen Betrachtung oder Bearbeitung einer Situation bin ich bereits in einer neuen; ich kann gar nicht anders, als ständig in eine andere Situation eintreten ... Also sind auch alle jene Versuche, die Schulwelt, die Schüler und Lehrer nach Tätigkeit und Persönlichkeit psychologisch, sozialpsychologisch usf. aufzunehmen und zu deuten, nichts weiter als eine freilich nicht ganz bedeutungslose, doch stückhafte Betrachtung, die allerdings dort gefährlich wird, wo sie sich anmaßt, das pädagogische Tun zu bestimmen, statt sich ihm bescheiden dienstbar zur Verfügung zu stellen. Die Notwendigkeit eigener, nämlich pädagogischer Tatsachenforschung (wird hierdurch, D. B.) erhellt.«[181] Wenden wir uns der ersten Konsequenz zu, die die Planung der Erziehung betrifft.

Wenn pädagogische Situationen wesentlich als Grenzsituationen bestimmt sind, dann gilt es die Schule so einzurichten, daß sie als Institution pädagogische Situationen nicht zerstört oder verunmöglicht, sondern den institutionellen Rahmen abgibt, innerhalb dessen pädagogische Situationen möglich sind. Gestützt auf empirische Untersuchungen über den prozentualen Anteil der Sitzenbleiber an Volksschulen und Höheren Schulen, die nachwiesen, daß nur jeder 5. Sextaner das Abitur erreichte, daß zwischen 30% und 50% der Schüler die Volks- und Mittelschulen mit »abgebrochener Bildung« verließen und daß drei Viertel der von Volksschulen in Hilfsschulen abgewiesenen Kinder eigentlich in eine allgemeine Volksschule gehörten, erklärte Petersen den »Bankrott der Jahrgangsklasse« und forderte die Verwirklichung einer »allgemeinen freien Volksschule«: »Statt die Volksschule durch ›gehobene Klassen‹, Hauptschulen, Mittelschulen usf. ›auszupowern‹, lasse man die Begabten innerhalb der Volksschule, schaffe aber nun bessere Bildungsmöglichkeiten in den freien und verschiedenen Bildungsformen, wie sie gerade auch der Jena-Plan entwickelt und über 25 Jahre lang mit Erfolg erprobt hat. Kein Volk kann die Schüler ändern und lernschulmäßig mehr aus ihnen herausbringen, darum ist das Schulwesen – und in erster Linie das Schulleben – selbst zu ändern!«[182]

An dieser These, daß man die Schüler nur ändern könne, wenn man das Schulwesen und Schulleben ändere, fallen uns heute vor allem zwei Momente auf: zum einen, daß in ihr unter Reform nicht mehr bloß eine Reform der Lernmethoden und Unterrichtsinhalte, sondern zugleich der inneren und äußeren Organisation des institutionellen Rahmens, innerhalb dessen das Schulleben sich abspielt, verstanden wird; zum anderen, daß in dieser These das »Volk« oder die »Gesellschaft« selbst von der Reform ausgeschlossen und der Veränderungswille auf das in der pädagogischen Provinz autonom gesetzte schulische Gemeinschaftsleben konzentriert wird. Während Petersen in der »Gesellschaft« einen »Kampfverband« sah, der stets von »Machtinteressen« bestimmt ist, glaubte er die »Gemeinschaft« und insbesondere die schulische aus ihrer Verflechtung mit den gesellschaftlichen Interessen befreien zu können: »Eine ›Gemeinschaft‹ zeigt eine ganz anders freie Dynamik ihrer Innenstruktur. Die von ihr umschlossenen Einzelmenschen ordnen sich in voller Freiheit um eines Geistigen willen ihr ein oder einer geistigen Idee unter. Diese geistige Idee wird dann durch Führer repräsentiert, um die sich jene Menschen wie eine Art Gefolge freiwillig scharen. Darum gibt es nun auch hier keinerlei soziale Rangordnung; denn der Geist treibt nicht in Menschen, weil sie besonderen ›Klassen‹, ›Parteien‹, ›Geschlechtern‹, ›Nationen‹, ›Stämmen‹ usf. angehören, sondern schlechthin in Menschen, und er verleiht die Gnadengabe der Führung, ohne sich um soziale Ordnungen zu kümmern, die ihm gegenüber stets Gebilde zweiter Ordnung sind. Die Handlung, die Gesinnung eines Menschen ist niemals deswegen mehr gut, weil er auf einer, wie man sagt, sozial höheren Rangstufe steht, und wenn es heißt, daß Adel verpflichtet, so wird damit nur das Volksempfinden ausgedrückt, daß Menschen, die, gesellschaftlich geurteilt, sich auf der angenehmeren Seite des Lebens befinden, ohne Verdienst, dafür ihre Lebensführung und Gesinnung einer besonderen Zucht unterwerfen sollten. Es ist aber von grundsätzlicher Bedeutung, darum zu wissen, daß zur Harmonie persönlichen Lebens wie zum Leben in reiner Gesinnung und edlem Tathandeln jeder gelangen kann, ganz gleich welchen Standes und welcher Intelligenzhöhe. Denn von niemandem wird mehr verlangt, als daß er im Rahmen seiner Individualität die Eigenart seines persönlichen Lebens unverfälscht und rein offenbare und zum Ausgleich seiner Kräfte gelange.«[183] Wenn Petersen auf Grund dieser Trennung zwischen der gesellschaftlichen Situation und den hinter dieser stehenden Interessen und der pädagogischen Situation in einer freien allgemeinen Volksschule das Erziehungsziel der Schule auf die freie Persönlichkeitsbildung einengte, in der Hoffnung, diese werde in der »von Nöten, Interessen, Kämpfen, neuen wirtschaftlichen, politischen, sozialen Bedingungen« bestimmten Zukunft als sittliche Person handeln, das »Ergebnis einer solchen (in der pädagogischen Provinz stattfindenden, D. B.) Charakterbildung (sei) dann der volksgebundene freie Mensch, der ›Mensch der Polis‹, der naturgemäß in den vielfältigen gesellschaftlichen, politischen und geistigen Ordnungen des Volkslebens steht und in ihnen willig dient, in seinem ›Stande‹«[184], so abstrahierte er davon, daß nicht nur die institutionelle Organisation der Schule darüber entscheidet, in welchem Maße in ihr pädagogische Situationen möglich sind oder nicht, sondern daß zugleich der von der Gesellschaft der Schule zugewiesene Ort von entscheidender Bedeutung für die Organisation des Schullebens, seiner Inhalte und Methoden, seiner Aufgaben, Ziele und Kommunikationsweisen ist. Wenn Petersen so auch in seiner Fiktion einer freien allgemeinen Volksschule und des in ihr möglichen freien Gemeinschaftslebens hinter Rousseaus Einsicht in die Interdependenz von erzieherischer und politisch-gesellschaftlicher Höherbildung der Menschheit zurückfiel und verkannte, daß zur vernünftigen Veränderung des Schülerdaseins nicht nur eine Veränderung des Schulwesens und des Schullebens, sondern zugleich eine Veränderung der das Schulwesen determinierenden gesellschaftlichen Situation unabdingbare Voraussetzung ist, so stellt die im Jena-Plan vorgelegte Reformkonzeption – sieht man einmal von ihrer Selbsteingrenzung auf die pädagogische Provinz ab – in ihren entscheidenden Reformvorschlägen dennoch ein ernst zu nehmendes Schulmodell dar.

Der Jena-Plan unterscheidet sich vom traditionellen wie vom gegenwärtigen Schulwesen vor allem in zwei wesentlichen Punkten: in der Abschaffung der Jahrgangsklassen und in der Bestimmung der Schüler- und Lehrerrolle. An die Stelle der traditionellen Klasse tritt im Jena-Plan die Gruppe, einmal die Stammgruppe, welche in der Untergruppe das 1.–3., in der Mittelgruppe das 4.–6., in der Obergruppe das 6./7.–8. und in der Jugendlichengruppe das 8./9.–10. Schuljahr umfassen. Die Stammgruppen sind unterteilt in Tischgruppen, welche von den Schülern frei verabredet werden, je nach Unterrichtsgegenstand in ihrer Zusammensetzung wechseln können und Schüler verschiedenen Alters, im Sinne des traditionellen Schulwesens also verschiedener Jahrgangsklassen, umfassen können. Nach dreijähriger Arbeit rücken alle Kinder, also ca. 1:3 einer jeden Stammgruppe in die nächste auf; Sitzenbleiben ist nicht möglich; auf Anregung der Lehrer wie auch aus eigenem Wunsch kann ein »Springen« erfolgen. Zensuren als Benotung der Leistung der Kinder durch den oder die Lehrer gibt es nicht mehr; sie werden abgelöst durch Selbst- oder Mitschülerbeurteilung; zusätzlich erhält jeder Schüler halbjährlich einen Bericht über die von ihm geleistete Arbeit. Die älteren Schüler übernehmen gegenüber den jüngeren und die besseren gegenüber den schlechteren die Funktion von Helfern. Dadurch kommen wechselnde Führerrollen je nach Fach und je nach Stammgruppe zustande; es gibt weder permanent beste noch permanent schlechteste Schüler.

Da die Arbeit in den Gruppen weitgehend auf die Selbsttätigkeit der Schüler aufgebaut ist, ist auch die Lehrerrolle in der Jena-Plan-Schule eine andere als in traditionellen Lernschulen. Der Lehrer selbst muß sich in die Gruppen einordnen, er muß versuchen, als Gesprächsleiter, vor allem in der Untergruppe, zu wirken – als solcher kann er in der Mittel-, Ober- und Jugendlichengruppe zeitweise auch durch Schüler ersetzt werden; der Lehrer hat weniger die direkte Funktion des Belehrens als vielmehr die Aufgabe des Förderns durch Fragen, d. i. durch gezielte Hilfen und Aufforderungen zur Eigentätigkeit der Heranwachsenden: »Der Lehrer muß sich ganz und gar als Gesprächsleiter fühlen, darum nun seine Frage den im Schülerkreise frei aufsteigenden Gedankenzusammenhängen eingliedern. Sie stelle in Zweifel, blicke voraus auf eine, vielleicht die Lösung und reagiere dabei auf die Einwürfe, Fragen und Behauptungen der Kinder. Aber – immer geht sie nun den Weg, den die Kinder gewählt haben. So wird auch an dieser Stelle ganz Ernst mit der Anerkennung der Selbsttätigkeit der Schüler gemacht. Diese bekundet sich schon in dem Wege, den ein Kind oder die Gruppe eingeschlagen hat, und eben diesen

Weg begleitet der Lehrer mit seinen Fragen. So ist es der Kinder Weg zur Lösung.«[185]

Diese Funktion des Lehrers als gesprächsführender Diskussionsleiter ist auf den Gruppenunterricht beschränkt; daneben gibt es Einschulungs- und Übungskurse sowie Elementarkurse, welche die Voraussetzungen für die fortschreitende Selbsttätigkeit der Schüler durch Vermittlung der »Elementargrammatik« in den verschiedenen Fächern erbringen. Neben diese Elementarkurse treten im Bereich des rein fachlichen Lernens verschiedene, den Lebensaltern und dem Stadium der Kinder angepaßte Niveaukurse sowie Wahlkurse, an welchen sich Schüler aller Gruppen frei beteiligen können. Auf diese Weise soll das Lernen von den Schülern schrittweise gelernt werden, indem von den Formen des vorschulischen Lernens ausgegangen und schrittweise zu den über eigene und fremde Informationsprozesse vermittelten komplizierteren Weisen des Lernens hingeführt wird. Dabei – dies stellt Petersen ausdrücklich fest – »muß auf jedes zwangsmäßig gleichmäßige Fortschreiten der Schüler in den Fächern verzichtet werden«.[186] Die Schule soll dem einzelnen Zeit zur Bestimmung seiner Interessen und deren Entfaltung lassen, sie soll ihm nichts abverlangen, bevor er nicht interessiert worden ist, sie soll ihn weder überfordern noch benachteiligen. Überforderung auf der einen und Benachteiligung auf der anderen Seite waren und sind unvermeidliche Charakteristika der Jahrgangsklassen-Schule, in welcher der Lernschritt durch den Lernstoff gleichsam programmiert und für eine individuelle Änderung des Programms und seine Anpassung auf die Selbsttätigkeit der Lernenden kein Raum bereitgestellt wird. Aus den beiden schon genannten Unterschieden zwischen der traditionellen und heutigen Schule auf der einen – mit dieser Gleichsetzung abstrahieren wir von den gegenwärtigen Modellen einer Gesamtschule wie auch von gewissen Veränderungen im heutigen Normalschulwesen – und der Jena-Plan-Schule auf der anderen Seite folgt ein dritter ebenso bedeutsamer Unterschied. Er betrifft den »Wochenarbeitsplan« der an die Stelle des nach Fächern aufgeteilten und in Fächer isolierten Stoffstundenplans tritt. Die Schularbeit beginnt mit den Niveaukursen, an sie schließt eine erste Phase der Gruppenarbeit von ca. 100 Minuten an. Darauf folgt eine 30–35minütige Pause, die der Einräumung von Freiheit innerhalb der Schule, dem Turnen und dem gemeinsamen Frühstück dient. An sie schließen 1¾ Stunden Gruppenarbeit, bzw. Elementar- und Wahlkurse an. An zwei Nachmittagen wird jeweils 2 Stunden Sport und Gestaltungslehre betrieben. Der Wochenarbeitsplan spiegelt deutlich die Arbeitsweise wider; lediglich in den Kursen zeigt sich die traditionelle Aufgliederung des Lernstoffes in verschiedene Fächer; während der Arbeit in den Stammgruppen am Vormittag und in Stammgruppen oder Wahlgruppen am Nachmittag wird der Unterricht in Form des Gesamtunterrichts durchgeführt, wobei allerdings noch zwischen von der Kulturwelt und von der Natur her bestimmter Gruppenarbeit unterschieden wurde.

Diese grobe und in einzelnen Punkten oberflächliche Skizzierung des Jena-Plans mag hier ausreichen. Versuchten wir uns im einzelnen mit ihm auseinanderzusetzen, so müßten wir in die Fragestellungen der Theorie der didaktischen Methodik, der didaktischen Inhaltsforschung und der Theorie der Schule eintreten, was den Rahmen dieser Untersuchung sprengen würde. Auf eines sei hier jedoch kurz hingewiesen: der Jena-Plan ist vornehmlich an Fragestellungen und Einsichten der Theorie der Erziehung bzw. der didaktischen Methodik ausgerichtet; von der Fragestellung der Theorie der Bildung bzw. der didaktischen Inhaltsforschung abstrahiert er weitestgehend, so z. B., wenn er die gesamtunterrichtliche Gruppenarbeit einseitig vom Prinzip der Selbsttätigkeit her bestimmt und von den Prinzipien der pädagogischen Determination und Konzentration, welche gerade für die inhaltliche Orientierung gesamtunterrichtlicher Verfahren relevant wären, abstrahiert. Das Fehlen einer bildungstheoretischen Fundierung machte sich bereits an der abstrakten Unterscheidung zwischen Gesellschaft und Schulgemeinschaft bemerkbar, worauf zurückzuführen ist, daß Petersen die Aufhebung der außerhalb der Schule existierenden und durch Herrschaftsinteressen bedingten Entfremdung in ihrer Doppelfunktion, sowohl Voraussetzung für die Verwirklichung einer freien allgemeinen Volksschule als auch thematischer Gegenstand der schulischen Arbeit zu sein, verkannte.

Im Anschluß an unsere Analyse des Begriffs der pädagogischen Situation und der im Jena-Plan vorgelegten Reformkonzeption wenden wir uns nun der von Petersen begründeten pädagogischen Tatsachenforschung zu. In dieser erblicken wir, weil sie sowohl einen pädagogischen Begriff der pädagogischen Situation als auch einen Reformplan zur Einrichtung pädagogischer Situationen kennt, einen bedeutsamen Schritt in Richtung auf die von uns geforderte praxeologisch-pädagogische Empirie. Die pädagogische Tatsachenforschung ist zum einen gebunden an die Vorgegebenheit pädagogischer Situationen in der Erfahrung; sie kann und soll nicht zufällige Erziehungssituationen erkunden, sondern sie ist verwiesen auf solche Erziehungssituationen, in denen der Erziehungs- und Unterrichtsprozeß theoretisch geplant und vorbereitet wird. In dieser ihrer Verwiesenheit auf pädagogische, d. i. theoretisch in ihren Möglichkeiten und Aufgaben absichtlich vorbereitete Situationen ist pädagogische Tatsachenforschung jeweils gebunden an einen bestimmten Erziehungs- und Unterrichtsplan; im Fall der pädagogischen Tatsachenforschung Peter und Else Petersens an den Jena-Plan einer freien allgemeinen Volksschule. Dabei stellt sich ihr die Aufgabe, das Praktischwerden der Reformkonzeption erfahrbar zu machen und die von ihr zu gewinnenden Erfahrungen in die Selbstreflexion der theoretischen Bestimmung der Möglichkeiten und Aufgaben der Erziehung und mittelbar über diese in die Weiterentwicklung der Reformkonzeption hineinzutragen. In diesem Sinne stellt Petersen fest: »In der Pädagogischen Tatsachenforschung geht es um die wissenschaftliche Grundlegung planvoller, absichtsvoll unternommener und durchgeführter Belehrung, Bildung und Erziehung in allen ihren Formen, also um die Erhebung des allgemeinen menschlichen Interesses an allem Pädagogischen zu einem wissenschaftlichen Interesse.«[187]

Peter und Else Petersen waren sich durchaus bewußt, in ihren Bemühungen um eine praxeologische Empirie wissenschaftliches Neuland betreten zu haben, ferner, daß trotz ihrer jahrzehntelangen Tätigkeit die Pädagogische Tatsachenforschung immer noch in ihren Anfängen steckte. In seiner Analyse dieser Bemühungen hat Günter Slotta zwischen vier Entwicklungsphasen der pädagogischen Tatsachenforschung unterschieden, zwischen einer ersten von 1924 bis 1928 reichenden, welche ihren »Ansatz in der Praxis der Jenaer Universitätsschule« hatte, einer zweiten, die in der Zeit von 1928 bis 1931 sich auf die »pädagogische Charakterologie als ›Teilforschung‹ der pädagogischen Tatsachenforschung« konzentrierte, einer dritten von 1931 bis 1934 reichenden und durch Elsa Köhlers »psychologische Forschung in der pädagogischen Situation« bestimmten und einer vierten Phase, welche an die erste wieder anschließt und als einzige die bereits entwickelten Anforderungen an eine pädagogische Tatsachenforschung in wesentlichen Momenten zumindest erfüllt.[188] Die pädagogische Charakterologie sollte die Heranwachsenden in der besonderen Situation der Jena-Schule möglichst unabhängig vom subjektiven Urteil der Beobachter erfassen und eine Typologie der verschiedenen Charaktere erstellen, die psychologische Forschung, wie sie von Elsa Köhler seit 1931 in Jena geleitet wurde, diente vor allem der Entwicklung einer nicht an künstliche Laborsituationen gebundenen, sondern in pädagogischen Situationen arbeitenden psychologischen Analyse der Erziehungswirklichkeit. Indem diese jedoch letztlich darauf konzentriert war, »sich der pädagogischen Situation für die psychologische Problemstellung lediglich zu bedienen«[189], erwies sich gerade an der psychologischen Forschung innerhalb der pädagogischen Situation der Jenaer Universitäts-Schule neuerlich die Notwendigkeit einer die pädagogische Situation unter pädagogischen Kategorien erfassenden pädagogischen Tatsachenforschung. Günter Slotta kommt in seiner Analyse der Entwicklung der pädagogischen Tatsachenforschung zu folgendem, für uns hier bedeutsamen Resultat: »Aus der pädagogischen Tatsachenforschung im Sinne der psychologischen Forschung Elsa Köhlers entwickelt sich zunehmend die pädagogische Tatsachenforschung im Sinne der Unterrichtsforschung. Damit knüpft Peter Petersen wieder an die erste Stufe an, in der Betrachtungen innerhalb des Unterrichts- und Schullebens der Jenaer Universitätsschule im Mittelpunkt standen. Das Unterrichtsgeschehen wird jetzt als Forschungsbereich gleichsam wiederentdeckt. Von hier aus gesehen könnten deshalb die pädagogische Charakterologie und die Forschung Elsa Köhlers als Umwege angesehen werden. Andererseits sind sie aber... für die Entwicklung der Forschungsmethode zweifellos von Bedeutung gewesen.«[190] Im folgenden konzentrieren wir uns auf die erste und letzte Stufe der Entwicklung der pädagogischen Tatsachenforschung.

Im Rückblick auf die erste Phase der Entwicklung der pädagogischen Tatsachenforschung hat Petersen später folgendes festgestellt: »Geschichtlich gesehen verlief die Entwicklung in folgender Weise: Die täglich, wöchentlich gemachten Erfahrungen hieß es so reich und so treu wie nur möglich festzuhalten, sie zu durchdenken, erziehungswissenschaftlich mit früheren eigenen und fremden Erfahrungen zu vergleichen, sorgfältig zu prüfen und abzuwägen, sodann Folgerungen daraus für den Fortgang des neuen Schulversuchs zu ziehen, für jeden nächsten neuen Schritt: Was ist förderlich, was ist schädlich, was bedarf der Bestätigung durch weitere Erfahrungen, weiteres Ausprobieren, gründlicheres Eindringen, was bedarf eines anderen, neuen, manchmal erst zu erfindenden, zu ersinnenden Ansatzes, um mit Hilfe anders gearteter Reize andere kindliche Aktionen oder Reaktionen der kindlichen Aktivität, sowie neue Äußerungen, Offenbarungen des kindlichen Grundwesens hervorzurufen? Selbstverständlich galt es vor allem, so viel wie nur möglich schriftlich festzuhalten, schon als wichtigste Gedächtnisstütze, um in späterer Zeit auf die früheren

Beobachtungen und Erfahrungen und die aus ihnen damals gezogenen praktischen und theoretischen Folgerungen zurückzugreifen.«[191]
Wenn der hier zugrundegelegte Begriff der pädagogischen Tatsachenforschung – was G. Slotta zu Recht festgestellt hat[192] – auch noch sehr allgemein und unpräzise bestimmt ist, so lassen sich die Aufgaben der pädagogischen Tatsachenforschung doch gerade an ihm ablesen. Es wird gefordert, daß sich die pädagogische Empirie einordne in einen Zusammenhang von pädagogischer Theorie und erzieherischer Erfahrung. Sie soll vor allem dazu dienen, die theoretisch angeleitete und sinnorientierte erzieherische Umgangserfahrung unter pädagogischen Gesichtspunkten festzuhalten. Als solche hat sie die Funktion, den »Fortgang des neuen Schulversuchs«, d. i. die Weiterentwicklung der an einer Konzeption über die Möglichkeiten und Aufgaben der Erziehung ausgerichteten Erziehungspraxis, zu kontrollieren, indem sie durch ihre Aufzeichnung zum einen eine Beurteilung und Auswertung der bereits vorliegenden Erziehungspraxis ermöglicht und zum anderen die über die kritische Aufarbeitung und das theoretische Erziehungs- und Bildungskonzept vermittelten »Folgerungen« für weitere und neue Erziehungspraxis vorbereitet. In dieser Eingespanntheit zwischen vergangene und künftige Praxis hat sie eine dreifache Bedeutung; dem Praktiker, d. h. dem in der pädagogischen Situation tätigen Erzieher, verhilft sie durch Konfrontation mit seiner Praxis zu einer von der Praxis her bestimmten Selbstreflexion seines Tuns, dem Theoretiker, d. h. dem an der Weiterentwicklung der Erziehungs-, Bildungs- und Schultheorie arbeitenden Erziehungswissenschaftler, erschließt sie die Möglichkeit, die über die theoretische Anleitung und Orientierung vermittelte Erziehungspraxis bei seiner wissenschaftlichen Analyse der Möglichkeiten und Aufgaben der Erziehung zu berücksichtigen und als Korrektiv seiner Theorie nutzbar zu machen. Aus dieser Bedeutsamkeit für die Praxis des Handelnden und die Theorie des Wissenschaftlers folgt zugleich die Bedeutsamkeit der pädagogischen Tatsachenforschung für die Lehrerausbildung: diese muß dem angehenden Erzieher die Voraussetzungen einer permanenten Selbstreflexion seines Tuns vermitteln, sie muß ihm erstens durch das Studium der Erziehungs- und Bildungstheorie einen theoretischen Gedankenkreis seiner Praxis erschließen, sie muß ihn zweitens durch Einbeziehung in die pädagogische Tatsachenforschung auf die theoretisch angeleitete und über seine Praxis vermittelte kritische Analyse seines Tuns vorbereiten und sie muß ihn drittens in den Prozeß der auf die empirischen Aufnahme problemati-

sierter Erziehungspraxis angewiesene Weiterentwicklung der Erziehungs- und Bildungstheorie einbeziehen.
Die hier angedeutete Bestimmung der pädagogischen Tatsachenforschung war in ihrer ersten Phase zwar gemeint, keineswegs jedoch bereits differenziert entwickelt. Den ersten Notizen und Protokollen kam vor allem die Aufgabe zu, die Vorteile der in der Jenaer Universitätsschule geübten Praxis gegenüber derjenigen traditioneller Schulen herauszustellen. Die zweite und dritte Phase kennzeichnen die Anstrengungen, die Methoden der pädagogischen Tatsachenforschung zu entwickeln; insofern hier jedoch Zuflucht zu psychologischen Erfahrungstechniken gesucht wurde, geriet das eigentliche Unterrichtsgeschehen immer mehr aus dem Blick. Die Diskrepanz zwischen den in der ersten Phase eigentlich gemeinten Aufgaben der pädagogischen Tatsachenforschung und den in der zweiten und dritten Phase vor allem mittels psychologischer Forschung in der pädagogischen Situation erzielten Resultaten verlangte schließlich die Entwicklung spezifisch pädagogischer Aufnahmeverfahren, um welche sich Else Müller-Petersen seit 1934 bemühte. Da sich die pädagogische Tatsachenforschung von Anfang an in den Zusammenhang von pädagogischer Theorie und erzieherischer Erfahrung einzuordnen versuchte, galt es vor allem auf diesen Zusammenhang hin ausgerichtete »Aufnahmeverfahren« und »Verwertungsverfahren« zu erarbeiten.
Wir können hier nicht auf die verschiedenen Aufnahme- und Verwertungsverfahren eingehen und verweisen statt dessen auf Else Müller-Petersens Selbstdarstellung ihrer Bearbeitung der Methoden der pädagogischen Tatsachenforschung sowie auf das dritte Kapitel der Arbeit von Günter Slotta.[193] Es seien hier jedoch wenigstens die verschiedenen Verfahren genannt. Die Einzelaufnahme richtet sich auf ein einzelnes Kind oder eine Gruppe von zwei oder drei Kindern. Sie geht auf Elsa Köhlers psychologische Forschungen in der pädagogischen Situation zurück und wurde vor allem im Gruppenunterricht verwendet. Die Lehreraufnahme ist in allen pädagogischen Situationen möglich; sie erfaßt das Verhalten des Lehrers in seiner Funktion innerhalb der Gruppe, der Klasse oder des Kurses. Die Gesamtaufnahme schließlich versucht Unterrichtseinheiten in ihrem komplexen Gesamtgeschehen, also sowohl das Verhalten der Kinder als auch das des Lehrers, festzuhalten; sie wurde vor allem in frontalen Unterrichtssituationen angewendet, weil eine Gesamtaufnahme des frontlosen Unterrichts wegen dessen komplexer Struktur besondere Schwierigkeiten bereitete. Alle drei Aufnahmearten richteten sich an folgen-

den Prinzipien aus: am »Prinzip der Echtheit der pädagogischen Situation«, welches untersagt, daß die pädagogische Situation für Aufnahmezwecke technologisch vereinfacht oder standardisiert werde, am »Prinzip der Zweckgerichtetheit«, welches die Aufnahme am intentionalen Charakter der pädagogischen Situation ausrichtete und der Unterscheidung zwischen unwesentlichen und wesentlichen Momenten des Unterrichtsgeschehens dienen sollte, an den Prinzipien der »Anschaulichkeit« und »Ausführlichkeit«, welche den Protokollanten auf das direkt beobachtbare Unterrichtsgeschehen festlegten und schließlich am »Prinzip der Reinheit«, welches den Protokollanten auf die Wiedergabe und nicht auf die Deutung der pädagogischen Situation verpflichtete. Daneben unterscheidet Else Müller-Petersen zwischen verschiedenen Verwertungsverfahren: der deskriptiven Verwertung, welche in chronologischer Reihenfolge die einzelnen Kommunikationen und Wahrnehmungsakte zu einem Extrakt zusammenfaßt, der phänomenologischen Verwertung, welche verschiedene Erscheinungen des Unterrichts unter verschiedene Erscheinungsformen subsumiert, der logischen Verwertung, welche verschiedene Erscheinungsformen einander zuordnet und Tatsachenspiegel bzw. Tatsachenlisten erarbeitet, der numerischen Verwertung der in der logischen Verwertung gewonnenen Resultate und schließlich der kausalen Verwertung, welche Ursache-Wirkungszusammenhänge aufzudecken versucht.

Ohne daß wir auf die hier genannten und lediglich kurz gekennzeichneten Aufnahme- und Verwertungsverfahren näher eingehen, reicht unsere grobe Skizze bereits aus, um zu erkennen, daß mit diesen Verfahren höchstens der Anfang der pädagogischen Tatsachenforschung gemacht ist, und daß diese eines weitaus differenzierteren, nicht zuletzt auf die pädagogische Situation besser zugeschnittenen Instrumentariums bedarf, um die ihr aus ihrer Beziehung zur pädagogischen Theorie und erzieherischen Praxis sich stellenden Aufgaben erfüllen zu können. Wenn auch eine adäquate Beurteilung und Würdigung der von Else Müller-Petersen entwickelten Aufnahme- und Verwertungsverfahren der pädagogischen Tatsachenforschung letztlich nur durch deren Konfrontation mit den zeitgenössischen Methoden der empirischen Erkenntniswissenschaften möglich ist, so wollen wir hier wenigstens auf einige Schwierigkeiten hinweisen, die ins Auge fallen, wenn man diese Verfahren an den Aufgaben der pädagogischen Tatsachenforschung mißt. Die Unterscheidung zwischen Einzel-, Lehrer- und Gesamtaufnahme könnte sich nur dann

rechtfertigen, wenn sie sich aus dem Begriff der pädagogischen Situation ableiten ließe; insofern sich dieser aber gerade auf die Kommunikation zwischen Heranwachsenden und Erzieher bezieht, kann eigentlich nur die Gesamtaufnahme in vollem Maße der Gegebenheit pädagogischer Situationen entsprechen; selbst dann, wenn man unter der Erzieherperson in bestimmten Situationen einzelne Schüler verstehen mag, ist die pädagogische Situation letztlich nur durch eine Gesamtaufnahme zu erfassen, die dabei zugleich auf die vom Lehrer her gesehen vermittelnde Funktion der »Schülerlehrer« ausgerichtet sein müßte. – Von der Aufgabenstellung der pädagogischen Tatsachenforschung her reicht ferner die von Else Müller-Petersen getroffene Unterscheidung zwischen Aufnahme- und Verwertungsverfahren nicht aus; denn wenn diese der Kontrolle des Praktischwerdens der Theorie in der Erziehungspraxis sowie der permanenten Korrektur und Weiterentwicklung der Theorie dienen sollen, dann kann der Verwertungsprozeß nicht bei der numerischen bzw. kausalen Verwertung haltmachen, er tritt vielmehr gerade dort, wo er in der pädagogischen Tatsachenforschung Peter Petersens endet, in sein entscheidendes Stadium. Die Problematik einer kausalen Verwertung empirischer Forschungsresultate zeigte sich uns bereits in der Auseinandersetzung mit dem Ansatz der experimentellen Pädagogik. Sie läßt sich erst dann befriedigend auflösen, wenn sowohl Aufnahme- wie Verwertungsverfahren jenem Zweck entsprechen, dem die pädagogische Tatsachenforschung dienen muß, nämlich der Kontrolle und der Korrektur des Praktischwerdens der Theorie und der hierdurch erstrebten Veränderung der Erziehungswirklichkeit.
Daß die pädagogische Tatsachenforschung Peter und Else Petersens den Anforderungen an eine pädagogisch-praxeologische Empirie nicht in vollem Maße genügt, hängt freilich nicht nur mit den enormen Schwierigkeiten zusammen, die sich gerade dem Versuch der Gewinnung eines im Primat der Praxis stehenden empirischen Forschungsinstrumentariums stellen; dies ist zugleich auch dadurch bedingt, daß Peter und Else Petersen die pädagogische Tatsachenforschung möglichst direkt in den Dienst der Rechtfertigung des Jena-Plans zu stellen versuchten und darüber den theoretischen Bezugspunkt einer Theorie der Erziehung weitgehend, den einer Theorie der Bildung fast gänzlich übersahen. Die sich hier verbergende Problematik ist diejenige der pädagogischen Differenz in der praxeologischen Empirie. Pädagogische Tatsachenforschung ist – und hierin liegt das zentrale Verdienst des Petersenschen Ansatzes – nur in pädagogischen

Situationen möglich; sie vermag jedoch niemals die in pädagogischen Situationen stattfindende Praxis bzw. die hinter dieser stehende Theorie zu verifizieren. Denn jede pädagogische Situation ist, insofern sie eine praktische ist, immer mehr als die hinter ihr stehende Theorie; als Praxis hat sie sich immer bereits entschieden, und diese ihre Entscheidung ist aus der Theorie nicht unmittelbar ableitbar. Der Jenaer Reformplan einer allgemeinen freien Volksschule ist in diesem Sinne kein reines Produkt der Theorie, er stellt vielmehr ein in der praktischen Auseinandersetzung mit der Schulwirklichkeit gewonnenes und an theoretischen Bestimmungen der Aufgaben und Möglichkeiten der Erziehung ausgerichtetes Modell einer neuen Schulkonzeption dar, das ohne theoretische Auseinandersetzung mit dem Begriff der Erziehung zwar niemals entworfen worden wäre, das seine bestimmte Realität und Realisierung jedoch zugleich einer bestimmten Entscheidung verdankt.

Die pädagogische Tatsachenforschung P. und E. Petersens setzte an die Stelle der Theorie das Reformkonzept der Jenaer Universitätsschule und erwartete von der pädagogischen Empirie indirekt dessen Verifikation. Statt der Verifikation schulpraktischer Entscheidungen bzw. der Verifikation der hinter diesen stehenden Theorie käme es jedoch darauf an, die pädagogische Tatsachenforschung in den Dienst der permanenten kritischen Selbstprüfung der Theorie und der Praxis zu stellen, um so die Weiterentwicklung der Theorie und der Praxis nicht mehr dem Zufall zu überlassen, sondern selbst zum Gegenstand einer im Primat dieser Weiterentwicklung stehenden Forschung zu machen.

Trotz dieser einschränkenden Kritik der Jenaer pädagogischen Tatsachenforschung ist der von P. Petersen angeregte und geleitete Versuch einer praxeologischen Empirie zukunftweisend. Dies zeigt sich vor allem, wenn wir ihn mit jener Richtung einer empirischen Pädagogik konfrontieren, welche ebenso wie die pädagogische Tatsachenforschung auf die experimentelle Pädagogik der Jahrhundertwende zurückgeht, den praxeologischen Ansatz jedoch durch einen technologischen zu ersetzen versucht.

3 Positivistische Erziehungswissenschaft bei A. Fischer, Lochner und Brezinka

Den Anstrengungen der experimentellen Pädagogik um die Gewinnung einer spezifisch pädagogischen Empirie war wenig Erfolg beschieden. Gerade die Kontroverse zwischen Lay und Meumann machte deutlich, daß der in der experimentellen Pädagogik selbst angelegte Widerspruch zwischen dem praxeologischen Auftrag der Empirie und dem kausalanalytischen Experimentbegriff zu einem Hinausgehen über den Ansatz der Pädologie zwang. Es galt entweder Lays These ernst zu nehmen, die pädagogische Empirie sei bezogen auf die praktischen Fragen und Probleme der Erziehungswirklichkeit, dann aber mußte der kausalanalytische Experimentbegriff dem des praxeologischen Experimentes weichen; oder aber es galt Meumanns These festzuhalten, die kausalanalytisch-experimentelle Empirie reiche nur bis zur empirischen Klärung erzieherischer Praxis, sie mache daher auch nur einen Teil der Erziehungswissenschaft aus, dann aber drohte der von der experimentellen Pädagogik postulierte Unterschied zwischen pädagogischer und psychologischer Empirie verloren zu gehen.

Unter der positivistischen Erziehungswissenschaft fassen wir hier jene Versuche zusammen, die die zweite Möglichkeit einer Auflösung des inneren Widerspruchs der experimentellen Pädagogik anstreben. Sie sind vor allem durch zwei Momente gekennzeichnet: zum einen tendieren sie dazu, die wissenschaftliche Empirie aus der von der experimentellen Pädagogik noch anerkannten Verwiesenheit auf die drängenden Fragen der Praxis und deren theoretische Problematisierung zu lösen und die Erziehungswissenschaft auf den Horizont werturteilsfreier emprisicher Pädagogik einzuengen; zum anderen glauben sie, die bis in die Anstrengungen um eine empirische Pädagogik hineinreichenden Bemühungen um die Begründung einer relativ autonomen Erziehungswissenschaft durch Subsumierung der Erziehungswissenschaft unter die Sozialwissenschaften suspendieren zu können. Der aus unserer systematischen Begrenzung der traditionellen Schulrichtungen entwickelte Zusammenhang von Theorie, Praxis und Empirie, welcher in der experimentellen Pädagogik zwar keineswegs gesehen, aber wenigstens angedeutet war, geht dadurch verloren; im positivistischen Verstande ist Pädagogik keine praktische Wissenschaft mehr, sondern eine »reine« Erkenntniswissenschaft,

deren Bezug zu den drängenden Fragen der Praxis lediglich technologisch hergestellt werden kann.
Die positivistische oder technologische Erziehungswissenschaft hat in der deskriptiven Pädagogik ihren Vorläufer. Die deskriptive Pädagogik, wie sie von Aloys Fischer 1914 in einem Aufsatz gleichen Titels angeregt und von Rudolf Lochner 1927 weiterentwickelt worden ist, stimmt in dem zuerst genannten Charakteristikum mit der positivistischen Pädagogik überein; sie versucht die Erziehungswissenschaft aus ihrer Bindung an die sich in der Praxis stellenden Probleme und Fragen zu lösen, hält dagegen am Autonomie-Anspruch der Erziehungswissenschaft noch fest. Daß wir in der deskriptiven Pädagogik einen Vorläufer der positivistischen Erziehungswissenschaft sehen, folgt aus unserer Systematik der pädagogischen Frageweisen und ihrer Verwiesenheit und ihrem Verweisungsbezug auf eine praxeologische Empirie. Liegt nämlich der Ursprung der Pädagogik als Wissenschaft in problematisch gewordener alltäglicher erzieherischer Umgangserfahrung, gewinnt die Erziehungswissenschaft wirklich von hierher ihren Anspruch einer Wissenschaft von Praxis für Praxis ebenso wie die ihr als praktischer Wissenschaft von der und für die Erziehung zukommende relative Autonomie gegenüber den anderen praktischen Wissenschaften und den Erkenntniswissenschaften, so geht mit ihrer Verkürzung oder Reduktion auf eine Erkenntniswissenschaft auch ihr Autonomieanspruch verloren. Die deskriptive Pädagogik, welche an der relativen Autonomie noch festhalten zu können glaubte, entwickelte sich schrittweise zur positivistisch-technologischen Erkenntniswissenschaft. Dies zeigt sich an der Entwicklung des Verständnisses von Erziehung und Pädagogik in den Schriften von Rudolf Lochner: Lochner schloß sich zunächst in den zwanziger Jahren an die von Aloys Fischer nach einem Mißverständnis der Husserlschen Phänomenologie ins Leben gerufene Konzeption einer theoriefreien Deskription der Erziehungswirklichkeit an[194] und bekannte sich später zu Wolfgang Brezinkas Version einer positivistischen Pädagogik. Die innere Notwendigkeit dieser an Meumann anschließenden Entwicklung wollen wir im folgenden kurz skizzieren, um uns dann dem Begriff der Erziehungswissenschaft zuzuwenden, wie ihn R. Lochner in seinen späteren Abhandlungen und W. Brezinka in seinen wissensschaftstheoretischen Beiträgen entwickelt haben.
In seiner programmatischen Abhandlung über die deskriptive Pädagogik geht Aloys Fischer von einer Unterscheidung zwischen der

Erziehung als Tatsache und der Erziehung als Aufgabe aus: »Wer lehrt und unterrichtet, erzieht und bessert, der erkennt nicht; er hat nicht die Aufgabe zu erkennen, weder das Kind, das er belehrt und erzieht, noch den Stoff, den er lehrend weitergibt, noch die Methode, nach der er verfährt. Es ist selbstverständlich als Voraussetzung seines Tuns erforderlich, daß er fachwissenschaftliche Erkenntnisse besitzt, daß er erkannt hat, was er vermitteln soll; es ist auch unvermeidlich, daß er beim erziehenden Tun nebenbei gewisse Kenntnisse und Erkenntnisse erwirbt, z. B. über die Unterschiede der Kinderindividualitäten; es ist auch unvermeidlich, daß er Erfahrungen sammelt über die Wirkungsweise seiner pädagogischen Maßnahmen und diese Erfahrungen wieder instinktiv verwertet ... Wichtig ist, daß die pädagogische Praxis der Vergangenheit und Gegenwart, und zwar in keiner ihrer Formen, Erkenntnis ist, auch dort nicht, wo sie Erkenntnisse verwertet, anwendet, einschließt.«[195] Das Bild des Praktikers, das Fischer hier – mitten in der pädagogischen Reformbewegung! – zeichnet, ist das eines erziehenden, bessernden, strafenden und belohnenden, der handelt, aber nicht erkennt, und dem sich bei seinem Handeln unvermeidlich instinktive Verhaltensweisen, kurz jener pädagogische Takt, den Herbart auch dem Schlendrian nicht absprach, zugesellen. Von diesem in der Praxis aufgehenden, aber nicht erkennenden Praktiker unterscheidet er den Theoretiker, wenn er fortfährt: »Diese pädagogische Praxis (gemeint ist die erzieherische Praxis, D. B.) muß mir nun Problem werden, wenn ich pädagogische Theorie treibe; sie ist ein Gegenstand, vielleicht der erste, den der pädagogische Theoretiker sollte erkennen wollen. Pädagogik als Wissenschaft ist doch die Theorie, die wissenschaftliche Erforschung der Tatsache des pädagogischen Tuns.«[196] Dem Theoretiker wird die Erziehungspraxis zum Problem, derweil der Praktiker instinktiv handelt, beurteilt, belohnt, bestraft, jedenfalls erzieht, keineswegs aber erkennt, vor allem aber nicht problematisiert; Problematisierung ist Angelegenheit des Theoretikers, und zwar nur des Theoretikers. Hier ist nun zu fragen, was denn dem Theoretiker zum Problem werden soll, wenn der Praktiker keine Probleme hat, sondern lediglich handelt. Lassen wir noch einmal A. Fischer zu Worte kommen, denn er fährt unmittelbar im Anschluß an die eben zitierte Stelle fort: »Denkt man in dieser Einstellung über das Verhältnis von Tat und Theorie nach, so endigt man bei einer für alle pädagogische Forschung und Wissenschaft unerläßlich wichtigen und grundlegenden Aufgabe, für welche ich den Namen deskriptive Pädagogik übernehmen möch-

te... Ich halte es für notwendig, in der Gegenwart mit ihren stark praktisch-reformerischen Tendenzen auf diese m. E. entscheidende Aufgabe einer reinen, soweit als möglich interessenloser Erkenntnis dienenden pädagogischen Theorie immer wieder hinzuweisen.«[197]
Diese Stelle besagt, daß aus der theorielosen Einstellung des Praktikers zu seiner Tätigkeit für die Theorie folge, daß sie ihre Beziehung zur Praxis in der Weise einer interessenlosen Erkenntnis bestimmen müsse, um diese als Tatsache zu fassen; und diese Aufgabe einer interessenlosen Deskription sei um so dringlicher, als gerade zur Zeit praktisch-reformerischer Tendenzen ein »jeder mein(e), diese Tatsache (die Tatsache der Erziehung, D. B.) schon zu kennen, sobald er von ihrer Existenz« wisse, was wiederum dazu führe, daß »die neuen Vorschläge, die Kritik an sich, höher gewertet werden als ein solides Verständnis des Bestehenden«.[198]
Aloys Fischer will sich mit dieser Stellungnahme nicht für eine »Stagnation in pädagogischen Fragen« aussprechen, er will vielmehr den Übereifer des reformerischen Strebens bremsen durch die Vorschaltung einer interessenlosen Deskription der Erziehung als Tatsache, welche aller Kritik der Praxis und allen Reformbemühungen vorauszugehen habe, sofern diese auf Grund genauer Erkenntnis der Erziehung vernünftige Vorschläge zur Veränderung des Erziehungswesens und der Erziehungspraxis erbringen sollen: »Eben diese grundlegende Aufgabe, die Tatsache eines Gebietes festzustellen, und zwar in solcher Weise, daß sie die Voraussetzung für das Verständnis der Problemstellungen bilden wie die letzte Instanz, auf die bei der Lösung der Probleme zu rekurrieren ist, will die Beschreibung in ihrer phänomenologischen Durchbildung leisten«; und für »die Beschreibung ist... conditio sine qua non der wissenschaftlichen Brauchbarkeit und Ergiebigkeit, daß sie theoriefrei, in diesem Sinne voraussetzungslos, geschieht«.[199] Durch interessenlose, theoriefreie Beschreibung will die deskriptive Pädagogik eine Basis für die Theoriebildung liefern, die frei von praktizistischen und reformistischen Tendenzen die Bestimmung der Möglichkeiten und Aufgaben der Erziehung auf Grund vollendeter Einsicht in die Erziehung als Tatsache, in das, was Erziehung »wirklich« ist, erbringen können soll. Die Einsicht in das, was ist, das sich selbst zu Wort und zur Sprache-Bringen des Gegenstandes, soll hier das Fundament der Theorie sichern und garantieren, daß der Gegenstand als solcher erklärt, verstanden und problematisiert werde und daß er im Erklären, Verstehen und Problematisieren nicht theoretisch verstellt und verkannt werde: »Am Anfang aller

Wissenschaft muß man also beschreiben, d. h. fragen, was die mit den Worten des betreffenden Gebietes bezeichneten Dinge und Sachverhalte sind; und zwar die Sachverhalte in ihrer natürlichen vortheoretischen Gegebenheit, als ›Tatsachen‹, welche die Probleme der jeweils in Frage kommenden Wissenschaft noch enthalten, erst möglich machen. Man muß die Frage: was ein Gegenstand ist, so weit treiben, bis weiter zu fragen evident unsinnig wird; und man muß die Frage dabei immer richten auf ein Gegebenes als solches, in seiner Daseinssphäre, sie nicht umbiegen oder hineingeraten lassen in eine andere: ›Was-ist‹-Frage, nämlich in die Frage der verstehenden bzw. erklärenden Theorie. Alle erklärende ›Was-ist‹-Frage, alle genetische Fragestellung wird in streng wissenschaftlicher Geisteshaltung erst möglich, wenn die deskriptive ›Was-ist‹-Frage endgültig beantwortet ist... ›Erst muß man wissen, was das ist, das man erklären will, und dann kann man zu erklären versuchen, was ist‹, könnte ich unter Benutzung der prinzipiellen Doppeldeutigkeit der ›Was-ist‹-Frage sagen.«[200]
Hier zeigt sich die eigentliche Funktion, die Fischer der Deskription und der deskriptiven Pädagogik zuerkennen will: die deskriptive, den jeweiligen Gegenstand in seiner reinen unverstellten Gegebenheit erfahrende Methode soll vermitteln zwischen den verschiedenen theoretischen Zugriffsweisen, der kausalanalytischen, der hermeneutischen, und den verschiedenen praktischen Zugriffsweisen, der reformerischen und der bewahrenden. Jeder theoretische oder praktische Zugriff normiert den Gegenstand, indem er an diesen eine vorgängige Theorie anlegt um durch diese den Gegenstand zu erfassen versucht. Soll dieser normative Zugriff den Gegenstand in seinem ursprünglichen Sein erfassen, soll er ihn nicht verfehlen oder gar verfälschen, so muß er sich an der Deskription des Gegenstandes ausrichten, welcher allein dessen unverstellte Wirklichkeit zugänglich ist. In diesem Sinne stellte später Lochner die deskriptive und die normative Pädagogik einander gegenüber als zwei aufeinander verweisende Disziplinen der Erziehungswissenschaft: »Unzweifelhaft hat also die reine Deskription... ihre besondere Bedeutung auch auf pädagogischem Gebiet. Und die ganze neuere Entwicklung unserer Wissenschaft geht eben in der Richtung, das von Haus aus normative Gebiet durch eine ausreichende Deskription zu unterbauen... Erziehung ist doch überall und jederzeit als ein ursprüngliches Geschehen vorhanden: was ist dieses Geschehen schlechthin? nach welchen Gesetzen geht es vor sich? wie weit und wie tief erstreckt sich die Funktion der Erziehung im Menschenleben? welches ist der eigentliche, eigentümliche Charakter

dieser ›Urfunktion des Lebens‹? welches sind die Grundmerkmale dieser Haupterscheinung in der menschlichen Entwicklung? ... Es ist richtig, daß die Erziehungswissenschaft, bevor sie ein System von Werten und Zielen, von Methoden und Verfahrensweisen aufbauen kann und darf, das Sein und die Idee der Erziehung im ursprünglichen Sinn ... zu erkennen und zu beschreiben versuchen muß. Wir müssen ... eine eigene pädagogische Gegenstandslehre fordern, die von phänomenologischer Beschreibung des Tatbestandes ausgehend die Strukturgesetzlichkeit erzieherischen Wesens herausstellen, zum Verständnis bringen, Gegenstände und Aufgaben in der Erziehungswissenschaft danach logisch bestimmen und begrifflich klären muß ... Man sieht, wohin also unsere Forderung zunächst geht. Nicht als ob uns das normative Gebiet, und auch nicht, als ob uns die pädagogische Technologie etwa gleichgültig wäre oder als minder wichtig erscheinen würde: im Gegenteil. Wir erhoffen durch eine ausreichende deskriptiv-empirische Grundlegung eine neue Befruchtung des normativen Forschens auf dem Gebiete der Erziehungswissenschaft; und wir erhoffen, daß dann auch die Technologie und die Praxis wertvollste Bereicherung hierdurch erfahren werden.«[201]

An diesen Ansatz der deskriptiven Pädagogik sind nun verschiedene Fragen zu stellen: Ist Erziehung uns überhaupt in der Weise eines vortheoretischen Gegenstandes gegeben? Ist Erziehung wirklich »reine«, jenseits allen Erkennens stattfindende Praxis? Ist theoriefreie und interessenlose Deskription überhaupt möglich, gibt es ein unverstelltes Vorverständnis, das durch interessenlose Deskription eingeholt und zur Grundlage normativer Theorienbildung erhoben werden kann? Kann theoriefreie Deskription das Sein des Gegenstandes überhaupt erfassen, ist es wirklich so, daß der theoriefreien und interesselosen Deskription sich der Gegenstand in seiner Gegenständlichkeit und Gegebenheit von selbst offenbart?

Um diese Fragen zu klären, wenden wir uns im folgenden jenem Beispiel zu, an dem Aloys Fischer versucht, die Möglichkeiten theoriefreier Deskription zu erläutern. In der bereits genannten Abhandlung gibt er eine Deskription eines Falles körperlicher Züchtigung, um an dieser zu klären, ob und wann diese ein pädagogischer Tatbestand sei: »Ein Vater (ein Lehrer) überraschte sein Söhnlein (seinen Schüler) dabei, wie es (er) ihn gerade nachmacht; natürlich in einem Zug, der dem Vater selbst nicht sympathisch erscheint. Verblüfft von dieser Entdeckung und ohne weitere Besinnung, ahndet der nachgeahmte Träger der Erziehungsautorität dieses Verhalten mit einem Klaps (je nach der Gegend Ohrfeige, Maulschelle, Kopfnuß oder sonstwie genannt).[202] Um zu klären, »wann« und »in welchem Sinne« im Fall körperlicher Züchtigung »ein pädagogischer Tatbestand« vorliege, legt Fischer dieselben Tatsachen als juristischen, psychologischen und pädagogischen Tatbestand aus und kennzeichnet diese Tatbestände der Reihe nach genauer. Ein juristischer Tatbestand liege dann vor, wenn uns an der Tatsache der körperlichen Züchtigung »die Zurechenbarkeit zu bestimmten Personen: die Motivierung und die Rechtsauffassung des Täters« interessiere, ein psychologischer Tatbestand sei dadurch charakterisiert, daß »dieselbe Tatsache« daraufhin untersucht werde, »ob zwischen der Wahrnehmung der Nachahmung und dem Vollzug des Schlagens sich Überlegungen abgespielt haben, oder ob der Schlag sozusagen reflektorisch erfolgt ist«, ein pädagogischer Tatbestand schließlich sei dann gegeben, wenn die Tatsache der körperlichen Züchtigung daraufhin befragt werde, ob auf der Seite des Vaters die Absicht, Wirkungen zu erzielen, im Spiele gewesen sei, ob sich beim Sohne Wirkungen gezeigt haben, bzw. welche Momente den Vater zu der besagten Reaktion oder dem besagten Eingriff provozierten.

An dieses Beispiel, das A. Fischer heranzieht, um durch theoriefreie und interessenlose Deskription zu klären, was »die Beschreibung in der Pädagogik und zugleich (was der) Begriff ›pädagogische Tatsache‹ sei«, ist nun die Frage zu stellen, ob es sich in ihm überhaupt um einen Fall theoriefreier und interessenloser Deskription handelt und ob in ihm wirklich geklärt werde, wann und inwiefern etwas eine »pädagogische Tatsache« sei. Zunächst fällt ins Auge, daß dieselbe Tatsache jeweils als ein verschiedener Tatbestand erscheint, daß Fischer also nach der »pädagogischen Tatsache« zu fragen vorgibt und vom »pädagogischen Tatbestand« spricht. Das Beispiel zeigt mithin gerade, daß das Faktum der körperlichen Züchtigung als reines Faktum überhaupt nicht gegeben ist, sondern vielmehr in verschiedenen Tatbeständen erscheint; das Beispiel zeigt ferner, daß dieses je verschiedene Erscheinen keineswegs Resultat einer theorie- und interessenlosen Deskription ist, sondern konstituiert wird durch die jeweilige Frageintention und Sichtweise, und daß diese keineswegs durch die Deskription gleichsam vom unverstellten Gegenstande her provoziert wird, sondern der Deskription vorausgeht als eben jene Voraussetzung, unter welcher der Gegenstand als Objekt psychologischer, juristischer oder pädagogischer Erfahrung gegeben ist. Damit entlarvt sich die These, eine theoriefreie und interessenlose Deskription sei Vorausset-

zung für eine adäquate Erfassung des Gegenstandes als ein Schwindel. Jede Beschreibung, jede Erfahrung arbeitet mit bestimmten Kategorien, die selbst durch Beschreibung nicht ermittelbar sind, sondern von der Beschreibung vorausgesetzt werden. Deutlich ließe sich dies auch an R. Lochners Bemühungen um die Deskription des »relativen Endzustandes des (Erziehungs-)Objekts« aufzeigen; wir verweisen statt dessen lediglich auf den Untertitel seiner *Deskriptiven Pädagogik*, welcher diese als umrißhafte »Darstellung der Tatsachen und Gesetze der Erziehung vom soziologischen Standpunkt« näher kennzeichnet. In der Tat, wo immer die Deskription dazu dienen sollte, die reine unverstellte Gegebenheit eines Gegenstandes herauszustellen, um so das Fundament für dessen theoretische Erörterung dessen zu liefern, abstrahierte sie davon, daß sie in der Annahme, theoriefreie Beschreibung des Gegenstandes zu sein, ihre »Voraussetzungslosigkeit« letztlich ihrer Blindheit gegenüber ihren eigenen Voraussetzungen verdankte. Vermeintlich theoriefreie und interessenlose Deskription dient damit keineswegs der Fundierung von Theorie als Wissenschaft, sondern der Verschleierung des eigenen Standpunktes des Deskribierenden.
Gleichgültig, ob der Deskribierende vom psychologischen oder soziologischen Standpunkt aus seinen Gegenstand erfassen will, dieser ist vor allem durch seine vorgegebene »Interessenlosigkeit« gekennzeichnet, wie sie von Lochner in der Gegenüberstellung von deskriptiver und normativer Erziehungswissenschaft als den beiden Teildisziplinen der Pädagogik behauptet wird und wie sie bei Aloys Fischer dadurch zustandekommt, daß dem erzieherischen Handeln als einem problemlosen und nicht erkennenden die Theorie als problematisierende und erkennende theoriefreie und interessenlose Wissenschaft gegenübergestellt wird. Nachdem der Praktiker auf ein in der Erziehungswirklichkeit instinkthaft handelndes Wesen reduziert ist, kann dieser Praxis eine interessenlose Deskription gegenübergestellt werden, der die Praxis im Raume werturteilsfreier Erfahrung hinsichtlich dessen, was Erziehung als Tatsache sei, zum Problem wird. Dem Werturteil wird damit die Fiktion einer blinden Praxis als der ihm gebührende Ort zugewiesen, derweil die wissenschaftliche Betätigung gerade ihrer vermeintlichen Theoriefreiheit wegen ihren Standpunkt im Raume einer von der Praxis losgelösten Erkenntnis bezieht. Die Folgen, die aus dieser Einstellung erwachsen, rechtfertigen, daß wir von der deskriptiven Pädagogik als einer Vorstufe zur positivistisch-technologischen Erziehungswissenschaft gesprochen haben. Wenn nämlich Praxis und Wissenschaft einander gegenüberstehen wie nicht-

wissenschaftliches Werturteil und werturteilsfreie Wissenschaft, dann ist die von der deskriptiven Pädagogik angesetzte Unterscheidung zwischen einer deskriptiven und einer normativen Teildisziplin der Pädagogik hinfällig. Die interessenlose Deskription avanciert nun zur alleinigen Wissenschaft, derweil die normative Pädagogik der Werturteile setzenden und Entscheidungen treffenden Praxis selbst zugewiesen wird. Damit verschwindet zugleich das Problem einer spezifisch pädagogischen Empirie; deren Fragestellung wird ebenfalls verteilt auf die einander abstrakt gegenübergestellten Bereiche Praxis und Wissenschaft. Der Praxis obliegt die Entscheidung darüber, was als sinnvolle Möglichkeit und Aufgabe der Erziehung gelten solle, der Empirie wird die Erziehungswirklichkeit als reine Tatsache zum Objekt wissenschaftlicher Erkenntnis, ihre Resultate beinhalten keinerlei Erkenntnisse von der Erziehungswirklichkeit für die Erziehungswirklichkeit, sondern können lediglich in der Praxis verwertet werden: Praxis und wahre Erkenntnis verhalten sich zueinander wie Ideologie und Wissenschaft. Ihr Verhältnis ist nicht mehr praxeologisch, sondern technologisch bestimmt; die pädagogische Differenz hört auf, Prinzip einer im Primat der Praxis stehenden Wissenschaft von der und für die Erziehung zu sein; an ihre Stelle tritt eine absolute Differenz zwischen Wissenschaft und Praxis, die nur mehr dadurch überbrückt werden kann, daß die Praxis die Resultate der Wissenschaft technologisch verwertet und daß die Wissenschaft technologisch verwertbare Resultate produziert.
Während Aloys Fischer sich von der deskriptiven Pädagogik die Vermittlung der verschiedenen theoretischen und praktischen Auseinandersetzungen um die Aufgaben und Möglichkeiten der Erziehung versprach, vollzog Lochner in seinem Buch *Erziehungswissenschaft. Kurzgefaßtes Lehrbuch zum Gebrauch an Hochschulen* 1934 die Wende zu einer von den Problemen der Erziehungspraxis abstrahierenden Erkenntniswissenschaft. Vertrat er in seiner *Deskriptiven Pädagogik* noch die These, die Pädagogik kenne zwei Disziplinen, eine deskriptiv-empirische und eine normative, so reserviert er den möglichen Anspruch auf Wissenschaftlichkeit hier bereits für die deskriptiv-empirische Pädagogik: »Die im vorliegenden Lehrgebäude gebotene Erziehungswissenschaft ist scharf zu unterscheiden von jeder Erziehungslehre. Der Zweck der Erziehungswissenschaft liegt nicht in der Beeinflussung eines erzieherischen Handelns, sondern, wie bei jeder echten Wissenschaft, in der Erkenntnis der Gegebenheiten. Insofern richtet sie sich nur auf das Sein; sie bekennt sich zu einer rein

wesenstheoretischen Betrachtungsweise ihrer Gegenstände; sie schaltet bewußt jedes Ziel- und Zweckdenken aus; darin erblickt sie allein eine Gewähr dafür, daß ihre Wissenschaftlichkeit erhalten bleibt... Der Wert der Erziehungswissenschaft darf nicht aus ihrer Bedeutung für das praktische erzieherische Handeln abgeleitet werden; keine strenge Wissenschaft erhält ihre Daseinsberechtigung und ihre Bedeutung vom Gesichtspunkt der Anwendung ihrer Ergebnisse.«[203] Der Erziehungswissenschaft wird damit die Theorie der Erziehung oder die Erziehungslehre als eine ideologische Anweisung zum Erziehen gegenübergestellt. Für die praktische Pädagogik bleibt nur mehr die Hoffnung, im Laufe der Zeit zu einer »Art von ›Anthropotechnik‹... ausgebaut werden (zu) können«; denn wenn »einmal die Erziehungswissenschaft so alt sein wird wie die theoretische Physik, wird sie möglicherweise über sehr viel bessere Erkenntnisse der erzieherischen Abläufe verfügen als heute, da sie noch kaum ein halbes Jahrhundert alt ist; und vielleicht wird sie dann auch einer Erziehungslehre dienlicher sein können«.[204] Mit dieser Hoffnung endet Lochners 1963 veröffentlichte historisch-systematische Darstellung der *Deutschen Erziehungswissenschaft;* mit der deutschen Erziehungswissenschaft selbst hat sie wenig gemein, insofern diese sich sowohl in ihren traditionellen Schulrichtungen als auch in den Ansätzen zu einer erfahrungswissenschaftlich-praxeologischen Empirie um die Vermeidung eines Regelkreises von kausalanalytischer Erklärbarkeit und deren technologischer Inanspruchnahme bemüht hat.

Unsere Analyse der deskriptiven Pädagogik wies einen zweifachen Widerspruch nach, in welchem diese befangen ist; einmal den Widerspruch zwischen der deskriptiven und der normativen Erziehungswissenschaft, welcher von Lochner bereits eingesehen wurde und durch die Trennung zwischen der Erkenntniswissenschaft von der Erziehung und der Erziehungslehre ausgeräumt werden sollte; zum anderen der Widerspruch zwischen einer theoriefreien und interessenlosen Deskription und deren Verwiesenheit auf eine ihr vorgängige Bestimmung ihres jeweiligen Gegenstandes. Beide Widersprüche verlangten sowohl nach einer kritischen Begrenzung der Gültigkeit interessenloser Empirie als auch nach einer wissenschaftstheoretischen Begründung der hinter der interessenlosen Empirie stehenden Theorie. Ohne auf die Theorie einer deskriptiven Wissenschaftsfundierung einzugehen, welche auf ein Mißverständnis von Husserls transzendentaler Phänomenologie zurückgeht, von dem Husserl sich ausdrücklich distanziert hat, wurde diese wissenschaftstheoretische Fundierung vom Neopositivismus angestrebt. Unter ihn subsumieren wir auch den kritischen Rationalismus von Popper und Albert, obgleich diese sich nicht als Positivisten verstehen; ferner sprechen wir weiterhin von Neopositivismus und kritischen Rationalismus als vom Positivismus überhaupt, weil die Unterschiede zwischen dem auf Comte zurückgehenden Positivismus und dem durch den Wiener Kreis begründeten Neopositivismus im Hinblick auf die Fragestellung der Begründung einer praktischen Wissenschaft, einer Handlungswissenschaft von der und für die Erziehung, und die Gewinnung einer nicht erkenntniswissenschaftlichen, sondern praxeologischen Empirie kaum relevant sind. Als bedeutendster Vertreter der rationalistischen Wissenschaftstheorie im Bereich der Erziehungswissenschaft gilt heute im deutschen Sprachraum Wolfgang Brezinka.

W. Brezinka hat in mehreren Beiträgen in die Diskussion um den Begriff der Erziehungswissenschaft eingegriffen, 1966 mit dem Aufsatz *Die Krise der wissenschaftlichen Pädagogik im Spiegel neuer Lehrbücher,* 1967 mit einer Erwiderung gegen die Einwände von Rombach, welche den Titel *Über den Wissenschaftsbegriff der Pädagogik und die Einwände der weltanschaulichen Pädagogik* führt, 1968 mit dem Beitrag *Von der Pädagogik zur Erziehungswissenschaft* und 1969 in dem Aufsatz zur *Philosophie der Erziehung.* Auf die polemische Auseinandersetzung zwischen Rombach und Brezinka gehen wir hier nicht ein; wir verweisen statt dessen auf die auf diese Bezug nehmenden Beiträge von Rudolf Lennert *Zum Problem der Wissenschaftlichkeit von ›Pädagogik‹. Fragen an Wolfgang Brezinka* und Johannes Schurr *Die Krise der wissenschaftlichen Pädagogik im Spiegel ihres eigenen Mißverständnisses.* Hier stützen wir uns auf die Zusammenfassung und Ergänzung sowie Ausführung der in den früheren Abhandlungen entwickelten Thesen, welche W. Brezinka in seiner Abhandlung *Von der Pädagogik zur Erziehungswissenschaft. Eine Einführung in die Metatheorie der Erziehung* vorgelegt hat. Unsere Analyse des positivistischen Verständnisses von Erziehung und Erziehungswissenschaft geht dabei insofern von unserer Auseinandersetzung mit der deskriptiven Pädagogik aus, als sie den von Brezinka vorgelegten Versuch einer Auflösung der in dieser sich zeigenden Widersprüche verfolgt, um im Anschluß daran den positivistischen Begriff der Erziehungswissenschaft und der Erziehung selbst kritisch zu befragen.

Die deskriptive Pädagogik vermochte ihr Ziel, die verschiedenen theoretischen Ansätze der Erziehungswissenschaft sowie die miteinander konkurrierenden praktischen Erziehungsmodelle durch theoriefreie und interessenlose Deskription zu vermitteln, nicht zu erreichen. Auf der einen Seite erwies sich das Postulat theoriefreier Deskription als unhaltbar, auf der anderen Seite zeigte sich die Unversöhnbarkeit von deskriptiv-empirischer und normativer Pädagogik als angeblich gleichberechtigter Teildisziplinen der Erziehungswissenschaft. Das positivistische Wissenschaftsverständnis überwindet beide in der deskriptiven Pädagogik aufbrechenden Widersprüche auf höchst einfache Weise: es erkennt an, daß das, was wissenschaftliche Erfassung eines Gegenstandes bzw. Gegenstandsbereiches ist, durch Deskription nicht geklärt werden kann, insofern Deskription immer schon eine bestimmte Auflösung dieser Frage voraussetzt; es geht ferner davon aus, daß aus einer empirischen Feststellung dessen, was ist, niemals erkannt werden könne, was sein soll. Statt nun aber die von der deskriptiven Pädagogik immerhin noch ernst genommene Frage nach dem besonderen Wissenschaftscharakter der Pädagogik einer Klärung entgegenzuführen, welche den Widerspruch zwischen angeblich theoriefreier Deskription und deren tatsächlicher Voraussetzungshaftigkeit vermeidet, und statt die Problematik einer praxeologischen Erfahrung der Erziehungswirklichkeit voranzutreiben, entledigt die positivistische Wissenschaftslehre sich durch einen dogmatischen Machtspruch aller wissenschaftstheoretischen Probleme: Sie erklärt, über das, was Wissenschaft sei, lasse sich beliebig streiten, es komme daher gar nicht darauf an, auf welche Weise auch immer zu klären, was Wissenschaft sei; die Verständigung und Einigung über die Frage nach der Wissenschaft sei Angelegenheit einer Übereinkunft, einer Entscheidung darüber, was Wissenschaft sein solle. Zwar seien verschiedene Übereinkünfte und Entscheidungen darüber möglich, welche Aussagesysteme für Wissenschaft gehalten werden sollten und welche nicht; in jedem Falle aber gelte es seine Erwartungen hinsichtlich dessen, was Wissenschaft leisten solle, klar zu formulieren, um dann eine Entscheidung für ein bestimmtes Aussagesystem zu treffen.

»Um vermeintliche Erkenntnisse prüfen zu können, brauchen wir einen Maßstab, ein Unterscheidungsmittel oder Kriterium. Dieser Maßstab kann nicht in der Welt der Tatsachen empirisch aufgefunden, sondern nur als freie menschliche Festsetzung eingeführt werden. Es hängt von uns ab, was wir als Erkenntnis gelten lassen wollen. Der Begriff der Erkenntnis ist ebenso wie der Begriff der Wissenschaft ein normativer oder Normbegriff. Es werden durch ihn Normen festgesetzt, die als Maßstab dienen, um Aussagen beurteilen zu können... Durch den Begriff der Erkenntnis wird bestimmt, wie etwas beschaffen sein muß, um als Erkenntnis gelten zu können. Je nach der Zielsetzung läßt sich die Norm der Erkenntnis verschieden definieren. Dementsprechend gibt es verschiedene Arten der Erkenntnis (vorwissenschaftliche Erkenntnis, ästhetische Welterfahrung, wertende Erkenntnis, wissenschaftliche Erkenntnis).«[205] Die Banalität dieser Auflösung der Frage nach der Gültigkeit der Erkenntnis zeigt sich darin, daß hier behauptet wird, vermeintliche Erkenntnisse würden dadurch zu nicht vermeintlichen Erkenntnissen, daß ich eine Norm, ein Kriterium, ansetze, von welchem her ich zwischen vermeintlichen und nicht vermeintlichen Erkenntnissen unterscheiden kann. Die Setzung der Norm soll dabei selbst kein Resultat der Erkenntnis, sondern ein Entscheidungsakt sein. Habe ich mich einmal entschieden, dies wenigstens wird vorgetäuscht, so kann ich zwischen vermeintlichen Erkenntnissen und nicht vermeintlichen Erkenntnissen unterscheiden. In Wahrheit kann ich dies jedoch gerade durch einen Akt der Entscheidung nicht, er taugt bestenfalls dazu, aus der Vielfalt der Erkenntnisse jene herausfinden zu können, für die ich mich entschieden habe, sie vermeintliche bzw. nicht vermeintliche Erkenntnisse zu nennen. Brezinka abstrahiert davon, daß eine auf Entscheidung basierende Differenzierung zwischen vermeintlichen und nicht vermeintlichen Erkenntnissen lediglich zur Subsumtion der Erkenntnisse unter jene Entscheidung, niemals aber zur Klärung dessen dient, was denn jene Erkenntnisse seien, für welche ich mich entschieden bzw. nicht entschieden habe. Erkenntnisse aber mußten vor meiner Entscheidung doch auch die vermeintlichen Erkenntnisse sein, denn sonst hätte die Entscheidung gar nicht stattfinden können. Indem jedoch die positivistische Wissenschaftstheorie beansprucht, nach getroffener Entscheidung nicht lediglich Erkenntnisse unter eine Entscheidung subsumieren zu können, sondern zwischen vermeintlichen und nicht vermeintlichen Erkenntnissen unterscheiden zu können, verkennt sie den Unterschied zwischen Entscheidung und Unterscheidung. Jeder Unterscheidung darüber, was als Erkenntnis gelten solle und was nicht, geht eine Entscheidung voraus; diese These kann nur sinnvoll sein, wenn zwischen Entscheidung und Unterscheidung unterschieden wird, die Unterscheidung zwischen Entscheidung und Unterscheidung kann selbst aber kein Gegenstand der Entscheidung mehr sein, da dann die durch Entscheidung gewonnene Unterscheidung zwischen Entscheidung und Unterscheidung in sich selbst dem

Unterschied zwischen Entscheidung und Unterscheidung widerspräche. Wenn Brezinka in der eben zitierten Stelle vorwissenschaftliche Erkenntnis, ästhetische Welterfahrung, wertende Erkenntnis und wissenschaftliche Erkenntnis als verschiedene Erkenntnisarten nennt, so wäre eben zu fragen, ob es sich hier um verschiedene Entscheidungen über Erkenntnis handele und ob die Verschiedenartigkeit der Entscheidungen und Erkenntnisse selbst wieder einer Entscheidung über Verschiedenartigkeit entspringe. Entspringt die Verschiedenartigkeit einer Entscheidung, so darf nicht von verschiedenen Erkenntnisarten gesprochen werden; entspringt sie dagegen einer Unterscheidung, so darf auch das, was als Erkenntnis gelten soll, nicht Angelegenheit einer Entscheidung sein. Vom positivistischen Standpunkt kann gar nicht zwischen Erkenntnisarten unterschieden werden, sondern lediglich über Erkenntnis und Nicht-Erkenntnis. Eine Entscheidung über Erkenntnis und Nicht-Erkenntnis verfehlt jedoch eo ipso ihren Gegenstand, sofern dieser Erkenntnis sein soll. Daß aber zwischen verschiedenen Erkenntnisarten unterschieden wird, besagt eben, daß diese Unterscheidung nicht auf eine Entscheidung zurückgehen kann, sondern auf das, was Erkenntnis im allgemeinen und in ihren besonderen Entfaltungen oder Ausprägungen ist.

Zwischen verschiedenen Erkenntnisarten glaubt sich der Positivismus für eine entscheiden zu können; daher fährt Brezinka in der eben zitierten Stelle folgendermaßen fort: »Von diesen Erkenntnisarten leistet die wissenschaftliche Erkenntnis am meisten.« Stimmte es, daß unter verschiedenen Erkenntnisarten wirklich die wissenschaftliche am meisten leistet, so wäre die Klärung dessen, was wissenschaftliche Erkenntnis sei, Angelegenheit einer Unterscheidung, und nur dann kann ich von Erkenntnisarten sprechen; sie soll aber Angelegenheit einer Entscheidung sein. Dann aber ist die sogenannte wissenschaftliche Erkenntnis nicht diejenige welche am meisten leistet, sondern diejenige, welche meiner Entscheidung darüber, was »Leistung« im Bereich des Erkennens bedeute, am nächsten kommt. Über »Leistung« im Bereich des Erkennens wiederum kann ich aber nur entscheiden, wenn ich zwischen Erkenntnisleistungen unterschieden habe. Die gesamte Problematik der Unterscheidung zwischen Entscheidung und Unterscheidung wiederholt sich. Brezinka fährt fort: Hat man sich einmal dafür entschieden, was Wissenschaft leisten solle, oder was für ihn dasselbe ist, hat man sich entschieden, was als Wissenschaft gelten solle, so gilt es »methodologische Regeln oder Festsetzungen« über die »Bedingungen anzugeben, unter denen das

Ziel der wissenschaftlichen Erkenntnis am besten erreicht werden kann. Es sind Normen, nach denen sich der Forscher richten soll, wenn er Erfolg haben will. Was sie taugen, erweist sich erst, wenn sie angewendet werden. Nur wenn sie sich in der Forschungspraxis bewähren, verdienen sie bis zur Erfindung brauchbarerer Regeln festgehalten zu werden. Unter diesen Voraussetzungen habe ich mich nach Abwägen der Konsequenzen verschiedener Erkenntnis- und Wissenschaftsbegriffe für die Wissenschaftslehre der Analytischen Philosophie im weitesten Sinne des Wortes entschieden«.[206]

Für was ist hier unter welchen Voraussetzungen eine Entscheidung getroffen worden? Konsequenzen verschiedener Erkenntnis- und Wissenschaftsbegriffe hängen, so behauptet Brezinka zumindest, in ihrer Beurteilung davon ab, welches Ziel man der Erkenntnis bzw. der Wissenschaft setzt. Hat man über das Ziel entschieden, so gilt es, Regeln zur Erreichung dieses Zieles aufzustellen, die sich bewähren müssen bzw. deren Bewährung davon abhängt, ob nicht bessere Regeln für die Erreichung dieses Zieles gefunden werden. Angesichts dieses Zusammenhanges kann man sich jedoch gar nicht für die Wissenschaftslehre der Analytischen Philosophie nach Abwägen der Konsequenzen verschiedener Erkenntnis- und Wissenschaftsbegriffe entscheiden, denn die Voraussetzungen hinsichtlich der Brauchbarkeit von Regeln zur Erreichung eines bestimmten Zieles setzen ihrerseits voraus, daß man sich bereits für ein Ziel und für ein diesem dienendes Wissenschaftsmodell entschieden hat. Nicht Abwägen der Konsequenzen verschiedener Wissenschaftstheorien ist die Basis der Entscheidung, sondern der dogmatische Anspruch, das, was als Wissenschaft gelten solle, sei angesichts eines bestimmten Zieles eine Entscheidungsangelegenheit.

Nachdem der Dogmatismus des Positivismus in dieser Weise gekennzeichnet ist, gilt es zu fragen, was denn das Ziel des positivistischen Verständnisses von Wissenschaft sei; diese Frage ist in dem Fall, daß das, was Wissenschaft ist, eine Entscheidungsangelegenheit darstellt, zugleich die Frage nach der positivistischen Wissenschaftsnorm und dem positivistischen Wissenschaftsbegriff. Das Ziel der Wissenschaft im positivistischen Verstande ist kausalanalytische Erklärbarkeit der Wirklichkeit. Für dieses Ziel eignen sich nur solche Verfahren, welche erstens Hypothesen über gesetzmäßige Zusammenhänge der Wirklichkeit »erfinden«, zweitens prüfen, inwieweit die Annahmen über solche Zusammenhänge sich an der Wirklichkeit bewähren und drittens »jene Hypothesen, die sich bewährt haben, ... zu einem mehr oder weniger komplizierten System..., zu einer logisch geordneten Hypothesenhierarchie über einen Gegenstandsbereich oder zu einer ›Theorie‹« zusammenfügen.[207] Fassen wir diesen Tatbestand angesichts seiner Entscheidungsbasis im Hinblick auf die Setzung eines Zieles von Wissenschaft, so besagt er, das Ziel der Wissenschaft ist kausalanalytische Erklärbarkeit; diese hat sich zu bewegen in einem Kreisprozeß von Hypothesenfindung, Hypothesenverifikation bzw. Hypothesenfalsifikation und Theoriebildung einer Hypothesenhierarchie, an welcher der Stand der Erklärbarkeit und mithin derjenige der wissenschaftlichen Erkenntnis der Wirklichkeit im Sinne der einmal getroffenen Entscheidung über Ziel und Struktur dessen, was als Wissenschaft gelten soll, abgelesen werden kann.

Nun wäre es überhaupt nicht der Rede wert, sich mit der positivistischen Wissenschaftstheorie weiter auseinanderzusetzen, wäre diese in der Anmeldung ihrer Ansprüche, den Forschungsprozeß und die Erkenntnisfindung zu reglementieren, nicht gezwungen, ihren Gültigkeitsanspruch zu pervertieren, und würde diese Perversion von den Forschenden erkannt. Der Dogmatismus der Entscheidung über das, was als Wissenschaft gelten soll, ist unvermeidbar, sobald im Namen dieser Entscheidung der Anspruch erhoben wird, Wissenschaft im Sinne des positivistischen Wissenschaftsverständnisses erkenne die Wirklichkeit. Alsdann wird nämlich übersehen, daß zwischen der Welt und der Erklärbarkeit der Welt, zwischen der Wirklichkeit und der Erklärbarkeit der Wirklichkeit streng unterschieden werden muß. Darüber was die Wirklichkeit »ist«, vermag eine positivistisch vorgehende Wissenschaft nichts auszusagen, auch darüber nichts, was die Wirklichkeit als Erscheinung »ist«; zwar erscheint dem positivistischen Verstand die Wirklichkeit ausschließlich unter der Kategorie der Kausalität, insofern er sich für diese und nur für diese entschieden hat; über die Gültigkeit der Kategorie der Kausalität besagt dies jedoch nichts, da die Kategorie der Kausalität im positivistischen Verstand kein konstitutives Prinzip naturwissenschaftlicher Erfahrung, sondern Kriterium und Norm der Erkenntnisgewinnung ist. Indem Kausalität, statt als konstitutives Prinzip bestimmter Welterkenntnis, als Erkenntnismittel von Welterkenntnis angesetzt wird, verliert die auf einer Entscheidung fußende positivistische Wissenschaftstheorie jedes Maß und jede Kontrolle über sich selbst. Sie trifft nicht nur eine Entscheidung über das, was Ziel der Wissenschaft sein soll, sie entscheidet nicht nur über die für dieses Ziel dienlichen Verfahren, sondern sie hat immer bereits darüber entschieden, was die Wirklichkeit als Gegenstand des Erkennens sei. Da es kein Kriterium für die Richtigkeit einer Entscheidung über das, was als Wissenschaft gelten soll, gibt, außer das in der Entscheidung selbst verfolgte Ziel, kann es auch kein Kriterium dafür geben, was die Wirklichkeit in ihrer Gegenständlichkeit sei.

Die fatalen Folgen dieses Sachverhalts spricht Brezinka in aller Offenheit aus, ohne daß diese ihm dabei freilich zum Problem würden. Er gesteht ein, daß der »Übergang von der traditionellen Pädagogik« zu einer im Sinne der positivistischen Entscheidung sich verstehenden »Realwissenschaft von der Erziehung ... unvermeidlich eine Verengung der Fragestellung, einen Verlust an Problemen nach sich« zieht[208], unterläßt aber zu fragen, wie weit der Problemverlust gehen dürfe, wenn die Verengung der Fragestellung nicht zum Verlust der Erziehung als Gegenstand der Wissenschaft führen solle. Er weist darauf hin, daß die positivistische Übereinkunft über das, was Wissenschaft sein solle, zu einer radikalen Trennung zwischen Sein und Sollen führe, welche »logisch nicht zu überbrücken« ist und derzufolge der Wissenschaftler zwar »Erkenntnisse gewinnen, nicht (aber, D. B.) die Welt gestalten oder Menschen beeinflussen« könne[209]; gleichzeitig schreibt er der Erziehungswissenschaft die Aufgabe zu, »nach jenen Bedingungen für die Verwirklichung von Erziehungszielen, die sich durch Handlungen beeinflussen lassen«, zu suchen[210], und kennzeichnet diese Aufgabenstellung dann dahingehend, der »harte Kern sollte in den Beiträgen zur Lösung der technologischen Probleme gesehen werden«.[211] Er gesteht zu, die Erziehungswissenschaft gehe »von einem praktischen Interesse, von (praktischen, D. B.) Fragen oder Problemen aus«, unterwirft diese Fragen und Probleme dann aber wieder einem irrationalen Zwang, wenn er feststellt: »Wer darüber nachdenkt, wie irgendwelche Ziele der Erziehung am besten verwirklicht werden können, beginnt zwangsläufig nach Gesetzmäßigkeiten zu suchen, die beim erzieherischen Handeln zu berücksichtigen sind.«[212] Er gesteht ferner zu, daß Postulat der Werturteilsfreiheit besage nicht, Werturteile seien für die Gewinnung wissenschaftlicher Erkenntnisse entbehrlich, und weist darauf hin, daß sowohl in die positivistische Wissenschaftsentscheidung als auch »in die allgemeinen Regeln der wissenschaftlichen Methode« immer schon Werturteile »eingegangen sind, die als selbstverständlich gültig erlebt werden«, versucht dann aber zwischen Werturteilen der »Wissenschaft als Prozeß« und Werturteilsfreiheit »innerhalb wissenschaftlicher Aussagesysteme« zu unterscheiden; er verkennt dabei, daß die geforderte technologische Fragestellung »wissenschaftlicher« Pädagogik impliziert, daß die Aufgaben und Möglichkeiten der Erziehung durch ideologische Werturteile vorentschieden sind.[213]

So stellt Brezinka fest: »Es ist in der Erziehungswissenschaft besonders wichtig, den logischen Unterschied zwischen Sein und Sollen, Tatsachenaussage und Werturteil nicht zu verwischen. Wenn man die Erziehungspraxis beeinflussen möchte, ist die Versuchung groß, seine Überzeugungen von dem, was getan werden soll, als wissenschaftliche Erkenntnis auszugeben. Tatsachen können aber verschieden bewertet, Gesetzmäßigkeiten zu verschiedenen Zwecken benutzt werden. Es verstößt gegen die logischen Grundlagen wie gegen die moralischen Spielregeln der Wissenschaft, wenn die Dinge so hingestellt werden, als ließen sie nur eine einzige praktische Stellungnahme zu. Die Erziehungswissenschaft hat im Gegenteil die Aufgabe, die Möglichkeiten der Interpretation der erzieherisch bedeutsamen Wirklichkeit und die Alternativen des erzieherischen Handelns in ihrer ganzen Breite darzustellen. Indem sie nicht Partei ergreift, kann sie Informationen bieten, die für viele verschiedene Ziele relevant sind. Sie kann zur Vorbereitung von Entscheidungen genutzt werden, aber sie kann nicht sagen, wie entschieden werden soll.«[214] Wenn Werturteilsfreiheit innerhalb erziehungswissenschaftlicher Aussagesysteme nichts mehr meint als dies, daß Entscheidungen wissenschaftlich niemals vorweggenommen werden können, dann entsprach die große Tradition der Erziehungswissenschaft diesem Grundsatz jeder praktischen Wissenschaft in weitaus größerem Maße als die technologisch positivistische Erkenntniswissenschaft; weder Rousseau noch Schleiermacher, weder Herbart noch Willmann haben jemals versucht, dem erzieherisch Handelnden Entscheidungen vorzuschreiben. Die Tradition entsprach der pädagogischen Differenz von Praxis und Wissenschaft dabei in weitaus differenzierterer und problembewußterer Weise, insofern sie den Horizont erziehungswissenschaftlicher Aussagen nicht technologisch einengte, sondern an der Gegenständlichkeit der Erziehung als Praxis auszurichten versuchte. Wenn Brezinka behauptet, die »Erziehungswissenschaft (habe) die Aufgabe, die Möglichkeiten der Interpretation der erzieherisch bedeutsamen Wirklichkeit und die Alternativen des erzieherischen Handelns in ihrer ganzen Breite darzustellen«, so verkennt er, daß die technologisch-positivistische Erkenntniswissenschaft hierzu am wenigsten in der Lage ist, denn sie schränkt die erzieherisch bedeutsame Wirklichkeit im Sinne ihrer

dogmatischen Vorentscheidung auf deren kausalanalytische Strukturiertheit und Deskribierbarkeit ein und verkürzt die »ganze Breite« alternativer Möglichkeiten erzieherischen Handelns auf das enge Spektrum technologischer Manipulation. Daß die positivistische Norm für Wissenschaftlichkeit zugleich eine Normierung dessen, was Erziehungswirklichkeit sein soll, impliziert, zeigt sich deutlich an der von Brezinka vorgenommenen Bestimmung des Tatbestandes der Erziehung; an ihm läßt sich ablesen, inwieweit der Phänomenbereich der Erziehung verkürzt werden mußte, bis er dann unter die positivistische Wissenschafts- und Wirklichkeitsnorm paßte:
»Mit ›Erziehung‹ sind Handlungen gemeint, durch die Erwachsene ... versuchen, in den Prozeß des Werdens heranwachsender Persönlichkeiten ... einzugreifen, um Lernvorgänge zu unterstützen oder in Gang zu bringen, die zu Dispositionen und Verhaltensweisen führen, welche von den Erwachsenen als seinsollend oder erwünscht angesehen werden«[215]; diese These wird dann folgendermaßen weiter expliziert: »Es gibt überhaupt nur deswegen erzieherische Handlungen und Erziehungseinrichtungen, weil man erwartet, daß sie die geeigneten Mittel sind, um bestimmte Ziele, d. h. als wertvoll angesehene Zustände der zu-erziehenden Persönlichkeiten erreichen zu können. Daraus folgt, daß es das zentrale Problem der Erziehungswissenschaft ist, die Bedingungen für die Erreichung von Erziehungszielen zu erforschen. Die Erziehungswissenschaft ist nicht eine nur Tatsachen beschreibende, sondern eine teleologisch-kausalanalytisch orientierte Wissenschaft.«[216] Hier zeigt sich deutlich, was wir bereits in der Analyse der These, was Wissenschaft sein solle, könne nur durch Entscheidung festgelegt werden, herausgearbeitet haben: Dem positivistischen Wissenschaftsbegriff geht eine normative Entscheidung über das, was das Ziel menschlichen Erkennens und Handelns ist, voraus, welche den Horizont der Erkenntnis wie auch den des Handelns radikal einschränkt und auf eine technizistische Weltanschauung verkürzt. Brezinkas Ausführungen über den Gegenstand und die Erkenntnisweise der Erziehungswissenschaft brauchen keinen Vergleich mit jenen normativen Systemen zu scheuen, die die große Tradition der Pädagogik bereits überwunden hatte. In dieser Feststellung stimmen wir mit Klaus Mollenhauers Beurteilung hinsichtlich der Glaubwürdigkeit von Brezinkas Konzeption einer antinormativen Erkenntniswissenschaft von der Erziehung überein: »Die Ironie der Argumentation Brezinkas ist nun aber gerade, daß derjenige Wissenschaftszweck, den er ausschließen will, in seinem eigenen Wissen-

schaftsbegriff als dessen Folge enthalten ist: Die ›normativ-emotionale Steuerung‹ des pädagogischen Verhaltens wird nämlich gerade durch den empirisch-analytischen Wissenschaftsbegriff wirkungsvoll möglich gemacht; der ›Gegenstand‹ der Erziehungswissenschaft wird unterlaufen, sofern dieser Gegenstand durch die dem Anspruch nach rational miteinander kommunizierenden Erziehungssubjekte bestimmt ist. Erfahrungswissenschaftliche und normative Pädagogik sind sich in diesem Punkt näher als sie glauben.«[217]
Die hier angesprochene immanente Widersprüchlichkeit des positivistischen Wissenschaftsverständnisses zeigt sich besonders deutlich an jenem Konstrukt, zu dem Brezinka Zuflucht nehmen muß, um seine Wissenschaftsentscheidung auf die Pädagogik anwenden zu können, und welches dazu dienen soll, die technologische, den jeweiligen Gegenstand der Erfahrung verkürzende Normativität positivistischer Aussagesysteme zu verschleiern. Das positivistische Wissenschaftsverständnis kennzeichnet wissenschaftliche Theorie als ein Ordnungsschema von Hypothesen, welche Aussagen über empirische Gesetzeszusammenhänge enthalten, die erfahrungswissenschaftlich überprüfbar sind. Ob die Überprüfbarkeit einer Hypothese zu deren Verifikation bzw. Falsifikation führt, hängt davon ab, ob die in ihr angenommenen Gesetzeszusammenhänge festgestellt werden können oder nicht. Der Aufbau von Theorien, welcher von den Regeln der formalen Logik einerseits und der Verifizierbarkeit bzw. Falsifizierbarkeit der in ihnen enthaltenen Hypothesen anderseits abhängt, abstrahiert dabei grundsätzlich von dem jeweiligen Gegenstandsbereich, auf welchen sich die Hypothesen im einzelnen Fall richten. Gelingt der Aufbau von Theorien, erweist sich deren Gültigkeit in der empirischen Wirklichkeit eines Gegenstandsbereiches, so ist dessen wissenschaftliche Erkenntnis im Sinne der positivistischen Wissenschaftsnorm möglich; gelingt das Unternehmen nicht, so bedeutet dies, daß innerhalb des jeweils vorgegebenen Gegenstandsbereiches wissenschaftliche Erkenntnis im Sinne der positivistischen Wissenschaftsnorm nicht möglich ist. Diesen Sachverhalt hat J. Habermas folgendermaßen beurteilt: »Theorien (im positivistischen Sinn, D. B.) sind Ordnungsschemata, die wir in einem syntaktisch verbindlichen Rahmen beliebig konstruieren. Sie erweisen sich für einen speziellen Gegenstandsbereich dann als brauchbar, wenn sich ihnen die reale Mannigfaltigkeit fügt. Deshalb kann auch die analytische Wissenschaftstheorie auf dem Programm der Einheitswissenschaft bestehen: ein faktisches Zusammenstimmen der abgeleiteten Gesetzeshypothe-

sen mit empirischen Gleichförmigkeiten ist prinzipiell zufällig und bleibt als solches der Theorie äußerlich.«[218] Was freilich angesichts der kategorialen Bestimmtheit verschiedener Gegenstandsbereiche als zufällig erscheinen mag, ist es vom Blickpunkt des kausalanalytisch Arbeitenden keineswegs; ihm fügt sich die Wirklichkeit nicht zufällig unter sein Verifikations- bzw. Falsifikationsschema, er hat vielmehr zuweilen die größten Mühen, geeignete Techniken und Verfahrensweisen zu finden, die den jeweiligen Gegenstandsbereich dem kausalanalytischen Frageschema verfügbar machen, indem sie ihn zum Zwecke seiner Erfahrbarkeit auf die dem Frageschema angepaßte Strukturiertheit reduzieren. Über solche Schwierigkeiten, an welchen sich der Unterschied zwischen der positivistischen Erfahrbarkeit der Welt und der kategorial begründeten Erfahrung bestimmter Gegenstandsbereiche bemerklich macht, klagt auch Brezinka, wenn er zugesteht, daß sich die Erziehungswirklichkeit in ihren begrenzten Regelmäßigkeiten nur schwer dem von ihm gewählten Wissenschaftsverständnis fügt:

»Selbst wenn es... gelingt, eine relativ inhaltsreiche allgemeine Theorie des sozialen Verhaltens aufzustellen, ist nicht zu erwarten, daß mit ihrer Hilfe in den Einzelfällen der erzieherischen Praxis vollständige Erklärungen und verläßliche Voraussagen möglich werden. Die Gesetzeshypothesen einer allgemeinen Theorie gelten nur für den ›reinen‹ oder ›idealen‹ Fall, von dem das konkrete Verhalten einzelner Menschen in komplexen Situationen wegen der großen Zahl der relevanten Variablen mehr oder weniger stark abweicht.«[219] Im Sinne des analytischen Wissenschaftsbegriffs müßte aus dieser Einsicht, welche nach Brezinka »zur Bescheidenheit, aber nicht zur Resignation« zwingt, folgen, daß die positivistische Wissenschaftsentscheidung wegen der Seltenheit und Inhaltsarmut der im Bereich der Erziehung nachweisbaren Gesetzmäßigkeiten sowie der hieraus resultierenden weitgehenden Unmöglichkeit und Abstraktheit einer Theorienbildung für den Gegenstandsbereich der Erziehung nur geringfügige Bedeutung besitze, daß also die positivistische Wissenschaftsnorm eher die Unmöglichkeit als die Möglichkeit wissenschaftlicher Erkenntnis im Bereich der Erziehung behaupte und mithin für diesen Bereich zumindest unzweckmäßig, wenn nicht ungültig sei. Nun zieht Brezinka diese an und für sich naheliegende Konsequenz nicht; er spricht von Bescheidenheit und nicht von Resignation. Resignation aber ist nur dann eine Alternative zur Bescheidenheit, wenn sich hinter dieser die Hoffnung verbirgt, das Maß an Bescheidenheit werde sich bei bescheidenem Weiterstreben allmählich verringern. Diese Hoffnung gründet sich darauf, technologisches Wissen werde zumindest im Bereich von Theorien mittlerer Reichweite möglich sein. Diese Hoffnung, es könne der kausalanalytischen Empirie zumindest schrittweise gelingen, die Erziehung als ihren möglichen Gegenstand soweit zu präparieren, daß er ihr verfügbar werde, hat K. O. Apel mit folgenden Worten beim Namen genannt: »Der empirisch-nomologischen Sozialwissenschaft muß daran gelegen sein, bei den menschlichen Objekten ihrer Theoriebildung solche Reaktionen zu verhindern, welche die Theorie unanwendbar machen würden.«[220] Dieser Zwang, welcher im positivistischen Wissenschaftsdogma selbst angelegt ist, kann dazu führen, daß der harte technologische Kern der Erziehungswissenschaft zunimmt, wenn nur die Zwangsläufigkeit wächst, daß jeder, der »darüber nachdenkt, wie irgendwelche Ziele der Erziehung am besten verwirklicht werden können, ... zwangsläufig nach Gesetzmäßigkeiten zu suchen« beginnt, welche ihm den erwünschten Erfolg garantieren. Alsdann wird diese Zwangsläufigkeit rückwirkend dazu beitragen, den Horizont an nicht-technologischer Rationalität zu verengen, Erziehung im Sinne von Brezinkas Begriff einer Manipulationstechnik zu perfektionieren, um auf diese Weise der technologischen Rationalität des positivistischen Wissenschaftsbegriffs zum Durchbruch zu verhelfen und ihr ihr Anwendungsgebiet zu sichern.

In diesem Sachverhalt erkennt nun Brezinka keineswegs die immanente Normativität seines Wissenschaftsbegriffs; vielmehr wendet er die von ihm angesprochene hoffnungsvolle Bescheidenheit dahingehend, daß sie gerade die perfekte technologische Manipulation und Verfügbarkeit des Erziehungsobjekts verunmögliche: »Eine... (im Sinne der analytischen Philosophie, D. B.) vollständige Wissenschaft von den Bedingungen für die Beeinflussung des individuellen menschlichen Erlebens und Verhaltens wäre auch mit unseren Wertvorstellungen von der Würde und den Freiheitsrechten der Person unverträglich. Tatsächlich werden wir aber über ein prinzipiell unvollständiges System statistischer Gesetzeshypothesen nie hinauskommen.«[221] In der unfreiwillig, vom Gegenstandsbereich gleichsam erzwungenermaßen zustande gekommenen Bescheidenheit liegt die Möglichkeit der Sittlichkeit der Erziehungswissenschaft und ihres technologischen Anwendungshorizontes. An der Unvollständigkeit und Offenheit des positivistischen Theoriebegriffs einer Hypothesenhierarchie, welche dadurch zustande kommt, daß dem der Naturwissenschaft nachgebil-

deten Theoriebegriff die von ihm eigentlich zu fordernde volle Anerkennung in der Erziehungswirklichkeit versagt bleibt, soll die Möglichkeit und der Ort der Wertvorstellungen von der Würde und den Freiheitsrechten der Person handfest gemacht werden. Läßt sich für Freiheit auch kein empirisches Sinnkriterium angeben, so mag sie dort ihr Wesen treiben, wo das empirisch-technologische Sinnkriterium versagt. Die an den Kategorien der Aufforderung zur Selbsttätigkeit und der pädagogischen Determination auszurichtende erfahrungswissenschaftliche Analyse der Möglichkeiten sinnbestimmten Erziehens ist hier durch technologische Empirie in den Vorhof der eigentlichen Wissenschaft vertrieben. Als Rechtsgrund wird angeführt, das, was Wissenschaft sei, sei eine Entscheidungsangelegenheit. In Wahrheit führt die dogmatische Entscheidung des Positivismus über die Möglichkeiten einer erziehungswissenschaftlichen Empirie zu deren Verunmöglichung. Nachdem nur mehr solchen praktischen Fragen der Zugang zur Wissenschaft erlaubt ist, die bereits in ihrem Fragehorizont eine technologische Lösung nahelegen, erweist sich die positivistische Erziehungswissenschaft als immer hilfsbereiter Erfüllungsgehilfe jedweder Ideologie, welche sich der technologischen Rationalität zur Durchsetzung ihrer Ziele und zur Handhabung ihrer Macht bedienen will. In der angeblichen Werturteilsfreiheit der positivistischen Technologie der Erziehung und in ihrer Blindheit gegenüber dieser ihrer technologischen Normativität stützt die positivistische Erziehungswissenschaft jedwede Absicht, Erziehung zur Erreichung dogmatischer Zielsetzungen zu mißbrauchen. Gerade an ihr erweist sich von neuem die Notwendigkeit einer praxeologischen Erfahrungswissenschaft von der und für die Erziehung, welche die Sinnbestimmtheit der Erziehung als Aufgabe der Praxis und nicht als beliebiges Resultat der Empirie anerkennt, ernst nimmt und zugleich zum Gegenstand erziehungswissenschaftlicher, d. h. nicht technologischer, sondern im Primat der Praxis stehender Erfahrung macht.
Unsere Analyse des positivistischen Verständnisses von Erziehungswissenschaft kommt damit zu dem Resultat, daß in diesem die beiden Widersprüche der deskriptiven Pädagogik nicht überwunden sind. An die Stelle vermeintlicher Theoriefreiheit tritt ein dogmatischer Wissenschaftsbegriff, dessen technologisches Theorieverständnis sich durch seine Abstraktheit gegenüber seinem Gegenstand, der Erziehung als Praxis, auszeichnet; an die Stelle vermeintlicher Interessenlosigkeit tritt die Trennung von Erziehungswissenschaft und ideologischer Normierung der Erziehungspraxis, welche der positivistischen

Erziehungswissenschaft ihre Werturteilsfreiheit in den wissenschaftlichen Aussagesystemen sichern und ihre vielseitige technologische Anwendbarkeit garantieren soll. Technologisches Wissen ist jedoch niemals werturteilsfrei sondern auf ideologische Okkupation und Verwertung hin angelegt; es ist mithin werturteilsblindes Wissen. Daß wir uns bei der Entlarvung des von Brezinka in die Erziehungswissenschaft hineingetragenen Erfahrungsbegriffes auf Argumente stützen konnten, welche innerhalb der verschiedenen Bemühungen um eine erfahrungswissenschaftlich-praxeologische Empirie selbst schon entwickelt waren, weist die Richtung, in die hier weiterzufragen ist. Bevor wir uns jedoch dieser Frage zuwenden, gilt es die zweite Schulrichtung innerhalb der Erziehungswissenschaft des zwanzigsten Jahrhunderts in den Blick zu bringen, die sich ebenfalls, wenn auch in ganz anderer Weise, um die Gewinnung pädagogischer Erfahrung und die Begründung einer pädagogischen Forschungsdisziplin bemüht hat.

C GEISTESWISSENSCHAFTLICHE PÄDAGOGIK

Die geisteswissenschaftliche Pädagogik ist der zweite Neuansatz des zwanzigsten Jahrhunderts, welcher sich mit dem Problem der pädagogischen Erfahrung auseinandergesetzt hat. Während die empirische Pädagogik unter Verkennung der in Petersens pädagogischer Tatsachenforschung angelegten Möglichkeit einer praxeologischen Empirie zum Verlust der pädagogischen Fragestellung führt, der sich bei Brezinka nicht zuletzt daran zeigt, daß für ihn die »Erziehungswissenschaft« nur mehr »eine Spezialdisziplin oder eine Sub-Wissenschaft der integrierten Wissenschaften vom sozialen Verhalten und von den psychischen Objektivationen der Menschen« ist, welche ihr Dasein dem Tatbestand verdankt, daß die Erziehung »ein besonders auffallendes und zunehmend wichtiger gewordenes ›Verdichtungsgebiet‹ der sozial-kulturellen Wirklichkeit« darstellt[222], verlief die Entwicklung innerhalb der geisteswissenschaftlichen Pädagogik eher umgekehrt. Sie entwickelte sich schrittweise von einer historischen zu einer engagierten Hermeneutik, indem sie, zunächst an Dilthey anschließend, die hermeneutischen Schulrichtungen der Tradition, vor allem Schleiermachers Konzeption einer Theorie der Erziehung, in ihren Ansatz einer hermeneutischen Forschungsdisziplin aufnahm. In Anlehnung an H. Bokelmann, welcher zwischen der »historisch-rekonstruktiven« und der »existentiell-konstruktiven« geisteswissenschaftlichen Pädagogik unterscheidet[223] differenzieren wir hier die geisteswissenschaftliche Schule in drei Richtungen, in die historische Hermeneutik Nohls, die strukturelle Hermeneutik Wenigers und die engagierte Hermeneutik Flitners.

Ungeachtet der Unterschiede zwischen der empirischen und der geisteswissenschaftlichen Pädagogik ist die Erziehungswirklichkeit

sowohl Ausgangspunkt des empirischen als auch des hermeneutischen Ansatzes. Während jedoch die empirische Pädagogik eine kausal-analytische Erklärung der Erziehungswirklichkeit und damit die Bereitstellung technologischer Kenntnisse für zweck-rationales Handeln intendiert, bemüht sich die geisteswissenschaftliche Pädagogik um eine historisch-hermeneutische Analyse der Erziehungswirklichkeit, die weniger deren technologischer Veränderung oder Veränderbarkeit als vielmehr der Aufklärung über die geschichtliche Entwicklung vorgegebener Erziehungs-, Bildungs- und Schulauffassungen dienen will. Empirische und hermeneutische Forschung unterscheiden sich dabei nicht allein durch ihren Zugang zur Erziehungswirklichkeit; ihr jeweiliges Verständnis der Erziehungswirklichkeit ist zugleich bestimmt durch eine unterschiedliche Einschätzung der traditionellen Pädagogik und ihrer charismatischen Handlungslehren. Während die empirische Forschung vom Handlungsbezug ihrer Resultate weitgehend abstrahiert, wenn sie unter Erziehungswirklichkeit lediglich einen kausal-analytisch zu erfassenden Tatbestand begreift, macht die hermeneutische Forschung die Erziehungswirklichkeit in ihrer Bestimmtheit durch Handlungstheorien zum Gegenstand ihrer Analyse.
Das, was Herwig Blankertz in seiner Darstellung der *Theorien und Modelle der Didaktik* als besonderes Charakteristikum geisteswissenschaftlicher Didaktik hervorgehoben hat, kann zugleich für eine Bestimmung der gesamten geisteswissenschaftlichen Pädagogik genommen werden: »Als erstes ist der Ausgangspunkt bei der Erziehungswirklichkeit zu nennen ..., als zweites dann die Begriffsbildung in Fühlung mit der Praxis und ihren Intentionen, als drittes die durchgängige geschichtliche Auffassung von ›Wirklichkeit‹ und ›Praxis‹ und als viertes die Voraussetzung der Komplexität und damit der Verzicht auf Ableitungsversuche aus wenigen obersten Prinzipien, Axiomen oder Grundwahrheiten.«[224] Fassen wir den ersten und dritten sowie den zweiten und vierten Gesichtspunkt zusammen, so zeichnet sich eine zweifache Bestimmtheit der geisteswissenschaftlichen Pädagogik ab: ihr Ausgang von der Erziehungswirklichkeit als einer geschichtlich gewordenen und ihr Verzicht auf theoretische Normierungen der Erziehungspraxis. Im Hinblick auf diese beiden Gesichtspunkte analysieren wir im folgenden die drei Ansätze geisteswissenschaftlicher Pädagogik. Wir wenden uns zunächst dem ältesten, demjenigen von Herman Nohl, zu. Im folgenden soll dann gezeigt werden, daß die Entwicklung der geisteswissenschaftlichen Pädagogik von einer histo-

rischen zu einer engagierten Hermeneutik keineswegs zufällig ist, sondern auf systemimmanente Probleme des hermeneutischen Ansatzes zurückgeht, die einmal die permanente Weiterentwicklung dieses Ansatzes bestimmen, die zum anderen Gegenstand der Kritik dieses Ansatzes wurden und schließlich dazu geführt haben, daß das Ende der geisteswissenschaftlichen Pädagogik in der emanzipatorischen Pädagogik zu einem Neuanfang umschlagen konnte.

1 Historische Hermeneutik bei Nohl

Gemeinsam mit Max Frischeisen-Köhler und Georg Reichwein gilt Herman Nohl als der eigentliche Begründer der geisteswissenschaftlichen Pädagogik.[225] Es ist ihr Verdienst, Diltheys Ansatz der historischen Geisteswissenschaften auf die Pädagogik ausgelegt zu haben.
Im zweiten Teil seiner *Entwürfe zur Kritik der historischen Vernunft* macht Dilthey folgende Äußerung über das Verhältnis von historischem Bewußtsein und subjektiver Erfahrung: »Das historische Bewußtsein von der Endlichkeit jeder geschichtlichen Erscheinung, jedes menschlichen oder gesellschaftlichen Zustandes, von der Relativität jeder Art von Glauben ist der letzte Schritt zur Befreiung des Menschen. Mit ihm erreicht der Mensch die Souveränität, jedem Erlebnis seinen Gehalt abzugewinnen... Das Leben wird frei vom Erkennen durch Begriffe; der Geist wird souverän allen Spinngeweben dogmatischen Denkens gegenüber... Ehedem suchte man von der Welt aus Leben zu erfassen. Es gibt aber nur den Weg von der Deutung des Lebens zur Welt. Und das Leben ist nur da im Erleben, Verstehen und geschichtlichen Auffassen. Wir tragen keinen Sinn von der Welt in das Leben. Wir sind der Möglichkeit nach offen, daß Sinn und Bedeutung erst im Menschen und seiner Geschichte entstehen.«[226] Die Voraussetzung, unter der eine solche geschichtliche Analyse der jeweiligen Wirklichkeit für die Klärung der Möglichkeiten und Aufgaben der Erziehung Relevanz gewinnen kann, hat bereits Nohl angegeben. Wenn das historische Bewußtsein zum einen die Vorläufigkeit und Relativität aller Normen aufdeckt und zum andern den gesellschaftlichen Menschen als ein seiner Möglichkeit nach offenes Wesen charakterisiert, dann kann dieses Bewußtsein sich nur inso-

fern als »letzter Schritt zur Befreiung des Menschen« ausgeben, als es diesen nicht einfach in der leeren Möglichkeit einer völlig unbestimmten Offenheit beläßt, sondern zugleich die Idee dieser möglichen Offenheit durch die Analyse der Geschichte der gesellschaftlichen Zustände und Verfaßtheiten konkretisiert. So fordert Nohl, die systematische Analyse der Geschichte der Erziehung müsse zeigen, daß »in diesem geschichtlichen Zusammenhang ... sich der Sinn der erzieherischen Leistung immer deutlicher heraus(-arbeitet); ihr reines Wesen, ihre Eigenart und ihre Eigenwertigkeit werden ... immer klarer, zugleich ... auch ihre Stellung in dem allgemeinen Kulturzusammenhang, ihre Verflechtung mit den anderen Kultursystemen, ihre Abhängigkeit von ihnen und ihre Rückwirkung auf sie ... Diese objektive Welt bekommt aber nur Leben und Bedeutung, wenn sie immer wieder zurückbezogen wird auf das eigene pädagogische Erlebnis, die heftigen Erfahrungen der eigenen Jugend wie der eigenen pädagogischen Leidenschaft und die in ihnen eingeschlossenen Momente.«[227]

Unter dieser Voraussetzung, daß nämlich die Geschichte der Erziehung zugleich die Geschichte ihrer vernünftigen Bestimmung sei, war für Nohl die »Erziehungswirklichkeit in ihrer Doppelseitigkeit von pädagogischem Erlebnis und pädagogischen Objektivationen ... das phänomenon bene fundatum, von dem die wissenschaftliche Theorie auszugehen hat. Von hier aus ergibt sich die Bedeutung der Geschichte der Pädagogik: sie ist nicht eine Sammlung von pädagogischen Kuriositäten oder ein interessantes Bekanntmachen mit allerhand großen Pädagogen: sondern sie stellt die Kontinuität der pädagogischen Idee dar in ihrer Entfaltung. Was Erziehung eigentlich ist, verstehen wir, wenn wir nicht bei dem immerhin beschränkten persönlichen Erlebnis stehenbleiben wollen, nur aus solcher systematischen Analyse ihrer Geschichte«.[228]

Die These von der Emanzipation durch Aufklärung des historischen Bewußtseins bildet den Ausgangspunkt der geisteswissenschaftlichen Pädagogik; der emanzipatorische Anspruch kommt diesem Ansatz nicht erst durch seine spätere Eingliederung in die Pädagogik als kritische Theorie zu, sondern bestimmt ihn von Anfang an. Wie steht es aber mit diesem Anspruch selbst? Bei Nohl gründet er sich auf die Voraussetzung der »Tatsache der Erziehungswirklichkeit als eines sinnvollen Ganzen. Aus dem Leben erwachsend, aus seinen Bedürfnissen und Idealen, ist sie da als ein Zusammenhang von Leistungen, durch die Geschichte hindurchgehend, ... ein relativ selbständiges

Kultursystem, unabhängig von den einzelnen Subjekten, die in ihm tätig sind, und von einer eigenen Idee regiert, die in jedem echt erzieherischen Akt wirksam ist und doch wieder nur faßlich wird in ihrer geschichtlichen Entfaltung«.[229] Hiermit ist kein harmonistisches Modell gemeint, vielmehr sollte dem »Veränderungswillen« durchaus ein legitimer Ort zuerkannt werden, der in der geschichtlichen Offenheit der Erziehungswirklichkeit angenommen wurde. Im Hinblick auf die pädagogische Bewegung seiner Zeit, aus deren Analyse als eines geschichtlichen Prozesses, glaubte Nohl die Gesetzmäßigkeit pädagogischer Reformbewegungen aufweisen und den Ort des Veränderungswillen bestimmen zu können: »Jede pädagogische Bewegung verläuft in drei Phasen – das ist ihr Gesetz. Die erste Phase ist immer die des Gegensatzes gegen eine veralterte Bildungsform, die abgelebt ist und nur noch starr vererbt wird, und der nun das selbständige, aus eigenen Kräften lebende Individuum entgegengesetzt wird... Es folgt dann eine zweite Phase, die das, was hier für das einzelne aristokratische Individuum gewonnen wurde, allen zugute kommen lassen will, also sozial und demokratisch gewendet ist... Dann entsteht aber die Frage: Kann man Kräfte wecken, ohne ihnen einen Gehalt zu geben? Müssen Kräfte nicht auch eine Richtung haben? Dürfen sie fessellos expansiv sich entfalten, oder müssen sie nicht gebunden sein in einem größeren Ganzen? Welches ist dieser Gehalt, diese Richtung, und was bindet die Kräfte und ihren individuellen Egoismus? So setzt eine dritte Phase ein«, in welcher »den bloßen Kräften die Wahrheit der Ideen... und dem freien Individuum wieder de(r) Staat, der den einzelnen radikal in Anspruch nimmt«, gegenübergestellt werden. »Auch die pädagogische Bewegung unserer Generation ist jetzt in diese dritte Phase eingetreten, die wieder nach Gehalt, Richtung und Bindung der Kräfte verlangt, was oft wie bloße Reaktion erscheint und das oft auch ist, in Wahrheit aber das überlegen Ganze meint mit seiner objektiven Gewalt, das die individuellen Kräfte verpflichtet. Das Schlagwort dieser dritten Phase ist nicht mehr Persönlichkeit und Gemeinschaft, sondern ›Dienst‹, d. h. die tätige Hingabe an ein Objektives.«[230]

Diese 1933 publizierten Sätze entbehren keineswegs eines gewissen prophetischen Charakters. Nohl selbst wurde 1937 als Professor für Pädagogik in Göttingen entlassen. Im Nachwort zur dritten Auflage seiner Arbeit *Die pädagogische Bewegung in Deutschland und ihre Theorie* erklärte er 1948 ausdrücklich, es werde »jetzt nicht mehr möglich sein, einfach dort wieder anzuschließen, wo wir 1935 aufhörten«. Die von Nohl anvisierte Drei-Phasen-Bewegung pädagogischer Reformen erwies sich als etwas anderes, als er sich von ihr versprochen hatte; der Weg vom Aufbrechen des Widerspruchs, welcher bloßes Tradieren unmöglich macht, führt nicht mit Notwendigkeit über die Generalisation des Widerspruchs zur Höherbildung der Gesellschaft; er kann ebenso in eine Reaktion auf das sich im Widerspruch ankündigende Neue münden, welche Dienst und Hingabe für ein Objektives fordert, obwohl sie nur ein Resultat der geschichtlichen Entwicklung, nicht aber objektiv gewordene Höherbildung der Menschheit ist. Damit erweist sich die Drei-Phasen-Theorie des geschichtlichen Verlaufs von Reformbewegungen ebenso abstrakt und untauglich für eine praxeologische Erkenntnis der Erziehungswirklichkeit wie der Theoriebegriff des positivistischen Wissenschaftsverständnisses. Wenn auch Nohl gegen Diltheys Versuch von 1888, aus der Erkennis der teleologischen Struktur des Seelenlebens, »aus der Erkenntnis dessen was ist, die Regel über das, was sein soll«, abzuleiten[231], zu Recht kritisch eingewandt hat, wenn »man es richtig überlegt, (könne) diese Pädagogik nicht einmal sagen, ob sie vollkommene Verbrecher oder vollkommen gute Menschen bildet«[232], so trifft dies in analoger Weise auch auf Nohls eigenen Ansatz zu, der nicht an Diltheys Analyse der psychischen Elementarprozesse und deren Vollkommenheit, sondern an Diltheys geschichtliche Analyse der Wirklichkeit anknüpft. Der Versuch, die Aporie der normativen Pädagogik dadurch zu vermeiden, daß dem praktischen Leben in seiner geschichtlichen Vermitteltheit der Primat zuerkannt wurde, erwies sich insofern als problematisch, als gerade durch ihn die normativen Tendenzen der Erziehungswirklichkeit einer theoretischen Kritik weitgehend entzogen wurden.

Dem Problem der Normativität wenden wir uns später im einzelnen zu. Zunächst gilt es jenen von der historischen Analyse erarbeiteten Beitrag zur Struktur der Erziehungswirklichkeit herauszustellen, den Nohl in seiner Theorie des pädagogischen Bezugs vorgelegt hat. So wie nach Nohl die Erziehungswirklichkeit in ihrer doppelten Bestimmtheit durch das pädagogische Erlebnis und durch die pädagogischen Objektivationen Fundament und Gegenstand erziehungswissenschaftlicher Theorie ist, so ist auch das »Verhältnis des Erziehers zum Kind ... immer doppelt bestimmt: von der Liebe zu ihm in seiner Wirklichkeit und von der Liebe zu seinem Ziel, dem Ideal des Kindes«.[233] Erziehung ist durch das Verhältnis dieser drei Strukturelemente derjenigen des Erziehers, des Zöglings und der Sache, in ihrer pädagogischen Dimension gekennzeichnet. Dies zeigt sich daran, daß jedes der drei Strukturmomente allererst vermittelt über seine Beziehung zu den beiden anderen zu einem Strukturmoment der Erziehung wird. Der Erzieher steht in einer zweifachen Verantwortlichkeit; zum einen ist er Anwalt des Kindes, zum anderen Anwalt des gesamten gesellschaftlichen Lebens, in welches sich das Kind durch Erziehung eingliedern soll; die Vermittlung beider Verantwortlichkeiten nennt Nohl die »Grundantinomie des pädagogischen Lebens«, welche den pädagogischen Bezug kennzeichnet: »Hier ist das Ich, das sich aus sich und seinen Kräften entwickelt und sein Ziel zunächst in sich selbst hat, und dort sind die objektiven Inhalte, der Zusammenhang der Kultur und die sozialen Gemeinschaften, die dieses Individuum für sich in Anspruch nehmen und ihre eigenen Gesetze haben, die nicht nach Wille und Gesetz des Individuums fragen. Pädagogisch gewendet heißt das: das Kind ist nicht bloß Selbstzweck, sondern ist auch den objektiven Gehalten und Zielen verpflichtet, zu denen es hin erzogen wird; diese Gehalte sind nicht nur Bildungsmittel für die individuelle Gestalt, sondern haben einen eigenen Wert, und das Kind darf nicht bloß sich erzogen werden, sondern auch der Kulturarbeit, dem Beruf und der nationalen Gemeinschaft.«[234] Gemäß dieser Struktur der Erziehung ist ein objektiver Inhalt des gesellschaftlichen Lebens für sich genommen noch kein Bildungsinhalt; dazu ist erforderlich, daß er auf den pädagogischen Bezug, auf den Zögling als bildsames und zur Selbstätigkeit aufzuforderndes Wesen, ausgelegt wird.

Die Struktur des pädagogischen Bezugs, wie sie von H. Nohl im Anschluß an Diltheys These, die Pädagogik als Wissenschaft müsse »beginnen mit der Deskription des Erziehers in seinem Verhältnis zum Zögling«, aufgedeckt worden ist, kann einmal als Resultat der geschichtlichen Analyse der Erziehungswirklichkeit und zum andern als Kennzeichnung jener Momente, an welchen sich die historische Analyse der Erziehungswirklichkeit auszurichten hat, ausgelegt werden. Hier zeigt sich der Zusammenhang von Strukturanalyse der pädagogischen Bewegung und Strukturanalyse des pädagogischen Bezugs. Die historische Analyse pädagogischer Bewegung muß sich ausrichten an den Strukturmomenten des pädagogischen Bezuges, und letztere gewinnen ihre differenzierte Bestimmtheit und Wechselbezogenheit gerade dadurch, daß mittels der historischen Analyse »die historische Wandelbarkeit der einzelnen Faktoren... sichtbar wird« und sich die »typischen Möglichkeiten, die verschiedenen

Formen (des Bildungsvorgangs zeigen), wie sie sich aus der historischen Bedingtheit und dem Vorherrschen des einen oder anderen seiner Momente ergeben«.[235] Ungeachtet der Tatsache, daß sich hinter den von Nohl entwickelten Strukturmomenten der Erziehung jene Prinzipien und Probleme verbergen, welche bereits Gegenstand der traditionellen Pädagogik waren, stellt sich auch für die historische Analyse des pädagogischen Bezugs die Frage, worin ihr Beitrag zu einer erfahrungswissenschaftlichen Analyse der Erziehungswirklichkeit, welche zugleich Anspruch auf eine pädagogische Relevanz ihrer Resultate erheben kann, liegen soll. Die von Nohl aufgestellte These, die historische Explikation der Erziehungswirklichkeit diene der Aufklärung über die in der geschichtlichen Entwicklung sich offenbarende Idee der Erziehung, reicht nicht aus, um der historischen Analyse der Erziehungsformen und Bildungsinhalte bzw. Bildungsideale zu praxeologischer Gültigkeit hinsichtlich der Aufgaben und Möglichkeiten der Erziehung zu verhelfen. So stellt H. Bokelmann fest: »Der methodische Zugriff Herman Nohls« ist dadurch gekennzeichnet, daß für ihn »die Struktur des gegenwärtigen ›Erziehungslebens‹ hypothetischer Ausgangspunkt für die historische Ermittlung entsprechender Kategorien (ist); ... Nohls methodischer Ansatz bleibt hinsichtlich der Praxis ambivalent.«[236]
Damit ist jenes Problem angesprochen, welches für die Weiterentwicklung der geisteswissenschaftlichen Pädagogik von existentieller Bedeutung war. Sollte die Ambivalenz hermeneutischer Analysen überwunden werden, so stellte sich die Aufgabe, den Horizont des historischen Fragens im Hinblick auf eine die Analyse der Aufgaben und Möglichkeiten der Erziehung erfassende Methode zu erweitern. Hierum bemühten sich vor allem Erich Weniger und Wilhelm Flitner; wir wenden uns im folgenden ihren Ansätzen zu, um der Frage nachzugehen, inwieweit es der geisteswissenschaftlichen Pädagogik gelungen ist, über den Horizont einer historischen Wissenschaft hinaus zu einer praxeologischen Erfahrung der Erziehungswirklichkeit vorzudringen.

2 Strukturelle Hermeneutik bei Weniger

Der Titel einer der wichtigsten Arbeiten von Erich Weniger heißt: *Die Eigenständigkeit der Erziehung in Theorie und Praxis. Probleme*

der akademischen Lehrerbildung.[237] In ihr sind Aufsätze aus den zwanziger und dreißiger Jahren sowie aus der Zeit kurz nach dem Zweiten Weltkrieg zusammengestellt. Wie schon der Titel der Aufsatzsammlung besagt, konzentrieren sich die in ihm zusammengefaßten systematischen Beiträge auf zwei Problemkreise, die wiederum eng miteinander zusammenhängen: auf das Problem der Eigenständigkeit und der relativen Autonomie des erzieherischen Verhaltens und der Erziehungswissenschaft und auf das Problem von Theorie und Praxis. Beide Problemkreise waren schon von Nohl, Reichwein und Frischeisen-Köhler erörtert worden. Wenigers eigenständige Leistung liegt vor allem in der Differenzierung des Autonomiebegriffs und in der Differenzierung des Theoriebegriffs. In der von E. Weniger vorgelegten Differenzierung des Autonomie- und Theorieverständnisses versucht sich die geisteswissenschaftliche Pädagogik in gewisser Weise von der historischen Hermeneutik zu lösen und die Struktur für eine geisteswissenschaftliche Auseinandersetzung mit der Erziehungswirklichkeit zu erarbeiten, welche nicht mehr lediglich als »hypothetischer Ausgangspunkt für die historische Ermittlung«[238], sondern als Struktur der hermeneutischen Analyse selbst angesehen werden kann.
In seiner Abhandlung von 1936 *Zur Geistesgeschichte und Soziologie der pädagogischen Fragestellung. Prolegomena zu einer Geschichte der pädagogischen Theorie* verfolgt Erich Weniger den Prozeß der Verselbständigung von Erziehung und Erziehungswissenschaft zu relativ selbständigen Gebilden. Er zeigt dabei auf, daß die Verbesonderung von Erziehung und Erziehungswissenschaft zunächst ausging von außererzieherischen Bereichen und daß die von diesen geübte »Kritik an der Erziehung« schließlich zur »erzieherischen Kritik an der Welt« wurde. In diesem Zusammenhang stellt er fest: »Wir können ... jeweils den Ort, wo historisch die pädagogische Frage und von da aus durch eine Reihe von Zwischenstufen die pädagogische Theorie erwacht, ungefähr angeben. Wir können die Bedingungen aufweisen, unter denen es zur Frage und dann zur Theorie kommt.«[239]
Wie die pädagogische Frage, so hat auch die pädagogische Theorie ihre Geschichte. Diese ist jedoch eher eine Problemgeschichte der pädagogischen Frage, als daß sich von ihr aus jene pädagogischen Aufgaben beantworten ließen, deren Vorgeschichte sie darstellt. Die jeweils erreichte Eigenständigkeit der pädagogischen Frage in Praxis und Theorie erwächst aus der Problematisierung der gegenwärtigen erzieherischen und gesellschaftlichen Situation. Daher kann die

Lösung pädagogischer Fragen durch den Rekurs auf ihre Vorgeschichte und die in dieser sich bereits zeigenden Idee der Erziehung nicht gefunden werden. In der pädagogischen Frage wird ja gerade jenes Erziehungsverständnis, welches ihre Vorgeschichte ausmacht, fraglich; die historische Analyse kann mithin über eine Aufklärung der geschichtlichen Bedingungen des jeweiligen Fraglichwerdens hinaus keinen Beitrag zur Lösung pädagogischer Fragen leisten. Damit offenbart sich an der Eigenständigkeit der Erziehung und der Erziehungswissenschaft die systemimmanente Schwierigkeit geisteswissenschaftlicher Pädagogik: Die Eigenständigkeit der pädagogischen Frage ist nicht nur eine solche gegenüber den anderen Kulturbereichen wie Theologie, Politik, Wirtschaft und Kunst, sie ist zugleich Eigenständigkeit gegenüber ihrer eigenen Vorgeschichte. Das hieraus resultierende Problem der möglichen pädagogischen Relevanz historischer Hermeneutik versuchte Weniger durch eine Klärung des Verhältnisses von Vorgeschichte, pädagogischer Frage und deren aufgegebener Lösung zu beantworten, welche sowohl der prinzipiellen Negativität historischer Analyse bezüglich der in der Erziehungswirklichkeit sich stellenden Aufgaben als auch der prinzipiellen Offenheit der pädagogischen Frage gegenüber ihrer Vorgeschichte gerecht werden sollte. In der Differenzierung des Problems der relativen Autonomie der Erziehung in Theorie und Praxis sowie in der Differenzierung des Theoriebegriffs glaubte er einen Ansatz zur Überwindung einer bloß historisierenden Hermeneutik gefunden zu haben, der der Erziehungspraxis sowohl angesichts ihrer Vorgeschichte als auch über ihre Vorgeschichte hinaus ihre Eigenständigkeit und Offenheit gegenüber der Zukunft sichern sollte. Beiden Lehrstücken wenden wir uns im folgenden zu, um an ihnen zu prüfen, ob durch sie wirklich die Enge einer historischen Hermeneutik in Richtung auf eine praxeologische Analyse der Erziehungswirklichkeit durchbrochen werden konnte.

Unter der Autonomie der Pädagogik versteht Weniger jene Tatsache, die wir bereits in der Analyse der empirischen Pädagogik angesprochen haben. Die verschiedenen Erkenntniswissenschaften, namentlich Psychologie und Soziologie, stellen ihre Erhebungen neben anderen Bereichen auch in dem der Erziehung an. Die Resultate, zu denen sie gelangen, dienen der kausalanalytischen Erklärbarkeit der Erziehungswirklichkeit. Für die Erziehungswirklichkeit als Ort der praktischen Tradierung und Erneuerung der Gesellschaft sind sie nicht von unmittelbarer Relvanz, denn von der praktischen Dimension der

Erziehungswirklichkeit mußte ja immer schon zum Zwecke der Gewinnung nomologischen Wissens abstrahiert werden. Verlangt nun aber die Erziehungswirklichkeit nach einer über den Zugriff erkenntniswissenschaftlicher Betrachtung hinausgehenden Analyse ihrer Probleme und Aufgaben, so entsteht das Bedürfnis nach einer wissenschaftlichen Erforschung der Erziehungswirklichkeit, welche in dieser nicht bloß einen möglichen Gegenstand nomologischen Wissens, sondern einen Bereich praktischen Handelns, den Ort fragenerfüllter Tradierung und Erneuerung der Gesellschaft erkennt. »Die Pädagogik als Geisteswissenschaft hat eine doppelte Wurzel: Sie entstammt einerseits der Unzulänglichkeit der übrigen Wissenschaften, der Erziehungswirklichkeit Genüge zu tun und ihre wahren Lebensverhältnisse zu treffen, andererseits der Ohnmacht der bloßen Praxis, die pädagogischen Aufgaben sach- und sinngemäß zu bewältigen; denn jede Praxis bedarf ja solcher theoretischen Sicherungen. Aber die Autonomie des pädagogischen Verhaltens ist nicht etwa abhängig von der Lage der Pädagogik als Wissenschaft, sie wird nur gefördert oder gehemmt durch sie.«[240] Angesichts ihrer Verwiesenheit auf die Unzulänglichkeit erkenntniswissenschaftlicher Analysen der Erziehungswirklichkeit einerseits und die »Ohnmacht der bloßen Praxis« andererseits steht der relativen Autonomie der Pädagogik als einer eigenständigen Wissenschaft die relative Autonomie des pädagogischen Verhaltens, wir würden sagen: der erzieherischen Praxis, gegenüber. Die in der erzieherischen Praxis sich stellenden Fragen, der Umschlag von der »Kritik an der Erziehung« zur »erzieherischen Kritik an der Welt«, sind schlechthin Voraussetzung für die relative Autonomie der Pädagogik. Insofern die Problematisierung der Erziehungspraxis als Infragestellung der Erziehung von seiten außererzieherischer Instanzen wie Wirtschaft, Staat, Kirche und Wissenschaft in der Praxis selbst gebrochen wird durch eine Problematisierung der Einflüsse eben jener außererzieherischen Instanzen, kann die Autonomie der Pädagogik als Wissenschaft niemals die Autonomie der Erziehung als Praxis einschränken; erstere bleibt verwiesen auf eine autonome Erziehungspraxis, deren Selbständigkeit nicht etwa durch normative Eingriffe eingeschränkt werden soll, sondern deren Selbständigkeit durch die Wissenschaft »gefördert« werden muß und nicht gehemmt werden darf.

Wie aber ist unter diesen Umständen das Verhältnis zwischen der Autonomie der Erziehung, dem Einfluß der gesellschaftlichen Mächte auf die Erziehung und der Autonomie der Pädagogik zu denken?

»Die Autonomie der Pädagogik vermag kein reales Verhältnis der Erziehungswirklichkeit und des pädagogischen Denkens zu den geistigen Mächten, zu Kirche und Staat und dahinter zu den letzten Stellungnahmen der Menschen von sich aus aufzuheben, wohl aber vermag sie dieses Verhältnis in eine neue, die pädagogische Beziehung zu setzen. So wird die Autonomie auch nicht etwa, wie man so häufig meint, aufgehoben durch die Tatsache der weltanschaulichen Gebundenheit der Erziehung, sie rechnet vielmehr mit dieser Beziehung, und sie gilt ... auch innerhalb der weltanschaulich gebundenen Erziehung. Weder ist also die Autonomie der Pädagogik an und für sich – abstrakt genommen – ein Argument gegen (weltanschauliche) ... Erziehung, noch ist umgekehrt die weltanschauliche Gebundenheit des Erziehens oder der Institution ein Argument gegen die Autonomie der Erziehung.«[241] Wenn der Autonomie der Wissenschaft die Autonomie der Praxis vorausgeht, und wenn die Autonomie der Wissenschaft diejenige der Praxis nur fördern oder hemmen kann, dann vermag die eigenständige Erziehungswissenschaft keinerlei Forderungen hinsichtlich der Autonomie der Praxis aufzustellen; sie hat vielmehr die jeweils vorgegebene »Tatsache der Existenz einer Autonomie des erzieherischen Verhaltens«[242] bewußt zu machen und durch solche Bewußtmachung zu fördern.
So wie die Annahme der Selbstoffenbarung der Idee der Erziehung in der Geschichte für Nohl eine weitgehend unproblematische Voraussetzung war, so glaubt Weniger die »Tatsache der Existenz einer Autonomie des erzieherischen Verhaltens« als gesichert annehmen zu können. Rousseaus Probleme angesichts der Tatsache, daß jede staatsbürgerliche Erziehung auf die Existenz eines im Sinne des Contrat social gerechten Gemeinwesens angewiesen ist, – dieser Anschein wird zumindest geweckt – sind durch den Verlauf der Geschichte gelöst. Zwar sah auch Weniger, daß von seiten der pädagogischen Institutionen der Selbständigkeit der erzieherischen Praxis Fesseln angelegt werden können, er glaubt jedoch im Tatbestand praktischer Autonomie Gewißheit dafür haben zu können, daß an ihm jeder heteronome Einfluß dem Umschlag von der »Kritik an der Erziehung« zur »erzieherischen Kritik an der Welt« unterzogen werde. So stellt er fest: »Gewiß liegt es nahe, aus der Autonomie des pädagogischen Verhaltens und Tuns die Autonomie der Institutionen zu folgern, analog der allgemeinen Entwicklung der Kulturgebiete, die bestimmte Verhaltensweisen zu Institutionen verfestigt haben. Aber dennoch ist es einerseits eine Macht- und andererseits eine Zweckmäßigkeits-, eine

organisatorische Frage und eine politische im weitesten Sinn also, ob die innere Freiheit und Selbständigkeit des pädagogischen Verhaltens auch äußeren organisatorischen Ausdruck finden soll; ... die pädagogische Autonomie ist auch notwendig und möglich trotz institutioneller Unfreiheit des Erziehungswesens und der Erzieher.«[243] Daß Weniger die mögliche Folgerung, eine autonome erzieherische Praxis auf der einen und eine autonome pädagogische Wissenschaft auf der anderen Seite verlangten in gewissem Sinne nach der Autonomie der pädagogischen Institutionen, nicht zur Forderung erhebt, hat zwei Gründe. Zum einen hat Weniger immer wieder darauf hingewiesen, daß unter der relativen Autonomie des erzieherischen Verhaltens und der pädagogischen Theorie niemals deren absolute Unabhängigkeit und Abgeschiedenheit von den gesellschaftlichen Mächten verstanden werden kann, weil Erziehung weder jenseits der Ansprüche der gesellschaftlichen Mächte stattfindet noch in den an sie gerichteten Ansprüchen aufgeht. Wenn aber Erziehung weder in pädagogischen Provinzen ihren Ort hat noch als bloße Verlängerung der Interessen der gesellschaftlichen Mächte angesehen werden darf, dann läßt sich der Gedanke einer relativen Autonomie des pädagogischen Verhaltens und der pädagogischen Theorie nur mehr rechtfertigen, wenn sowohl in der Praxis als auch in der Theorie die Wende von der Kritik an der Erziehung zur erzieherischen Kritik an der Welt vermittelt wird über eine kritische Analyse eben jener Funktionen, die der Erziehung von der Gesellschaft zugewiesen und in der Praxis erfüllt werden. Daß die mögliche Folgerung bezüglich der Autonomie pädagogischer Institutionen nicht zur Forderung erhoben werden konnte, hängt zum anderen damit zusammen, daß – wie Ilse Dahmer in ihrer Abhandlung *Erziehungswissenschaft als kritische Theorie und ihre Funktion in der Lehrerbildung* zurecht festgestellt hat – »diese selbstkritische Reflexion ... in der geisteswissenschaftlichen Pädagogik zu kurz« kam und »auf weiten Strecken« ganz fehlte.[244] Das Fehlen fast jeglicher gesellschaftskritischer Reflexion – und hierin liegt der zweite Grund dafür, daß der Gedanke einer relativen Autonomie nicht praktisch werden konnte – läßt sich zurückführen auf die spezifische Enge des geisteswissenschaftlichen Theorieverständnisses.

Erich Weniger hat nicht nur Nohls optimistische Annahme einer Selbstoffenbarung der Idee der Erziehung in der Geschichte durch seine Analyse der Struktur der pädagogischen Autonomie zu korrigieren versucht, er hat zugleich die hinter Nohls Modell einer Gesetzmäßigkeit jeder pädagogischen Bewegung stehende Struktur des Verhältnisses von Theorie und Praxis aufgedeckt, welche in dem Titel von Nohls Schrift *Die pädagogische Bewegung in Deutschland und ihre Theorie* sowie in dem in dieser enthaltenen Kapitel über »Das Verhältnis von Theorie und Praxis« bereits angesprochen war. Im ersten Kapitel seiner Schrift *Die Eigenständigkeit der Erziehung in Theorie und Praxis* analysiert Weniger die Struktur des Verhältnisses von »Theorie und Praxis der Erziehung« und nimmt eine dreifache Differenzierung des Theoriebegriffs vor. Er unterscheidet zwischen einer »Theorie ersten Grades«, welche die unausgesprochene Voreinstellung des in Erziehungssituationen Handelnden meint, einer »Theorie zweiten Grades«, welche das ausgesprochene Handlungswissen des Praktikers umfaßt und einer »Theorie dritten Grades«, welche das »Verhältnis von Theorie und Praxis in der Praxis« zu ihrem Gegenstand hat.

Selbst dort, wo der Praktiker jedwede Theorie ablehnt, wenn er auf seine persönliche Erziehungserfahrung pocht, ist Theorie am Werk: »Was heißt... pädagogische Erfahrung?... Erfahrung ist in Wahrheit immer das Ergebnis einer Fragestellung, also einer – wenn auch nicht ausdrücklichen – Theorie. Jeder Praktiker, der Erfahrungen macht, hat eine Voreinstellung, mit der er an das Tun, an den Vollzug des pädagogischen Aktes herangeht. Diese Voreinstellung wirkt wie die Versuchsanordnung bei einem Experiment. Jede Praxis, in unserem Falle also die erzieherische Einwirkung im ›pädagogischen Akt‹, ist geladen mit Theorie, fließt heraus aus Theorie, wird gerechtfertigt durch Theorie – aber nun durch die Theorie des Praktikers, über die er verfügt, die er gewonnen und sich erarbeitet hat, die ihm aus seiner Umgebung zufließt, aus der Überlieferung seines Standes, der Schule, seines Volkes usw. Der Praktiker handelt in Wahrheit ständig aus Theorien, und das kann auch gar nicht anders sein, es ist vollständig in der Ordnung.«[245] Aus dem Tatbestand, daß pädagogische Erfahrungen immer schon über Theorie oder Theorien vermittelt sind, folgt noch nicht, daß die pädagogischen Erfahrungen des Praktikers »Richtigkeit und Gültigkeit« besitzen.[246] Über ihre Richtigkeit und Gültigkeit kann allererst entschieden werden, wenn jene Theorie, welche als Fragestellung in der Praxis wirksam war, zum Gegenstand einer theoretischen Analyse erhoben wird. In diesem Sinne ist der pädagogische Akt von »vorwärts und von rückwärts... von Theorie umklammert und gestützt. Praxis enthält Theorie als Bedingung ihres Tuns und wird vollendet zur ›Erfahrung‹ durch Theorie als Folge des Tuns«.[247]

Daß die Praxis von vorwärts und von rückwärts durch Theorie eingeklammert ist, erlaubt nun eine zweifache Auslegung: die eine betrifft das Verhältnis zwischen der Theorie ersten und zweiten Grades, die andere die Funktion der Theorie dritten Grades. Aller praktischen Erfahrung geht eine Einstellung des Handelnden zu seinem Tun, seiner Aufgabe und deren Verwirklichung, voraus. Diese Einstellung, durch welche die unmittelbare Anschauung der Erziehungswirklichkeit mitbestimmt wird, ist die Theorie ersten Grades. In der durch sie gekennzeichneten Einstellung macht der Praktiker Erfahrungen, welche wiederum sich zu Theorien, »Lehrsätzen«, »Erfahrungssätzen«, »Lebensregeln« und »Sprichwörtern« verdichten, kurz, zur Theorie zweiten Grades führen. Da die Erfahrung, die der Praktiker macht, und die Handlungen, die er tätigt, nicht lediglich von der Theorie zweiten Grades abhängen, welche die Einstellung hinsichtlich neuer Erfahrung mitprägt, sondern zugleich von der Theorie ersten Grades bestimmt sind, »wird (man) einer echten Theorie des Praktikers abverlangen dürfen, daß in ihr, was wir Theorie ersten und zweiten Grades nannten, richtig zueinander steht. Daß also die ausdrücklichen, sprachlich gestalteten ›Erfahrungssätze‹, über die der Praktiker verfügt, nicht sich in Widerspruch befinden zu den ursprünglichen Theorien, die er, wenn man so sagen darf, an sich besitzt. Seine Erfahrungssätze müssen Ausdruck der Weltstellung und der Grundhaltung des Erziehers sein. Die Diskrepanz zwischen den wirklichen Antrieben des Erziehers und seiner ausdrücklichen Theorie ist oft sehr groß und bringt dann eine objektive Unwahrhaftigkeit in die Erziehungsarbeit«.[248]

Weniger geht, dies zeigt sich hier deutlich, von der Hoffnung aus, daß die Kongruenz zwischen der Theorie ersten und zweiten Grades das durch wissenschaftliche Analyse zu erreichende und erreichbare Ziel sei. Diese Hoffnung beruht jedoch auf einer Täuschung. Die Unterscheidung zwischen der Theorie ersten und zweiten Grades besagt nämlich die Unmöglichkeit der Vergleichbarkeit beider. Wenn die Theorie ersten Grades jene unmittelbaren Einstellungen meint, welche nicht ausgesprochen, also nicht sprachlich artikuliert sind, dann setzt die Vergleichbarkeit eben dieser Theorie mit derjenigen zweiten Grades voraus, daß sie sprachlich artikuliert wird, also auf die Stufe der Theorie zweiten Grades gehoben wird. Man kann bestenfalls jene Theorien, welche in die Erfahrung pädagogischer Situationen eingehen, vergleichen mit solchen, deren sich der Erzieher bei der Beurteilung seines Tuns, eben jener Erfahrungen, die er auf Grund seiner

Einstellung gemacht hat, bedient. Wird nun eine Diskrepanz zwischen den der Praxis vor- und den der Praxis nachgeordneten Überlegungen des Erziehers festgestellt, so besagt dies sehr wenig; im Grunde nicht mehr und nicht weniger, als daß der Erzieher aus anderen Einstellungen handele und aus anderen wiederum sein Handeln beurteile. Welche der beiden Einstellungen die richtigere sei, kann auf diese Weise nicht ermittelt werden, und auch für den Fall, daß zwischen den der Praxis vor- und den der Praxis nachgeordneten Theorien Übereinstimmung vorliegt, ist damit nicht gesagt, daß die Einstellung des Erziehers zu seinem Tun die richtige sei.

Die zweite Auslegung, welche der Tatbestand erhalten kann, daß die Praxis von rückwärts und vorwärts durch Theorie eingeklammert ist, führt zur Theorie dritten Grades, zur Frage nach der Theorie dieses zweifachen Eingeklammertsein selbst. Die Theorie dritten Grades will der Ausbildung des Praktikers dienen und ihn in die Lage versetzen, die allein in der Praxis selbst möglichen Erfahrungen zu beurteilen. Die Theorie dritten Grades oder die »Theorie des Theoretikers« soll »das Verhältnis von Theorie und Praxis in der Praxis« aufklären. Sie ist gebunden an eine permanente Analyse der Erziehungswirklichkeit, mittels welcher die in dieser selbst fortschreitende Theoriebildung durch die Praktiker wahrgenommen, festgehalten und in die Ausbildung der Praktiker mit aufgenommen werden soll. Dadurch – so wenigstens stellt Weniger das Verhältnis der Theorie dritten Grades zur Praxis und der in dieser sich zeigenden Theorie dar – hat »die wissenschaftliche Theorie der Pädagogik ... nicht bloß (die) ... objektive, bloß analytische Funktion der Aufklärung des Sachverhaltes, sondern sie hat auch einen Ort unmittelbar im Zusammenhang der Praxis selbst. Sie übernimmt die Funktion der Theorie innerhalb der Praxis als stellvertretende Besinnung, als Läuterung der in der Praxis angelegten Theorien, als bewußte Vorbesinnung und bewußte nachträgliche Klärung. Während sie als Theorie der Theorie, beschäftigt mit der Aufklärung des Gesamtsachverhaltes von Theorie und Praxis, sozusagen für sich bestehen kann, von außen und von oben das Geschehen auf dem Felde der Erziehung betrachtend, ist sie hier innerlich an die Praxis gebunden, ist sie schlechthin abhängig von der Praxis und der Erziehungswirklichkeit. Sie dient der Praxis und gilt nur so weit, als sie der Praxis helfen, als der Praktiker etwas mit ihren Ergebnissen anfangen kann. Es gilt hier der Primat der Praxis, die mit Theorie geladen, doch an sich unabhängig ist von der Pädagogik als Wissenschaft«.[249]

Während sich aus dem problematischen Verhältnis jener Theorie, mittels welcher der Praktiker an die Arbeit geht, und jener, mittels welcher er diese beurteilt, gerade die Forderung nach einer Theorie des Verhältnisses von Theorie und Praxis ergab, sehen wir uns hier, wo die Frage nach eben dieser Theorie zur Diskussion steht, wieder auf die absolute Vorrangigkeit der Praxis verwiesen. Die Theorie dritten Grades kann – wie Weniger unter Bezugnahme auf Schleiermacher formuliert – nur insofern helfen, als durch sie die Praxis eine bewußtere wird. Damit kehrt sich das Verhältnis von Theorie und Praxis um: Während in der Praxis die Praxis von rückwärts und vorwärts durch Theorie eingeklammert zu sein schien, ist hier in der Theorie, in der Theorie dritten Grades, die Theorie vorwärts und rückwärts von Praxis eingeklammert; und wie aus dem zweifachen Eingeklammertsein der Praxis keine Möglichkeit einer kritischen Beurteilung dieses Eingeklammertseins der Praxis und damit der Praxis selbst möglich wurde, so auch hier nicht: aus dem zweifachen Eingeklammertsein der Theorie durch die ihr vorgeordnete und ihr nachfolgende Praxis folgt nichts für eine kritische Beurteilung der Theorie. Die Theorie dritten Grades ist jeweils ebenso darauf angewiesen, daß die ihr vorausgehende Praxis in sich vernünftig ist, wie die Praxis darauf angewiesen ist, daß die ihr vorausgehende Theorie die Möglichkeiten und Aufgaben der Erziehung »richtig« reflektiert hat.

Mit der Konstruktion dieses Zirkels wechselseitig sich bedingender Praxis und Theorie fällt die geisteswissenschaftliche Pädagogik im Grunde hinter jene Stufe des Fragens nach einer Theorie von und für die Praxis zurück, welche von uns als Ausgangspunkt einer jeden Theorie der Erziehung und Bildung gekennzeichnet worden ist. Indem sie sich auf die Konstruktion eines praktischen Zirkels von Theorie und Praxis zu stützen versucht, abstrahiert sie davon, daß gerade im Zerbrechen dieses Zirkels das Bedürfnis nach der Pädagogik als Wissenschaft allererst auftritt. Solange der Zirkel noch unangezweifelt ist, solange also die Frage nach den Aufgaben und Möglichkeiten der Erziehung in der vorgegebenen Praxis noch beantwortet ist, reicht eine Theorie von eben dieser Praxis aus, um künftiger Praxis zur Findung ihrer eigenen Erfahrungen zu verhelfen. Sobald der Zirkel jedoch nicht mehr gilt, setzt sich jedwede Theorie, welche sich in dieser Weise an die vorgängige Praxis bindet, der Gefahr aus, blinde Restauration zu betreiben und von den in der Praxis sich stellenden Problemen mehr oder weniger zu abstrahieren. Die Gefahr zeigt sich deutlich in Wenigers Beitrag über *Die*

Pädagogik in ihrem Selbstverständnis heute. Zum Menschenbild, welches in der Erziehung der Jugend vermittelt werden soll und welches aus der Analyse des Selbstverständnisses der Gegenwart gewonnen wird, stellt Weniger fest: »Der Erzieher weiß, daß er die Verwirklichung dieses Bildes nicht erzwingen kann, denn es sind außer dem erzieherischen Willen noch andere Faktoren an Erziehung und Leben beteiligt. Vor allem ist dabei mehr und mehr auch Wille und Entscheidung der Jugend selber mit im Spiel, ihre Freiheit also. Endlich vermögen die Erzieher gar nicht vorauszuwissen, wie die wirkliche Lage und damit die wahre Aufgabe dann sein wird, wenn die Jugend die volle Lebensverantwortung einmal übernimmt... Die Funktion des Bildes vom Menschen und des Bildungsideals in der Erziehung ist es also nicht, die künftige Wirklichkeit herbeizuzwingen; sie ist eine andere: der Erzieher – oder die Trägerschaft der Erziehung – wirft dieses Bild in die Begegnung mit der Jugend hinein, er orientiert die Begegnung auf dieses Bild hin und versucht, es in der Erziehungsgemeinschaft, in dem Raum der Erziehung selber also, vorwegnehmend zu verwirklichen. Die Jugend findet sich in der so orientierten Begegnung mit dem Erzieher und den von ihm dargebotenen Inhalten in Auseinandersetzung und Annahme, welches beides sich in der Begegnung vollzieht, allmählich zu ihren eigenen Möglichkeiten, gewinnt Form und Gestalt, bis sie sich dann eines Tages einmal völlig selbständig macht. Dabei bleibt also durchaus offen, ob sie sich doch im wesentlichen nach dem Bilde, das Erzieher und ältere Generation von ihren Möglichkeiten hatten, geformt hat, oder ob sie zur eigenen Form gerade im Gegensatz zu diesem Bild gelangt ist.«[250]

Hier zeigt sich deutlich, daß Weniger immer eine Erwachsenen- und Erziehergeneration voraussetzt, welche ein Bild von den Möglichkeiten und Aufgaben der Jugend hat und dieses durch Erziehung vorwegnehmen zu können glaubt, um der Jugend selbst die letzte Entscheidung über diese Vorwegnahme zu belassen. Erziehung ist danach gebunden an den Zirkel einer Tradierung, der der Erziehergeneration nicht fraglich geworden ist. Es kann Zeiten geben, in denen Tradierung zum wesentlichen Moment der Erziehung wird; aber gerade in solchen Zeiten sind der Pädagogik als Wissenschaft kaum schwerwiegende Fragen gestellt. Indem jedoch die geisteswissenschaftliche Pädagogik sich weitgehend in den Zirkel von tradierender Vorwegnahme und tradierender Erneuerung stellt und dabei lediglich der jungen Generation die Freiheit des sich auch anders Entscheiden-Könnens zubilligt, verfällt sie dem naiven Glauben an die Gültigkeit des jeweils in einer Gesellschaft vorgegebenen Bildes vom Menschen, welches in Frage zu stellen der Theorie nicht obliegt und bestenfalls von der in der Vorwegnahme seiner Tradierung erzogenen Jugend geleistet werden kann.[251]

Trotz der prinzipiellen Offenheit der Theorie für neue Praxis wird hier, angesichts der prinzipiellen Nachgeordnetheit der Theorie gegenüber der Praxis, Theorie reduziert auf eine Hermeneutik des Vorverständnisses, welches sich eine als sittlich vorausgesetzte Gesellschaft von ihrer eigenen Zukunft jeweils immer schon gemacht hat. So nannte die geisteswissenschaftliche Pädgogik zwar die in der pädagogischen Bewegung zutage getretene Kulturkritik als eine ihrer Wurzeln; sie erwies sich jedoch als völlig unfähig, diese weiter voranzutreiben. Das Konstrukt einer heilen Welt, in welcher auch für Kulturkritik Raum ist, verleitete sie – um noch einmal den Beitrag von Ilse Dahmer zu zitieren –, »alle nicht ins Bild passenden Zivilisationserscheinungen, obgleich man ihnen doch beikommen wollte«, außer acht zu lassen und an der Vorstellung eines »gesunden, sauberen als des wahrhaft deutschen, qua Erziehung beständig zu erneuernden Lebens« festzuhalten.[252]

Während Weniger Nohls Ansatz einer historischen Hermeneutik der in der Geschichte sich zeigenden Idee der Erziehung von der problematischen Annahme einer Selbstoffenbarung der Idee der Erziehung zu befreien versuchte, hat Wilhelm Flitner sich um die Überwindung des historisch hermeneutischen Ansatzes von Nohl bemüht.

3 Engagierte Hermeneutik bei W. Flitner

Unsere Analyse des von Nohl vorgelegten Ansatzes einer historisch-hermeneutischen Pädagogik kam zu dem Ergebnis, daß die Resultate historischer Analysen der Erziehungswirklichkeit keinerlei direkte pädagogische Relevanz beanspruchen können, daß über ihre mögliche pädagogische Relevanz zumindest in historisch-hermeneutischen Analysen noch nichts ausgesagt werden kann. Wenigers Ansatz einer strukturellen Hermeneutik versuchte die geisteswissenschaftliche Pädagogik aus ihrer direkten Bindung an die historische Hermeneutik zu lösen und der historischen Aufklärung der Erziehungswirklichkeit, welche lediglich die Bedingungen für das Entstehen pädagogischer Theorien und deren jeweils konkrete Gestalt aufzudecken vermag, eine Hermeneutik der pädagogischen Frage selbst zuzuordnen. Hierdruch trat an die Stelle von Nohls optimistischer Hoffnung, die Geschichte der Erziehung werde bis zur Aufklärung der geschichtlich sich offenbarenden Idee der Erziehung vordringen, die naive Zuversicht hinsichtlich der Gegebenheit der Autonomie des erzieherischen Verhaltens als Tatsache. Aber auch die auf die Zuversicht sich stützende Hermeneutik des in der autonomen Praxis unausgesprochen oder ausgesprochen enthaltenen Bestandes von Theorien ersten und zweiten Grades vermochte nicht bis zur Reflexion der pädagogischen Gültigkeit und Richtigkeit, sondern nur bis zur Aufklärung der Erzieher über ihre theoretisch-praktische Einstellung hinsichtlich der Möglichkeiten und Aufgaben der Erziehung vorzudringen. Wenigers Feststellung, die Autonomie des erzieherischen Verhaltens und der pädagogischen Theorie habe ihre Wurzel im Umschlag der Kritik an der Erziehung zur erzieherischen Kritik an der Welt, konnte innerhalb seiner strukturellen Hermeneutik selbst nicht fruchtbar werden; indem er die Theorie dritten Grades, d. i. die Theorie des Verhältnisses von Theorie und Praxis in der Praxis, den Theorien ersten und zweiten Grades nach- und damit die Praxis selbst der Theorie absolut vorordnete, nahm er der Theorie jedwede Möglichkeit, den faktischen Zusammenhang von Theorie und Praxis einer Kritik hinsichtlich der Legitimität der in der Praxis wirkenden Theorien zu unterziehen. Die Folge hiervon war, daß auch Wenigers Verständnis der Pädagogik nicht über die Schranken einer Wissenschaft von der Erziehungswirklichkeit hinausreichte.

Wilhelm Flitner hat sich in mehreren Arbeiten um eine Klärung und Rechtfertigung des Wissenschaftsbegriffs geisteswissenschaftlicher Pädagogik bemüht. Er geht dabei jeweils von der Untersuchung zwischen empirischen und normativen Systemen aus, um von diesen den Anspruch der hermeneutischen Frageweise abzusetzen und dann die uns hier vor allem interessierende Differenzierung zwischen historisch- hermeneutischen und pragmatisch-hermeneutischen Fragestellungen vorzunehmen.[253]

Wann immer der Empiriker den Tatbestand der Erziehungswirklichkeit zu erklären versucht, um hieraus Schlüsse für die Praxis zu gewinnen und Empfehlungen oder Anweisungen auszusprechen, setzt er Gewißheit über die Ziele und Aufgaben der Erziehung voraus, ohne sich dieser Gewißheit mit den ihm zur Verfügung stehenden

Verfahren versichern zu können. »Die unkritische Haltung (der Empirie, D. B.) liegt in dem mangelnden Bewußtsein von dem Akt der Abstraktion, durch den die ›gegebenen Tatsachen‹ gefunden werden – und in dem Nichtbeachten der Fehlerquellen, die in diesem Abstraktionsakt vorliegen.«[254] In ähnlicher Weise abstrahieren die normativen Systeme von der Erziehungswirklichkeit, wenn sie versuchen, deduktiv aus obersten Wertgesichtspunkten Anweisungen für die Praxis abzuleiten, und dabei die pädagogische Verantwortlichkeit der in der Erziehungswirklichkeit Handelnden auf eine bloß technische im Sinne vorgegebener Normen verkürzen. Aus dieser Defizienz des empirischen und normativen Systembegriffs bestimmt Flitner die Notwendigkeit einer geisteswissenschaftlich vorgehenden Erziehungswissenschaft: »Der empirischen Tatsachenforschung müssen Untersuchungen vorausgehen, in denen sich der Begriff der pädagogischen Tatsache erst ergibt. Die normativ gegebenen Entscheidungen andererseits können nicht ohne weiteres in pädagogische Anweisung für die Praxis verwandelt werden: sie müssen erst im pädagogischen Felde konkretisiert aufgesucht und dort in ihrem Beziehungs- und Wirkungsgefüge verstanden werden. Zwischen den Tatbeständen, auf welche die Empiriker blicken, und jenen, die durch die Wertphilosophie oder theologische oder politische Normierung gestützt scheinen, befindet sich eine Zwischenwelt, in der das erzieherische Geschehen mit seiner Verantwortung liegt. An dieser Stelle beginnt die selbständige Besinnung und Forschung der wissenschaftlichen Pädagogik.«[255] Der wissenschaftlichen Pädagogik kann in dieser Stellung nur mit solchen Verfahren gedient werden, die der »Auslegung des gelebten Lebens«[256], welches sowohl den empirischen wie den normativen Systemen uneinholbar vorausgesetzt ist, dienen.

»Die wissenschaftliche Pädagogik bleibt immer darauf angewiesen, daß sie den Sinngehalt einer historisch gegebenen Wirklichkeit gewahr wird, und daß sie verdeutlicht, wie pädagogisches Verhalten, Einrichtungen, Ordnungen, Lehren in diesen Sphären geistiger Seinserfahrung und Mitentscheidung sich bewegen und betroffen werden. Die Isolierung von Tatbeständen, die man in reiner Tatsachenforschung aufklären möchte, ist immer nur so weit möglich, als die historisch gegebene Entscheidungssituation und die Sinnstruktur der Gehalte, die den Tatbeständen zugrundeliegen, als selbstverständlich vorausgesetzt werden können. Ist die Übereinkunft da, so kann die Erörterung über sie ausgeklammert werden. Darüber darf aber nicht vergessen werden, daß die Herbeiführung jener Übereinkunft die

vornehmste Aufgabe der wissenschaftlichen Pädagogik ist, und daß darin ihre oberste Funktion in der Öffentlichkeit gründet.«[257] Zur Herbeiführung von Übereinkünften hinsichtlich der Aufgaben und Möglichkeiten von Erziehung sind empirische wie normative Verfahren in gleicher Weise untauglich, sofern die ersteren lediglich eine analytische Erklärung der Wirklichkeit anstreben, letztere dagegen die Übereinkunft dogmatisch normieren. Im Zusammenhang mit der sich hier auftuenden Problematik wissenschaftlicher Pädagogik hatten wir uns bemüht, am Beispiel der Tatsachenforschung Petersens die Möglichkeit solcher empirischer Verfahren zu klären, welche nicht der kausalanalytischen Erklärbarkeit der Erziehungswirklichkeit, sondern der Rückerfahrung theoretisch angeleiteter und sinnorientierter Erziehung dienen. Flitner dagegen kommt zu einem anderen Resultat, wenn er in der Vermittlung zweier im Bereich der Erziehung in verschiedener Weise untauglicher Methoden die Möglichkeit der geisteswissenschaftlichen Pädagogik zu begründen versucht:
Die »pädagogische Wissenschaft (ist) gerade dadurch fruchtbar und in ihrer eigenen Methode erst konstituiert, daß sie beide Ansatzpunkte, den empirischen (technologischen, D. B.) und den spekulativen (normativen, D. B.), verbindet und ein drittes Verfahren daraus gewinnt«.[258] Wir gehen auf den hier erhobenen Vermittlungsanspruch nicht näher ein; er läßt sich schwerlich aufrechterhalten, zumal aus der Vermittlung zweier abstrakter Methoden niemals die eigentlich zu suchende folgen kann. Das ernstzunehmende Problem, daß im Bereich erzieherischen Handelns, Erfahrung immer Erfahrung von Praxis sein muß und nicht auf eine kausalanalytische Empirie reduziert werden darf, und daß im Bereich erzieherischen Handelns normative Theorien schon allein deshalb ausscheiden, weil sie von der erzieherischen Motivation als dem Ort des Praktischwerdens der Theorie und der praktischen Vermittlung von Theorie und Praxis abstrahieren, kann durch eine Verbindung zweier sich als abstrakt erweisender Verfahren, des empirisch-technologischen und des normativ-technologischen, nicht gelöst werden. Indem jedoch die geisteswissenschaftliche Pädagogik sich selbst als Vermittlung dieser, ihrer eigenen Meinung zufolge apädagogischen Wissenschaftsmodelle verstand, leistete sie indirekt der Vernachlässigung der Frage nach einer praxeologischen Empirie Vorschub. Die Folgen dieser Vernachlässigung lassen sich bis in die emanzipatorische Pädagogik hinein verfolgen, in welcher neuerlich der Versuch einer Vermittlung zwischen technologischer Empirie und hermeneutischer Analyse unternommen

und dabei vom Problem einer praxeologischen, also nicht unter einem technischen Erkenntnisinteresse stehenden Erfahrung abstrahiert wird.

Die für die Beurteilung der immanenten Entwicklung der geisteswissenschaftlichen Pädagogik relevante Unterscheidung, welche Flitner in diesem Zusammenhang einführt, ist diejenige zwischen einer historisch-philologischen und einer pragmatischen Hermeneutik. Gemeinsam mit Nohl und Weniger geht Flitner davon aus, daß es die »erste Aufgabe« aller hermeneutischen Disziplinen sei, »die aus pragmatischen Zusammenhängen auftauchenden Einzelfragen an ihrem historischen Standort zu verstehen«; während jedoch Nohl in der historischen Analyse der Erziehungswirklichkeit und den durch diese aufweisbaren Strukturzusammenhängen bereits die eigentliche Bestimmung der Erziehungswissenschaft erblickte, und während Weniger glaubte, die Strukturanalyse der Erziehungswirklichkeit als zentrale Aufgabe geisteswissenschaftlicher Pädagogik ansetzen zu können, erkennt Flitner der historischen Strukturanalyse nicht die zentrale Funktion schlechthin innerhalb der Erziehungswissenschaft zu: »Die Strukturanalyse des um uns realisierten Erziehungssystems und der in ihm lebendigen Bildungsideen ist (die) vordergründige Aufgabe« der Pädagogik als einer hermeneutischen Disziplin. »In der zweiten Linie ergibt sich sodann, daß in dieser historischen Wirklichkeit nunmehr nach dem Recht, dem gediegenen Staatswesen, nach gesellschaftlichem Gedeihen, nach echter Bildung und guter Erziehung gefragt wird und der Grundgedankengang aufzudecken ist, der sich im philosophischen und theologischen Denken eines bestimmten Lebenskreises zu behaupten vermag und dort die Verantwortung aller an der Erziehung, Politik, Ökonomie, Rechtspflege usw. Beteiligten aufklärt. Auch angesichts dieser zweiten Aufgabe ließe sich von einer hermeneutischen Disziplin sprechen. Das Auslegen und Verstehen, mit dem es die Hermeneutik zu tun hat, wäre hier aber nicht mehr auf die historische, sondern auf die existentielle und normative Situation des menschlichen Daseins gerichtet.«[259] Indem Flitner sich hier nicht mehr damit begnügt die Möglichkeiten und Aufgaben von Erziehung aus dem Selbstverständnis der Erziehungswirklichkeit hermeneutisch zu ermitteln, sondern die »existentielle und normative Situation« der Erziehung in ihrer Angewiesenheit auf eine wissenschaftliche Anleitung und Sinnorientierung ernstnimmt, gewinnt der in der Tradition bereits erkannte Anspruch, die Pädagogik müsse zugleich Wissenschaft von der und für die Erziehung sein, auch in der geisteswissenschaftlichen Pädagogik Anerkennung. Flitner stellt ausdrücklich fest: »Die ... Reflexion am Standort der Verantwortung des Denkenden ist die Mitte dessen, was in strengem Sinne pädagogische Wissenschaft heißen darf. Sie faßt alle Erziehungslehren zusammen, welche in einem Kreis gemeinsamen Lebens von den Praktikern als wahr erkannt werden. Sie vereinigt sie, ordnet sie einem universalen pädagogischen Grundgedankengang ein, prüft sie, verbindet diesen Grundgedanken mit der wissenschaftlichen Reflexion in ihrer Gesamtheit, kritisiert die Erziehungslehren von da aus, reinigt sie von Irrtümern und Beengtheiten und klärt den Standort auf, an dem sie praktiziert werden. In diesem Sinne ist die pädagogische Wissenschaft durchaus réflexion engagée. Ein verantwortliches Denken, das eine geistige Entscheidung bei sich hat, klärt sich auf, versteht sich aus seinen Voraussetzungen und prüft sich in diesem seinem Wollen und seinem Glauben.«[260]

Die eigentliche Frage, die sich uns hier stellt, ist diese: kann die von Flitner genannte Aufgabe einer permanenten Selbstprüfung und Selbstkritik des erzieherischen und des erziehungswissenschaftlichen Denkens, der erzieherischen Praxis und der erziehungswissenschaftlichen Anleitung und Orientierung, durch eine Hermeneutik der Erziehungswirklichkeit geleistet werden, oder verlangt nicht gerade die hier von Flitner anerkannte Aufgabe wissenschaftlicher Pädagogik ein Hinausgehen über den Standpunkt geisteswissenschaftlicher Pädagogik? Flitner glaubte noch, eine Hermeneutik der Erziehungswirklichkeit reiche aus, um den an eine praktische Handlungswissenschaft zu stellenden Anforderungen, die Handlungssituation nicht nur in ihrer geschichtlichen Gewordenheit aufzuklären, sondern zugleich hinsichtlich der in ihr sich stellenden Aufgaben und Möglichkeiten anzuleiten und zu orientieren, gerecht werden zu können: »Jene pragmatisch ansetzende echte Hermeneutik ... legt das Leben aus, das auf Wahrheit und auf Transzendenz bezogen ist, und sucht in der wirklichen Situation, in der sich die Menschheit befindet, dem Handeln die Orientierung zu sichern.«[261] Er setzt dabei jedoch – wie bereits Nohl und Weniger – voraus, daß die Orientierung des Handelns aus der Interpretation des praktischen Lebens gewonnen werden könne, er setzt – um dies mit Flitners eigenen Worten zu sagen – für die Erziehungswissenschaft in analoger Weise wie für die Praxis voraus, »daß die Erziehung an die Präsenz des wahren Geistes innerhalb eines traditionell ausgeprägten gebunden ist«[262] und daß sich aus der Präsenz eben dieses wahren Geistes innerhalb der Geschichte die jeweils aufgegebene Sinnorientierung der Praxis hermeneutisch ermitteln lasse.

Der hinter der gesamten geisteswissenschaftlichen Pädagogik von Nohl bis Flitner stehende Anspruch, aus der Hermeneutik der Erziehungswirklichkeit eine Orientierung der Praxis gewinnen zu können, geht letztlich auf ein Verkennen der Eigenart des historischen Verstehens zurück, wie es sich am deutlichsten an dem von der geisteswissenschaftlichen Pädagogik immer vorausgesetzten »hermeneutischen Zirkel« von Leben-Verstehen-Leben nachweisen läßt. Die hermeneutisch pragmatische Analyse erfolgt jeweils in zwei aufeinander abgestimmten Schritten; sie geht aus von der jeweils vorgegebenen Erziehungswirklichkeit, deren Vorverständnis sie auf seinen verborgenen Theoriegehalt befragt und stellt eine Strukturanalyse der vorgegebenen Erziehungswirklichkeit und ihres Theoriegehaltes auf. In der Absicht, dabei der Praxis dadurch zu dienen, daß diese durch die hermeneutisch-pragmatische Analyse eine bewußtere werde, versucht sich die geisteswissenschaftliche Pädagogik hierbei in einen Zirkel von Leben (Vorverständnis), Verstehen (Strukturanalyse) und Leben (ihr Vorverständnis reflektierende Praxis) einzuordnen, von dem sie zum einen die Fundierung der von ihr entwickelten Einsichten erwartet und durch den sie zum anderen ihren Praxisbezug, ihre Verwiesenheit auf vergangene Praxis und ihre Offenheit für künftige Handlungsentwürfe, gewährleistet sieht. Dies zeigte sich deutlich an Wenigers Differenzierung des Theoriebegriffs, welcher sowohl ein zweifaches Eingezirkeltsein der Praxis durch die ihr vor- und nachgeordnete Theorie als auch ein zweifaches Eingezirkeltsein der Theorie durch die ihr vor- und nachgeordnete Praxis aufwies. Diese Einordnung in den sogenannten hermeneutischen Zirkel von Leben-Verstehen-Leben vermag jedoch nur dann der hermeneutischen Analyse ihre Gültigkeit hinsichtlich praxeologischer Fragestellungen zu sichern, wenn sich dieser Zirkel zum einen als Basis des Verstehens und zum anderen als Fundierung der normativen Gültigkeit des Verstandenen erweisen ließe. Nun trifft das eine ebensowenig wie das andere zu.

Der hermeneutische Zirkel taugt nicht zur Fundierung des Verstehens, weil von einem Zirkel niemals eine Begründungsleistung erwartet werden kann. Die traditionelle Kritik am hermeneutischen Zirkel wandte sich zumindest gegen die subjektive Einstellung und Befangenheit des verstehenden Subjektes und verlangte nach objektivierenden und eben diese subjektive Einstellung kontrollierenden Methoden. Diese Kritik scheint uns schon allein deshalb unwesentlich zu sein, weil sie den hermeneutischen Zirkel als Fundament des Verstehens nicht hinterfragt. Jeder Zirkel ist vitiös, insofern er jene Zirkelstruktur, die es allererst zu begründen gilt, als bewiesen voraussetzt. Der Versuch, den Nachweis zu führen, daß der hermeneutische Zirkel nicht vitiös sei, ist unsinnig, da er den Nachweis dafür erbringen müßte, daß der hermeneutische Zirkel kein Zirkel ist. In seiner Kritik des hermeneutischen Zirkels kommt Hans Wagner zu dem Resultat: »gerade jetzt, nachdem das Zirkeltheorem ausgeräumt ist, erweist sich das Problem der Möglichkeit historischen Verstehens als doppelt schwierig. Denn jetzt ist es so definiert: das zu Verstehende ist nur auf Grund von verstandener Subjektivität verstehbar, aber es muß gerade als eine von der verstandenen Subjektivität verschiedene Subjektivität verstanden werden. Wie kommt den die verstehende Subjektivität über die Grenzen ihrer Endlichkeit hinweg in die Fremdheit der fremden Subjektivität, die sie zu verstehen hat?«[263] Erweist sich der hermeneutische Zirkel untauglich zur Fundierung des Verstehens, so ist er dies hinsichtlich der Begründung der normativen Gültigkeit des Verstandenen in noch größerem Maße. Nur wenn sich das Verstehen im Zirkel von Leben-Verstehen-Leben befriedigend erklären ließe, nur wenn es bruchlos sich einordnete in ihm vor- und ihm nachgeordnete Praxis, könnte von einer Verbindlichkeit des verstandenen Lebens für das künftige Leben gesprochen werden. Der hermeneutische Zirkel von Leben-Verstehen-Leben »funktioniert« mithin nur dort, wo das Verstehen selbst noch gar nicht zum Problem geworden ist und wo der Sinn- und Aufgabenhorizont der Praxis im gelebten Leben vorgegeben ist und zu seiner tradierenden Erneuerung lediglich der Analyse des im Vorverständnis bereits enthaltenen Sinngehaltes bedarf. Nur dadurch, daß die geisteswissenschaftliche Pädagogik am Modell des praktischen Zirkels von Leben, tradierender Erziehung und Leben festhält, obwohl sie darum weiß, daß im Zerbrechen des praktischen Zirkels allererst die Frage nach den Möglichkeiten und Aufgaben der Erziehung auftritt, kann sie den Resultaten der historischen Analyse der Erziehungswirklichkeit eine direkte pädagogische Relevanz zuerkennen. Auf dem Verkennen des hierin liegenden Widerspruchs, den praktischen Zirkel einmal als aufgehobenen anzusetzen, um überhaupt das Bedürfnis nach Wissenschaft und die Aufklärungsfunktion von Wissenschaft erkenntlich machen zu können, dann aber wieder den praktischen Zirkel in der Form des hermeneutischen Zirkels als intakt hinzustellen, um den Resultaten der historisch-hermeneutischen Analyse praktische Bedeutsamkeit zusprechen zu können, fußt der Rechtsanspruch der geisteswissenschaftlichen Pädagogik, eine hermeneutische und zugleich eine pragmatische Disziplin zu sein. Ist dieser Schein durchschaut, so erweist sich die geisteswissenschaftliche Pädagogik von ihrem Theorieansatz her als das, was sie ist: eine unter pädagogischen Fragestellungen stehende historische Strukturanalyse der Erziehungswirklichkeit, keineswegs aber eine praktische Wissenschaft von der und für die Erziehung.

Historische Forschungen im Bereich der Erziehungswirklichkeit dienen in der Tat der Aufklärung des Selbstverständnisses der in der Erziehungswirklichkeit Handelnden; diese selbst wie auch die wissenschaftliche Analyse der Möglichkeiten und Aufgaben von Erziehung bedürfen einer solchen Aufklärung hinsichtlich des jeweils vorgegebenen Vorverständnisses von den Möglichkeiten und Aufgaben der Erziehung. Sowenig jedoch aus der kausalanalytischen Erklärbarkeit des Erziehungsprozesses sich eine Technologie der Erziehung ableiten läßt, sowenig kann aus der historischen Strukturanalyse der Erziehungswirklichkeit eine Antwort auf die Frage nach den wirklichen Aufgaben und Möglichkeiten der Erziehung gewonnen werden. Angesichts der Aufgabe der Erziehungswissenschaft, Wissenschaft von der und für die Erziehung zu sein, stellt sich hier neuerlich die Frage nach den Möglichkeiten einer spezifisch pädagogischen Forschung. Diese kann von einer technologischen Empirie ebensowenig geleistet werden wie von einer historischen Erforschung der Erziehungswirklichkeit. Die mögliche pädagogische Relevanz kausalanalytisch-nomologischer und historisch-hermeneutischer Forschungen für die sinnvolle Einrichtung des Erziehungswesens und für eine Anleitung und Sinnorientierung der Erziehungspraxis kann nur ermittelt werden, wenn hermeneutische Erfahrung und erkenntniswissenschaftliche Empirie sich einer erziehungswissenschaftlichen Erforschung der nach Grundsätzen der Theorie der Erziehung, der Theorie der Bildung und der Theorie der Schule zu kritisierenden und experimentell zu verändernden Erziehungswirklichkeit »nebenordnen« (Petersen). Eine an der Theorie der Möglichkeiten und Aufgaben der Erziehung ausgerichtete erziehungswissenschaftliche Forschung kann dabei ebensowenig auf eine kausalanalytische Erklärung der Erziehungswirklichkeit wie auf eine historisch-hermeneutische Analyse des in der Erziehungswirklichkeit deponierten Sinn- und Normgehaltes reduziert werden.

Die gegenwärtige Diskussion um die Gewinnung einer spezifisch pädagogischen Forschungspraxis zeichnet sich dagegen vor allem dadurch aus, daß – in jeweils unterschiedlicher Weise – versucht wird, empirische und hermeneutische Verfahren so miteinander zu koppeln, daß hieraus eine erziehungswissenschaftliche Erforschung der Erziehungswirklichkeit möglich werde.

D ANSÄTZE ZUR VERMITTLUNG VON EMPIRIE UND HERMENEUTIK

Die gegenwärtigen Versuche, eine pädagogische Forschungsstrategie zu ermitteln und zu begründen, sind dadurch gekennzeichnet, daß sie eine Kooperation empirischer und hermeneutischer Pädagogik intendieren. Dabei wird jeweils unter Rückgriff auf den einen oder anderen Ansatz und unter Abstraktion von den in diesen selbst angelegten Kontroversen die Vereinbarkeit empirischer und hermeneutischer Analysen behauptet. Wir unterscheiden im folgenden zwischen W. Brezinkas Modell einer Kooperation von technologischer Empirie und Historiographie der Erziehung, dem von H. Thiersch und H. Roth entwickelten Ansatz wechselseitiger Verwiesenheit empirischer und hermeneutischer Verfahren und den verschiedenen Grundlegungsversuchen einer sich an die kritische Theorie der Frankfurter Schule anlehnenden emanzipatorischen Pädagogik. Letzteren wenden wir uns in einem besonderen Kapitel zu, welches die Anfänge der kritischen Theorie zu berücksichtigen versucht. Daß wir darüber hinaus unter die Anstrengungen um die Vermittlung zwischen Hermeneutik und Empirie die systematischen Analysen A. Petzelts und seiner Schule zählen, mag zunächst verwundern, entwickelte diese Schulrichtung doch gerade sowohl eine Kritik der technologischen Empirie als auch der historischen Hermeneutik. Was diese Schule jedoch auf den ersten Blick aus dem Rahmen der Vermittlungsversuche zwischen Empirie und Hermeneutik auszuschließen scheint, weist ihr bei genauerem Hinsehen den ihr im Kontext dieser Anstrengungen zukommenden systematischen Ort zu. Von der Petzelt-Schule wurde nämlich der Nachweis erbracht, daß der Pädagogik als praktischer Wissenschaft von der und für die Erziehung mit einer Kooperation empirisch-technologischer und historisch-hermeneutischer Ver-

fahren nicht gedient werden könne. Daß dies z. T. bereits aufgezeigt wurde, bevor überhaupt solche Vermittlungsversuche unternommen wurden, schmälert dabei nicht die Gültigkeit der in der Nachfolge Petzelts entwickelten Analysen, sondern wirft eher ein Licht auf das Problembewußtsein der untereinander stark differierenden Vermittlungsversuche selbst.
Nun wäre es freilich müßig, die Analyse der Vermittlungsversuche zwischen Empirie und Hermeneutik mit einer Schulrichtung zu beginnen, die den Nachweis der Absurdität dieses Vorhabens bereits erbrachte, bevor diese Versuche ernstlich unternommen wurden, wenn nicht die von der Petzelt-Schule an Empirie und Hermeneutik unternommene Kritik und jene Vermittlungsversuche selbst in einem gewissen Spannungsverhältnis zueinander stünden, das dadurch gekennzeichnet ist, daß die Kritik zu keiner Position erziehungswissenschaftlicher Forschung führte und daß die Vermittlungsversuche auf Aufgaben verweisen, welche ungeachtet der gegen sie im einzelnen zu erhebenden Einwände von entscheidender Bedeutung für die Pädagogik als Wissenschaft sind.

1 Kritik der empirischen und geisteswissenschaftlichen Pädagogik in der Petzelt-Schule

Die von A. Petzelt, W. Fischer, M. Heitger und J. Ruhloff an der geisteswissenschaftlichen Pädagogik einerseits und der empirischen Pädagogik anderseits geübte Kritik ist eher ein Nebenprodukt dieser erziehungsphilosophischen Schulrichtung als ihr zentrales Thema. Das Hauptarbeitsfeld der Petzelt-Schule liegt im Bereich der Theorie der Erziehung; zur Theorie der Bildung fand sie kaum Zugang, da ihre radikale Ablehnung jedweder normativen Pädagogik die Probleme der Aufforderung zur Selbsttätigkeit und der pädagogischen Determination gegenüber denjenigen der Bildsamkeit und pädagogischen Konzentration in den Vordergrund rückte.[264] Die erziehungstheoretische Basis für die Auseinandersetzung mit dem empirisch-technologischen und historisch-hermeneutischen Ansätzen der Erziehungswissenschaft lieferte A. Petzelt in seiner dreifachen Differenzierung des Aktivitätsbegriffes. Seine *Grundzüge systematischer Päd-*

agogik erörtern die Fragen: »Was meinen wir eigentlich, wenn wir von Unterricht sprechen, wie läßt er sich definieren? ... Welches Feld beansprucht die Erziehung für sich ... Kurz: was will Erziehung?« und drittens: »Wenn beide zusammengehören, in welchem Verhältnis stehen sie zueinander?«[265] Wir gehen diesen Fragen in der hier gebotenen Vereinfachung und Kürze nach, um den dreifachen Begriff der Aktivität des Ich einzuholen, der das Fundament für die Kritik der empirischen und geisteswissenschaftlichen Pädagogik bildet.
Petzelt unterscheidet zwischen »Unterricht« und »Erziehung«. Den »Unterricht« bestimmt er durch die »Lehrer-Schüler-Relation«, das Ziel des Unterrichts durch den Begriff des »Wissens« und die Beurteilung des Unterrichtserfolges durch die Kriterien des »Richtigen« und »Falschen«. Vom »Unterricht« hebt er die »Erziehung« ab, die durch die »Erzieher-Zögling-Relation« definiert wird, die nicht »Wissen«, sondern »Haltung« intendiert und die in ihrem Erfolg nicht durch die Kriterien des »Richtigen« und »Falschen«, sondern durch diejenigen des »Guten« und »Schlechten« beurteilt wird. Wenden wir uns zunächst den Bestimmungen des Unterrichts zu.
Petzelt führt hierzu aus: »Unterricht bringt Kenntnisse und will ein Wissen bestimmter Art. In ihm sollen Kenntnisse erworben werden, jeweils festgelegtes Wissen soll besessen werden. Der Erwerb dieser Kenntnisse bis zum Besitz als Wissen ist spezifischer Natur. Pläne, Vorschriften, Rücksichten auf Tradition und Kultur lenken ihn ... Es ist ein zeitliches Hintereinander, das vollzogen werden muß, ein Prozeß, der in Akten des Ich statthat. Die zu erwerbenden Kenntnisse werden nicht als fertige ›Brocken‹ übernommen, sondern in Auseinandersetzungen gegliedert, in Reihen geordnet, in Zusammenhängen überschaut, werden einsichtig, bald lückenhaft, bald halb verstanden, bald unverdaut. Jedenfalls entwickelt oder gestaltet sich im Unterricht etwas, was später als Besitz einen Besitzer ausmachen soll. Wir nennen dieses Tun vom Lehrer her gesehen unterrichten, vom Schüler her betrachtet lernen, müssen also genauer vom Unterrichts- bzw. Lernprozeß sprechen.«[266] Der Unterricht ist gekennzeichnet durch das Lehrer-Schüler-Verhältnis, welches an den im Lehrplan enthaltenen Lehrgütern ausgerichtet ist und darauf abzielt, »daß Kenntnisse von Gegenständen allemal zugleich Erkenntisse sind«.[267] Wenn Petzelt davon spricht, daß Wissen oder Erkenntnisse »als Besitz einen Besitzer« ausmachen, so ist damit gerade nicht das gemeint, was der Besitzbegriff nahezulegen scheint; nicht dadurch soll der Unterrichtsprozeß definiert werden, daß in ihm Wissen als Besitz der Lehrenden in den

Besitz der Lernenden übergeht, sondern dadurch, daß Lehrende und Lernende, Lehrer und Schüler, ein je eigenes Possesivverhältnis zum Gegenstande des Unterrichts haben, welches für das Lehren und Lernen schlechterdings konstitutiv ist: »Im Verstehen stehen sich unterschiedene Possesivverhältnisse gegenüber. Zeitganzheit des Ich samt seinem Besitz ist auf Zeitganzheit des Du samt dessen Besitz bezogen. Akte des Ich und des Du richten sich auf solche Possesivverhältnisse. Das Gedankengut wandert nicht von einem zum anderen, sondern jedes Ich aktiviert seinen Besitz, um Geäußertes als psychisch einzelnes samt dessen dazugehörigem Possesivverhältnis in seinen Besitz so einzugliedern, daß nichts bloß hinzukommt, sondern daß immer wieder eine Neugliederung des eigenen Ganzen erfolgt. Das Ich vermehrt mit jedem neuen Gedanken nicht seinen Besitz, sondern es macht sich in eigenen Akten neu.«[268]

Daß Lernen als jener Prozeß, in dem die Kenntnisse zu Erkenntnissen werden, wesentlich dadurch bestimmt ist, daß das lernende Ich oder der Schüler in eine aktive Beziehung zum Gegenstand tritt, kennzeichnet das Lehrer-Schüler-Verhältnis als ein solches, das dem Lehrer die Aufgabe zuweist, die Aktivität der Lernenden zu führen, damit diese im Begreifen des Unterrichtsgegenstandes ihre Possesivverhältnisse weiterentwickeln. Die Beziehung zwischen der Unterrichtsaufgabe des Lehrers und den Possesivverhältnissen seiner Schüler erläutert Petzelt am »Prinzip der Frage«, welches verlangt, daß die im Wissen des Lehrers vorgegebene Erkenntnis des Gegenstandes auf die Zeit abgebildet wird (Hönigswald). Der Unterricht im allgemeinen und die unterrichtliche Frage im besonderen ist dadurch bestimmt, daß das Wissen des Lehrers vom Gegenstande in Beziehung zum Wissen des Schülers tritt, um diesen aufzufordern, die sein Possesivverhältnis jeweils kennzeichnende Grenze zwischen Wissen und Nicht-Wissen und damit den Gegenstand selbst genauer zu erkennen. Das Ziel des Unterrichts, das zu erreichende Possesivverhältnis des Schülers zu den in Fächern geordneten einzelnen Unterrichtsgegenständen, wird dabei im Wissen des Lehrers vorausgesetzt, das seinerseits seinen Maßstab in den Fachwissenschaften der verschiedenen Unterrichtsfächer hat. Die Beurteilung des Unterrichtserfolges bezieht sich auf das erreichte Possesivverhältnis des Schülers, sie ist darauf ausgerichtet, ob der jeweilige Gegenstand erkannt worden ist oder nicht und klassifiziert im Sinne der Unterscheidung zwischen richtig und falsch.[269]

Vom Unterricht hebt Petzelt die Erziehung ab: »Unterricht wie

Erziehung wenden sich beide an ein Ich, aber die Forderungen, die sie stellen, sind verschieden... Man prüft den Unterrichteten in seinem Wissen, den Erzogenen betrachtet man kritisch oder prüfend in seiner Haltung... Während man im Unterrichte angesichts des Lehrgutes vom Verstehen, von der Einsicht, von Lückenlosigkeit oder Lückenhaftigkeit spricht, wenn von richtigem oder falschem Wissen die Rede ist, bringt der Erziehungsgedanke Urteile über Fleiß und Faulheit, über Gleichgültigkeit und Sorglosigkeit u. a. m. zum Vorschein... Unterricht wendet sich an Erkenntniswerte, Erziehung hat es mit sittlicher Ordnung zu tun.«[270] Hieraus folgt die besondere Intentionalität der Erziehung. »Unsere Frage geht nicht mehr nach Wissen und Gewußtem, geht auch nicht nach dem Ich als Träger dieser Inhalte, sondern sie richtet sich auf das Ich selbst aus Anlaß seines Wissens. Das Maß des Gewußten, die im Wissen erreichte gegenständliche Ordnung wird dabei gleichgültig. Das Erkannte wird unwesentlich. Das Ich wird betrachtet, wenn es im Wissen diese oder jene Höhe erreicht hat. Wir fragen also, wie das Ich selbst im Hinblick, in Ansehung auf seine Erkenntnis, im Verhältnis zu ihr ist. Nicht wie es erkannt hat, wollen wir wissen, sondern wie es aussieht angesichts seiner vollzogenen Erkenntnis.«[271] Im Unterschied zum Unterricht ist Erziehung gekennzeichnet durch das Erzieher-Zögling-Verhältnis, welches, an sittlichen Werten ausgerichtet, darauf abzielt, »die Selbstbetrachtung des Zöglings zu führen, ... dafür zu sorgen, daß dieser seine Handlungen ordnen lernt, um sie vor dem eigenen Gewissen verantworten zu können«.[272] Die Beurteilung der Haltung des Zöglings erfolgt daher nicht mehr im Sinne der Unterscheidung zwischen richtig und falsch, sie bezieht sich nicht auf die Wahrheit des Gegenstandes und seiner Erkenntnis, sondern auf die Wahrhaftigkeit des Selbst- und Du-Verhältnisse des Educandus. Sie hat die Haltung im Sinne der sittlichen Werte dahingehend zu beurteilen, ob sie »gut« oder »schlecht« ist. Voraussetzung für eine solche Beurteilung der Haltung ist freilich, daß Erzieher und Zögling ein und dasselbe System sittlicher Werte anerkennen. Wo ein solcher Konsens fehlt, gerät die Haltungsbeurteilung in die größten Schwierigkeiten.

Wenn Erziehung als jener Prozeß, in welchem sich das Gewissen des Zöglings bildet, wesentlich dadurch bestimmt ist, daß der Zögling in eine aktive Beziehung zu sich selbst tritt, dann steht der Erzieher vor der Aufgabe, »sittliche Bindungen von seinen Zöglingen zu fordern. Das ist unmöglich, wenn er sich nicht selbst an sie bindet... Nur wer selbst sittlich gebunden handelt, vermag zu zeigen, was diese Bindung bedeutet. Fehlt dieses Moment, dann ist das Tun keine Erziehung mehr. Man muß dieser Forderung um der schlimmen Folgerungen, die ihre Vernachlässigung zeitigte, um so klarer gegenüberstehen. Ihre Nichterfüllung trug nicht wenig dazu bei, die Katastrophe unserer Tage heranreifen zu lassen und sie zu einer Erziehungskatastrophe zu machen«.[273] Was Petzelt hier im Hinblick auf die Schulwirklichkeit des Dritten Reiches feststellt, welche die unterrichtlichen Inhalte mehr oder weniger an die Norm eines ideologischen Verwertungs- und Werthorizontes band und die durch Erziehung herbeizuführende Haltung direkt oder indirekt zum Gegenstand des Unterrichts machte, gilt in abgeänderter Weise auch für die gegenwärtigen Versuche, den Unterricht immer mehr an den durch Abnehmerbedürfnisse bestimmten Wissensanforderungen auszurichten und die Erziehung auf die Einübung der vom Anwendungshorizont des Wissens her diktierten wünschenswerten Verhaltensweisen festzulegen. Das Verhältnis von Erziehung und Unterricht kann nur dann kritisch bestimmt werden, wenn zuvor zwischen der dem Unterricht und der der Erziehung zukommenden Aktivität streng unterschieden wurde. Die Vermengung beider Aktivitäten dagegen führt zu einer Ideologisierung sowohl der Erziehung als auch des Unterrichts.

Der Unterricht wurde durch die im »Possesivverhältnis« des Schülers angesprochene Aktivität des Lernenden bestimmt; wird von ihr abstrahiert, so führt der Unterricht zu bloßem Wort-Wissen, nicht aber zur Erkenntnis von Zusammenhängen. Erziehung dagegen hat als Führung der »Selbstbetrachtung des Zöglings« dessen Willen oder gewissenhafte Selbstbestimmung zum Bezugspunkt. Wird von der ihr eigentümlichen Aktivität abstrahiert, so droht Erziehung auf die Herstellung gewünschter Verhaltensweisen im Educandus reduziert zu werden. Hieraus folgt, daß das Verhältnis von Erziehung und Unterricht in dreifacher Hinsicht bestimmt werden muß: zum einen gilt es am Unterschied zwischen Erziehung und Unterricht festzuhalten, da nur so eine Ideologisierung von Erziehung und Unterricht vermieden werden kann; zum anderen gilt es die Beziehung von Erziehung und Unterricht im Hinblick auf die Einheit von Lehrer und Erzieher im Lehrer-Erzieher, im »Pädagogen«, wie Petzelt sagt[274], zu bestimmen; und schließlich gilt es die Einheit von Schüler und Zögling im werdenden Ich aufzudecken. Die genannten drei Bestimmungsmomente des Verhältnisses von Erziehung und Unterricht führen zu einem dritten Aktivitätsbegriff, in welchem die Kritik der empirisch-

technologischen und historisch-hermeneutischen Erziehungswissenschaft ihr Fundament besitzt.
Der Unterschied zwischen Unterricht und Erziehung ergab sich aus der jeweils verschiedenen Ausrichtung des Verhältnisses von Ich und Gegenstand. Während das lernende Ich sich den Gegenstand erkennend aneignet, indem es sein Wissen differenziert und erweitert, urteilt das sich erziehende und zu erziehende Ich über den ihm in seinem Wissen gegebenen Gegenstand. Im ersten Fall ist die Aktivität des Lernenden oder Schülers am Gegenstand ausgerichtet und zielt auf je bestimmte Gegenstandserkenntnis; im zweiten Fall wird der Gegenstand nach der Aktivität des Zöglings ausgerichtet und durch dessen Haltung bestimmt. Die Verschiedenheit beider Akte verlangt, daß Lernen und Erkennen, obwohl haltungsbezogen, wesentlich als Wissensaneignung, Erziehung und Selbstbeurteilung dagegen, obwohl immer bezogen auf die Possesivverhältnisse des Ich, wesentlich als Haltungsaneignung verstanden werden. Die Unterscheidung zwischen Wissen oder Unterricht und Haltung oder Erziehung will nicht die Haltungsgebundenheit allen Wissens und den Wissensbezug aller Haltung leugnen; sie kennzeichnet vielmehr die praktische Vermittlung von Wissen und Haltung als eine sowohl über den Horizont des Unterrichts als auch der Erziehung hinausgehende Aufgabe.
Bevor wir uns dem hier anklingenden dritten Aktivitätsbegriff zuwenden und die auf ihm fußende kritische Analyse der empirischen und geisteswissenschaftlichen Pädagogik verfolgen, wollen wir auf einige Schwierigkeiten verweisen, die aus der Petzeltschen Unterscheidung zwischen Erziehung und Unterricht resultieren und für deren kritische Beurteilung aufschlußreich sind.
Die erste Schwierigkeit betrifft die Kriterien für die Beurteilung des Unterrichtserfolges. Es kann kein Zweifel daran bestehen, daß jeder Wissenschaftler zwischen »richtigen« und »falschen« Aussagen über seinen Gegenstand unterscheiden kann und die jeweiligen Aussagen im Sinne dieser Unterscheidung beurteilen muß. Weder der Lehrer noch der Wissenschaftler als Lehrer wird sich jedoch damit begnügen dürfen, denn er hat nicht allein bestimmte Possesivverhältnisse hinsichtlich ihres gegenstandsbezogenen Wahrheitsgehaltes zu beurteilen, sondern muß zugleich das Zustandegekommensein dieser Possesivverhältnisse reflektieren. Wenn in jede Lehrerfrage – wie Petzelt selber ausführt, stets eine »argumentatio ad rem et ad hominem« eingeht, insofern der Prozeß der pädagogischen Determination sowohl durch das in der Frage angesprochene Wissen als auch durch

das in ihr zu berücksichtigende Wissen und Nicht-Wissen des Schülers bestimmt wird, dann kann es keine pädagogische Beurteilung des Unterrichtserfolges geben, in welcher nicht die Beurteilung der richtigen und falschen Erkenntnisse des Schülers bezogen ist auf die Beurteilung der richtigen und falschen Führung des Unterrichts durch den Lehrer. Erst wenn beide Momente der Beurteilung, die sich auf das Lernen und Unterrichten zugleich beziehen muß, berücksichtigt werden, stellt sich das Problem der pädagogischen Benotung von Schulleistungen in aller Schärfe, weil der szientifische Leistungsbegriff nun als Beurteilungskriterium ausscheidet. Daß Petzelt von der Selbstbeurteilung des Lehrers als einem wesentlichen Moment der Schülerbeurteilung abstrahiert, hängt aufs engste mit der Unterscheidung zwischen Unterricht und Erziehung im allgemeinen und dem Erziehungsbegriff im besonderen zusammen.

So verweist die erste Schwierigkeit zunächst auf eine zweite, welche den Erziehungsbegriff betrifft. Wenn Petzelt als mögliche Äußerungen der Haltung des Zöglings Fleiß, Faulheit, Gleichgültigkeit und Sorglosigkeit nennt, so wird der Horizont der Selbstbetrachtung des Zöglings ungebührlich verengt, denn diese richtet sich nicht nur auf sein Possesivverhältnis zu den unterrichtlichen Gegenständen nach Maßgabe unterrichtlicher Leistungsforderungen, sondern bezieht sich zugleich auf die konkrete Gegebenheit der Gegenstände in der gesellschaftlichen Situation. Es ist ein Unterschied, ob der Zögling als Schüler mit Fleiß seine Lektionen in Naturwissenschaft, Wirtschaftskunde, Literaturkunde und politischer Geschichte absolviert oder ob er den Verwertungshorizont der Naturwissenschaften in der Technik, die Funktion ökonomischer Gesetzmäßigkeiten im funktionalen Rahmen eines Gesellschaftssystems, die Aussagen der Dichtung über sittliche und politische Probleme und die politische Bewältigung der Vergangenheit und Gestaltung der Zukunft reflektiert, seine Einstellungen in Einklang mit seinen Überlegungen und Erfahrungen bildet und praktisch bezeugt. In beiden Fällen kann zwar zu Recht von Haltung im Unterschied zum Wissen gesprochen werden, aber erst im zweiten Fall gewinnen die im ersten angesprochenen formalen Ordnungstugenden substanzielle Bestimmtheit. Daß bei Petzelt Fleiß, Faulheit, Gleichgültigkeit und Sorglosigkeit als mögliche Charakteristika der Haltung des Zöglings im Vordergrund stehen, ist freilich kein Zufall. Sein Begriff des Unterrichts kennt ausschließlich die auf die theoretische Gegenstandserkenntnis ausgerichtete Ich-Gegenstand-Beziehung, wobei die Gegenstände des Unterrichts nach Unterrichtsfächern bzw. Einzelwissenschaften gegliedert gedacht wurden. Als generelle Haltung eines am fachspezifischen Wissen ausgerichteten Lernens kommen dabei vor allem unterrichtsbezogene Ordnungstugenden in Frage. Substanzielle Orientierungen verantwortlichen Handelns erfordern dagegen eine Überwindung des bloßen Nebeneinander szientifischer Unterrichtsfächer, wie sie der Konzentrationsbegriff verlangt, der die Beziehungen der verschiedenen Handlungs- und Sinndimensionen menschlichen Daseins zum Ausgangspunkt einer bildungstheoretischen Fundierung von Lehrplanentscheidungen erhebt. Das Problem der Bildungstheorie, die Klärung der spezifischen Handlungs- und damit Haltungsbezüge wissenschaftlichen Wissens, wurde von der Petzelt-Schule – wie bereits angedeutet – vernachlässigt. Die Folgen einer Bevorzugung erziehungstheoretischer Fragestellungen bestimmen nicht nur den engen Erziehungsbegriff, sondern weisen zugleich auf eine dritte Schwierigkeit hin, welche das Wechselverhältnis von Unterricht und Erziehung betrifft.

In der Gegenüberstellung von Wissen und Haltung, Unterricht und Erziehung nimmt Petzelt eine analytische Unterscheidung vor, die den erziehenden Unterricht (Herbart) zu ihrem Gegenstand hat. Erziehung und Unterricht lassen sich faktisch nicht unterscheiden; wo erzogen wird, findet immer auch Unterricht und Lernen statt, und wo gelernt wird, vollzieht sich stets auch Erziehung. Jedenfalls trifft dies für das vor- und innerschulische Lernen zu. Zwar gibt es in nichtschulischen Bereichen ein Lernen, welches ohne Erziehung vonstatten geht, das Lernen der Erwachsenen, aber dieses Lernen unterscheidet sich darin wesentlich vom vor- und innerschulischen Lernen, daß in ihm vom Lernenden selbst die Rolle des Unterrichtenden und Erziehenden, des Lehrer-Erziehers, übernommen werden kann. Die Anfänge dieses Lernens fallen nicht in das Ende der Schulzeit, sondern setzen bereits in der frühen Kindheit ein. Wer z. B. greifen und sehen gelernt hat, der lernt alsdann greifend und sehend. Wir müssen also zwischen dem Lernen des Lernens und dem Lernen unterscheiden. Ersteres ist Gegenstand und Aufgabe des erziehenden Unterrichts. Am Lernen des Lernens lassen sich aber Lernen und Erziehen, Wissen und Haltung nicht unterscheiden. Der Heranwachsende lernt im Lernen des Lernens sowohl Erkenntnisvollzüge als auch sich zu seinem Erkennen verhalten. Die Trennung zwischen Erziehung und Unterricht, Wissen und Haltung führt nun jedoch zu dem Anschein, der erziehende Unterricht müsse jeweils nach zwei

Seiten hin beurteilt werden, einmal im Hinblick auf das Possesivverhältnis des Schülers, auf dessen Wissen, und zum anderen im Hinblick auf das Selbst- und Weltverhältnis des Zöglings, auf dessen Haltung. Beurteile ich jedoch Wissen und Haltung getrennt, so abstrahiere ich davon, daß meine Beurteilung das heranwachsende Ich keineswegs einmal als Schüler und ein andermal als Zögling trifft, sondern immer das heranwachsende Ich als Ganzes zum Gegenstand hat. Das Richtige und Falsche des Wissens beurteilend, tritt der Lehrer immer schon in Beziehung zum Zögling und dessen Haltung; das Gute oder Schlechte der Haltung beurteilend, tritt der Erzieher immer schon in Beziehung zum Schüler und dessen Wissen.

Lassen sich somit zwar Wissen und Haltung analytisch unterscheiden, so ist Wissen als Resultat dieser Unterscheidung doch etwas ganz anderes als Wissen in seiner Haltungsgebundenheit und Haltung als Resultat dieser Unterscheidung etwas ganz anderes als Haltung in ihrer Erkenntnisbezogenheit. Der erziehende Unterricht zielt gerade darauf, daß Wissen haltungsbezogen und Haltung erkenntnisbezogen angeeignet wrde. Er fußt nicht auf dem Unterschied von reinem theoretischem Wissen und reiner praktischen Haltung, sondern auf der Identität und Differenz von haltungsbezogenem Wissen und erkenntnisbezogener Haltung. Für ihn ist die Konstruktion einer Beziehung zwischen szientifischem Wissen im Sinne des positivistischen Wissenschaftsbegriffes und bloßer Gesinnung im Sinne eines platten Moralisierens eine Abstraktion von der analytisch nicht einholbaren Haltungsbezogenheit allen Wissens und der Erkenntnisbezogenheit aller Haltung. Wir deuten die über die erziehungstheoretische Thematik der Petzelt-Schule hinausgehenden bildungstheoretischen Fragestellungen an dieser Stelle nur an.[275] Gilt es die lineare Gegenüberstellung von Wissen und Haltung zu vermeiden und die Haltung vor ihrer Restriktion auf abstrakte Ordnungstugenden zu bewahren, so muß nach der spezifischen Haltungsbezogenheit eines jeden Wissens gefragt werden. Die Haltungsbezogenheit naturwissenschaftlichen Wissens ist eine ganz andere als die sozialwissenschaftlichen oder praxeologischen Wissens. Dem erziehenden Unterricht stellt sich damit die Aufgabe, die Haltungsbezogenheit des Wissens in ihrer Vielfalt zu erschließen, und dies ist nur möglich, wenn die Haltungsbezogenheit des Wissens ebenso zum Gegenstand des Unterrichts gemacht wird wie die Erkenntnisbezogenheit der Haltung zum Gegenstand der Erziehung.[276]

Unser kurzer Exkurs in bildungstheoretische Grundsatzfragen sollte die kritische Rezeption der von Petzelt vorgelegten Analyse des erziehenden Unterrichts vorbereiten, damit im folgenden die von der Petzelt-Schule an Empirie und Hermeneutik entwickelte Kritik in ihrem systematischen Zusammenhang begriffen werden kann. Wir legen dabei Petzelts Ausführungen zum dritten Aktivitätsbegriff im Sinne unserer These von der Differenz zwischen haltungsgebundenem und szientifischem Wissen aus. Das Problem der Vermittlung von Wissen und Haltung stellt sich dann nicht mehr, wie bei Petzelt, als Problem der Vermittlung von gegenständlicher und sittlicher Ordnung, sondern als Problem der Vermittlung von haltungsbezogener Erkenntnis und erkenntnisbezogener Haltung auf der einen und haltungs- und erkenntnisbezogener Selbst- und Weltbewältigung auf der anderen Seite.

Seinen dritten Aktivitätsbegriff, welcher die wechselseitige Beziehung von Wissen und Haltung definiert, gewinnt Petzelt auf folgende Weise: »Gemäß dem Unterrichte richtet sich das Ich auf seine gegenständlichen Kenntnisse, indem es über das Gelernte verfügt. Gemäß der erziehlichen Seite richtet sich das Ich auf sich selbst, indem es über sich verfügt. Wird nun das Verhältnis zwischen Unterricht und Erziehung betrachtet, dann sieht man nach dem Vorangegangenen sofort, daß auch hier die Aktivität des Ich jene Instanz ist, die über diese Beziehung allein verfügen darf, und die die Art der Erfüllung unserer Forderung (der Haltungsbezogenheit allen Wissens und der Erkenntnisbezogenheit aller Haltung, D. B.) von Fall zu Fall herbeiführt. In jedem Falle steht das Ich vor der Aufgabe, mag ihm das jeweilig bewußt werden oder nicht, über die Beziehung zwischen Wissen und Haltung zu verfügen, es ist ›sein‹ Wissen, das es auf ›seine‹ Haltung richtet... Anders ausgedrückt: das Verhältnis zwischen Haltung und Wissen liegt allein in der Macht des lernenden und Haltung suchenden Ich. Es ist weder in Abhängigkeit vom Lehrgut noch erst recht nicht in Abhängigkeit vom Ich zu denken, es ist weder eine Wirkung einer vorangegangenen Haltung, noch etwa eine Folge dunkler ›Unbewußtheiten‹, es ist ebensowenig eine ›Ausstrahlung‹ des Gegenstandes.«[277] Petzelt versucht hier zu erklären, daß die Beziehung zwischen szientifischer Erkenntnis und moralischer Haltung Aufgabe und Angelegenheit des Heranwachsenden sei; es fehlen ihm jedoch die Worte, um das hier anstehende Problem zu artikulieren. Dieser Heranwachsende läßt sich zwar als ein Ich bezeichnen, als solches ist er aber weder Schüler noch Zögling noch bloß beides zugleich. Wenn Petzelt feststellt, nur »der Schüler (habe) über das ihm auferlegte Verhältnis zwischen Wissen und Haltung zu entscheiden«, so weist er indirekt die Unmöglichkeit dieses Unterfangens nach, denn als Schüler kann das Ich – soll die analytische Unterscheidung zwischen Erziehung und Unterricht gelten – das von ihm hier Geforderte nicht erfüllen. Ungeachtet unserer Problematisierung des Petzeltschen Erziehungs- und Unterrichtsbegriffes verlieren die eben zitierten Ausführungen zum dritten Aktivitätsbegriff indessen nichts von ihrer Bedeutung. Vielmehr zeigt sich der tiefere Sinn der in ihm angesprochenen Forderung, wenn wir das Problem der Vermittlung von Wissen und Haltung als das Problem der Beziehung von haltungsgebundener Erkenntnis bzw. erkenntnisbezogener Haltung und praktischer Motivation fassen. Indem der erziehende Unterricht sich nicht damit begnügt, auf der einen Seite szientifisches Wissen zu erschließen und auf der anderen Seite Haltungen zu fördern, sondern die Einstellung zu den Unterrichtsgegenständen selbst zum Gegenstande des Unterrichts erhebt, erschließt er dem Heranwachsenden einen »Gedankenkreis«, der die »Reihe der Erkenntnis« und die »Reihe der Teilnahme« (Herbart) zugleich umfaßt. Dabei soll und kann er jedoch nicht den an der haltungsbezogenen Erkenntnis orientierten Willen des Heranwachsenden als Resultat intendieren. Gerade weil der erziehende Unterricht der Orientierung und Ermöglichung kritischen Handelns dienen will, erkennt er an, daß der sittliche Gehorsam der Tat des Individuums überlassen und aufgegeben ist (Herbart).[278]

Petzelt spricht diesen für die Weiterentwicklung seiner Schule maßgeblichen Gedanken folgendermaßen aus: »An dieser Stelle liegt um der Verantwortung willen, die jeder allein tragen muß, ... das Zentrum für alle Selbsttätigkeit oder Selbständigkeit des Schülers, eine Angelegenheit, die breit und häufig in der Pädagogik erörtert zu werden pflegt, ohne daß man sich über die Tiefe des Gedankens immer die nötige Rechenschaft gibt. Nicht Gelegenheit zu ›selbständigem‹ Tun macht das Wesen dieser Forderung aus, sondern die Stetigkeit verantwortlicher Entscheidung über Wissen und Haltung«[279]; im Sinne unserer Interpretation: die Stetigkeit verantwortlicher Entscheidung über haltungsbezogene Einsichten und Handlungsmotivation.

Daraus, daß der erziehende Unterricht wesentlich auf die haltungsbezogenes Wissen und Motivation vermittelnde Selbsttätigkeit und Selbständigkeit des Heranwachsenden bezogen ist, leitete bereits Petzelt und leiten in differenzierter Weise seine Nachfolger für uns in diesem Zusammenhang bedeutsame Konsequenzen ab, welche den Begriff der Erziehungswissenschaft betreffen und die Kritik der Petzelt-Schule an der empirischen und geisteswissenschaftlichen Pädagogik bestimmen. Wenn der Wissens- und Haltungserwerb über die Selbsttätigkeit des Heranwachsenden vermittelt ist, dann widerspricht es der erzieherischen Verantwortung, »wenn man von einer sogenannten unterrichtlichen Wirkung, die man zu konstatieren glaubt, einen erziehlichen Erfolg« erhofft.[280] Wo immer Kenntnisse und Verhaltensweisen als Wirkungen unterrichtlicher und erziehlicher Maßnahmen und ihre Ermöglichung als Erfolg des erziehenden Unterrichts ausgegeben werden, da wird vom dreifachen Begriff der Aktivität, derjenigen des Schülers, derjenigen des Zöglings und derjenigen der praktischen Vermittlung von haltungsbezogenem Wissen und Motivation, abstrahiert. Immer wieder betont Petzelt: wer »als Lehrender diese Entscheidungen durch vermeintliche Wirkung, die er ausstrahlen möchte, verkümmern läßt, verkennt den Kern dessen, was Pädagogik (gemeint ist: Erziehung, D. B.) überhaupt will. Er verführt, anstatt zu lenken, er ruft Effekte hervor, statt daß er Arbeit und damit Leistungen erzielt«. »Kein Lehrer darf ›wirken‹ wollen, sondern er dient dem Lehrgut, damit der Lernende sich in seiner Führung selbst in eigenen Akten unterrichtet. Kein Lehrender darf wirken, sondern er zeigt jene Haltung als Muster, nach welcher der Schüler selbst in eigenen Akten seine Haltung zu gestalten hat, also sich selbst erzieht.«[281]

Der dreifache Begriff der Aktivität des Heranwachsenden verbietet nicht nur, die Erzieher-Zögling- bzw. Lehrer-Schüler-Beziehung als Ursache-Wirkungs-Verhältnis aufzufassen, er will zugleich eine zweite Fehlform des »Pädagogischen« ausschließen. Wenn die Aneignung des Lehrgutes, der Kulturgüter und Kulturtechniken als der Inhalt der Lehrpläne, über die Selbsttätigkeit des Heranwachsenden vermittelt ist, dann dürfen diese nicht als normierende Instanz der Selbstwerdung und Selbstbestimmung angesetzt werden. Vielmehr gilt es, sie als Resultat von Selbsttätigkeit zu begreifen: »Jede Kultur ist Einheit von Werten, aber selbst ein Wert, nicht Letztes, denn sie ist... zeithaft... Kultur als Tatsache, als Fall bleibt aktiviertes Lehrgut als Zusammengehörigkeit, als Wert einer produzierten Einheit. Die Lehrgüter stellen diese Einheit dar, wie man sie auch auswähle... Kulturgüter stehen... den Lehrgütern nicht gegenüber. Man kann Kulturgüter nicht zu Lehrgütern machen. Sie sind es ihrer Natur nach. Man kann noch viel weniger Kulturgüter in Bildungsgüter verwandeln wollen, als ob das Aufgabe des Lehrenden sei. Kultur kann für das pädagogische Geschäft keine Instanz sein ... Also ist sie Resultat aller Bildung, nicht Reservoir, aus welchem die Pädagogik in ihrer Praxis schöpft ... Kultur ist der Wert eines zeitlichen Wertsystems, den Gemeinschaft produziert hat, Gemeinschaft der Erwachsenen und Heranwachsenden. Kultur wird von dieser Gemeinschaft als Bildung immer von neuem geschaffen. Schulen sind ein Sonderfall dieser Produktivität. Sie legitimieren sich nicht im Hinblick auf Kultur, sondern als Kultur selbst.«[282] Wenn Kultur in ihrer geschichtlichen Gewordenheit über die Selbsttätigkeit der Handelnden tradiert wird, so daß deren Verantwortlichkeit nicht aus der Tradierbarkeit der Kulturgüter bestimmt werden kann, dann reicht der Rekurs auf eine Kontinuität des Lebens und der lebendig sich erneuernden Kultur nicht zur Bestimmung der Erziehungsaufgaben aus. Denn Lehrplan und Lehrgüter sind niemals lineare Produkte einer übergeschichtlichen Kontinuität, sondern stiften ihrerseits stets neue Kontinuität.

Beide Konsequenzen des Aktivitätsprinzips verweisen auf die Kritik der empirischen und geisteswissenschaftlichen Pädagogik, die bei Petzelt bereits angelegt ist und von seinen Nachfolgern W. Fischer, M. Heitger und J. Ruhloff weiterentwickelt wurde. Zum angeblich »›empirischen‹ Charakter der Pädagogik« stellte schon Petzelt fest: »Was ist denn Empirie? Sie meint als Erfahrung das Verhältnis des Ich zur Natur. ›Erfahren‹ wird das, was Naturwissenschaften ... bestimmen ... Zur Erfahrung gehört die Einheit der räumlichen Natur, gehört ebenso das sie in der Wahrnehmung bestimmende Ich. Es ›erfährt‹, wenn es Naturgegenstände bestimmt. Der Begriff des Empirischen definiert sich durch das Verhältnis des Ich zur Natur. Demnach ist das Ich selbst niemals, grundsätzlich nicht Gegenstand oder Problem der Erfahrung, denn dann müßte es physikalisch, chemisch oder biologisch bewältigt werden können. Das Ich bleibt Bedingung der Erfahrung, nicht ihr Inhalt, wird Definitionselement ihres Begriffes, nicht Objekt der Erfahrungswissenschaften. Empirisch sind daher alle Probleme, die zur räumlichen Natur gehören.« Damit nun aber auch kein Zweifel daran aufkommen kann, daß die Erziehungswissenschaft vielleicht in einem anderen Sinne als die Naturwissenschaften einen erfahrungswissenschaftlichen Fragehorizont beinhalten könne, fährt Petzelt fort: »Es gibt nicht zweierlei Erfahrungen, etwa eine innerliche und eine äußerliche. Die Bilder ›innen‹ und ›außen‹ sagen nichts. Wesentlich ist das Verhältnis des Ich zur Natur,

und dieses heißt Naturerkenntnis. Das Ich ›erscheint‹ nicht..., es ist Bedingung, daß man von Erscheinungen sprechen kann.«[283]
Diese Feststellung stimmt insofern, als das Ich als transzendentales Subjekt nicht »erscheint«; sie hat ihre Richtigkeit in der Unterscheidung zwischen transzendentalem und empirischem Subjekt. Aus dieser Unterscheidung folgt auch, daß eine Differenzierung zwischen innerer und äußerer Erfahrung nicht sinnvoll sein kann, weil der Gegenstand von Erfahrung immer ein in der Erscheinung vorgegebener sein muß. Das Resultat der Petzeltschen Argumentation: »Pädagogik muß philosophisch werden – oder das Ich wird Naturobjekt«[284] läßt sich jedoch auf diese Weise nicht rechtfertigen. Die Sinnlosigkeit jedweder Differenzierung zwischen innerer und äußerer Erfahrung besagt nichts über die Möglichkeit einer Differenzierung der Erfahrung nach Gegenstandsbereichen. Zwar kann das empirische Ich als Ich nicht Objekt theoretischer Naturerfahrung werden; daraus jedoch zu folgern, es könne deshalb auch nicht Gegenstand praxeologischer Erfahrung sein, wäre mehr als voreilig. Wenden wir Petzelts These: »Die Pädagogik muß philosophisch werden – oder das Ich wird Naturobjekt« auf die gegenwärtigen Bemühungen um eine empirische Erziehungswissenschaft an, so verkehrt sie sich in ihre eigene Antithese und verlangt: ›Die philosophische Pädagogik muß empirisch werden oder das Ich bleibt Naturobjekt.‹
Besonders deutlich zeigt sich dies an Wolfgang Fischers scharfsinniger Kritik der empirischen Erziehungswissenschaft. In seiner Arbeit über die *Bedeutung erziehungswissenschaftlich-empirischer Forschungen für die Grundlegung der Pädagogik* wirft Fischer am Beispiel eines fiktiven Experiments zum Problem des Strafens die Frage auf, worin eigentlich der Rechtsgrund für den Anspruch erkenntniswissenschaftlicher Empirie liege, mittels kausalanalytischer Forschungen im Feld der Erziehung einen Beitrag zur Lösung pädagogischer Fragen erbringen zu können: »Der Anspruch der empirischen Erziehungswissenschaft, durch von ihr erbrachtes Wissen« pädagogische Streitfragen wie z. B. »den Strafstreit zu klären, wurzelt vor allem darin, daß sie über die Auswirkungen von Strafen auf den Bestraften Aussagen machen kann«.[285] Der Anspruch wurzelt damit in jener ersten Fehlform, die Petzelt bereits entlarvt hatte, wenn er den Widerspruch zwischen dem Aktivitätsprinzip und dem Prinzip des Wirken-Wollens nachwies. In einer Analyse der Voraussetzungen, unter denen kausalanalytische Empirie für ihre Resultate pädagogische Relevanz beansprucht, weist W. Fischer jenen technologischen Ideologiestandpunkt

nach, zu welchem sich W. Brezinka offen bekannt hat, wenn er vom technologischen Kern der Erziehungswissenschaft spricht: »Die Wirksamkeit ... ist das Kriterium, im allgemeinen nicht eine x-beliebige, sondern nur dann, wenn sie in positiver Relation zu bestimmten Zielen, Werten oder Idealen steht. M. a. W.: ist etwas statistisch hochgradig und anhaltend wirksam gemäß einer Zielvorstellung, so ist es pädagogisch legitim ... Ohne die Karriere der Effektivität zum – im strengen Sinne des Wortes – entscheidenden Kriterium läßt sich einem empirischen Ermittlungsbefund ... nicht abgewinnen, einen pädagogischen Streit aufzuklären.«[286]

Der hier entwickelten Argumente gegen eine technologische Empirie haben wir uns bereits in der Analyse der verschiedenen Ansätze der empirischen Pädagogik bedient. Im Hinblick auf die derzeitigen Vermittlungsversuche von Empirie und Hermeneutik verdient das aus zwei Thesen bestehende Resultat, zu dem W. Fischer gelangt, besonderes Interesse. Zum einen macht er darauf aufmerksam, daß das »empirisch-erziehungswissenschaftliche Forschen«, wenn es »Erziehung ... als das Insgesamt aller Eingriffsversuche begreift, um im anderen wünschenswerte Dispositionen und Verhaltensweisen zu installieren«, als »Erfüllungsgehilfe ideologischer Okkupationen des Pädagogischen« fungiert und »mit seinem Kriterium der Effektivität bloß der optimalen Festigung von Norm- und Wertvorstellungen anderer im educandus« dient. Zum anderen erkennt Fischer den technologischen Resultaten erkenntniswissenschaftlicher Empirie »untergeordnete, auxiliär-anlaßbietende, pädagogisch allererst aufzuarbeitende und durch keine begriffliche Anstrengung ersetzbare Leistungen« zu, wenn er feststellt: Empirische Arbeiten »tragen ... nichts bei zur Erkenntnis pädagogischer Grundbegriffe und Grundsätze in ihrer Geltung, setzen sie vielmehr voraus für ihre Dienstleistung und bei der pädagogischen Auslegung der Befunde. Eingedenk dieser Voraussetzungshaftigkeit ist die sich aller Entscheidungsansprüche enthaltende empirische Erziehungswissenschaft ein durchaus nicht unwichtiger Forschungsaspekt der Pädagogik. Sie arbeitet, wie gar nicht anders möglich, auf fremde Rechnung, d. h. im Namen der Pädagogik als philosophischer Prinzipienwissenschaft«.[287]

So sehr wir der ersten »Hälfte« dieses Resultats zustimmen, so problematisch scheint uns seine zweite »Hälfte« zu sein. Und zwar aus zwei Gründen, von denen der eine von W. Fischer selbst angeführt wird. Während Fischer den Resultaten erkenntniswissenschaftlicher Empirie dann, und nur dann, eine auxiliär-anlaßbietende Funktion zuerkennt, wenn diese sich aller Entscheidungsansprüche enthalten, stellt er bei der Darstellung des Ansatzes erkenntniswissenschaftlicher Empirie fest, diese müsse mit Notwendigkeit den Anspruch erheben, »pädagogisch irgendwie relevante« Resultate hervorzubringen, da ohne »eine solche Auslegung« ihre Resultate für die »pädagogische Erkenntnisbemühung uninteressant« seien und »nicht anders (rangierten) als die denkbare Feststellung, daß Männer, welche Hüte tragen, höflicher sind«.[288] Beiden Feststellungen ist zuzustimmen: den Resultaten erkenntniswissenschaftlicher Empirie kann eine »auxiliär-anlaßbietende Funktion« zukommen, obwohl sie über ihre eigene pädagogische Relevanz nichts auszusagen vermögen; und anderseits müssen erziehungswissenschaftliche Forschungen »irgendwie« pädagogisch relevant sein. Wenn aber die erkenntniswissenschaftliche Empirie eine mögliche pädagogische Relevanz besitzen soll, die innerhalb des Horizontes kausalanalytischer Erfahrung und Erklärung der Erziehungswirklichkeit nicht zur Sprache kommen kann, dann ist es undenkbar, daß die erkenntniswissenschaftlich-technologische Empirie »auf fremde Rechnung« und »im Namen der Pädagogik als philosophischer Prinzipienwissenschaft« arbeitet, welche ja gerade die Untauglichkeit des technologischen Erfahrungsbegriffes für die erziehungswissenschaftliche Forschung nachweist. Statt die erkenntniswissenschaftliche Empirie auf Kosten der Erziehungsphilosophie arbeiten zu lassen, käme es darauf an, daß die Erziehungsphilosophie die Voraussetzungen einer nicht-erkenntniswissenschaftlich-technologischen, sondern einer praxeologisch-erfahrungswissenschaftlichen Empirie klärte, für welche in der Tat das Kriterium der Effektivität kein Maßstab mehr sein kann. Erst dann könnte auch die erkenntniswissenschaftliche Empirie die ihr von W. Fischer zu Recht zuerkannte auxiliär-anlaßbietende Funktion gewinnen, weil sie dann nicht einer sie selbst in Frage stellenden Erziehungsphilosophie untergeordnet, sondern einer erziehungsphilosophisch begründeten pädagogischen Empirie nebengeordnet wäre.

Es kann als die Tragik der traditionellen, insbesondere der erziehungsphilosophischen Pädagogik, welche von der Petzelt-Schule weiterentwickelt wurde, angesehen werden, daß die Argumente gegen eine technologisch-»pädagogische« Empirie fast nirgends für die Begründung einer praxeologischen Empirie nutzbar gemacht worden sind. Ansätze zu einer praxeologischen Unterrichts- und Erziehungsforschung fanden wir gerade nicht in der Erziehungsphilosophie, sondern innerhalb der Auseinandersetzung der verschiedenen Strömun-

gen der empirischen Pädagogik, so in der Kontroverse zwischen Lay, Meumann und Petersen. Wo immer jedoch die Erziehungsphilosophie oder die Theorie der Pädagogik ihre an sich berechtigte Kritik erziehungswissenschaftlicher Ansätze dazu verwendet, sich selbst zur Erziehungswissenschaft zu hypostasieren, abstrahiert sie von ihrer eigentlichen Aufgabe, welche in der Grundlegung der Pädagogik als praktischer Wissenschaft liegt. So steht Petzelts Forderung nach einer philosophischen Erziehungswissenschaft durchaus in der Kontinuität des Selbstmißverständnisses der traditionellen Erziehungsphilosophie. Die Annahme, daß die Pädagogik philosophisch werden müsse, damit das Ich nicht zum Naturobjekt werde, hat indirekt dazu beigetragen, daß die erkenntniswissenschaftliche Empirie sich als anscheinend einzig mögliche Forschungsstrategie etablieren konnte, daß das Ich tatsächlich zum Naturobjekt reduziert wurde und daß die philosophische Pädagogik immer mehr an Einfluß verlor.
Ungeachtet dieser kritischen Anmerkungen verlieren die von der Petzelt-Schule gegen die empirisch-technologische Erziehungswissenschaft erhobenen Einwände nichts an Bedeutung. Diesen kommt vielmehr insofern besondere Aktualität zu, als z. Z. mehrere Versuche unternommen werden, die Grenzen technologischer Empirie durch Einbeziehung hermeneutischer Verfahren zu überwinden. Aus dem von der Petzelt-Schule im Anschluß an die traditionelle Erziehungsphilosophie entwickelten Aktivitätsprinzip folgt jedoch nicht nur, daß die erkenntniswissenschaftliche Empirie notwendig die Erziehung als Gegenstand der Erziehungswissenschaft verfehlt; aus ihm folgt zugleich die Abstraktheit des historisch-hermeneutischen Ansatzes.
In seiner Abhandlung zur *Kritik der lebensphilosophischen Ansätze der Pädagogik* legt W. Fischer die von Petzelt aus dem Aktivitätsprinzip abgeleitete zweite Konsequenz auf die geisteswissenschaftliche Pädagogik aus. Die geisteswissenschaftliche Pädagogik versuchte durch den Rekurs auf die geschichtliche Dimension der Erziehungswirklichkeit die Relativität aller metaphysisch fundierten dogmatischen Pädagogik aufzudecken. Sie geriet dabei nicht in die »Theorie eines grenzenlosen Relativismus«, sondern versuchte die Relativität aller Verständigung über Erziehung als in sich einheitliches Kontinuum zu fassen, welches lebensphilosophisch interpretiert wurde. Hierzu merkt Fischer an: »Die Behauptung der Relativität aller geistigen Objektivationen, auch der Bildungsideale, ist nicht ihr letzter Gedanke, wenn auch vielleicht ihr letztes deutliches Wort, weil der Grund, die wahre Einheit des vielgestaltigen Historisch-Wirklichen

das unbegreifbare ›Leben‹ sein soll. Es ist zu fragen, ob dieses Leben als das letzte Unbedingte, als der Ursprung taugt.«[289] Gegen den Versuch, das »Leben« oder den »Lebenstrom« als Fundament der Relativität aller Sinnverständigung und als deren vermittelnde Einheit anzusetzen, erhebt Fischer zwei Einwände, von denen der erste die immanente Problematik der Relativitätsthese und der zweite die Irrationalität ihrer lebensphilosophischen Fundierung betrifft. Die geisteswissenschaftliche Pädagogik verkündet zwar die Relativität aller Wert- und Ordnungsvorstellungen, sie übersieht jedoch, daß sie sich ihrer eigenen These nur bedienen kann, wenn sie diese nicht auf sich selbst anwendet. Denkt man die Relativitätsthese zu Ende, so müßte auch »der Zeitpunkt der Entdeckung des Lebens in seiner tragenden Rolle« als relativierbares Faktum angesetzt werden[290], was freilich zur Auflösung des Fundamentes der historischen Hermeneutik führen würde. Indem die geisteswissenschaftliche Pädagogik ihre lebensphilosophischen Implikationen nicht reflektiert, indem der »Sieg ... dem Gedankenlosen, dem ›Leben‹, zugestanden« ist, wird »die Wahrheit ... pluralistisches Moment des Psychischen in seiner Weltanschauungsfunktion. Die Konsequenz, die Pädagogik aus dem Globus der Wissenschaften auszuschließen, lag nahe; denn was hindert, die ›geisteswissenschaftliche Pädagogik‹ Diltheys und seiner Nachfolger selber nur als Typ zu fassen: ›sie müssen das Leben und die Kenntnis eines begrenzten ... Kreises aussprechen‹ (Dilthey), während sie ihre Konzeption in die Region des Allgemeingültigen aufsteigen lassen. Die Geschichte spielt mit ihnen die gleiche Komödie, die bei anderen durchschaut zu haben sie sich brüsten«.[291]

Liegt der Gültigkeitsanspruch der geisteswissenschaftlichen Pädagogik somit in der Annahme, die sie in bezug auf die These von der Relativität aller Aussagen über die Wirklichkeit für ihre eigene lebensphilosophische Basis macht, so gilt es die metaphysischen Voraussetzungen eben dieser Basis selber aufzudecken. Dies leistet der zweite Einwand, den Fischer vorbringt: »Auf Grund der unterstellten Sinnträchtigkeit des Lebens und der damit der Vernunft verweigerten echten Spontaneität ... wird ... die Lebenswirklichkeit, etwa die Erziehungswirklichkeit, ... zum phänomenon bene fundatum aller Erziehung, wird das Ideal als schöpferische Zusammenfassung der entwicklungswürdigen historischen Werte zum jeweils temporär bedingt gültigen Ziel des Erziehens erhoben. Ihr Recht verdanken beide, das allgemeingültig und das konkret die Pädagogik Konstituierende, allein dem, daß das geschichtliche Leben als an sich sinnhaft und im objektiv-hermeneutischen Verfahren als zutreffend erkennbar vorausgesetzt wird. Stimmt die Voraussetzung nicht, so dürfte das konkret maßgebende Ideal nicht einmal zeitlich bedingt zum konkreten Erziehungsziel proklamiert werden; es sei denn, es erführe eine Rechtfertigung.«[292] Die hier offenbar werdende Voraussetzung eines in der Relativität seiner Momente immer schon sinnvollen Lebensstromes kann jedoch grundsätzlich nur eingeholt werden, wenn der Horizont lebensphilosophischer Argumentation verlassen und eine Rechtfertigung lebendig vorgegebener Aufgabenstellungen der Erziehung geleistet würde. Der Versuch solcher Rechtfertigung konnte letztlich innerhalb der geisteswissenschaftlichen Pädagogik nicht unternommen werden. Unsere Analyse ihrer immanenten Entwicklung zeigte, daß die geisteswissenschaftliche Schule dazu ihren eigenen Ansatz, welcher in der lebensphilosophischen Hypostasierung des historischen Erkennens liegt, hätte negieren müssen.

In seiner Analyse der unreflektierten Voraussetzungen der historisch-hermeneutischen Pädagogik kommt W. Fischer zu dem Resultat, die These von der geschichtlichen Relativität aller Wert- und Normvorstellungen ändere »letzten Endes ... nichts ..., als daß für die ›Kasernenbauten der radikalen Doktrinen‹ (Dilthey) dem Umbau aufgeschlossene Unterkünfte der Ideologien als Heimstatt der Pädagogik errichtet wurden«.[293] Der von uns sowohl für den Theorie-Begriff als auch für den Methoden-Begriff nachgewiesene Rückfall in den praktischen Zirkel von Leben, Verstehen und Leben vermag das Problem der Normativität der Erziehung, ihres Sinn- und Aufgabenhorizontes, weder zu lösen noch zu umgehen. Vielmehr wirft der Rückfall in den praktischen Zirkel, der zu einer lebensphilosophischen Lösung des Normativitätsproblems verhelfen sollte, neuerlich die Frage nach einer wissenschaftlichen Aufgabenorientierung der Erziehung auf.

Damit sind schwerwiegende Probleme angesprochen. Es muß zumindest mehr als fraglich erscheinen, ob diese durch die Herstellung einer Kooperation zwischen empirisch-technologischer und historisch-hermeneutischer Erziehungswissenschaft gelöst werden können. Beiden Ansätzen ist der Rekurs auf die Erziehungswirklichkeit gemeinsam, welcher keine ausreichende Basis für eine praktische Wissenschaft zu geben vermag. Während die empirisch-technologische Pädagogik Wissenschaft für die Erziehung zu sein intendiert, insofern sie die praktische Erziehung als das Anwendungsfeld ihres technologischen Gesetzeswissens begreift, versteht sich die geisteswissenschaftliche Pädagogik als Wissenschaft von der Erziehung, indem sie die Erziehungswirklichkeit als gültiges Fundament ihres Sinnverstehens voraussetzt, um ihren Resultaten eine pädagogische Relevanz zu sichern. Wie aber einerseits der empirisch-technologischen Pädagogik als Wissenschaft für die technische Bewältigung der Erziehungswirklichkeit jedwede Fundierung ihres Erziehungs- und Wirklichkeitsbegriffes fehlt, so entbehrt anderseits die historisch-hermeneutische Pädagogik als Wissenschaft von der Erziehungswirklichkeit jedweder Fundierung der unterstellten Gültigkeit des in der Erziehungswirklichkeit deponierten Sinnes. Dabei bedeutet Erziehungswirklichkeit in beiden Ansätzen nicht dasselbe. Der empirisch-technologischen Pädagogik ist sie ein hinsichtlich seiner Ursache-Wirkungszusammenhänge zu analysierendes, der historisch-hermeneutischen Pädagogik ein in ihren historisch vermittelten Sinnhorizonten aufzuklärendes Erkenntnisobjekt. Der Bezug zur Praxis wird von beiden Ansätzen über unreflektierte und keiner Überprüfung standhaltende metaphysische Voraussetzungen hergestellt, in der empirisch-technologischen Pädagogik durch die Annahme, die Erziehungswirklichkeit lasse sich unter der Kategorie der Kausalität angemessen erfassen, in der geisteswissenschaftlichen Pädagogik durch die Annahme, der in der Erziehungswirklichkeit historisch vermittelte und geschichtlich deponierte Sinne könne das Material und die Norm für die Tradierung und tradierende Erneuerung der Gesellschaft bestimmen.

Wenn aber keiner der beiden Ansätze den an die Pädagogik als praktische Wissenschaft von der und für die Erziehung zu stellenden Anforderungen zu genügen vermag, dann mag es müßig sein, in der Kooperation beider Ansätze eine sinnvolle Möglichkeit für die Weiterentwicklung der Erziehungswissenschaft erblicken zu wollen. Indessen darf man bei der bloßen Kritik der Ansätze einer technologischen und hermeneutischen Pädagogik nicht stehen bleiben. Nachdem die Kritik ihrer metaphysischen Voraussetzungen abgeschlossen ist, gilt es ihren möglichen Beitrag zur Entwicklung einer erziehungswissenschaftlichen Forschungsstrategie in praktischer Absicht zu untersuchen. Wir wenden uns daher im folgenden den Vermittlungsversuchen zwischen Empirie und Hermeneutik zu, in der Hoffnung, die Auseinandersetzung mit ihnen könne zur Weiterentwicklung des bereits angedeuteten Begriffs pädagogischer Experimente, des Zusammenhanges von Theorie, Praxis und Empirie, kurz: zur Klärung des geforderten praktischen Erfahrungsbegriffs beitragen.

2 Das Verhältnis von Technologie und Historiographie bei W. Brezinka

Den absoluten Gegensatz zur Petzelt-Schule, welche jedwede Empirie und Hermeneutik ablehnt und an deren Stelle eine erziehungsphilosophische Prinzipienwissenschaft setzen möchte, stellt Wolfgang Brezinkas Position dar. Mit ihr haben wir uns bereits in der Analyse der verschiedenen Ansätze einer empirischen Pädagogik auseinandergesetzt, als es um die Klärung des Verhältnisses von Empirie, Handlungstheorie und Praxis ging. Zeigte sich dort, daß Brezinka die von Lay, Meumann und Petersen unternommenen Anstrengungen, die Erziehungs- und Unterrichtsformen in einem praktischen Erfahrungsbegriff zu fundieren, nicht aufnimmt, so gilt es nun das Verhältnis von Technologie und Hermeneutik zu untersuchen, welches Brezinka als dasjenige von technologischer Erziehungswissenschaft und Historiographie der Erziehung faßt. Brezinkas Ausführungen gewinnen dabei nicht zuletzt deshalb besondere Bedeutung, weil sich an ihnen indirekt unsere Kritik am Ansatz der Petzelt-Schule bestätigen wird. Wir werden zeigen, daß zwischen der Einstellung der Petzelt-Schule, welche die Empirie als eine Hilfsdisziplin der Pädagogik begreift, und Brezinkas Einschätzung der Erziehungswissenschaft letztlich kein Widerspruch besteht.

Die Erziehungsphilosophie der Petzelt-Schule begreift die Erziehungswissenschaft als eine praktische Wissenschaft, sie lehnt alle linearen Integrationsversuche erkenntniswissenschaftlicher Empirie in die Erziehungswissenschaft ab und entlarvt die lebensphilosophische Metaphysik des historisch-hermeneutischen Ansatzes. Brezinka dagegen versteht unter der Erziehungswissenschaft eine theoretische Erkenntniswissenschaft und hebt von dieser die praktische Pädagogik und die Erziehungsphilosophie ab. Überspitzt könnte man feststellen: Was in der Petzelt-Schule »systematische Pädagogik« genannt wurde, bezeichnet Brezinka als »praktische Pädagogik«, was dort unter »Erziehungsphilosophie« verstanden wurde, tritt hier als »Philosophie der Erziehung« auf, und was dort im Vorhof der Erziehungswissenschaft angesiedelt wurde, nämlich technologische Empirie und zur historischen Hermeneutik »gereinigte« Geisteswissenschaft, macht hier den eigentlichen Kern der Erziehungswissenschaft aus. Weist die Petzelt-Schule nach, daß weder die empirisch-technologische noch die historisch-hermeneutische Pädagogik den Anforderungen einer praktischen Wissenschaft genügt, so versucht Brezinka die theoretische Erziehungswissenschaft als eine von der praktischen Pädagogik streng zu unterscheidende technische Realwissenschaft zu bestimmen, welche keinen direkten Beitrag zu praktischen Erziehungsproblemen, sondern lediglich einen Beitrag zur Lösung technischer Problemstellungen erbringen will. Hier in ist die Sonderstellung eines Ansatzes begründet. Während alle anderen Vermittlungsansätze von Empirie und Hermeneutik die Grundlegung einer praktischen Erziehungswissenschaft anstreben, geht es ihm um die Begründung einer technischen Realwissenschaft, welche theoretische und historische Fragestellungen in sich vereinigen und aufeinander beziehen soll. Nachdem wir Brezinkas Empiriebegriff bereits im Abschnitt über die positivistische Erziehungswissenschaft dargestellt haben, konzentrieren wir uns im folgenden auf sein Verständnis einer Historiographie der Erziehung.

Erziehungswissenschaft ist nach Brezinka ein besonderer Fall der Anwendung der positivistischen Wissenschaftsnorm. Sie umfaßt als »Spezialdisziplin oder Sub-Wissenschaft der integrierten Wissenschaften vom sozialen Verhalten und von den psychischen Objektivationen der Menschen« jene Disziplinen, die wissenschaftliche Aussagen über das »Verdichtungsgebiet« Erziehung hervorbringen. Der Hinweis, die Pädagogik sei eine Sub-Wissenschaft, will dabei die Frage nach dem besonderen Wissenschaftscharakter der Pädagogik und ihrem Verhältnis zu den anderen Wissenschaften im Sinne der positivistischen Wissenschaftsnorm entschärfen und aufheben. Wo Wissenschaftstheorie reduziert ist auf Wissenschaftsnormierung, da entfällt jede Notwendigkeit, die für die Konstitution einer besonderen Wissenschaft gültigen konstitutiven Prinzipien ihres spezifischen Gegenstandes aufzudecken. Das Postulat der Einheitswissenschaft im positivistischen Verstand kennt keinen Unterschied zwischen verschiedenen Wissenschaften nach Maßgabe der kategorialen Bestimmtheit ihrer Gegenstandserfahrung; kausal-analytische Erklärbarkeit fungiert als bloßes Erkenntnis-»Mittel«. Während die Anwendung der positivistischen Wissenschaftsnorm auf Soziologie, Psychologie und Biologie als Erkenntnislieferanten der Subwissenschaft Pädagogik relativ leicht vollzogen werden konnte, da sich diese Disziplinen – wenn auch unter Verdrängung anderer Fragestellungen – auf die Bereitstellung kausal-analytischen Erklärungswissens verpflichten ließen, bereitete die Geschichtswissenschaft einer Anwendung der positivistischen Wissenschaftsnorm besondere Schwierigkeiten, die nicht zuletzt aus deren besonderer Stellung im System der Wissenschaften entspringen.

Auf das besondere Verhältnis der Historie zu den anderen Wissenschaften hat bereits Johann Gustav Droysen hingewiesen, wenn er feststellte, vom Historiker sei nicht bloß die Beherrschung seiner eigenen Wissenschaft, sondern immer auch die genaue Kenntnis jener Gegenstände, deren Geschichte erforscht werden soll, zu verlangen.[294] Der Historie geht der kategoriale Zusammenhang der Wirklichkeit voraus; sie kann deren Geschichte nur erfassen, wenn sie auf den kategorialen Zusammenhang der Wirklichkeit aufbaut. Aus der hier nur angedeuteten besonderen Komplexität der Geschichtswissenschaft[295] ergeben sich für die Anwendung der positivistischen Wissenschaftsnorm letztlich unüberwindbare Schwierigkeiten. Diese abstrahiert ja vom Kategorienproblem, wenn sie an die Stelle einer transzendental-philosophischen Wissens- und Wissenschaftsbegründung die pragmatisch zustandegekommene und auf den Konsens der Wissenschaftler angewiesene Konvention setzt. Hieraus resultiert nun die Schwierigkeit, den Zusammenhang zwischen den Wissenschaften von den Gegenständen und der Wissenschaft von der Geschichte der Gegenstände dadurch bestimmen zu müssen, daß die eigene Wissenschaftsnorm gleich zweimal angewandt wird.

Brezinka geht indirekt auf diese aus der besonderen Stellung der Historie im System der Wissenschaften resultierenden Problematik ein, wenn er das Verhältnis von kausal-analytischer Empirie im »Verdichtungsgebiet« Erziehung und Historiographie der Erziehung zu bestimmen versucht: »In der Wissenschaftsgeschichte der Pädagogik ist die Bedeutung der Historiographie der Erziehung für die Theoriebildung ... verschieden eingeschätzt worden. Das wird verständlich, wenn man berücksichtigt, daß es erheblich voneinander abweichende Ansichten über den Wissenschaftscharakter der Pädagogik gegeben hat und auch heute noch gibt. Wer unter ›Pädagogik‹ eine philosophische Disziplin oder eine ›normative Wissenschaft‹ versteht, wird den Wert der Historiographie der Erziehung und ihre Stellung zur ›systematischen Pädagogik‹ anders einschätzen als jemand, der mit ›Pädagogik‹ eine theoretische Realwissenschaft von der Erziehung meint. Für die Vertreter dieser zuletzt genannten Position besteht jedoch kein Zweifel daran, daß ›die erziehungswissenschaftliche Auswertung des gesamten historischen Materials‹ unerläßlich ist, um für die Theorie eine möglichst breite Erfahrungsbasis zu gewinnen. Umgekehrt bedarf freilich auch die Historiographie der Erziehung der

Theoretischen Erziehungswissenschaft, ihrer Fragestellungen und Begriffe, um relevante historische Ereignisse auswählen, differenziert beschreiben und erklären zu können.«[296]

Die These, der »Wert der Historiographie der Erziehung« hänge davon ab, ob man unter Pädagogik eine normative, eine philosophische oder eine empirische Wissenschaft verstehe, meint nicht, daß in dem einen Fall die Historiographie der Erziehung zu einer normativen, in dem anderen Fall zu einer philosophischen und in dem letzten Fall schließlich zu einer realwissenschaftlichen Disziplin werde; vielmehr ist der Wert und die Stellung der Historiographie in den genannten drei Fällen dadurch bestimmt, daß die Historiographie als Wissenschaft von der Geschichte eines bestimmten Gegenstandes bezogen ist auf die Wissenschaft vom Gegenstand selbst. So ist von entscheidender Bedeutung, ob der Historiker, der die Geschichte der Erziehung untersucht, unter Erziehung ein Ausstattungsunternehmen bzw. eine Manipulationstechnik, eine Emanation des Lebensstromes oder einen durch Selbstbestimmung und Aufforderung zur Selbsttätigkeit bestimmten Handlungsprozeß versteht. Die Wahl zwischen den verschiedenen Möglichkeiten ist bei Brezinka durch die positivistische Wissenschaftsnormierung bestimmt, welche für die Erziehungswissenschaft in gleicher Weise Gültigkeit beansprucht wie für die Historie und darüber hinaus angibt, in welcher Weise Erziehung zum Gegenstand wissenschaftlicher Aussagen werden soll.[297]

Wie bei der Anwendung seines Wissenschaftsbegriffes auf die Pädagogik, so spricht Brezinka auch hier von verschiedenen Modifikationen und Einschränkungen, welchen sein Wissenschaftsideal bei der Auslegung auf die Geschichtswissenschaft unterworfen ist. Zunächst wird festgestellt, daß »es in der Art des Vorgehens« zwischen den theoretischen Realwissenschaften und der Geschichtswissenschaft »gegenstandsbedingte Unterschiede« gebe, weil der Gegenstand der Historie »komplexer und nur unvollständig und indirekt faßbar« sei.[298] Sodann wird die Aufgabenstellung der Historie von derjenigen der anderen Wissenschaften abgehoben, welche versuchen, »allgemeine Gesetze zu finden und daraus eine systematische Theorie ihres Objektbereiches aufzubauen«, während die historischen Wissenschaften überwiegend durch das »Interesse an der gedanklichen Rekonstruktion einmaliger Ereignisabläufe« bestimmt sein sollen und in ihren »Typenbildungen« »weder zur Prognose noch zum Rückschluß ... benutzt werden« können.[299] Und schließlich wird festgestellt, daß die genannten Besonderheiten sich im Rahmen des normalen Zusammenhanges von Hypothesenfindung und Hypothesenverifikation als allgemeiner Charakteristika von Wissenschaft überhaupt bewegen und lediglich unterschiedliche Bedingungen der Hypothesenbestätigung betreffen: »Das ›Verstehen‹ dem ›Erklären‹ gegenüberzustellen, ist ... ganz irreführend. ›Verstehen‹, ›Einfühlung‹ und ›Intuition‹ haben nur heuristische (d. h. den Entwurf von Hypothesen betreffende) Bedeutung, und zwar keineswegs bloß in den historischen, sondern in allen Wissenschaften.«[300] Um Brezinkas Zuordnung von technologischer Empirie und Historiographie beurteilen zu können, gilt es zuvor diese drei Thesen zu hinterfragen.

Stimmt es, daß Geschichtswissenschaft zu keinerlei Typisierungen gelangt, die zu »Prognose« und »Rückschluß« verwendet werden könnten? Solange Zukunft nicht im Funktionskreis technologischen Handelns aufgeht, sondern über motivierte Praxis vermittelt ist, werden historische Einsichten Aussagen über die Vorgeschichte einer selber neue Geschichte stiftenden Gegenwart machen, die nicht zu technologischen Prognosen der Zukunft verwendet werden können. Hieraus folgt jedoch keineswegs, daß Historie nicht zu Typisierungen gelangen könne, die Prognosen und Rückschlüsse erlauben. Bei der Datierung von Funden, bei der Überprüfung von Quellen und bei der Rekonstruktion von Ereignisabläufen bedient sich die Historie ständig der Prognose und des Rückschlusses; nur handelt es sich hierbei nicht um Prognosen und Rückschlüsse bezüglich der Zukunft unserer Gegenwart, sondern um Schlüsse bezüglich der Vergangenheit oder Zukunft einer bereits vergangenen Gegenwart.

Stimmt es zweitens, daß die Historie auf eine »gedankliche Rekonstruktion einmaliger Ereignisabläufe« abzielt? Von Ereignisabläufen sprechen wir immer dann, wenn wir Vorgänge meinen, die in ihrem Ablauf nicht über menschliche Motivation vermittelt sind. Insofern derselbe Ablauf niemals zur selben Zeit am gleichen Orte stattfinden kann, ist es durchaus legitim, von einmaligen Ereignisketten zu sprechen. Diese lassen sich wegen ihrer Einmaligkeit nicht wiederholen, wohl aber gedanklich rekonstruieren. Kriminologen tun dies, z. B. bei der Altersbestimmung von Schriftstücken und der Identifikation von Tatwerkzeugen, ohne daß man sie deshalb bereits als Historiker bezeichnen müßte. Einmaligkeit in der Geschichtswissenschaft ist nicht Resultat der physikalischen Zeit, sondern entspringt der praktischen Dimension ihres Gegenstandes, der durch menschliche Praxis konstituierten Geschichte. Wenn aber Geschichte wesentlich bestimmt ist durch die Einmaligkeit menschlichen Handelns, wenn die

Einmaligkeit geschichtlicher Fakten durch die Motivation ihrer Täter bedingt ist, dann läßt sich die Aufgabe der Geschichtswissenschaft nicht zureichend als diejenige einer »Rekonstruktion einmaliger Ereignisabläufe« fassen.
Von hierher wird auch Brezinkas dritte These fraglich, welche das Verhältnis von »Verstehen« und »Erklären« betrifft und die Bedeutung des »Verstehens« auf dessen Funktion im Prozeß der Hypothesenfindung einengt. Die These, man dürfe das »Verstehen« nicht dem »Erklären« gegenüberstellen, kehrt überall dort wieder, wo die positivistische Wissenschaftstheorie den Versuch unternimmt, die Geschichtswissenschaft wider deren besondere Fragestellung als Anwendungsgebiet ihrer Wissenschaftsnorm zu erschließen.[301] Das »Verstehen« wird dabei als ein allgemeines Charakteristikum jedweder Hypothesenfindung in die »Psychologie der Forschung« verwiesen, so daß zwischen der Historie und den anderen Erkenntniswissenschaften nur mehr gegenstandsbestimmte Unterschiede in der Hypothesenverifikation angenommen werden müssen und die abstrakte Bestimmung der Hypothesenbildung für alle Wissenschaften in gleicher Weise gelten kann. Die Theorie der Historie als einer verstehenden Wissenschaft, gegen die Brezinka sich wendet, versucht dagegen sowohl die Besonderheit historischer Hypothesenfindung als auch die gegenstandsbestimmte Besonderheit der Geschichtswissenschaft zu erfassen. Sie versteht unter Geschichtswissenschaft nicht die Rekonstruktion einmaliger Ereignisse der Vergangenheit, sondern weiß um die Sinnlosigkeit eines solchen Unterfangens, denn als Vergangenheit sind diese Ereignisse ein für allemal vergangen und auch durch Rekonstruktion in ihrer Einmaligkeit nicht mehr zurückholbar. Sie begreift Geschichtswissenschaft vielmehr als den Versuch der Erkenntnis der Vergangenheit auf Grund der uns hier und jetzt gegebenen Tatsächlichkeit der Vergangenheit. Gegenstandskonstitutive Kategorien für eine solche Erkenntnisbemühung sind die Prinzipien einmaliger Bestimmtheit und fortwirkender Bedeutsamkeit. Geschichte als Tatsächlichkeit der Vergangenheit ist uns in ihrer einmaligen Bestimmtheit gerade dadurch gegeben, daß sie in ihrer fortwirkenden Bedeutsamkeit zugänglich ist. Die Erkenntnis eines einmalig Bestimmten auf Grund seiner fortwirkenden Bedeutsamkeit ist dabei vom »Erklären« streng zu unterscheiden, denn hier geht es nicht darum, die Einmaligkeit des »eigentlich Gewesenen« aus dessen fortwirkender Bedeutsamkeit zu erschließen, auch nicht darum, die fortwirkende Bedeutsamkeit aus der Einmaligkeit des »eigentlich

Gewesenen« abzuleiten. Beides wäre in gleicher Weise unmöglich. Die Erkenntnis eines einmalig Bestimmten in seiner fortwirkenden Bedeutsamkeit verlangt vielmehr, daß die Vergangenheit als unsere Vergangenheit begriffen werde.

Johann Gustav Droysen hat diesen Sachverhalt auf den Begriff gebracht und dabei die Notwendigkeit einer nicht auf den naturwissenschaftlichen Erfahrungsbegriff reduzierten empirischen Geschichtswissenschaft aufgezeigt: »Wenn ... der menschliche Geist sich darauf zu besinnen beginnt, daß sein Hier und Jetzt, alles, was ihn erfüllt und was ihn Menschliches umgibt«, geworden ist, »und wenn er versucht, sich über das, was so in und um ihn ist, klarzuwerden, und, um dessen bewußt und gewiß zu sein, unternimmt, zu erforschen, wie es so geworden ist, so kann er sich zu dem Zweck nicht an die Vergangenheiten wenden, denn diese sind ja eben vergangen. Sondern nur was in ihm und außer ihm in dem Jetzt und Hier davon noch unvergangen ist und, in wie veränderter Gestalt immer, noch empirisch zu erfassen ist, das wird ihm die gesuchte Auskunft geben müssen und geben können. Dies ist der erste große Fundamentalsatz unserer Wissenschaft ... Unsere ganze Wissenschaft beruht darauf, daß wir aus solchen noch gegenwärtigen Materialien nicht die Vergangenheit herstellen, sondern unsere Vorstellungen von ihnen begründen, berichtigen, erweitern wollen, und zwar durch ein methodisches Verfahren, das sich aus diesem ersten Lehrsatz entwickelt.«[302] Ohne daß wir an dieser Stelle genauer auf die Methodologie der Historie einzugehen brauchen[303], geht aus dem Gesagten schon deutlich hervor, daß Aufgabe der Geschichtswissenschaft nicht die erklärende Rekonstruktion der Vergangenheit, sondern die Aufklärung der Gegenwart über ihre Vergangenheit ist. In die historische Frage geht jeweils der Standpunkt der Gegenwart mit ein, und hieraus folgt, daß Aufklärung der Gegenwart über ihre Vergangenheit nur möglich ist, wenn die unter den Kategorien einmaliger Bestimmtheit und fortwirkender Bedeutsamkeit fortschreitende historische Erfahrung ihren Regreß unter der regulativen Idee der Kontinuität der geschichtlichen Wirklichkeit bestimmt. Auch hierum wußte bereits Droysen: Die »Kontinuität der fortschreitenden geschichtlichen Arbeit und Schaffung ist das Allgemeine und Notwendige, welches die einzelnen Tatsachen der Geschichte verbindet und jeder in ihrer individuellen Art ihren Wert gibt ... Diese Kontinuität ist nicht Entwicklung, denn da wäre die ganze Folgereihe schon keimhaft in den ersten Anfängen präformiert, sondern mit der Arbeit erst wachsen die Kräfte ... In dieser Kontinuität ... hat die geschichtliche Welt ihren Gedanken und ihre Wahrheit, und unsere Empirie arbeitet, die Einzelheiten der Vergangenheit, soweit sie irgend noch empirisch zu erfassen sind, zu erforschen, um in ihnen mehr und mehr diese Kontinuität empirisch zu bestätigen«.[304]

Kontinuität ist im hier gemeinten Sinne kein konstitutives Prinzip historischer Erfahrung, sondern deren regulatives Prinzip. Sie ist kein Prinzip der Gegebenheit der Geschichte als Erkenntnisobjekt, sondern Ordnungsprinzip historischer Erfahrung. Unter ihr wird allererst Vergangenheit als Vergangenheit der Gegenwart erkennbar. Damit tritt an die Stelle der von Brezinka und anderen vertretenen Auffassung, die Geschichtswissenschaft habe die Aufgabe, das eigentlich Gewesene zu rekonstruieren, die jeglichen Historismus entlarvende Idee geschichtlicher Kontinuität, welche die Gegenwartsbezogenheit der Vergangenheit anerkennt und darum weiß, daß die Geschichte eben dieser Gegenwartsbezogenheit wegen immer wieder »umgeschrieben« werden muß.[305] Die Aufgabe permanenter Umschrift der Geschichte hat dabei ihren Ausgangspunkt weniger darin, daß die Reihe des eigentlich Gewesenen um ständig neu hinzuwachsende Vergangenheiten verlängert wird, als vielmehr darin, daß Vergangenheit von Gegenwart selber stets geschichtlich ist.

Von der Geschichtlichkeit des Gegenstandes der Historie abstrahiert jedweder Versuch, Geschichtswissenschaft an der Norm des positivistischen Erkenntnisideals auszurichten. Besonders deutlich zeigt sich dies dort, wo Brezinka die Rekonstruktionsaufgabe der Historiographie der Erziehung für die technologische Erziehungswissenschaft nutzbar zu machen versucht: »Soweit es um die Theoretische Erziehungswissenschaft im hier gemeinten strengen Sinne geht, gilt für sie wie für alle anderen Realwissenschaften, daß sie auf das geschichtliche Erbe der objektivierten Gedanken über ihren Gegenstandsbereich angewiesen sind. Dabei kommt es jedoch gerade nicht auf den historischen Charakter dieser Ideen (der objektivierten Gedanken, D. B.) an, sondern auf ihren überhistorischen, d. h. theoretischen Gehalt. Die historiographische Analyse pädagogischer Ideen vom deskriptiven wie vom metaphysischen Typ kann uns helfen, ihren Sinn möglichst genau zu verstehen, aber sobald das geschehen ist, werden sie nur mehr unter theoretisch-systematischen Gesichtspunkten als Hypothesen betrachtet. Für die Theoretische Erziehungswissenschaft liegt der Wert der Geschichte der pädagogischen Ideen darin, daß sie ein reichhaltiges Hypothesenreservoir ist.«[306]

Nachdem die Geschichtswissenschaft auf die Rekonstruktion der Vergangenheit willkürlich eingeengt und von ihrer eigentlichen Aufgabe, derjenigen der Aufklärung der Gegenwart über ihre eigene geschichtliche Bedingtheit, abstrahiert worden ist, vermag die Historie nur mehr als Lieferant eines mehr oder weniger weit reichenden Hypothesenreservoirs zu fungieren. Dabei wird von der Geschichtlichkeit der Geschichte in wissenschaftlich unzulässiger Weise abstrahiert. Annahmen über erziehliche Wirkungen – um nur ein Beispiel zu nennen –, wie sie in irgendeiner Vergangenheit geäußert worden sind, ließen sich, wenn überhaupt, nur in dieser Vergangenheit selbst überprüfen, da sie auf Erfahrungen beruhen, welche im Kontext der jeweils vorgegebenen gesellschaftlichen Situation gemacht wurden, die sich im geschichtlichen Wandel ihrerseits verändert hat. Die unterstellte Reichhaltigkeit des historischen Hypothesenmaterials wird damit für die »theoretische Erziehungswissenschaft« nicht – wie behauptet – in ihrer übergeschichtlichen Bedeutung relevant, sie verengt sich zugleich auf jenen Kreis von abstrakten Aussagen, der in seinem »Wahrheitsanspruch« die Geschichte zu überdauern vermochte. Die Zusammenarbeit von Historiographie der Erziehung und technologischer Erziehungswissenschaft verengt sich damit bei Brezinka auf eine Suche nach abstrakten Gesetzmäßigkeiten, welche allenfalls einer geschichtlichen Modifikation unterliegen. Ihre möglichen »Früchte« sind von der Geschichtswissenschaft her gesehen lediglich zufällig.[307]

Wo aber die Historie zum Lieferanten hypothetischer Einfälle für technologische Experimentatoren verkürzt wird, da wird diesen jegliche Reflexion über den geschichtlichen Standort und die begrenzte gesellschaftliche Funktion ihres eigenen Fragens und Forschens abgenommen. Indem Brezinka die Zusammenarbeit von Historiographie und Erziehungswissenschaft darauf festlegt, daß die Resultate der historischen Analyse der Geschichtlichkeit der Gegenwart ihrer Geschichtlichkeit entkleidet und in die Form abstrakter theoretischer Annahmen gebracht werden, verlangt er letztlich, daß die Historie in ihrer Dienstfunktion für die Erziehungswissenschaft aufhöre, Geschichtswissenschaft zu sein.

3 Zum Modell einer pragmatischen Kooperation von Empirie und Hermeneutik bei Roth und Thiersch

Während bei Wolfgang Brezinka die Zusammenarbeit von Empirie und Hermeneutik dadurch geregelt wird, daß die Historiographie der Erziehung als Hypothesenlieferantin in den Dinest einer technologisch-empirischen Erziehungswissenschaft tritt, bemühen sich Heinrich Roth und Hans Thiersch um eine von pädagogischen Gesichtspunkten geleitete Kooperation empirischer und hermeneutischer Verfahren.[308] Bei Roth und Thiersch gewinnen die in der experimentellen und unterrichtstheoretischen Pädagogik unternommenen Anstrengungen um die Begründung eines pädagogischen Erfahrungsbegriffes und die Klärung des Verhältnisses von Handlungstheorie und Forschung wieder an Bedeutung. Während Brezinka die Erziehungswissenschaft als Subwissenschaft heterogener Einzeldisziplinen begreift, das praktische Handlungsinteresse des Erziehers aus der Wissenschaft ausklammert und Handlungstheorie und Empirie unvermittelt einander gegenüberstellt, verlangen Roth und Thiersch, die »realistische Wendung der pädagogischen Forschung« müsse mit einer anthropologischen Wendung einhergehen, da anderenfalls der Übergang von der Pädagogik als charismatischer Handlungstheorie für den Erzieher zur empirischen Wissenschaft von der Erziehungswirklichkeit, statt zur Begründung einer pädagogischen Forschungsdisziplin, zur Auflösung der Pädagogik als Wissenschaft führen werde.[309]

Die Zielsetzung des pragmatischen Ansatzes hat H. Thiersch folgendermaßen umschrieben: »Die pädagogische Methodendiskussion entzündet sich immer wieder besonders an der Kontroverse zwischen einem geisteswissenschaftlich-auslegenden oder phänomenologischen Verfahren und einem, das sich an den Erfahrungswissenschaften orientiert.« Diese Diskussion droht zu übersehen, »daß es zwischen diesen beiden Ansätzen einen direkten Zusammenhang gibt«, welcher nahelegt, daß »die erfahrungswissenschaftlichen Methoden als die für uns heute nötige, weitere Explikation des in der Hermeneutik gegebenen wissenschaftstheoretischen Modells aufgefaßt werden können und müssen. Die beiden Verfahren sollen... kritisch aufeinander bezogen werden«.[310] Der von Roth und Thiersch intendierte Nachweis der Verwiesenheit von Empirie und Hermeneutik wendet sich dabei indirekt gegen W. Brezinkas Modell einer Kooperation von

Empirie und Historiographie. In ihrem Versuch, die realistische Wendung der Pädagogik so vorzunehmen, daß die Erziehungswissenschaft dabei nicht auf eine theoretische Erkenntniswissenschaft verkürzt wird, sondern den Charakter einer theoretisch-praktischen Wissenschaft im Wandel zur Forschungsdisziplin bewahrt, setzen sich Roth und Thiersch erstens mit der Tendenz zur Desintegration der Pädagogik in eine Vielzahl von Einzelwissenschaften, zweitens mit der Tendenz zur Eliminierung des pädagogischen Handlungsinteresses aus der Forschung und drittens mit der Tendenz zur Trennung von Handlungstheorie und Empirie kritisch auseinander.
Im Hinblick auf die den Wandel der Pädagogik zu einer erfahrungswissenschaftlichen Forschungsdisziplin begleitende Tendenz zur Auflösung der Pädagogik in eine Vielzahl von Einzelwissenschaften und Subwissenschaften verschiedener Einzelwissenschaften stellt Roth fest: »Es besteht die Gefahr, daß sich nicht nur so etwas entwickelt wie eine autonome pädagogische Biologie, eine autonome pädagogische Psychologie, eine autonome pädagogische Soziologie usw., sondern daß sich diese auch noch auseinanderentwickeln und daß das Adjektiv pädagogisch sie nicht davor schützt, sich ihrer Grundwissenschaft nicht nur methodisch, was billig ist, sondern auch in ihren Zielsetzungen mehr verpflichtet zu fühlen als der Pädagogik. Diese schon sichtbare Entwicklung ist ein Beitrag mehr zur Desintegration der Pädagogik in Einzelwissenschaften, während die Sache und der Studierende nach der Klammer schreien, die alles das zusammenhält, was Pädagogik heißt«.[311] Roth macht hier und an anderen Stellen auf ein Problem aufmerksam, das Erziehung und Erziehungswissenschaft in gleicher Weise betrifft. Löst sich nämlich die Erziehungswissenschaft in eine Vielzahl mit dem Attribut »pädagogisch« versehener Einzelwissenschaften auf, so verliert sie den Anspruch neben anderen Wissenschaften eine besondere zu sein und wird schließlich zu dem, was Brezinka als Subwissenschaft bezeichnet hat, derweil die Erziehung auf ihre praktischen Fragen keinerlei wissenschaftliche Antwort mehr erhalten kann, da die in die Subwissenschaft von der Erziehung eingegangenen Einzelwissenschaften keine pädagogischen Fragestellung verfolgen. Sofern der Praktiker sich nicht auf den Tätigkeitshorizont eines Erziehungsingenieurs zurückzieht, sind die »Konsequenzen« einer solchen »wissenschaftstheoretischen Grundhaltung« – wie Cl. Menze ausgeführt hat – »für den praktischen Pädagogen, der Beratung und Hilfe, Empfehlungen und Warnungen von der Erziehungswissenschaft erwartet, bestürzend. Der Rückzug aus dem Felde

des Handelns ... und die damit selbst einer metaphysischen Grundposition verpflichtete reinliche Scheidung zwischen Theorie (Wissenschaft) und Praxis (Handeln), Erkenntnis und Entscheidung macht Wissenschaft selbst zu einem aus der Sicht des Praktikers sinnlosen Spiel«.[312]

In der Konsequenz seiner Kritik der Desintegration der Erziehungswissenschaft zur Subwissenschaft liegt es, daß Roth sich zugleich gegen die Tendenz der Eliminierung des praktischen Handlungsinteresses aus der Erziehungswissenschaft wendet und die Fragestellung der Pädagogik von derjenigen der Erkenntniswissenschaften abhebt: »Die Pädagogik analysiert nicht primär die Natur des Menschen, wie sie ist, was Biologie und Psychologie tun, sondern sie fragt nach der Veränderlichkeit dieser Natur, nach der Kultivierbarkeit und Bildsamkeit des Menschen, nach seiner möglichen geistigen Gestalt, seinem möglichen geistigen Optimum – und sie analysiert, interpretiert und kritisiert nicht primär Gesellschaft und Kultur, wie sie sind, geworden sind und wohin sie tendieren – das tun die Soziologie, die Kultur- und Geisteswissenschaften –, die Pädagogik vermehrt nicht die Einsichten und Erkenntnisse der Einzelwissenschaften ..., sondern die Pädagogik fragt nach dem Bildungsssinn der in den Wissenschaften und Künsten unserer Kultur investierten Einsichten, Gehalte und Normen, nach der Bedeutung, die diese für die geistige Selbstverwirklichung des Menschen, für die produktive Wiedererweckung und Fortsetzung der Kultur tragenden Geisteskräfte in der jungen Generation haben, und sie ist dadurch an der kritischen Vermittlung zwischen der Überlieferung, dem Bestehenden und dem Werdenden verantwortlich mitbeteiligt. Pädagogik kann diese ihre Aufgabe nur in Kooperation einerseits mit den Wissenschaften vom Menschen, andererseits mit den Sachwissenschaften lösen, die damit für sie Grund- und Hilfswissenschaften werden; sie hat aber ihre Eigenart und Autonomie in dieser ihrer Fragestellung, die ihr von keiner anderen Wissenschaft abgenommen wird«.[313]

Aus der Kritik der Tendenz zur Desintegration der Pädagogik und der Tendenz zu ihrer Verkürzung auf eine Erkenntniswissenschaft folgt die kritische Zurückweisung der Versuche, die neue Erziehungswissenschaft als empirische Disziplin unabhängig von der traditionellen theoretisch-praktischen Pädagogik aufzubauen: »Die Erziehungswissenschaft kann die ihr immanente praktische Tendenz nicht leugnen, daß ihre Einsichten, ihre ›Wahrheiten‹ zu ›geschehen‹ haben und sich verwirklichen sollen ... Sie ist entweder ›Theorie einer Praxis‹

oder sie ist müßig ... Sie kann als Wissenschaft von der Erziehung keinen anderen Inhalt haben als das kritisch gesichtete und einheitlich geordnete Wissen von den erzieherischen Bedingungen und Hilfen für die Menschwerdung des Menschen.«[314] Soll aber Pädagogik den hier von Roth im Einklang mit der Tradition angedeuteten Bestimmungen einer praktischen Wissenschaft auch als Forschungsdisziplin genügen, dann dürfen Theorie und Empirie nicht so getrennt werden, wie Brezinka dies vorschlägt, wenn er der »Erziehungswissenschaft« als einer theoretischen Erkenntniswissenschaft auf erfahrungswissenschaftlicher Basis die »Pädagogik« als normativ ideologische Handlungslehre gegenüberstellt. Roth wendet sich gegen jede »Zweiteilung der Forschung ... in eine theoretische und eine empirische. Wenn Pädagogik eine ›Theorie des erzieherischen Handelns‹ ist und unser erzieherisches Handeln in der Regel auf den Aufbau oder die Veränderung von Verhalten ... ausgeht, dann schien es so, daß die Natur des jeweilig zu erziehenden jungen Menschen zur Tatsachenforschung, und die Beurteilung des Leitbildes für rechtes Verhalten in die Erziehungsphilosophie gehöre. Nun ist aber weder die menschliche Natur so eindeutig, daß sie einfach eine Tatsache wäre, sie verändert sich unter den jeweiligen Herausforderungen, aber auch die ›Herausforderung‹ ist nicht so ideell, so situationsüberlegen, daß sie nicht jeweils Rücksicht auf die Natur des Menschen nähme ... Forschungsgegenstand kann also nur der in der Erziehungssituation stehende Mensch sein, seine Natur bezogen auf die kulturelle Forderung ... und die Forderung bezogen auf seine Natur«.[315]

Wie die Kritik am positivistischen oder kritisch-rationalistischen Verständnis der Erziehungswissenschaft, so ist auch Roths eigene Konzeption vor allem durch drei Gesichtspunkte bestimmt, welche sich der dreifachen Kritik zuordnen lassen und von denen der erste den Ansatz zur Integration verschiedener Wissenschaften vom Menschen unter die pädagogische Fragestellung, der zweite die besondere Rolle des pädagogischen Handlungsinteresses in dieser integrierten Wissenschaft und der dritte schließlich die Beziehung von Theorie und Empirie betrifft. Wir haben unsere Skizze der eigentlichen Position Roths die in diese eingegangene Auseinandersetzung mit dem Empirie-Problem vorausgeschickt, damit auf diese Weise die nun selbst zu Wort kommende Position an dem in sie eingegangenen Problembewußtsein gemessen werden kann.

Der Desintegration der Pädagogik in verschiedene Erkenntniswissenschaften will Roth mit seiner Konzeption einer »Pädagogischen

Anthropologie« zuvorkommen, welche »die Beiträge der Erfahrungswissenschaften vom Menschen ... in gegenseitigen Austausch zu bringen, auf ihre wechselseitige Abhängigkeit aufmerksam zu machen und sie auf die pädagogische Fragestellung hin zu integrieren und zu verpflichten« versucht. »Eine pädagogische Anthropologie, die in diesem Sinne gewagt wird, basiert auf den Erfahrungswissenschaften vom Menschen und zielt auf eine unter der pädagogischen Fragestellung forschende und datenverarbeitende Integrationswissenschaft.«[316] Eine solche Integrationswissenschaft geht vom Faktum der Desintegration der Pädagogik in eine Vielzahl von Erkenntniswissenschaften aus, ja sie setzt dieses Faktum für sich selbst voraus, denn ohne Desintegration der Pädagogik in die Erfahrungswissenschaften vom Menschen ist keine anthropologische Integrationsdisziplin möglich.

Die pädagogische Anthropologie – und damit kommen wir zum zweiten Charakteristikum der Position Roths – bedarf eines Integrationsgesichtspunktes, soll sie die in sie gesetzten Erwartungen erfüllen können. Im Hinblick auf die besondere Methode der geforderten Integrationswissenschaft und in Abhebung zu den Methoden der desintegrierten Disziplinen bestimmt Roth diesen Gesichtspunkt folgendermaßen: »Mit welcher Methode der Befragung das von den Erfahrungswissenschaften vorliegende Material zur Beantwortung« der Frage nach der »Mündigkeit des Menschen als ... Chance der Erziehung« aufgearbeitet werden soll, »hat sich für mich so geklärt: man kann nicht nach der Natur des Menschen fragen, ohne nach dem zu fragen, was er aus sich gemacht hat, und nicht nach dem, was er aus sich gemacht hat, ohne ständige Rücksicht auf die Frage, aus welcher Wandlung seiner Kräfte und Fähigkeiten diese seine Kultur erwachsen ist. Genauer gesagt, bedeutet das für eine pädagogische Anthropologie, die zum Generalthema hat, unter welchen erzieherischen Bedingungen menschliche Reife und Mündigkeit möglich ist, einmal nach der Bildsamkeit und einmal nach der Bestimmung des Menschen zu fragen, einmal die Wissenschaften vom Menschen zu befragen, was sie über seine Bildsamkeit, und einmal, was sie über seine Bestimmung auszusagen haben, aber nicht als getrennte Fragen, sondern so, daß beide Fragen in wechselseitige Beziehungen gesetzt werden«.[317] Mit dieser Feststellung, daß es der Pädagogik als praktischer Wissenschaft um die Analyse des Erziehungsprozesses unter den Kategorien der Bildsamkeit und Bestimmung geht, tritt Roth indirekt Brezinkas These entgegen, die Erziehungswissenschaft verdanke ihr Dasein als

»Subwissenschaft« einzig und allein dem Umstand, daß die Gesellschaft ein besonderes Interesse an der Erziehung gewonnen habe und diese ihren Vorstellungen verfügbar machen wolle. Hierdurch würde die Erziehungswissenschaft – um es überspitzt zu formulieren – in eine Reihe mit der unter bestimmten Bedingungen womöglich zu erfindenden Milchwissenschaft gestellt, welche ihren Daseinsgrund z. B. am gesellschaftlichen Interesse mehr oder weniger, fettreichere oder fettärmere, billigere oder teuere, zu diesem oder zu jenem Produkt zu veredelnde Milch zu produzieren, besitzen könnte. Indem Roth seine Version der pädagogischen Anthropologie dadurch als Integrationsdisziplin und der Pädagogik Einheit stiftende Wissenschaft zu bestimmen versucht, daß er an die Prinzipien einer jedweden wissenschaftlichen Bestimmung der Möglichkeiten und Aufgaben sinnbestimmter Erziehung anknüpft, leugnet er nicht das gesellschaftliche Interesse an der Erziehung, sondern bestimmt er die Voraussetzungen, unter denen dieses sich artikulieren muß und nach denen dieses zugleich beurteilt werden kann.

Daß Pädagogik als Integrationswissenschaft die Resultate der Erfahrungswissenschaften vom Menschen unter der ihr eigenen Fragestellung nach den Möglichkeiten und Aufgaben sinnbestimmten Erziehens auf die wechselseitige Beziehung von Bildsamkeit und Bestimmung hin auslegen soll, daß, wie Roth formuliert, »die wechselseitige Erhellung von Bildsamkeit und Bestimmung zur Deutung der Chance der Erziehung für menschliche Reife und Mündigkeit dienen soll«[318], verlangt – und hierin liegt das dritte Charakteristikum seiner Position – nach einer Auffassung des Verhältnisses von Theorie und Empirie, welche den Horizont einer empirischen Verifikation oder Nicht-Falsifikation der Theorie mittels Empirie überschreitet. An seine Stelle soll eine Kooperation theoretischer Aussagen über »menschliche Reife und Mündigkeit« und empirischer Befunde über die Faktizität und Bedingungen »menschlicher Reife und Mündigkeit« treten, in welcher Theorie und Erfahrung dem Fortschritt in der Praxis dienen und der fortschreitenden Praxis jeweils neue Aufgaben und Problemstellungen entnehmen: »Die Einsichten werden sich verfeinern und schärfen, entsprechend werden sich die Befunde ändern. Festgelegt ist nur die prinzipielle Rückkoppelung der Einsichten an die Erfahrung, so daß die Steuerung der Forschung in einem Regelkreis Kontinuität anzunehmen vermag.« Es ist wichtig hier darauf zu achten, daß nicht die Forschung selbst, sondern nur deren Steuerung einem Regelkreis von Empirie, Theorie und Praxis untergeordnet wird, in welchen auch die

»Fragestellungen einer pädagogischen Anthropologie« ihren Ort finden soll, »die weder die Bestimmung des Menschen festlegt noch seine Natur, sondern nur die wechselseitige Abhängigkeit dieser Größen in einem fortlaufenden und nicht abzuschließenden Prozeß, den zu verfolgen allein Aufschluß über den Menschen gibt. Es ist die Fragestellung einer pädagogischen Anthropologie, die auch die Erziehung nicht festlegt, sondern ihre Revision an Hand der sich laufend ergebenden umfassenderen Einsichten postuliert, weil sie gewiß ist, daß die Erziehung, die nicht in diesen Kreislauf einbezogen ist, ebensoviel Unheil wie Heil anrichten kann. Eine allmähliche Befreiung aus diesem Dilemma gibt es nur, wenn man ihre dauernde Revision als Forschung institutionalisiert und stabilisiert«.[319]

Indem Roth die Wechselbeziehung von Bildsamkeit und Bestimmung auf die Wechselbeziehung von Theorie und Empirie hin auslegt, erkennt er an, daß »pädagogische Tatsachen ... nicht einfach gegeben (sind), sondern ... hervorgerufen« werden, »im Spannungsfeld zwischen Herausforderung und Antwort, Antworten und neuen Herausforderungen« entstehen und daß eben dieser »Beziehungszusammenhang zwischen Herausforderung und Antwort ... das Forschungsfeld und das Forschungsproblem« der Erziehungswissenschaft ausmacht.[320] Dadurch gewinnt sein Erfahrungsbegriff im Unterschied zu demjenigen der positivistisch-technologischen Erkenntniswissenschaft von der Erziehung Anschluß an den in der experimentellen Pädagogik angelegten und bei Petersen erstmals deutlicher ausgesprochenen Experiment-Begriff, welcher bei Roth dort angesprochen ist, wo er von der Beziehung zwischen Theorie und forschender Empirie als der Beziehung von Idee und Wirklichkeit spricht: »Was den Ausschlag gibt, ist die Intensität der Wechselbeziehungen zwischen Theorie und Forschung, Idee und Wirklichkeit. Wirklich sinnaufschließende Fragen sind immer das Resultat intensiver theoretischer Bemühungen, die das Ganze in seiner historischen Überlieferung und in seiner gegenwärtigen Problematik zum Ausgangspunkt haben, aber die Antworten auf diese Fragen, sofern diese einen Weisungscharakter für die Praxis haben sollen, bleiben nur dann nicht bloße Meinungen oder leere Behauptungen, wenn die pädagogische Theorie das Kreisen in sich selbst aufgibt, ihre Aussagen an den Früchten der Praxis kontrolliert, die in ihrem Namen geschieht. Nur so bleibt sie kritisch und wach und vor Dogmatisierung bewahrt.«[321]

An die Stelle der empirischen Verifikation von Theorie im positivistischen Verstande tritt hier die Verifikation der Theorie als einer Handlungstheorie in der Praxis; Verifikation heißt freilich in diesem Zusammenhang, wo das Praktischwerden der Theorie von dieser nicht wie im technologischen Experiment reglementiert wird, sondern über die Praxis selbst vermittelt ist, etwas grundsätzlich anderes. Sie besagt hier die im praktischen Erziehungshandeln möglich werdende Selbstkontrolle der Theorie in ihrem Praktischwerden. Versucht beispielsweise W. Brezinka seine Konzeption einer technologischen Erziehungswissenschaft dadurch abzusichern, daß aus dem Sein niemals das Sollen folgen könne[322], so stellt Roth dieser Argumentation vom Blickwinkel eines praktischen Wissenschafts- und Erfahrungsbegriffes her die These gegenüber: Das »Seinsollende ist nicht einfach aus der Empirie abzuleiten. Aber das pädagogisch Gesollte ist per definitionem ein zu verwirklichendes Gesolltes«. Diese These wird dann, was den Erfahrungsbegriff der Erziehungswissenschaft betrifft, folgendermaßen erläutert: »Es ist deshalb ein Kurzschluß zu sagen, die Empirie und damit die empirische Forschung habe nichts mit den Sollensproblemen zu tun und für sie nichts beizutragen. Was wüßten wir von Güte ohne die Erfahrnis der Güte? Hat man nicht noch vor 150 Jahren geglaubt, das einfache Volkskind könnte nicht das Multiplizieren und Dividieren lernen, und haben wir nicht erst aus der Wirklichkeit erfahren, daß das möglich ist, und haben wir nicht unsere Normen entsprechend erhöht?«[323]

Wir gingen bei unserer Analyse des pragmatischen Ansatzes einer pädagogischen Integrationsdisziplin von der von Roth und Thiersch vertretenen These aus, die an eine erfahrungswissenschaftliche Pädagogik in praktischer Absicht zu stellenden Anforderungen ließen sich durch die Kooperation hermeneutischer und empirischer Verfahren erfüllen. Wann immer Roth und Thiersch von Empirie sprechen, meinen sie die von seiten der Biologie, der Psychologie und Soziologie zu erbringende erfahrungswissenschaftliche Analyse der Erziehungswirklichkeit, und unter Theorie wird stets diejenige der geisteswissenschaftlichen Pädagogik verstanden. Den Nachweis der Komplementarität beider Verfahrensweisen führt Thiersch, indem er zunächst aufzeigt, daß beide auf ein und denselben Gegenstand gerichtet sind, und dann zwischen ihren Erkenntnisleistungen unterscheidet. Das hermeneutische Theorie-Verständnis geht davon aus, daß alles Erkennen jeweils bestimmt ist durch den geschichtlich bedingten Fragehorizont des Erkennenden: »Weil Leben nur von der Befangenheit des Fragenden aus verstanden werden kann, bleibt zunächst nur zu verlangen, daß diese Bedingtheit bewußt gemacht wird in der

Selbstkritik und, daraus erwachsend, in dem Verzicht auf jeden Absolutheitsanspruch.«[324] Soll diese Forderung nicht zum Verzicht auf wissenschaftliche Aussagen im Horizont geisteswissenschaftlichen Erkennens führen, so gilt es »dieses immer schon gegebene Ineinander (von Verstehen und Welt, D. B.) zu methodisieren: der Mensch muß lernen, systematisch seine Fragen und Entwürfe an Erfahrungen zur prüfen, damit sie im dauernden Hin und Her vielleicht allmählich das Gemeinte treffen: so erschließt die Frage die Sache und wird zugleich – im ›feedback‹ – von ihr korrigiert«.[325] In diesem in der Hermeutik selbst angelegten Streben nach Objektivität erblickt Thiersch die Chance für den Einsatz »erfahrungswissenschaftlich präzisierender Verfahren«, welche die subjektive Befangenheit des Hermeneutikers bei gleichzeitiger Anerkennung der Interdependenz von Weltverständnis und Fragehorizont »methodisierend« herausdividieren sollen: »So einleuchtend ... diese Hermeneutik als allgemeines Modell ist, so hat sich doch in der weiteren wissenschaftlichen Entwicklung herausgestellt, daß sie in ihren methodischen Absicherungen noch nicht hinreichend differenziert ist: Kann man sich des Widerstandes der Sache nicht methodisch strenger versichern? Gibt es nicht Kriterien, nach denen man unterscheiden kann, welche aus den Interessen des Lebens aufsteigenden Fragen möglichst durch die Sache selbst und verbindlich prüfbar beantwortet werden können? Können Zusammenhang und Differenz von Wert und Tatsache, Theorie und Faktum nicht noch genauer bestimmt werden? Genügt Selbstkritik, um sich gegen die gerade im Raum der Wertungen so fest verwurzelten Selbsttäuschungen abzusichern?«[326]

Thiersch schließt sich hier der von Roth bereits in der Abhandlung über die *realistische Wendung in der Pädagogischen Forschung* aufgestellten Forderung an, es gelte »Methoden zu entdecken und zu schaffen, die es erlauben, die intuitive Hermeneutik ... auf erfahrungswissenschaftliche Grundlagen zu stellen und dadurch deutlicher abzusichern«.[327] Von der Entwicklung solcher Methoden versprechen sich Roth und Thiersch zum einen die säuberliche Trennung zwischen den »normativen und den faktischen Bestandteilen« von Aussagen, so daß die »Normen ... dann als Normen und die Fakten als Fakten kritisiert werden« können[328], und zum anderen soll hierdurch eine Kooperation von Empirie und Hermeneutik möglich werden, welche sowohl zu einer methodischen Absicherung der Hermeneutik als auch zu einer hermeneutischen Explikation empirischer Befunde dient. Der Hermeneutik bleibt weiterhin die Möglichkeit erhalten, auch solche

Aussagen zu machen, die sich der empirischen Verifikation entziehen, wohl aber wird ihr abverlangt, sich in denjenigen Aussagen, die empirischer Kontrolle zugänglich sind, der erfahrungswissenschaftlichen Realitätskontrolle zu unterwerfen. Dadurch soll sowohl die Position einer anti-empirischen pädagogischen Theorie als auch die einer in der »Faszination am Genauen« aufgehenden, ihre »Bedeutsamkeit« gar nicht mehr reflektierenden Empirie aufgehoben werden in eine dritte Position, welche die Verengung der »Wissenschaftlichkeit in das Getto des ihr methodisch zugänglichen« ebenso ablehnt wie deren Einschränkung auf hermeneutische Objektivität. Diese mittlere oder vermittelnde Position geht davon aus, daß die durch die »Regeln des Verstehens möglichen Einsichten ..., jedenfalls für weite Bereiche, noch zuwenig prüfbar (scheinen) und ... so jenseits der Wirklichkeit bleiben (können). Dagegen sucht die erfahrungswissenschaftliche Methodologie sich abzusichern, indem sie, aus den hermeneutischen Regeln zu entwickelnde, aber über sie hinausgehende strenge Methoden verwendet; indem diese aber beschränkt sind auf den Raum der Theorien der mittleren (d. h. der empirisch zu kontrollierenden und zu prognostizierenden, D. B.) Reichweite und den von ihnen aus ermöglichten partiellen Wechselverkehr zwischen ihnen und den umfassenden Problemen des hermeneutischen Feldes, bleiben die traditionellen Regeln des Verstehens unverzichtbar für jene Fragen, die in den strengeren Methoden nicht aufgehen«.[329]

Hier zeigt sich, daß auch bei Roth und Thiersch die Kooperation zwischen Empirie und Hermeneutik darauf ausgerichtet ist, die »intuitive Hermeneutik ... auf erfahrungswissenschaftliche Grundlagen zu stellen«. Ihr Ansatz rückt damit unmerklich in die Nähe der Position W. Brezinkas, gegen dessen Modell einer technologischen Erziehungswissenschaft er sich in der Kritik der Desintegration der Pädagogik, der Eliminierung des pädagogischen Handlungsinteresses und der Trennung zwischen Theorie und Empirie zumindest indirekt gewandt hatte. Auf die immanenten Schwierigkeiten, denen damit auch dieser Ansatz ausgesetzt ist, verweisen zwei Einwände, welche Thiersch und Roth gegen ihre eigene Position vorgebracht haben, um damit mögliche kritische Stellungnahmen vorwegzunehmen oder wenigstens einzukalkulieren.

Im Anschluß an die Explikation seines Modells einer »mittleren Position« macht Thiersch darauf aufmerksam, man werde gegen »dieses in sich aufgehende Ergebnis« seiner Analyse »einwenden müssen, es habe nur entwickelt werden können, weil die verschiedenen, weithin im erbitterten Streit liegenden Positionen innerhalb der Methodologie aufeinander bezogen und in der Einebnung ihrer Divergenzen verkannt worden seien; so sei es nur ein fauler Kompromiß«.[330] Diesen nicht nur auf den ersten Blick überzeugenden Einwand versucht Thiersch dadurch zu entkräften, daß er sein Modell einer Kooperation empirischer und hermeneutischer Verfahren auf den Horizont von Theorien mittlerer Reichweite eingrenzt und den Widerstreit der Positionen in darüber hinausreichenden Horizonten durchaus eingesteht. Während Thiersch seine eher formale These von der Komplementarität von Empirie und Hermeneutik im Hinblick auf die mit einander konkurrierenden methodologischen Wissenschaftsmodelle problematisiert, hinterfragt Roth die Komplementaritätsthese im Hinblick auf die aus der Korrelation von Bildsamkeit und Bestimmung resultierende Forschungsaufgabe der Erziehungswissenschaft.

In seiner Kritik der Tendenz zur Desintegration der Pädagogik, der Tendenz zur Eliminierung des pädagogischen Handlungsinteresses und der Tendenz zur Trennung zwischen praktischer Theorie und Empirie stellt Roth jene Forderung auf, an der sein eigener Ansatz gemessen werden kann und muß. Als das spezifische »Forschungsfeld und ... Forschungsproblem« der Erziehungswissenschaft bestimmt er nämlich den »Beziehungszusammenhang zwischen Herausforderung und Antwort«, in welchem allein der werdende Mensch unter den Kategorien »Bildsamkeit und Bestimmung« Gegenstand pädagogischer Erfahrung werden kann. Den in diesem Begründungszusammenhang wohl entscheidenden Einwand gegen seine eigene und Thierschs Position hat Roth dabei selber in aller Schärfe formuliert: »Stelle ich Bildsamkeit und Bestimmung in dieser Weise (in Korrelation zueinander, D. B.) einander gegenüber, und beharre ich auf der Forderung, Ausgangsmaterial und Grundstock für ein anthropologisches Denken müßten die erfahrungswissenschaftlich gesicherten oder zu sichernden Daten sein, scheinen wir in unauflösbare Widersprüche und Schwierigkeiten zu geraten. Während Bildsamkeit noch mit Hilfe der Medizin, Biologie, Psychologie, Soziologie usw. für die Pädagogik aufbereitbar erscheint, wenn sie hartnäckig an ihrer Fragestellung festhält und sie den anderen Wissenschaften aufnötigt, scheinen diese Grund- und Hilfswissenschaften der Pädagogik vor der Frage nach der Bestimmung des Menschen zu versagen. Machen wir aber nun gar noch, wie wir vorschlugen, die Erforschung der Bildsamkeit von der Erhellung, die sie durch ihre Wechselbeziehung zur Bestimmung des

Menschen erfahren kann, abhängig, forschen wir scheinbar in einer richtungslosen Fülle oder Leere, in der mehr oder weniger soviel Ausagen möglich sind, wie Fragen gestellt werden.«[331]

An dieser Stelle erreicht die Diskussion um die erfahrungswissenschaftliche Pädagogik neuerlich Anschluß an die früheren Bemühungen um einen pädagogischen Erfahrungsbegriff. Einerseits wird zugestanden, daß pädagogische Empirie und erzieherisches Handeln aufeinander verweisen, und daß Erziehung jenseits der Wechselwirkung von Bildsamkeit und Bestimmung gar nicht Gegenstand der Erfahrung werden kann; anderseits wird festgestellt, daß die erkenntniswissenschaftliche Empirie für sich genommen den an eine praxeologische Erfahrung von Erziehung zu stellenden Ansprüchen nicht zu genügen vermag. Indem Roth jedoch weiterhin daran festhält, die erfahrungswissenschaftliche Pädagogik komme dadurch zustande, daß die Pädagogik den verschiedenen Erkenntniswissenschaften eine pädagogische Fragestellung »aufnötige«, indem er an seiner These festhält, die der Pädagogik zu Grunde liegenden Erfahrungswissenschaften seien methodisch ihren Grundwissenschaften verpflichtet, ihre Resultate würden ausschließlich durch die pädagogische Fragestellung praktisch relevant, gerät er in der Tat in jene Schwierigkeiten und Widersprüche, auf die er selber hinweist. Denn wenn Erziehung nur unter den Kategorien Bildsamkeit und Bestimmung im Spannungsfeld von Aufforderung und Antwort erfahren werden kann, dann ist es mit der Integration erkenntniswissenschaftlicher Befunde unter pädagogische Fragestellungen nicht getan. Vielmehr verlangt dann die Erziehungswissenschaft nach einem erfahrungswissenschaftlichen Zugang zur Erziehungswirklichkeit, der diese in ihrer Faktizität als Spannungsfeld von Aufforderung und Antwort unter den Kategorien Bildsamkeit und Bestimmung erfaßt.

In die Schwierigkeiten, von welchen Roth spricht und die durch Thierschs Beschränkung auf Theorien mittlerer Reichweite keineswegs überwunden werden, gerät die Erziehungswissenschaft immer dann, wenn sie ihre Autonomie auf ihre Fragestellung gründet und die Methodenfrage auf die Anwendung allgemein bewährter Forschungstechniken reduziert. Roth hat zwar seinen Ansatz in kaum zu übertreffender Deutlichkeit hinsichtlich des Widerspruchs von Fragestellung und Methode problematisiert, er hat sich jedoch letztlich seiner eigenen Selbstkritik nicht gestellt. Statt den Erfahrungsbegriff in Einklang mit dem Forschungsgegenstand der Pädagogik zu erweitern, bleibt er bei dem von Kant im Hinblick auf Naturerkenntnis festgelegten Erfahrungsverständnis stehen. Er fährt nämlich einfach fort: »Aber gibt es vielleicht nicht, was die Bestimmung des Menschen betrifft, für die Erziehung die Möglichkeit, auch Fragen zu stellen, die erforschbar sind? und die deshalb wichtig sind, weil sie erforschbar sind.« Roth bescheidet sich damit bewußt auf jene »Vorhöfe (der) Frage« nach der allein im »Beziehungszusammenhang zwischen Herausforderung und Antwort« zu erforschenden »Bildsamkeit und Bestimmung« des Menschen, welche den erfahrungswissenschaftlichen Aussagen im Horizont der Erkenntniswissenschaften zugänglich sind.[332]

Mit der Beschränkung auf solche Fragen, die »auch« erforschbar sind, denen dabei Bedeutung zukommt, »weil« sie erforschbar sind, wird der Anspruch einer erfahrungswissenschaftlichen Pädagogik in praktischer Absicht, wie Roth und Thiersch ihn in Auseinandersetzung mit den Tendenzen einer technologischen Erziehungswissenschaft herausgearbeitet haben, desavouiert und letztlich aufgegeben. Das Modell einer pädagogischen Integrationswissenschaft unterliegt selber der von ihm an der positivistischen Erziehungswissenschaft geübten Kritik. Die Desintegration der Pädagogik in eine Vielzahl von Einzeldisziplinen kann nicht durch den Rekurs auf eine integrierende pädagogische Fragestellung aufgefangen werden; durch Integrationsleistungen in den »Vorhöfen« pädagogischen Fragens wird die Eliminierung des pädagogischen Handlungsinteresses aus der Forschung und deren Zweiteilung in eine handlungswissenschaftliche und empirische nicht aufgehoben. So kritisiert Roth zwar die Desintegration der Pädagogik in eine Vielzahl mit dem Appendix »pädagogisch« versehener Einzeldisziplinen, gelangt in seinem eigenen Ansatz letztlich jedoch nicht über eine integrative Anthropologie hinaus, die nun ihrerseits mit dem Appendix »pädagogisch« versehen wird[333]; so kritisiert er die Eliminierung des pädagogischen Handlungsinteresses aus der Forschung, hält gleichzeitig jedoch an der linearen Gegenüberstellung von pädagogischer Handlungstheorie und erkenntniswissenschaftlicher Empirie fest, da seine integrative Anthropologie die Desintegration der Pädagogik stets von neuem zur Voraussetzung hat und somit nicht aufhebt; so kritisiert er die Trennung zwischen erkenntniswissenschaftlicher Empirie und praktischer Theorie, erneuert jedoch indirekt diese Trennung, denn die Vermittlung von Empirie und Theorie findet in einer Integrationsdisziplin, nicht aber in der empirischen Erforschung handlungstheoretisch angeleiteter und orientierter Erziehungspraxis statt.

Der Widerspruch zwischen Roths eigenen Ansprüchen an eine erfahrungswissenschaftliche Pädagogik in praktischer Absicht und der tatsächlichen Tragfähigkeit seines Ansatzes einer Integration erkenntniswissenschaftlicher Empirie unter pädagogische Fragestellungen läßt sich bis in die Integrationsarbeit der verschiedenen Befunde und Fragestellungen hinein verfolgen.
Deutlich läßt sich die Diskrepanz zwischen Anspruch und Leistungsfähigkeit der integrativen pädagogischen Anthropologie Roths am sogenannten pädagogischen Begabungsbegriff aufzeigen. Die Begabungsforschung hat den von ihr durch Jahrzehnte hindurch vorausgesetzten und empirisch untermauerten statischen Begabungsbegriff revidiert, nachdem sich zeigte, »daß Lernleistungen von weit mehr und vielleicht auch von weit bedeutsameren Bedingungsfaktoren abhängig sind als nur von dem Faktor Begabung, wie dieser Begriff landläufig zur Erklärung von unterschiedlichen Lernleistungen benutzt wird, nämlich im Sinne einer erblich eindeutig vorgegebenen Anlage«.[334] Der statische Begabungsbegriff verdankte seine »Landläufigkeit« einer empirischen Begabungsforschung, welche innerhalb einer ihre Bildungsbarrieren nicht reflektierenden Gesellschaft die erbgenetische Determination von Lernleistungen nachzuweisen versuchte. Nun kann auch heute, trotz der neueren Begabungsforschung, welche die sozio-kulturelle Abhängigkeit von Lernleistungen stärker betont, kein Zweifel daran bestehen, daß innerhalb statischer Gesellschaften statische Begabungsbegriffe empirisch verifiziert werden können. Ziehen wir unsere im Anschluß an Rousseau und Schleiermacher vorgenommene Analyse des Verhältnisses von erkenntniswissenschaftlicher Anthropologie und handlungswissenschaftlicher Pädagogik heran[335], so ergibt sich, daß der alte Begabungsbegriff letztlich nicht deshalb pädagogisch fraglich erscheinen muß, weil er ein statischer war, sondern deshalb, weil in ihm empirisch aufweisbare Bedingungsfaktoren von Lernleistungen zu absoluten Größen hypostasiert wurden.
Wenn man heute in der empirischen Begabungsforschung darin übereinstimmt, man dürfe, »wenn man von Begabung spricht, nicht an eine isolierte und statische Größe denken, die es als solche nicht gibt, sondern an eine dynamische Veränderliche in einem Netz von Bezugsgrößen, die alle mitentscheiden, ob Potentialitäten entwickelt werden oder nicht entwickelt werden«[336], so ist damit unzweifelhaft ein bedeutsamer Fortschritt innerhalb der Erforschung von Begabungsphänomenen erzielt worden. Die Einsicht, daß Begabung nicht

nur erzieherische Einflußnahmen hinsichtlich ihrer Wirkungen determiniert, sondern ihrerseits immer schon durch vorausgegangene erzieherische Einwirkungen determiniert ist, vermag dem dynamischen Begabungsbegriff jedoch keineswegs eine pädagogische Legitimität zu sichern. Wo immer die moderne Begabungsforschung ihre Einsichten in den komplexen Zusammenhang des Bedingungsgefüges von Lernleistungen unmittelbar in Reformkonzeptionen der Erziehung und des Unterrichts einzubringen versucht, macht sie sich der gleichen Hypostasierung von Bedingungsfaktoren zu Begabung definierenden Größen schuldig und wird sie in gleicher Weise pädagogisch fraglich wie die traditionelle Begabungsforschung.

So stellt H. Roth hinsichtlich der pädagogischen Relevanz des komplexeren Begabungsbegriffes fest: »Bevor nicht in bezug auf die ... Variablen ausreichend geklärt ist, worin geringe Lernleistungen ihre Ursache haben, können diese nicht einfach einer mangelnden Begabung (im Sinne determinierender Anlagen) angelastet werden. Die Schule kann deshalb keine andere Einstellung einnehmen, als alle ... Variablen als Bedingungsfaktoren für Lernleistungen zu erkennen und ein Lehren und Lernen (Unterrichten und Erziehen) zu entwikkeln und zu pflegen, das ein günstiges Zusammenwirken aller Faktoren bewirkt.«[337] Durch dieselbe Hypostasierung wie in der traditionellen Begabungsforschung avanciert hier das »günstige Zusammenwirken aller Faktoren« zum Kriterium eines vernünftigen Erziehens und Unterrichtens. Wieder wird der Zusammenhang von Variablen – es handelt sich hierbei freilich um einen komplexeren Bedingungszusammenhang – zu einer absoluten Größe hypostasiert, welche unmittelbare praktische Relevanz beansprucht. Roth hypostasiert letztlich den für sogenannte dynamische Gesellschaften zutreffenden Begabungsbegriff in derselben Weise, in welcher von der traditionellen Begabungsforschung der statische, in statischen Gesellschaften verifizierbare Begabungsbegriff hypostasiert worden war.

Da die Pädagogik nach Roth keine eigenen Forschungsmethoden besitzt, sondern in der Integration der verschiedenen Erkenntniswissenschaften unter pädagogische Fragestellungen aufgehen soll, kommt die eigentliche Integrationsleistung der pädagogischen Anthropologie dadurch zustande, daß sie die erkenntniswissenschaftlichen Befunde der verschiedenen Disziplinen unter pädagogischen Gesichtspunkten zu unmittelbar praxisrelevanten Aussagen über die Erziehungswirklichkeit aufwertet. So versucht Roth Resultate verschiedener Erkenntniswissenschaften vom Menschen dahingehend unter pädagogischen Gesichtspunkten zusammenzufassen, daß er die These aufstellt, es gebe »ebenso viele wirksame Lernprozesse, die unfrei, wie solche, die frei machen«, und hieraus folgert, die »Erziehung sollte sich von allen anderen Beeinflussungsarten dadurch unterschieden, daß sie nur den Menschen und die Gesellschaft befreiende Lernprozesse anwendet und zuläßt«.[338] In der Unterscheidung zwischen befreienden und nicht-befreienden Lernprozessen wird ein fragloser Begriff von Freiheit und Mündigkeit vorausgesetzt und die Revision der Erziehung auf die Anwendung solcher Beeinflussungsmethoden eingeengt, welche den gewünschten Freiheitsbegriff realisieren. Besonders deutlich zeigt sich dies an Roths Versuch, den Frustrations-Aggressions-Mechanismus unter pädagogische Fragestellungen zu integrieren.

Die Frustrations-Aggressionshypothese vermag bestimmte unkontrollierte Affekthandlungen zu erklären. Jede Erziehung zur Mündigkeit wird sich in diesem Zusammenhang dem Problem stellen müssen, auf welche Weise der Frustrations-Aggressions-Mechanismus der Autonomie des Heranwachsenden unterworfen werden kann. Roth hat sich zu dieser Frage an verschiedenen Stellen unterschiedlich geäußert. In seinem Beitrag zur *Bedeutung der empirischen Forschung für die Pädagogik* stellt er 1958 fest: »Die Konsequenz für die Erziehung ist...: die Erziehung zu einer ›Frustrationstoleranz‹. Wir müssen von früh auf lernen, Frustrationen zu ertragen und abzufangen. Jedes Kind muß und soll z. B. beim Spiel verlieren lernen. Jede siegreich überwundene Frustration verstärkt die Frustrationstoleranz; Überbesorgtheit, Verwöhnung und dergleichen bewirken das Gegenteil.«[339] Auf den ersten Blick scheint diese Folgerung unproblematisch zu sein. Bedenken wir jedoch, daß Frustrationstoleranz stets ein inhaltlich konkret bestimmter Tatbestand ist, der jeweils von den Wünschen und Zielen des Individuums und der Gesellschaft abhängig ist, so verliert Roths Folgerung ihre vermeintliche pädagogische Gutartigkeit. Wir sprechen z. B. von fehlender Frustrationstoleranz, wenn jemand an Niederlagen bei dem Versuch, Karriere zu machen, zu scheitern droht. Vergleichen wir diesen Tatbestand mit demjenigen eines Menschen, dessen Bedürfnis durch Werbung und Manipulation in starkem Maße fremdbestimt sind, der sich jedoch, da er seine Bedürfnisse befriedigen kann, persönlich wohlbefindet, so kann man unter bestimmten praktischen Prämissen sagen, im ersten Falle liege keine oder zuwenig, im zweiten Falle dagegen zuviel Frustrationstoleranz vor. Die einem formalen Mündigkeitsbegriff entsprechende Maxime

»Erziehung zur Frustrationstoleranz« erweist sich damit als abstrakt; ihre Hypostasierung zu einem Begriff befreiender Erziehung abstrahiert von der Aufgabe einer inhaltlichen Orientierung der Erziehung.
Eine andere Deutung erfährt der Frustrations-Aggressions-Mechanismus in Roths erstem Band der *Pädagogischen Anthropologie* von 1966. Hier heißt es: »Wir müssen einsehen: Auf Frustrationen zunächst impulsiv-instinkthaft aggressiv durch körperlichen oder verbalen Angriff zu antworten, gehört offenbar zu unserer phylogenetisch angeborenen Ausstattung. In vielen Lebenslagen wird uns nur so die Kraft und der Elan zuteil (da bei diesen Zuständen Adrenalin in das Blut ausgeschüttet wird), mit unerwarteten Schwierigkeiten und Barrieren des Lebens fertig zu werden. Das ist gut und notwendig. Die Kraft, der Elan, die Konzentration sind nicht das Übel, sondern ihre Koppelung mit steinzeitlichen Ausführungsmodalitäten oder mit modernen technischen Mitteln, die u. U. den Impuls in seiner Wirkung vervielfachen. In vielen Situationen ist Aggressivität heute fehl am Platze; sie schafft meist mehr Konflikte, als sie löst. Der Erzieher muß um diese Erbausstattung des Menschen wissen; das Wissen allein schon hilft, nicht auf die bei sich selbst oder beim anderen wirksamen Mechanismen hereinzufallen.«[340]
Vergleichen wir Roths erste Deutung des Frustrations-Aggressions-Mechanismus mit dieser zweiten Interpretation, so zeigt sich, daß Roth die Maxime »Erziehung zur Frustrationstoleranz« in gewissem Sinne einschränkt. Wenn Roth hier dem Frustrations-Aggressions-Mechanismus eine aus der Phylogenese der Menschheit resultierende gutartige Bedeutung zuerkennt, so meint er dabei nicht, die zur Frustrationstoleranz im Sinne der ersten Deutung Erzogenen seien, um bestimmte Lebenssituationen meistern zu können, auf Adrenalininjektionen angewiesen; vielmehr wird die Gutartigkeit oder Bösartigkeit des angesprochenen »Mechanismus« danach beurteilt, ob durch ihn mehr Probleme gelöst als verursacht werden. Auch diese auf den ersten Blick einleuchtende Integration eines erkenntniswissenschaftlichen Sachverhaltes wird problematisch, wenn wir bedenken, daß die Anzahl offener bzw. gelöster Konflikte kein Kriterium für die Gut- oder Bösartigkeit von Verhaltensmechanismen abzugeben vermag. In der Feststellung, Aggressivität sei heute »fehl am Platze«, weil sie mehr Konflikte hervorrufe als löse, wird von der gesellschaftlichen Bedeutung des Konfliktes abstrahiert und ein inhaltlich überhaupt nicht näher bestimmtes Optimum an wie auch immer gearteten Konfliktlösungen als erstrebenswert ausgegeben.

Eine Beziehung zwischen der ersten und der zweiten Deutung des Frustrations-Aggressions-Mechanismus stellt Roth in seiner 1971 im zweiten Band der *Pädagogischen Anthropologie* vorgelegten dritten Interpretation her, wenn er nach der Bedeutung der Frustrationstoleranz für den sinnvollen Abbau bösartiger Aggression fragt: »Wie kann aber aggressiven Tendenzen gegenüber eine Selbstkontrolle entwickelt werden? Hier dürfte der von der amerikanischen Sozialpsychologie entwickelte Begriff der ›Frustrationstoleranz‹ hilfreich sein. Frühzeitige Erziehung zur Frustrationstoleranz meint Erziehung zu einsichtigen Regeln im sozialen Verhalten, die es ermöglichen, soziale Spannungen auszuhalten... Es geht bei der Aggressionserziehung letztlich um die Internalisierung von sozialen Geboten und Regeln zur Selbstkontrolle in Rücksicht auf das Wohl des anderen. Sie gelingt am besten, wenn Trieb- und Wunschbefriedigungen so im Überfluß erfahren werden, daß eine Frustrationstoleranz aus Einsicht zustande kommt, die beim Kind schon dann anfängt, wenn es einsieht, daß man einen Kuchen, den man gegessen hat, nicht auch noch im Besitz haben kann, was bekanntlich Kinder oft erst mit Erstaunen zu lernen haben. Vielleicht werden sie dann auch als Erwachsene verstehen, daß man nicht auf zwei Hochzeiten tanzen kann.«[341]

Befriedigung aggressiver Bedürfnisspannungen durch Wunschbefriedigung im Überfluß heißt hier die Maxime. Sie soll der Internalisierung einer das Wohl des anderen berücksichtigenden Selbstkontrolle dienen, wobei vorausgesetzt wird, daß ein Aushalten sozialer Spannungen, Trieb- und Wunschbefriedigungen im Übermaß und das Wohl des anderen oder gar das Gemeinwohl sich widerspruchlos aufeinander beziehen lassen. Ganz abgesehen davon, daß ein und derselbe Mechanismus hiermit zwei völlig verschiedene Deutungen erhält, wenn die Maxime einer Erziehung zur Frustrationstoleranz das eine Mal »Überbesorgtheit« und »Versöhnung« ablehnt, das andere Mal dagegen »Trieb- und Wunschbefriedigungen ... im Überfluß« befürwortet, muß auch diese dritte Integration fraglich erscheinen, sobald der Begriff des Gemeinwohls problematisch geworden und im Wohl des anderen nicht das allgemeine Wohl aller, sondern das spezielle Wohl einiger angesprochen ist.

Diese Hinweise mögen hier genügen, um aufzuzeigen, daß Roths eigene Anthropologie den von ihm selber an eine realistische Wendung in der pädagogischen Forschung gestellten Anforderungen nicht genügt. Indem Roth innerhalb seiner integrativen Anthropologie die Empirie der Erkenntniswissenschaften als ausreichende Erfahrungsbasis für die Pädagogik ansetzt, wird dieser lediglich eine Interpretations- bzw. Integrationsaufgabe zuerkannt, die zudem, wie die Beispiele zeigen, keineswegs eindeutig bestimmt ist und erziehungs- und bildungstheoretisch problematisch erscheinen muß.

Ungeachtet der immanenten Widersprüche, welche Roths Konzeption einer erfahrungswissenschaftlichen Wende in der pädagogischen Forschung kennzeichnen, verlieren seine Bestimmungen einer erziehungswissenschaftlichen Forschung in praktischer Absicht nicht an Bedeutung. Wenn jedoch das spezifische Forschungsfeld der Pädagogik der »Beziehungszusammenhang zwischen Herausforderung und Antwort« ist, und wenn dieser Beziehungszusammenhang nur dann zum Gegenstand pädagogischer Erfahrung werden kann, sofern diese die »Wechselbeziehung von Bildsamkeit und Bestimmung« erfaßt, dann darf eine erfahrungswissenschaftliche Pädagogik in praktischer Absicht nicht länger als Integrationsdisziplin erkenntniswissenschaftlicher Befunde betrieben werden. Die Pädagogik kann nur dann zu einer empirischen Handlungswissenschaft erweitert werden, wenn die Entwicklung eines auf ihre praktischen Fragestellungen zugeschnittenen Forschungsintrumentariums gelingt. Auch Roth stellt fest, »daß eine pädagogische Theorie, die nicht zugleich genuin pädagogische Forschungsprogramme, Forschungsprinzipien, Forschungskategorien und -methoden entwickelt, eine sterile Theorie ist. Und viele empirischen Untersuchungen sind nicht deshalb platt und leer, weil die empirischen Methoden versagen, sondern weil die Pädagogik über keine Theorie verfügt, die eine pädagogische Forschung miteinschließt und mitbegründet«.[342] Aber selbst dieser Feststellung ist zu entnehmen, daß Roth seiner eigenen Forderung nach einer kategorialen und prinzipiellen Begründung spezifisch pädagogischer Forschungsmethoden nicht nachkommt: Roth spricht in einem Atemzug von der Notwendigkeit »genuin pädagogischer« Methoden und »empirischen Methoden« an und für sich, ohne daß ihm bewußt wird, daß die Forderung nach spezifischen pädagogischen Forschungsmethoden die Redeweise von empirischen Methoden an und für sich verbietet und eine Differenzierung des Empirie-Verständnisses verlangt.

Während Roth und Thiersch der Pädagogik letztlich nur eine spezifische Fragestellung, nicht aber eigene Erkenntisquellen zuerkennen, bemüht sich die emanzipatorische Pädagogik oder die »Pädagogik als kritische Theorie« um die Klärung des methodischen Instrumentariums der Pädagogik als Handlungswissenschaft.

E EMANZIPATORISCHE PÄDAGOGIK

Nicht allein unsere Auseinandersetzung mit der von Roth propagierten erfahrungswissenschaftlichen Wendung in der Pädagogik, bereits unsere Analyse der empirischen und geisteswissenschaftlichen Pädagogik sowie die von der Petzeltschule an Empirie und Hermenutik geübte Kritik erbrachten den Nachweis, daß keine der beiden modernen Forschungsansätze die Anforderungen an eine praxeologische Erfahrungswissenschaft von der und für die Erziehung zu erfüllen vermag. Soll der pädagogische Gesichtspunkt in die empirischen Verfahren eingehen, so darf er diesen nicht lediglich aufgestülpt werden, sondern muß auch methodologisch zur Geltung kommen; erkenntniswissenschaftliche Empirie und Hermeneutik erwiesen sich für eine methodologische Verankerung des pädagogischen Handlungsinteresses auch dort untauglich, wo sie miteinander zu kooperieren versuchten.

Vom Standort der Pädagogik als kritischer Theorie aus, welche analog zu unserer Differenzierung zwischen Erkenntniswissenschaften und praktischen Wissenschaften zwischen traditioneller und kritischer Theorie unterscheidet, urteilt Herwig Blankertz über den von Roth und Thiersch vorgelegten Versuch folgendermaßen: »Eine auf die Tatsache der Erziehungswirklichkeit gegründete Theorie – wie es geisteswissenschaftliche Pädagogik prätendiert – kann in keine wirklich kritische Diskussion mit dem Anspruch empirischer Forschung treten, sie führt vielmehr, wie Hans Thiersch überzeugend gezeigt hat, zu ihr hin, wenn auch faktisch diese Pädagogik sich nicht rühmen kann, den Weg zu empirischen Verfahren eröffnet oder auch nur erleichtert zu haben.«[343] In den hermeneutischen Verfahren erblickt Blankertz keine befriedigende Instanz, die eine technologische Verwendung empirischer Resultate verhindern könnte, vielmehr weist er,

auf W. Fischers Kritik der lebensphilosophischen Ansätze Bezug nehmend, darauf hin, daß der abstrakte Rekurs auf die Geschichtlichkeit aller Normen seinerseits keineswegs manipulative Herrschaft und technologische Verwaltung im Bereich der Erziehung verhindern kann: »Wissenschaft wird zur Technologie, beliebig verfügbar für jede außerwissenschaftliche Zwecksetzung, und die empirische Forschung kann ungeachtet ihres Pathos der Rationalität nichts dagegen tun, von irrationalen Dezisionen in Dienst gestellt zu werden. Diese Gefahr ist im geisteswissenschaftlichen Ansatz von Anbeginn angelegt, nämlich im hermeneutischen Zirkel von Leben – Verstehen – Leben ... Von diesem Aspekt gesehen ist die zunächst so verblüffend scheinende Auslegung Thierschs logisch: Der geisteswissenschaftlichen Pädagogik sind die empirischen Verfahren affin, um die Schwäche der Hermeneutik in ihrem Sturze zu überbieten.«[344]
Die emanzipatorische Pädagogik oder die Pädagogik als kritische Theorie versteht unter der Erziehungswissenschaft wie wir eine Handlungswissenschaft, wenn sie Empirie und Hermeneutik unter die »traditionelle« Theorie subsumiert und von dieser die »kritische« Theorie abhebt. Unsere Auseinandersetzung mit der emanzipatorischen Pädagogik erfolgt vor diesem Hintergrund in drei Schritten. Wir untersuchen zunächst das Verhältnis von Pädagogik und kritischer Theorie, indem wir den besonderen Wissenschaftsbegriff kritischer Theorie analysieren. Wir wenden uns dann den einzelnen Ansätzen einer unter emanzipatorischem Interesse stehenden Erziehungswissenschaft zu, um diese daraufhin zu prüfen, ob sie dem Anspruch einer Handlungswissenschaft, d. i. einer praktischen Wissenschaft von der und für die Erziehung, genügen. Und schließlich arbeiten wir dann jene innerhalb der emanzipatorischen Pädagogik noch ungelösten Probleme heraus, welche einer dringenden Klärung bedürfen, soll die Erziehungswissenschaft wirklich zu einer Handlungswissenschaft erhoben werden können.

1 Kritische Theorie und Pädagogik. Der Begriff der Handlungswissenschaft bei Horkheimer und Habermas

Wenn wir hier unter der Überschrift »Kritische Theorie und Pädagogik« zunächst einige philosophische Hintergründe der emanzipatorischen Pädagogik untersuchen, so wird dabei die Beziehung zwischen der kritischen Theorie und der Pädagogik von der Pädagogik aus hergestellt. Zwar haben auch Vertreter der kritischen Theorie, vornehmlich des von Jürgen Habermas vorgelegten Ansatzes, gelegentlich pädagogische Themen am Rande erörtert; die Auslegung dieses Ansatzes auf die Erziehungswissenschaft ist jedoch fast ausschließlich das Verdienst von Erziehungswissenschaftlern. Hiermit soll nicht behauptet werden, die Anwendung der Habermasschen Version kritischer Theorie auf die Erziehungswissenschaft sei zufällig zustandegekommen oder diese Version habe eine solche Anwendung erschwert. Ganz im Gegenteil. Im Unterschied zu Adorno und Marcuse bedient sich die kritische Theorie bei Habermas der positiven Wissenschaften und ihres positivistischen Wissenschaftsideals, wodurch ihre Auslegung auf jene Wissenschaften, welche sich zu diesem Ideal bekennen, geradezu begünstigt wurde.

Wir können im Rahmen dieser Arbeit nur kurz auf die kritische Theorie eingehen, müssen dabei weitgehend von den unterschiedlichen Positionen ihrer einzelnen Vertreter abstrahieren und konzentrieren uns auf zwei für die Pädagogik bedeutsame Problemkreise: auf das Verhältnis von kritischer und traditioneller Theorie und auf Jürgen Habermasens Interessenlehre.[345]

Unter Max Horkheimers Arbeiten aus den dreißiger und vierziger Jahren verdient der programmatische Beitrag *Traditionelle und kritische Theorie* besonderes Interesse, weil in ihm jene zentrale Aufgabenstellung kritischer Theorie begründet wurde, an welcher u. a. auch die Leistungsfähigkeit des von J. Habermas vorgelegten Modells gemessen werden kann. Unter traditioneller Theorie versteht Horkheimer das positivistische Wissenschaftsverständnis seiner Zeit: »Theorie gilt in der gebräuchlichen Forschung als ein Inbegriff von Sätzen über ein Sachgebiet, die so miteinander verbunden sind, daß aus einigen von ihnen die übrigen abgeleitet werden können. Je geringer die Zahl der höchsten Prinzipien im Verhältnis zu den Konsequenzen, desto vollkommener ist die Theorie. Ihre reale Gültigkeit besteht darin, daß die abgeleiteten Sätze mit tatsächlichen Ereignissen zusammenstimmen. Zeigen sich dagegen Widersprüche zwischen Erfahrung und Theorie, so wird man diese oder jene revidieren müssen. Entweder hat man schlecht beobachtet oder mit den theoretischen Prinzipien ist etwas nicht in Ordnung. Im Hinblick auf die Tatsachen bleibt die Theorie daher stets Hypothese. Man muß bereit sein, sie zu ändern, wenn sich beim Bewältigen des Materials Unzuträglichkeiten herausstellen. Theorie ist das aufgestapelte Wissen in einer Form, die es zur möglichst eingehenden Kennzeichnung von Tatsachen brauchbar macht.« Diese »Existenzweise von Theorie im traditionellen Sinn« entspricht nach Horkheimer genau jener Aufgabe, welche der Theorie und der Wissenschaft in bürgerlichen Gesellschaften zufällt: »Sowohl die Handhabung der physischen Natur wie auch diejenige bestimmter ökonomischer und sozialer Mechanismen erfordert eine Formung des Wissensmaterials, wie sie in einem Ordnungsgefüge von Hypothesen gegeben ist. Die technischen Fortschritte des bürgerlichen Zeitalters sind von dieser Funktion des Wissenschaftsbetriebes nicht abzulösen. Einerseits werden durch ihn die Tatsachen für das Wissen fruchtbar gemacht, das unter den gegebenen Verhältnissen verwertbar ist, andererseits das vorhandene Wissen auf die Tatsachen angewandt. Es besteht kein Zweifel, daß solche Arbeit ein Moment der fortwährenden Umwälzung und Entwicklung der materiellen Grundlagen dieser Gesellschaft darstellt. Soweit der Begriff der Theorie jedoch verselbständigt wird, als ob er etwa aus dem inneren Wesen der Erkenntnis oder sonstwie unhistorisch zu begründen sei, verwandelt er sich in eine verdinglichte, ideologische Kategorie.«[346]

Der ideologische Charakter traditioneller Theorie wird offenbar, sobald einsichtig ist, daß sie ihren Wahrheitsgehalt nicht einfach logischen und methodologischen Evidenzen verdankt, sondern daß diese zugleich zurückgebunden sind an den »Zusammenhang ... realer gesellschaftlicher Prozesse«.[347] Als Beispiel für die Gebundenheit der Forschung an den Kontext der gesellschaftlichen Prozesse nennt Horkheimer die sich im siebzehnten Jahrhundert vollziehende Abkehr vom geozentrischen zum kopernikanischen System im Bereich der Astronomie. Dieser Wandel folgt nicht allein aus den »logischen Eigenschaften« und der »größeren Einfachheit« des kopernikanischen Systems, sondern daraus, daß diese logischen Eigenschaften des heliozentrischen Systems als »Vorzüge« anerkannt wurden, so daß eine weitere Anhäufung von Hilfshypothesen zum Zwecke der Aufrechterhaltung des geozentrischen Systems unzweckmäßig erscheinen konnte. »Wie das im 16. Jahrhundert kaum erwähnte kopernikanische System dazu kam, zu einer revolutionären Macht zu werden, bildet einen Teil des geschichtlichen Prozesses, in dem das mechanistische Denken zur Herrschaft gelangt.«[348] Den Tatbestand gesellschaftlicher Bedingtheit von Wissenschaft faßt Horkheimer dann folgendermaßen zusammen: »wie der Einfluß des Materials auf

die Theorie so ist auch die Anwendung der Theorie auf das Material nicht nur ein innerszientifischer, sondern zugleich ein gesellschaftlicher Vorgang. Die Beziehung von Hypothesen auf Tatsachen vollzieht sich schließlich nicht im Kopf der Gelehrten, sondern in der Industrie.«[349] Von dieser Interdependenz zwischen Forschung und Wissenschaft auf der einen und gesellschaftlicher Produktion auf der anderen Seite abstrahiert die traditionelle Theorie. Sie abstrahiert damit von jenem gesellschaftlichen Hintergrund, der für sie selbst maßgeblich ist, und »ist aus dem wissenschaftlichen Betrieb abstrahiert, wie er sich innerhalb der Arbeitsteilung auf einer gegebenen Stufe vollzieht. Sie entspricht der Tätigkeit des Gelehrten, wie sie neben allen übrigen Tätigkeiten in der Gesellschaft verrichtet wird, ohne daß der Zusammenhang zwischen den einzelnen Tätigkeiten unmittelbar durchsichtig wird. In dieser Vorstellung erscheint daher nicht die reale gesellschaftliche Funktion der Wissenschaft, nicht was Theorie in der menschlichen Existenz, sondern nur, was sie in der abgelösten Sphäre bedeutet, worin sie unter den historischen Bedingungen erzeugt wird ... Der Schein der Selbständigkeit von Arbeitsprozessen, deren Verlauf sich aus einem inneren Wesen ihres Gegenstandes herleiten soll, entspricht der scheinhaften Freiheit der Wirtschaftssubjekte in der bürgerlichen Gesellschaft. Sie glauben, nach individuellen Entschlüssen zu handeln, während sie noch in ihren kompliziertesten Kalkulationen Exponenten des unübersichtlichen gesellschaftlichen Mechanismus sind«.[350]
Horkheimers Entlarvung der traditionellen Theorie vermag zunächst keinerlei unmittelbare Relevanz für eine Veränderung des Theorie-Begriffes zu gewinnen. Denn gerade die gesellschaftliche Bedingtheit traditioneller Theorienbildungen kann im Rahmen der traditionellen Theorie, z. B. in der Wissenssoziologie, erforscht werden. So wie es eine Theorie der Natur, der Seele, der Gesellschaft, der Ökonomie etc. gibt, so ist auch eine Theorie der gesellschaftlichen Bedingtheit jener Theorien und ihres Zusammenhanges denkbar, ohne daß hiermit der Horizont traditioneller Theorie transzendiert werden müßte. So versucht heute z. B. die Systemtheorie eine funktionalistische Erklärung des gesellschaftlichen Ganzen unter Ausschluß der Frage nach dem Sinn und Zweck gesellschaftlicher Existenz zu geben.[351] Aber gerade angesichts dieser Möglichkeit einer wissenschaftlichen Analyse der gesellschaftlichen Bedingtheit von Wissenschaft und Wissen im Horizont traditioneller Theorie gewinnt Horkheimers Kritik ihre eigentliche Schärfe. Solange nämlich die Interdependenz von

gesellschaftlicher Arbeitsteilung, isolierten Teilbereichen scheinbar bloß szientifischer Arbeit und gesellschaftlichem Verwertungszusammenhang von Forschung lediglich funktional erklärt wird, bleibt diese Erklärung selber ebenso wie die durch diese erfaßten Teilbereiche dem »unübersichtlichen gesellschaftlichen Mechanismus« ausgeliefert, werden beide in diesem Mechanismus verwertet und gehen beide in dessen Verwertungszusammenhang ein, ohne daß dieser selbst zum Gegenstand der theoretischen Erörterung und vermittelt über diese zum Gegenstand befreiender Praxis gemacht werden könnte.[352]

Von der traditionellen oder szientifischen Theorie, welche dem unübersichtlichen gesellschaftlichen Mechanismus gerade dort, wo sie ihn zum Erkenntnisobjekt macht, ausgeliefert bleibt, weil sie unmittelbar die Arbeitsteilung zwischen Erkenntniswissenschaften und deren praktischer Verwertung bestätigt, hebt Horkheimer die kritische Theorie als »ein Verhalten« ab, »das die Gesellschaft selbst zu seinem Gegenstand hat«, ohne dabei, »wenngleich es aus der gesellschaftlichen Struktur hervorgeht«, die technologische Absicht zu verfolgen, »daß irgend etwas in dieser Struktur besser funktioniere. Die Kategorien des Besseren, Nützlichen, Zweckmäßigen, Produktiven, Wertvollen, wie sie in dieser Ordnung gelten, sind ihm vielmehr selbst verdächtig und keineswegs außerwissenschaftliche Voraussetzungen, mit denen es nichts zu schaffen hat ... Die Trennung zwischen Individuum und Gesellschaft, kraft deren der Einzelne die vorgezeichneten Schranken seiner Aktivität als natürlich hinnimmt, ist in der kritischen Theorie relativiert. Sie begreift den vom blinden Zusammenwirken der Einzeltätigkeiten bedingten Rahmen, das heißt die gegebene Arbeitsteilung und die Klassenunterschiede, als eine Funktion, die, menschlichem Handeln entspringend, möglicherweise auch planmäßiger Entscheidung, vernünftiger Zielsetzung unterstehen kann«.[353]

Nach Horkheimer unterscheidet sich die kritische Theorie von der traditionellen, welche zur Aufstellung szientifischer Technologien dient, dadurch, daß sie von den Widersprüchen des gesellschaftlichen Lebens ausgeht und diese nicht systemimmanent mittels technologischen Erklärungswissens, sondern durch die Veränderung des gesellschaftlichen Mechanismus zu überwinden trachtet. Für unsere weitere Auseinandersetzung mit der kritischen Theorie und der emanzipatorischen Pädagogik ist es bedeutsam, daß Horkheimer in diesem Zusammenhang zwei verschiedene Begriffe von Emanzipation ansetzt, ohne beide in einen einzigen aufzuheben. Einmal stellt er fest: »Ein Verhalten, das, auf diese Emanzipation (auf die Befreiung aus den vernunftlosen Zwängen des gesellschaftlichen Mechanismus, D. B.) gerichtet, die Veränderung des Ganzen zum Ziel hat, mag sich wohl der theoretischen Arbeit bedienen, wie sie innerhalb der Ordnungen der bestehenden Wirklichkeit geschieht. Es entbehrt jedoch des pragmatischen Charakters, der sich aus dem traditionellen Denken als einer gesellschaftlich nützlichen Berufsarbeit ergibt.«[354] Von dieser Emanzipation als der schrittweisen Aufhebung des blinden gesellschaftlichen Mechanismus in eine vernunftbestimmte freie Lebensordnung, in welcher die Arbeitsteilung weder der Vorspiegelung individueller Selbstbestimmungsmöglichkeiten noch der Ausschließung der Bürger von den Möglichkeiten einer vernünftigen Bestimmung des gesellschaftlichen Ganzen dient, hebt Horkheimer jene »Emanzipation« ab, welche als »Emanzipation des Individuums« zunächst zu »einer ungeheuren Ausbreitung der menschlichen Macht über die Natur« führt, »schließlich die weitere Entwicklung hemmt und die Menschheit einer neuen Barbarei zutreibt«, indem sie bei einem irrationalen System arbeitsteiliger Naturbeherrschung endet, welches die Herrschaft des Menschen über den Menschen im Rahmen der gesellschaftlichen Organisation der Herrschaft über die Natur reproduziert.[355]

Die Reduktion jener auf das gesellschaftliche Ganze bezogenen gutartigen Emanzipation auf diese bösartige Emanzipation soll nach Auffassung des frühen Horkheimers dadurch unterbunden werden, daß sich die kritische Theorie im Wandel der bestehenden Gesellschaft stetig erneuert und mit den Mitteln der traditionellen Theorie die Möglichkeiten für die Konstruktion einer vernünftigen Gesellschaft aufweist: »Wird die theoretische Anstrengung, die im Interesse einer vernünftig organisierten zukünftigen Gesellschaft die gegenwärtige kritisch durchleuchtet und anhand der in den Fachwissenschaften ausgebildeten traditionellen Theorien konstruiert, nicht fortgesetzt, so ist der Hoffnung, die menschliche Existenz grundlegend zu verbessern, der Boden entzogen.«[356] Bezüglich dieser Konzeption einer Verwirklichung der »Idee einer künftigen Gesellschaft als der Gemeinschaft freier Menschen, wie sie bei den vorhandenen technischen Mitteln möglich ist«[357], hat sich Horkheimer später kritisch geäußert. Die Dialektik von kritischer Theorie, welche sich der traditionellen Theorie bedient, und praktisch werdender kritischer Theorie, durch welche die Aufklärung über den gesellschaftlichen Mechanismus und seine Widersprüche unmittelbar in einen gutartigen Prozeß permanenter gesellschaftlicher Revolutionierung einmünden sollte, hat Horkheimer bereits 1944, also nur sieben Jahre nach dem Erscheinen der Abhandlung über *traditionelle und kritische Theorie*, gemeinsam mit Adorno entlarvt. Die *Dialektik der Aufklärung* verfolgt das Scheitern von Emanzipationsprozessen, den Umschlag von Aufklärung über Entfremdung in neue Entfremdung. Unter Dialektik wird hier nicht mehr die Bewegung vom Widerspruch zur Position verstanden[358], sondern der Prozeß der Selbstliquidation der Aufklärung, in welchem diese, statt zur Verwirklichung der von ihr in unbestimmter Negation angesprochenen Möglichkeit eines besseren Lebens, zur Eingliederung ihrer Ideen in den gesellschaftlichen Mechanismus und damit zur Entfremdung ihrer eigenen Ideen führt, wobei die »Dialektik der Aufklärung ... objektiv in den Wahnsinn« umschlägt: »Die Verdinglichung, kraft deren die einzig durch die Passivität der Massen ermöglichte Machtstruktur diesen selbst als eiserne Wirklichkeit entgegentritt, ist so dicht geworden, daß jede Spontaneität, je die bloße Vorstellung vom wahren Sachverhalt notwendig zur verstiegenen Utopie, zum abwegigen Sektierertum geworden ist. Der Schein hat sich so konzentriert, daß ihn zu durchschauen objektiv den Charakter der Halluzination gewinnt. Ein Ticket wählen dagegen heißt die Anpassung an den zur Wirklichkeit versteinerten Schein vollziehen, der durch solche Anpassung sich unabsehbar reproduziert.« Und weiter heißt es in dieser erst 1947 hinzugekommenen siebten These der »Elemente des Antisemitismus«: »Der Übergang von solchen Bedingungen zum menschlicheren Zustand aber kann nicht geschehen, weil dem Guten dasselbe wie dem Bösen widerfährt.« Emanzipation wird damit wegen ihrer Eingliederbarkeit und Eingegliedertheit in den gesellschaftlichen Mechanismus zu einer höchst fragwürdigen Kategorie: »Die Befreiung der Bürger aus dem Unrecht feudalistischer und absolutistischer Vergangenheit diente durch den Liberalismus der Entfesselung der Maschinerie, wie die Emanzipation der Frau in ihre Durchtrainierung als Waffengattung mündet« und damit nur mehr ein Übergang aus dem Bereich geschlechtsspezifischer Arbeitsteilung in die bisher dem Mann reservierte Sphäre bedeutet.[359]

Dieser Rückgriff auf die Anfänge der kritischen Theorie, ihre Abhebung von der traditionellen Theorie und ihr Ringen um eine nicht ihrerseits im gesellschaftlichen Mechanismus befangene bzw. der Dialektik der Aufklärung unterliegende Analyse der gesellschaftlichen Verhältnisse, mag im folgenden verdeutlichen, in welcher Weise Jürgen Habermas an Horkheimer anschließt. Horkheimer und Adorno haben auch später am Ansatz der kritischen Theorie festgehalten, entlarvten jedoch deren anfänglichen Optimismus bezüglich des durch Aufklärung zu bewirkenden geschichtlichen Fortschritts als Befangenheit eines geschichtsontologischen Denkens. Bei Habermas erneuert sich dieser Optimismus dadurch, daß er an den frühen Horkheimer anschließt, ohne dessen Unterscheidung zwischen einer gutartigen und einer bösartigen Emanzipation aufrecht zu halten und ohne die in der *Dialektik der Aufklärung* von Horkheimer und Adorno bereits entlarvte Perversion von Emanzipation angemessen zu reflektieren.

Habermas erneuert die kritische Theorie im Kontext einer Weiterentwicklung ihrer Fragestellung. Während bei Horkheimer traditionelle Theorie als positivistisches Postulat einer Einheitswissenschaft und kritische Theorie als marxistisches Postulat einer gesellschaftskritischen Einheitswissenschaft einander weitgehend unvermittelt gegenüberstehen, unterscheidet Habermas zwischen dem Theorieverständnis von Empirie, Hermeutik und kritischer Handlungswissenschaft Er hofft dabei die »analytisch-empririschen Verfahrensweisen mit den hermeneutischen verbinden und so die Kriterien der Wissenschaftlichkeit gegenüber einem von den Naturwissenschaften festgelegten Kodex ... neu definieren (zu) können«.[360] Den bereits von Horkheimer kritisierten objektivistischen Schein der traditionellen Theorie bestimmt er dabei neu, indem er die Hypostasierung von Erkenntnissen und Aussagen durch einen Rekurs auf die »quasi-transzendentale« Interessenkonstitution von Wahrheit zu entlarven versucht.

Seine Grundthese lautet: »Sobald die Aussagen (einer Wissenschaft, D. B.) relativ zu dem vorgängig mitgesetzten Bezugssystem verstanden werden, zerfällt der objektivistische Schein und gibt den Blick auf ein erkenntnisleitendes Interesse frei. Für drei Kategorien von Forschungsprozessen läßt sich ein spezifischer Zusammenhang von logisch-methodischen Regeln und erkenntnisleitenden Interessen nachweisen. Das ist die Aufgabe einer kritischen Wissenschaftstheorie, die den Fallstricken des Positivismus entgeht. In den Ansatz der empirisch-analytischen Wissenschaften geht ein technisches, in den Ansatz der historisch-hermeneutischen Wissenschaften ein praktisches und in den Ansatz kritisch orientierter Wissenschaften jenes emanzipatorische Erkenntnisinteresse ein, das schon den traditionellen Theorien uneingestanden ... zugrunde lag.«[361] Diese These wollen wir im folgenden einer genaueren Untersuchung unterziehen, indem wir sie zunächst im Sinne der Habermasschen Ausführungen konkretisieren und dann mit unseren bisherigen Überlegungen zum kategorialen und regulativen Rahmen von Wissenschaft konfrontieren.

Innerhalb der empirisch-analytischen Wissenschaften »eignen« sich zu »Theorien ... hypothetisch-deduktive Zusammenhänge von Sätzen, die die Ableitung von empririsch gehaltvollen Gesetzeshypothesen gestatten. Diese lassen sich als Aussagen über die Kovarianz beobachtbarer Größen interpretieren; sie erlauben bei gegebenen Anfangsbedingungen Prognosen. Empirisch-analytisches Wissen ist mithin mögliches prognostisches Wissen«.[362] Hier handelt es sich um Theorien und Wissenschaften, welche unter der Kategorie der Kausalität Natur erklären und die Verifikation der in sie eingehenden Hypothesen dadurch erzielen, daß sie im Regreß ihrer Erfahrung Natur unter der regulativen Idee eines teleologischen Zusammenhanges denken.[363] Wo immer darum gewußt wird, daß Naturerklärung allein unter der regulativen Idee eines teleologischen Ordnungszusammenhanges möglich ist, insofern das erkennende Ich sich die Natur im Sinne dieser Idee denkt und vorstellt, verbietet sich jegliche Hypostasierung der Naturerkenntnis zu einer Erkenntnis der Natur an sich. Denn dann gilt: ich kann Natur unter der Kategorie der Kausalität nur deshalb erklären, weil ich sie unter der regulativen Idee eines teleologischen Ordnungszusammenhanges denke. Aber nicht diese von Kant her mögliche Kritik jedweder Hypostasierung des prognostischen Wissens hat Habermas im Auge. Die kritische Funktion, welche nach Kant dem Unterschied zwischen Kategorien als konstitutiven Prinzipien der bestimmenden Urteilskraft und Ideen als regulativen Prinzipien der reflektierenden Urteilskraft zukommt, wird nicht genutzt. An ihre Stelle tritt die »Deutung ...: erfahrungswissenschaftliche Theorien (erschließen) die Wirklichkeit unter dem leitenden Interesse an der möglichen informativen Sicherung und Erweiterung erfolgskontrollierten Handelns ... Dies ist das Erkenntnisinteresse an der technischen Verfügung über vergegenständlichte Prozesse«.[364]

Der Hinweis, daß Habermas die Unterscheidung zwischen konstitutiven und regulativen Prinzipien nicht als Fundament einer Entlarvung des objektivistischen Scheins des Empirismus »nutze«, will nicht in Frage stellen, daß in die empririsch-analytischen Wissenschaften das Intersse an der »technischen Verfügung über vergegenständlichte Prozesse« eingehe. Vielmehr sollte er auf eine andere Möglichkeit einer Kritik der Hypostasierung naturwissenschaftlicher oder quasinaturwissenschaftlicher Erkenntnisse hinweisen, von welcher die

Beurteilung der Interessenlehre Habermasens entscheidend abhängt. Das technische Erkenntnisinteresse leitet den Anwendungshorizont naturwissenschaftlichen Wissens in der Technik, es weist auf die gesellschaftliche Funktion der Naturerklärung und -verfügbarmachung hin, welche nicht nur in die Resultate der Naturerklärung, sondern zugleich in diese selbst mit eingeht. Die regulative Idee des teleologischen Ordnungszusammenhanges darf weder mit dem technischen Interesse gleichgesetzt werden, noch läßt sich deren wissenschaftstheoretische Relevanz durch den Aussagewert der besonderen Interessenkonstitutiertheit von Naturerkenntnis auffangen. Denn das technische Erkenntnisinteresse hinsichtlich der Beherrschung von Natur kann nur insofern den Rahmen der Naturwissenschaft bestimmen, als sich diese zur regulativen Idee eines teleologischen Ordnungszusammenhanges, unter welchem Natur zum Zwecke ihrer Erklärbarkeit gedacht wird, bekennt; und umgekehrt, wo Natur unter dieser regulativen Idee zum Erkenntnisobjekt gemacht wird, da steht diese Erkenntnis unter einem technischen Interesse. Die regulative Idee bestimmt die Geltung naturwissenschaftlichen Wissens, während das technische Interesse dessen Anwendungshorizont in den Blick bringt.
Während Horkheimer unter seinem Begriff traditioneller Theorie alle Erkenntniswissenschaften zusammenfassen zu können glaubte und dabei keinen Unterschied zwischen den verschiedenen Wissenschaften im Rahmen der traditionellen Theorie einführte, intendiert die Interessenlehre eine Differenzierung der Wissenschaften nach ihrer Interessenkonstitution. Von den empririsch-analytischen Wissenschaften hebt Habermas die historisch-hermeneutischen Disziplinen ab, deren Interessenkonstituiertheit er folgendermaßen bestimmt: »Die historisch-hermeneutischen Wissenschaften gewinnen ihre Erkenntnisse in einem anderen methodologischen Rahmen. Hier konstituiert sich der Sinn der Geltung von Aussagen nicht im Bezugssystem technischer Verfügung... Sinnverstehen bahnt anstelle der Beobachtung den Zugang zu den Tatsachen. Der systematischen Überprüfung von Gesetzesannahmen dort entspricht hier die Auslegung von Texten.«[365] In den historisch-hermeneutischen Wissenschaften handelt es sich um Aussagen, welche unter den Kategorien einmaliger Bestimmtheit und fortwirkender Bedeutsamkeit Geschichte auf Grund ihrer unvergangenen Tatsächlichkeit verstehen, indem sie im Regreß ihres Interpretierens Geschichte unter der regulativen Idee der Kontinuität denken.[366] Wo immer eingestanden wird, daß Sinn-

verstehen allein unter der regulativen Idee historischer Kontinuität möglich ist, verbietet sich jegliche Hypostasierung historischer Resultate zu einem Wissen um das historisch Gewesene an sich. Denn dann gilt: ich kann Geschichte unter den Kategorien einmaliger Bestimmtheit und fortwirkender Bedeutsamkeit nur verstehen, wenn ich sie unter der regulativen Idee der Kontinuität denke. Diese gewinnt ihre kritische Funktion dadurch, daß sie den objektivistischen Schein verstehender Rekonstruktion der Geschichte als Abstraktion von der Gegenwartsbezogenheit jedweder Vergangenheitserkenntnis entlarvt. Aber auch hier hat Habermas nicht diese im Sinne einer Erweiterung von Kants Vernunftkritik mögliche Entlarvung der Hypostasierung historisch-hermeneutischen Wissens im Auge. Die kritische Funktion, welche im Anschluß an Kants Bestimmung der Naturerkenntnis dem Unterschied zwischen der Kategorie fortwirkender Bedeutsamkeit als einem konstitutiven Prinzip und der historischen Kontinuität als einem regulativen Prinzip zukommt, wird nicht genutzt. An ihre Stelle tritt die »Deutung ...: daß die hermeneutische Forschung die Wirklichkeit unter dem leitenden Interesse an der Erhaltung und der Erweiterung der Intersubjektivität möglicher handlungsorientierender Verständigung erschließt. Sinnverstehen richtet sich seiner Struktur nach auf möglichen Konsensus von Handelnden im Rahmen eines tradierten Selbstverständnisses. Dies nennen wir, im Unterschied zum technischen, das praktische Erkenntnisinteresse«.[367]

Mit unserem Hinweis auf die von seiten der Reflexion auf die transzendentalen Voraussetzungen historisch-hermeneutischer Erkenntnis gegebene Möglichkeit einer Kritik jedweder Hypostasierung begriffener Kontinuität zu unabänderlicher Kontinuität an sich sollte auch hier nicht in Frage gestellt werden, daß in die historisch-hermeneutischen Wissenschaften ein praktisches – oder sagen wir, da wir diesen Begriff für die Handlungswissenschaften reservieren –, ein kommunikatives Interesse eingeht.[368] Es galt auch hier auf eine zweite Möglichkeit der Kritik jedweder Hypostasierung von Resultaten der historisch-hermeneutischen Wissenschaften hinzuweisen, von welcher die Bedeutsamkeit der quasi-transzendentalen Interessenkonstitution entscheidend abhängt. Wie für die Analyse der empirisch-analytischen Wissenschaften so ist auch hier festzustellen: die regulative Idee geschichtlicher Kontinuität bestimmt die Geltung historisch-hermeneutischen Wissens, während das kommunikative Interesse den Anwendungshorizont dieses Wissens in den Blick bringt. Dabei läßt

sich weder das kommunikative Interesse aus der regulativen Idee der Kontinuität, noch jene aus diesem ableiten.
Zu den Handlungswissenschaften zählt Habermas Ökonomie, Soziologie und Politik. Wir gehen hier auf die damit gegebene merkwürdige Auswahl nicht ein, die vor allem darin liegt, daß Ethik und Pädagogik nicht genannt werden.[369] Das besondere Charakteristikum der Handlungswissenschaften liegt nach Habermas nun darin, daß in diesen eine unter emanzipatorischem Interesse geleitete Kooperation empirischer und hermeneutischer Verfahren stattfindet: »Die systematischen Handlungswissenschaften ... haben, wie die empirisch-analytischen Naturwissenschaften, das Ziel, nomologisches Wissen hervorzubringen. Eine kritische Sozialwissenschaft wird sich freilich dabei nicht bescheiden. Sie bemüht sich darüber hinaus, zu prüfen, wann die theoretischen Aussagen invariante Gesetzmäßigkeiten des sozialen Handelns überhaupt und wann sie ideologisch festgefrorene, im Prinzip aber veränderliche Abhängigkeitsverhältnisse erfassen. Soweit das der Fall ist, rechnet die Ideologiekritik ... damit, daß die Information über Gesetzeszusammenhänge im Bewußtsein des Betroffenen selber einen Vorgang der Reflexion auslöst; dadurch kann die Stufe unreflektierten Bewußtseins, die zu den Ausgangsbedingungen solcher Gesetze gehört, verändert werden. Ein kritisch vermitteltes Gesetzeswissen kann auf diesem Wege das Gesetz selbst durch Reflexion zwar nicht außer Geltung, aber außer Anwendung setzen. Der methodologische Rahmen, der den Sinn der Geltung dieser Kategorie von kritischen Aussagen festlegt, bemißt sich am Begriff der Selbstreflexion. Diese löst das Subjekt aus der Abhängigkeit von hypostasierten Gewalten. Selbstreflexion ist von einem emanzipatorischen Erkenntnisinteresse bestimmt.«[370]
Diese dritte These der Habermasschen Interessenlehre, auf welcher die emanzipatorische Pädagogik aufbaut, gilt es im einzelnen zu prüfen. Dabei mag uns eine Besonderheit leiten, die darin liegt, daß Habermas in seinen beiden ersten Thesen auf Hypostasierungen hinweist, um diese durch den Nachweis der Interessenkonstitution zu vermeiden, in der dritten und entscheidenden These jedoch keinerlei Hypostasierungen einräumt.[371] Wir werden sehen, daß der tiefere Grund hierfür darin liegt, daß es sich bei dieser These selbst bereits um eine Hypostasierung handelt, die unbemerkt jene möglichen Mißverständnisse der empirisch-analytischen und historisch-hermeneutischen Wissenschaften auf sich vereint, welche durch die Interessenlehre eigentlich verhindert werden sollten.

Habermas' dritte These enthält vier Feststellungen. Sie besagt einmal, die Handlungswissenschaften verfolgten wie die Erkenntniswissenschaften das Ziel, nomologisches Wissen zu gewinnen. Sie besagt ferner, daß dieses nomologische Wissen von den Handlungswissenschaften daraufhin ideologiekritisch befragt werde, ob in ihm invariante, d. h. natürliche und unabänderliche, oder aber variante, d. h. zu quasi-natürlichen hypostasierte Gesetzmäßigkeiten angesprochen sind. Sie konstatiert zum dritten, daß die unter varianten Gesetzmäßigkeiten stehenden Individuen mittels Aufklärung über die Veränderlichkeit bestimmter Gesetzeszusammenhänge in einen Reflexionsprozeß über deren Außeranwendungsetzung eintreten können, der zur Befreiung von hypostasierten Zwängen führt. Und schließlich wird festgestellt, die Handlungswissenschaften stünden, weil sie auf Selbstreflexion und Befreiung von naturhaften Zwängen abzielen, unter einem emanzipatorischen Interesse. Nimmt man alle vier Feststellungen zusammen, so ergibt sich der Anspruch, den Habermas mit dieser dritten These erhebt. Durch sie soll der Methodenstreit innerhalb der praktischen Wissenschaften gelöst werden; die unter technischem Interesse stehende kausal-analytische Empirie und die unter kommunikativem Interesse stehende historisch-hermeneutische Sinnverständigung treten unter emanzipatorischem Interesse in den Dienst der Aufhebung als veränderlich durchschauter gesellschaftlicher Herrschaftsverhältnisse. Diesen Anspruch gilt es nun im einzelnen zu prüfen.

Nomologisches Wissen steht unter technischem Erkenntnisinteresse und wird unter der regulativen Idee eines teleologischen Ordnungszusammenhanges gewonnen; Sinnverstehen steht unter dem Interesse an der Erweiterung der Intersubjektivität und wird unter der regulativen Idee geschichtlicher Kontinuität gewonnen. Kann – und dies ist die für uns hier entscheidende Frage – in diesem Zusammenhang zu Recht von einer Komplementarität zwischen kausal-analytischem Wissen und hermeneutischer Sinnverständigung gesprochen werden, derzufolge unter emanzipatorischem Interesse eine sinnvolle Veränderung der gesellschaftlichen Verhältnisse und somit eine Höherbildung der Menschheit erwartet werden darf? Im Hinblick auf Habermas' Lösungsversuch läßt sich diese Frage auch so stellen: steht nomologisches Wissen dann nicht mehr unter einem technischen Interesse, wenn die hermeneutische Sinnverständigung seine Außeranwendungsetzung als möglich erwiesen hat, und ist in solcher Außeranwendungsetzung ein Fortschritt zu sehen? Was den ersten Teil unserer

Frage betrifft, so ist schlechterdings nicht einzusehen, warum die technologisch mögliche Außeranwendungsetzung von Gesetzmäßigkeiten nicht neuerlich unter einem technischen Erkenntnisinteresse stehen soll. Wenn z. B. wissenschaftlich nachgewiesen ist, welche Sozialisationsprozesse auf Grund bestimmter Faktoren zu wünschenswerten und welche zu nicht-wünschenswerten Verhaltensweisen führen, wenn ferner wissenschaftlich nachgewiesen ist, daß die Tradierung schichten- oder klassenspezifischer Verhaltensweisen durch unterschiedliche Sozialisationsprozesse bestimmt ist und mithin selber varianten Gesetzmäßigkeiten unterliegt, so steht doch die Außeranwendungsetzung der zu unerwünschten Verhaltensweisen führenden Sozialisationsprozesse mittels einer Veränderung bestimmter Variablen unter einem technischen Interesse. Denn es wäre naiv, zu meinen, die Anwendung invarianter Gesetzmäßigkeiten stehe unter einem technischen, die Anwendung varianter Gesetzmäßigkeiten dagegen unter einem emanzipatorischen Interesse. Und hieraus folgt, daß der Unterschied zwischen varianten und invarianten Gesetzmäßigkeiten für sich genommen noch nichts über eine sinnvolle Veränderung individueller und gesellschaftlicher Strukturen besagt.
Nun soll – und damit kommen wir zum zweiten Teil unserer Frage – die Vernünftigkeit der möglichen Außeranwendungsetzung varianter Gesetzmäßigkeiten auch nach Habermas nicht unmittelbar aus der Unterscheidung zwischen varianten und invarianten Gesetzmäßigkeiten folgen, sondern aus der Aufklärung der von varianten Gesetzmäßigkeiten betroffenen Individuen über die Möglichkeit einer Befreiung von hypostasierten Gewalten hervorgehen. Der Verständigung hierüber sollen nun die historisch-hermeneutischen Disziplinen dienen, wie der Rekurs auf die Psychoanalyse glaubhaft machen will. Indessen täuscht gerade dieser Rekurs über die sich hier ergebende eigentliche Schwierigkeit hinweg. Die unter der regulativen Idee der geschichtlichen Kontinuität stehenden historisch-hermeneutischen Wissenschaften dienen zwar der Aufklärung der jeweiligen Gegenwart über ihre Vorgeschichte und ermöglichen auf diese Weise ein seine eigene Geschichte mitreflektierendes Sinnverstehen; über die Gültigkeit des jeweiligen Sinnverständnisses vermögen sie jedoch keinerlei Aussagen zu machen, es sei denn, sie verfielen eben jener Hypostasierung der regulativen Idee geschichtlicher Kontinuität, welche die begriffene Kontinuität als seinsollende deklariert. Die Psychoanalyse vermag dies soweit und nur soweit, als sie einen fraglos vorgegebenen Tatbestand des Normalen voraussetzt, welcher das Ziel für die

Emanzipation des nicht-normalen Patienten abgibt.[372] Das auf der Sinnverständigung über mögliche Außeranwendungsetzung varianter Gesetzmäßigkeiten beruhende Emanzipationsmodell unterliegt jedoch überall dort der Illusion eines objektivistischen Scheins, wo das Einverständnis über Normalität nicht vorausgesetzt werden kann und wo darüber hinaus die Suche nach einer wünschenswerten Normalität keinerlei Richtschnur für wissenschaftliches Fragen und praktisches Handeln abzugeben vermag. Dies ist aber gerade in den Handlungswissenschaften der Fall, welche im Fraglichwerden vorgegebener Normen und Praktiken ihren Ursprung haben, also vom Zweifel an vorgegebener Normalität jeweils ausgehen.

Damit zeigt sich die Gefahr, daß Habermas' Modell einer Kooperation empirischer und hermeneutischer Verfahren unter emanzipatorischem Interesse letztlich selbst unter einem technischen Interesse steht, dem Interesse an der Außeranwendungsetzung varianter Gesetzmäßigkeiten in Richtung auf ein vorgegebenes oder zu entwerfendes Muster von Normalität. Habermas' Modell unterliegt dem objektivistischen Schein, technisch mögliche Emanzipation sei an und für sich erstrebenswert, welchen der frühe Horkheimer durch seine Unterscheidung zwischen einer gutartigen und einer bösartigen Emanzipation zu vermeiden suchte. In diesem Zusammenhang verdient sowohl eine kritische Anmerkung von Karl-Otto Apel, die dieser gegenüber der Interessenlehre geäußert hat, als auch Habermas' Versuch einer »Reformulierung« seiner Interessenlehre besondere Aufmerksamkeit. Habermas' Versuch, mittels des Dreischrittes Empirie, Hermeneutik, Emanzipation das Methodenproblem der Handlungswissenschaften zu lösen, fußt auf der Erwartung, daß in dem durch technologische Empirie und hermeneutische Ideologiekritik ermöglichten emanzipatorischen Konzept von Selbstreflexion »Erkenntnis und Interesse eins« sind.[373] Hierzu merkt Apel in seinem Beitrag *Wissenschaft als Emanzipation?* an:

»Das ›emanzipatorische Interesse‹, das Habermas für die kritischen Sozialwissenschaften und für die Philosophie in Anspruch nimmt, führt ... in der höchsten Spitze der Reflexion nicht, wie Habermas will, zur schlechthinnigen Identität von Erkenntnis und Interesse, von Reflexion und praktischem Engagement. Wenigstens kann das für uns endliche Menschen nicht gelten, wenn man unter Engagement eine riskante, politisch effektive Parteiergreifung versteht ... Theoretische Reflexion und materiell-praktisches Engagement sind, trotz der Identität der Vernunft mit dem Vernunftinteresse, nicht identisch, sondern treten auf der höchsten Stufe philosophischer Reflexion als polar entgegengesetzte Momente innerhalb des emanzipatorischen Erkenntnisinteresses noch einmal auseinander ... Zu glauben (mit dem emanzipatorischen Erkenntnisinteresse als Legitimationsgrund von Wissenschaft, D. B.) ... könnte auch jener polar entgegengesetzte Teil des emanzipatorischen Interesses gedeckt werden, den Marx in Anspruch nahm, als er forderte, die Welt müsse nicht nur interpretiert, sondern verändert werden, – dies zu glauben würde m. E. auf eine idealistische Illusion hinauslaufen.« In einer Anmerkung zu diesen Einwänden präzisiert Apel seine Kritik dann folgendermaßen: »Die von Habermas postulierte Identität von Erkenntnis und Interesse, von Reflexion und praktischem Engagement setzt, wie mir scheint, die von Marx geforderte ›Verwirklichung der Philosophie‹, welche zugleich ihre ›Aufhebung‹ sein würde, schon voraus, statt sie als ein ›regulatives Prinzip‹ zu betrachten, dem – unbeschadet seiner Geltung – ›nichts Empirisches korrespondieren kann‹ (Kant).«[374]

Habermas hat versucht, diesen Einwänden Apels durch eine »Reformulierung« seiner Interessenlehre zu entsprechen, die deshalb bemerkenswert ist, weil sich gerade an ihr die Notwendigkeit eines Hinausgehens über den Dreischritt Empirie, Hermeneutik, Emanzipation in aller Deutlichkeit erweist: »Aussagen über den Phänomenbereich von Dingen und Ereignissen können nur (!, D. B.) in Orientierungen für zweckrationales, Aussagen über den Phänomenbereich von Personen und Äußerungen können nur (!, D. B.) in Orientierungen für kommunikatives Handeln rückübersetzt werden. In diesem Sinne habe ich einen quasitranszendentalen Zusammenhang von Erkenntnis und Interesse nachzuweisen versucht. Diese erkenntnisleitenden Interessen legen die Bedingungen der möglichen Objektivität von Erkenntnis fest; sie konservieren einen virtuellen Handlungsbezug des theoretischen Wissens ... – aber sie heben keineswegs die Differenz zwischen der in Handlungszusammenhänge eingelassenen Erfahrung von Gegenständen einerseits und dem erfahrungsfreien und handlungsentlasteten Diskurs andererseits auf.«[375]

Dieser »Reformulierung« der Interessenlehre ist unseres Erachtens voll zuzustimmen; nur handelt es sich hierbei nicht um eine Reformulierung, sondern letztlich um eine Korrektur der Interessenlehre von 1965, denn sie hat vor allem Relevanz für die Handlungswissenschaften, auf welche Habermas – nicht zufällig, wie sich zeigen wird – gar nicht mehr zu sprechen kommt. Die Reformulierung erstreckt sich nur auf die unter technischem und kommunikativem Interesse stehenden

Disziplinen. Will man nun nicht einfach undialektisch und damit linear und naiv davon ausgehen, innerhalb der Handlungswissenschaften oder der praktischen Wissenschaften seien Aussagen über »Dinge und Ereignisse« und *auch* Aussagen über »Personen und Äußerungen« und *auch* Aussagen über die Möglichkeiten und Aufgaben sinnbestimmten kritischen Handelns möglich, dann verbietet sich nunmehr der Dreischritt von technologischer Empirie, historischer Hermeneutik und emanzipatorischer Handlungstheorie von selbst. Denn wenn es zutrifft, daß die Interessenlehre die Bedingungen möglicher Objektivität wissenschaftlicher Aussagen angibt, also angibt, in welche Orientierungen ausschließlich oder nur bestimmte Erkenntnisse rückübersetzbar sind, dann muß nun nach den Bedingungen der möglichen Objektivität handlungswissenschaftlichen oder praxeologischen Wissens gefragt werden, welche nicht mehr, wie die ursprüngliche Interessenlehre vorgab, aus der Komplementarität und Komplettierbarkeit empirisch-analytischen und historisch-hermeneutischen Wissens unter einem virtuellen emanzipatorischen Interesse resultieren kann. Denn dann widerspräche sich die Interessenlehre weiterhin selbst: sie handelte von den Bedingungen der Objektivität empirischer und hermeneutischer Aussagen und hypostasierte diese doch zugleich zu indirekten Bedingungen der Objektivität handlungswissenschaftlicher Aussagen. Die alte Interessenlehre tat dies, wenn sie Emanzipation als Außeranwendungsetzung varianter Gesetzmäßigkeiten bestimmte; die Reformulierung tut dies zwar nicht mehr, aber sie versäumt, die Lücke einzugestehen, die gerade in ihr sichtbar wird, nachdem sie in der alten Interessenlehre verdeckt bereits bestand. Damit verliert aber die gesamte Interessenlehre die Funktion, welche ihr ursprünglich zugedacht war; sie vermag nicht mehr den Zusammenhang der verschiedenen Wissenschaften und die Fundierung der Objektivität handlungswissenschaftlicher Aussagen zu klären. Während die empirisch-analytischen Wissenschaften unter technischem Interesse und unter der regulativen Idee eines teleologischen Ordnungszusammenhanges die kausal-analytische Erklärbarkeit ihrer Gegenstandsbereiche intendieren, die historisch-hermeneutischen Wissenschaften unter kommunikativem Interesse und unter der regulativen Idee der Kontinuität geschichtlichen Daseins die Wirklichkeit in ihrer je einmaligen Bestimmtheit und fortwirkenden Bedeutsamkeit zu verstehen suchen, bleibt den Handlungswissenschaften ein nacktes Erkenntnisinteresse, das nunmehr deutlicher als zuvor jeden regulativen und kategorialen Rahmen, welcher die Gül-

tigkeit handlungswissenschaftlicher Aussagen bestimmen müßte, entbehrt.
In der ursprünglichen Version seiner Interessenlehre stellte Habermas fest, die Interessen bestimmten den möglichen »Sinn der Geltung« bestimmter wissenschaftlicher Aussagen. Er wies damit wenigstens indirekt darauf hin, daß die Geltung wissenschaftlicher Aussagen selber nicht unmittelbar aus ihrer Interessenkonstituiertheit folge. Die Geltung handlungswissenschaftlicher Aussagen soll aber derselben Interessenlehre zufolge unter emanzipatorischem Interesse aus der Geltung nicht-handlungswissenschaftlicher Aussagen entnommen werden können. Hierin liegt der zentrale Widerspruch der kritischen Theorie bei Habermas. Unter dem Vorwand, die Deutung wissenschaftlicher Aussagesysteme im Kontext der in diese eingegangenen Handlungsbezüge zu begründen, leistet sie letztlich der positivistischen Verkürzung der Handlungswissenschaften Vorschub. Wird nämlich nicht durchschaut, daß in der kritischen Theorie die Konstitutionsproblematik der Handlungswissenschaften im allgemeinen und der Pädagogik im besonderen weder gelöst noch zur Sprache gebracht wird, so nähert sich die an Habermas anschließende Erziehungswissenschaft unmerklich der Position von W. Brezinka, welche die Erziehungswissenschaft in eine empirisch-analytische und eine historische unterteilt und dem nackten emanzipatorischen Erkenntnisinteresse jenen methodenleeren und von jeglichem Gültigkeitsanspruch freien Raum zuweist, der als unwissenschaftliche dezisionistische »Pädagogik« apostrophiert wird.

2 Pädagogik und emanzipatorisches Interesse. Ansätze zur Pädagogik als kritischer Theorie bei Blankertz, Klafki, Lempert und Mollenhauer

Der Vorteil, welchen gerade Habermas' Version von kritischer Theorie gegenüber ihrer anfänglichen Fassung beim frühen Horkheimer und deren späterer dialektischen Problematisierung durch Horkheimer und Adorno bietet, liegt auf der Hand: Das positivistische Empirieverständnis fügt sich mit dem geisteswissenschaftlichen Theorieverständnis scheinbar problemlos unter ein als gutartig angesetztes emanzipatorisches Vernunftinteresse. Wer sich zu dieser Version kritischer Theorie bekennt, scheint a priori über den engen Horizont positivistischer Empirie einerseits und historischer Hermeneutik andererseits hinaus zu sein, auch dann, wenn er weiterhin – nun freilich unter emanzipatorischem Interesse – eine technologisch-erfahrungswissenschaftliche bzw. eine geisteswissenschaftliche Pädagogik oder gar beide zugleich betreibt.

Unsere Auseinandersetzung mit den traditionellen und modernen Ansätzen der Pädagogik versuchte zu zeigen, daß die Pädagogik als Forschungsdisziplin den Charakter einer praktischen Wissenschaft bewahren und als praktische Wissenschaft den Horizont einer erfahrungswissenschaftlichen Forschungsdisziplin erlangen muß, soll sie unter den geschichtlichen Bedingungen einer ihre Zukunft prospektiv planenden Industriegesellschaft weiterhin bestehen können. In diesem Zusammenhang gewinnen nun trotz unserer Kritik an Habermasens indirekter Sanktionierung der unter technischem Erkenntnisinteresse stehenden Empirie die verschiedenen Bemühungen um eine emanzipatorische Erziehungswissenschaft besonderes Interesse, denn sie stellen den erneuten und bisher letzten Versuch dar, dem Primat der Praxis, welcher für die pädagogische Theorie bereits in der Tradition galt, auch in der Forschung zu Gültigkeit zu verhelfen und damit die inzwischen weitgehend bereits vollzogene Zweiteilung der Pädagogik in eine szientifische Erkenntniswissenschaft und eine praxeologische Handlungslehre rückgängig zu machen. Um in diesem Sinne in eine kritische Würdigung der bisher vorliegenden Anstrengungen um eine emanzipatorische Erziehungswissenschaft eintreten zu können, müssen freilich verschiedene auch unter diesem Namen auftretende Positionen ausgeschieden werden. Wir konzentrieren uns im folgenden ausschließlich auf diejenigen Versuche, in welchen der Rekurs auf das emanzipatorische Interesse keine bloße »rhetorische Verzierung, ein Einstimmen in gängige gesellschaftspolitische Forderungen«[376] darstellt, sondern durch die Absicht bestimmt ist, die Erziehungswissenschaft zu einer praxeologischen Forschungsdisziplin zu erheben. Hierzu zählen wir vor allem die neueren Arbeiten von Herwig Blankertz, Wolfgang Klafki, Wolfgang Lempert und Klaus Mollenhauer.

In seiner Kritik des von Roth und Thiersch vorgelegten Ansatzes einer realistischen Wendung in der pädagogischen Forschung hat sich Herwig Blankertz neben Klaus Mollenhauer als einziger unter den Befürwortern der emanzipatorischen Pädagogik kritisch gegen die These

von der Komplementarität empirischer und hermeneutischer Forschung ausgesprochen. Seine Kritik, »der geisteswissenschaftlichen Pädagogik (seien) die empirischen Verfahren affin, um die Schwäche der Hermeneutik in ihrem Sturze zu überbieten«,[377] räumt zwar ein, daß sich empirisch-analytische und historisch-hermeneutische Verfahren wechselseitig ergänzen; sie weist jedoch darauf hin, daß ihre Komplementarität keine Begründung einer Handlungswissenschaft zu leisten vermöge, weil beide erkenntniswissenschaftliche Erfahrungsmodelle darstellen und die Anforderungen an eine praxeologische Forschung nicht erfüllen. Was Blankertz gegen Roth und Thiersch einwendet, gilt in analoger Weise auch für die von Habermas entwickelte Konzeption einer kritischen Handlungswissenschaft. Wenn es nämlich stimmt, daß das emanzipatorische Interesse nicht die Geltung handlungswissenschaftlicher Aussagen, sondern lediglich deren Sinn bestimmt, dann trifft die Kritik der Geltung empirisch-analytischer und historisch-hermeneutischer Resultate auch dann zu, wenn deren Sinn, statt unter technischem oder kommunikativem, unter emanzipatorischem Interesse bemessen wird.
Ungeachtet dieser Relevanz, welche die von Blankertz am pragmatischen Ansatz der Erziehungswissenschaft geübte Kritik auch für Habermas' Version kritischer Theorie besitzt, versucht Blankertz die Pädagogik im Anschluß an die Interessenlehre von Jürgen Habermas als Handlungswissenschaft zu begründen. Sein eigener Versuch einer Lösung des Methodenstreites in der Pädagogik geht von folgender Feststellung aus: »Wenn es nun überhaupt pädagogische Theorie als etwas vom Empirisch-Faktischen Unterschiedenes, ihm Vorgegebenes und es Bedingendes gibt, dann nur unter zwei Bedingungen. Erstens müssen Probleme überempirischen Charakters gestellt sein, zweitens muß es möglich sein, diese Probleme in einer Weise zu behandeln, die intersubjektive Prüfbarkeit einschließt.«[378] Beide Bedingungen lassen sich in unterschiedlicher Weise auslegen. Für sich genommen besagen sie noch nicht, was unter Problemen überempirischen Charakters und was unter Intersubjektivität verstanden werden soll. Überempirischen Charakter haben sowohl Theorien im kritisch-rationalistischen als auch im handlungswissenschaftlichen Sinn, erstere, weil sie Voraussetzungen kausal-analytischer Empirie ausmachen, die nicht induktiv gewonnen werden, letztere, weil sie keine Aussagen über die Faktizität machen, wie sie ist, sondern deren Veränderung intendieren. Und Intersubjektivität kann jene intersubjektive Überprüfbarkeit des Empirismus meinen, welche immer schon vor aller Subjektivität, der

individuellen wie der gesellschaftlichen, abstrahiert hat, als auch jene Weise praktischer Intersubjektivität, welche im praktischen Diskurs erzielt werden kann und einer bildungstheoretischen Orientierung bedarf.

Blankertz vertraut der immanenten Rationalität der von ihm geltend gemachten Bedingungen, wenn er aus ihnen folgende Lösung des Theorie-Empirie-Problems für die Erziehungswissenschaft ableitet: Wenn Erziehung mehr als ein bloß individuelles, mithin »ein gesellschaftliches Phänomen (ist), so hat Pädagogik als Theorie ihr erkenntnisleitendes Interesse in Mündigkeit und Emamzipation. Solches Sollen, im Primat der Vernunft begründet, setzt das erzieherische Interesse am Subjekt in eins mit dessen gesellschaftlicher Funktion, indem die Macht der empirischen Gesellschaft überboten ist mit dem Anspruch auf ein menschliches Leben. Eine so verstandene Theorie gewinnt die Maßstäbe der Kritik durch ihr Interesse an der Aufhebung von Verdinglichung und Selbstentfremdung des Menschen. Diese kritische Aufhebung der Selbstentfremdung ist überall dort, und zwar prinzipiell möglich, wo einerseits die in der Gesellschaft wirksam werdenden intellektuellen Kräfte durch Verdinglichung zum Verrat ihrer Möglichkeiten tendieren... wo aber andererseits und zugleich die intellektuelle Potenz der Gesellschaft über die handelnden gesellschaftlichen Subjekte befreit werden kann zu ihrer wahren Möglichkeit durch Aufklärung und Bildung. Pädagogische Theorie, die sich notwendig überempirisch versteht, nicht weil Empirie verachtet oder das empirische Argument gering geschätzt ist, sondern weil Empirie begründet werden soll, diese Theorie führt mit der Waffe der empirischen Forschung über das Faktum des Gegebenen hinaus, um das empirische Leben selbst auf eine andere Stufe zu heben: daß Fortschritt sei!«[379]

Die hier in eine unter emanzipatorischen Interessen stehende Kooperation von Empirie und Theorie gesetzte Hoffnung kommt dadurch zustande, daß der Begriff »Empirie« bzw. »empirisch« in zwei verschiedenen Bedeutungen verwendet wird. Wenn es heißt, kritische »Theorie führe mit der Waffe der empirischen Forschung über das Faktum des Gegebenen hinaus, um das empirische Leben selbst auf eine andere Stufe zu heben«, so meint »empirisch« als Attribut des gegebenen »Lebens« soviel wie faktische Verdinglichung des Menschen, während »empirisch« als Attribut von »Forschung« die unter technischem Erkenntnisinteresse stehende und von der regulativen Idee eines teleologischen Ordnungszusammenhanges geleitete kausal-analytische Erklärung der Erziehungswirklichkeit anspricht. Empirizität als technologische Verfügbarkeit oder »Waffe der empirischen Forschung« und Empirizität im Sinne faktischer Entfremdung sind jedoch Qualitäten unterschiedlicher Interessenkonstitution und unterschiedlicher regulativer Bestimmtheit. Ihre lineare Zuordnung überspringt das Problem, wie eigentlich praxeologische Erfahrung bestimmt sein müsse, wenn von ihr ein Beitrag zur Lösung praktischer Probleme, die keineswegs auf technische reduziert werden können, erwartet werden soll.

Mit seiner These, kritische »Theorie führe mit der Waffe der empirischen Forschung über das Faktum des Gegebenen hinaus«, schließt Blankertz letztlich nicht an die Interessenlehre von Habermas, sondern an den frühen Horkheimer an, welcher die Hoffnung auf eine »vernünftig organisierte zukünftige Gesellschaft« unter anderem an die Dialektik von kritischer und traditioneller oder ordnender Theorie knüpfte. Daß Blankertz von der Gegenüberstellung von kritischer und traditioneller Theorie, von Handlungstheorie und Empirie, und nicht von dem Dreischritt Empirie, Hermeneutik, Emanzipation ausgeht, hängt mit seiner Kritik des hermeneutischen Zirkels zusammen, in welchem er nicht nur den Versuch einer Überwindung jedweder normativen Pädagogik erblickt, sondern zugleich einen Beitrag zu deren sublimen Erneuerung.[380]

Während bei Blankertz die emanzipatorische Pädagogik die geisteswissenschaftliche Pädagogik dadurch überwinden soll, daß sie den hermeneutischen Zirkel von Leben-Verstehen-Leben in Richtung auf eine emanzipatorische Herbeiführung eines menschlicheren Lebens durchbricht, verspricht sich Wolfgang Klafki von der Pädagogik als kritischer Theorie eine Erneuerung des geisteswissenschaftlichen Ansatzes auf höherer Ebene. An die Interessenlehre von Habermas anschließend und ohne auf die von H. Blankertz, W. Fischer u. a. vorgenommene Kritik der geisteswissenschaftlichen Pädagogik einzugehen, sieht Klafki in der kritischen Theorie jene Basis, auf welcher die geisteswissenschaftliche Pädagogik durch Kooperation mit den empirisch-analytischen Wissenschaften ihre volle Entfaltung gewinnen kann. Die auch von Blankertz zugegebene Affinität hermeneutischer und empirischer Verfahren erhält hierbei eine völlig andere Deutung: »Die für die Erziehungswissenschaft relativ neuen erfahrungswissenschaftlichen Methoden und die von ihr bereits länger praktizierten historisch-heremeneutischen Methoden schließen einander nicht etwa aus, sondern sind wechselweise aufeinander bezogen.

Man kann das Verhältnis als einen ständigen dynamischen Rückkoppelungsprozeß beschreiben: von hermeneutischer Entwicklung der Fragestellung und Hypothesen über die erfahrungswissenschaftliche Überprüfung dieser Hypothesen zur hermeneutischen Interpretation der so gewonnenen Ergebnisse und zur Herleitung neuer Hypothesen für neue empirische Untersuchungen usf.«[381] Die Gefahr, auf welche H. Blankertz hinweist, wenn er die Affinität von Empirie und Hermeneutik unter Technologieverdacht stellt, versucht Klafki auszuschließen, indem er der Hermeneutik über ihre Bedeutung für die Bildung und Interpretation empirischer Hypothesen hinaus eine ideologiekritische Funktion zuweist: »Prinzipiell kann die Hermeneutik die ideologiekritische Perspektive durchaus in sich aufnehmen, und sie muß es heute tun, wenn sie nicht hinter den erreichten Erkenntnisstand zurückfallen will.«[382] Die in der Affinität von Hermeneutik und Empirie angelegte Tendenz zur technologischen Erforschung und Veränderung der Erziehungswirklichkeit soll dadurch überwunden werden, daß die Hermeneutik ihre Affinität zur Ideologiekritik entfaltet und so nicht lediglich mit der Empirie kooperiert, sondern zugleich als kritische Instanz dieser Kooperation auftritt: »Im Rahmen eines so verstandenen kritischen Horizontes behalten dann auch die Methoden der geisteswissenschaftlichen Pädagogik und die der erfahrungswissenschaftlichen Erziehungsforschung ihren Ort oder besser: Sie entfalten in diesem Horizont erst ihre wahren Möglichkeiten. Hermeneutik bleibt dann nicht auf die immanente oder historische Interpretation beschränkt, sondern wird darüber hinaus zu einer aus solchen Interpretationen heraus planenden und hypothetisch entwerfenden wissenschaftlichen Methode... Die drei großen Ansätze der Erziehungswissenschaft seit 1945 – die geisteswissenschaftliche Position, die erfahrungswissenschaftliche Position und die gesellschaftskritische Position – sind nicht einander notwendigerweise ausschließende Wissenschaftsrichtungen. Jede dieser Richtungen erhält erst in der Zuordnung zu den beiden anderen ihre wissenschaftliche Funktion.«[383]

Während sich bei Blankertz das emanzipatorische Interesse vornehmlich der »Waffe der empirischen Forschung« bedient und die im hermeneutischen Zirkel von Leben-Verstehen-Leben befangene geisteswissenschaftliche Pädagogik eher disqualifiziert als anerkennt, bringt Klafki alle drei von Habermas genannten Wissenschaftsmodelle in wechselseitige Kooperation. Emanzipatorische Pädagogik in diesem Sinne liefe auf eine ideologiekritische Verwendung des von

W. Brezinka vorgelegten Modells einer Kooperation von Empirie und Historiographie der Erziehung hinaus: Hermeneutik analysiert die in empirische Fragestellungen eingehenden Zwecksetzungen und interpretiert die Resultate der Empirie hinsichtlich ihrer Dienlichkeit für solche Zwecksetzungen; sie erbringt darüber hinaus eine ideologiekritische Analyse dieser Zwecksetzungen und versucht dabei das emanzipatorische Interesse in die Kooperation von Empirie und Hermeneutik einzubringen.

Ganz im Sinne der von H. Blankertz gegen die geisteswissenschaftliche Pädagogik und den sie begründenden hermeneutischen Zirkel vorgebrachten Einwände hat zum einen Gadamer gegen Habermas kritisch darauf hingewiesen, daß die Hermeneutik die Doppelfunktion von Sinnverstehen und konstruktiver Ideologiekritik nicht zu erfüllen vermag, und hat zum anderen bereits der frühe Horkheimer aufgezeigt, daß kritische Theorie nicht auf Ideologiekritik reduziert werden kann. Hinsichtlich der Erwartungen, welche Habermas bezüglich des unter kommunikativem Interesse stehenden Beitrags historisch-hermeneutischer Analysen hegt, stellt Gadamer fest: »Wenn ich gegen Habermas sage, daß das Arzt-Patient-Verhältnis für den gesellschaftlichen Dialog nicht genügt, und ihm die Frage stelle: ›Gegenüber welcher Selbstinterpretation des gesellschaftlichen Bewußtseins – und alle Sitte ist eine solche – ist das Hinterfragen und Hintergehen am Platze, etwa im revolutionären Veränderungswillen, und gegenüber welcher nicht?‹, so halte ich diese Frage der von Habermas behaupteten Analogie entgegen. Ihre Beantwortung ist im Falle der Psychoanalyse durch die Autorität des wissenden Arztes gegeben. Im Bereich des Gesellschaftlichen und Politischen fehlt aber die besondere Basis der kommunikativen Analyse, in deren Behandlung sich der Kranke freiwillig, aus Krankheitseinsicht, begibt. Und deshalb scheinen mir in der Tat solche Fragen nicht hermeneutisch beantwortbar.«[384] Der Rekurs auf ein emanzipatorisches Interesse vermag für sich genommen die Grenzen der Hermeneutik, Auslegung des Vorverständnisses zu sein und über dessen Dignität nichts ausmachen zu können, keineswegs zu überwinden. Hermeneutische Ideologiekritik gehört ihrerseits in den Bereich traditioneller Theorie und liefert für sich genommen noch keinen Beitrag zu handlungswissenschaftlichen Fragestellungen kritischer Theorie. So stellt Horkheimer fest: »Die Untersuchung der sozialen Bedingtheit von Tatsachen sowie von Theorien mag wohl ein Forschungsproblem, ja, ein ganzes Feld theoretischer Arbeit bilden, aber es ist nicht einzusehen, inwiefern sich derartige Studien von anderen fachlichen Bestrebungen grundsätzlich unterscheiden sollten. Ideologieforschung oder Wissenssoziologie ... stehen ja weder ihrem Wesen noch ihrem Ehrgeiz nach zum üblichen Betrieb der ordnenden Wissenschaft im Gegensatz. Die Selbsterkenntnis des Denkens wird dabei auf die Enthüllung von Beziehungen zwischen geistigen Positionen und sozialen Standorten reduziert. Die Struktur des kritischen Verhaltens, dessen Absichten über die der herrschenden gesellschaftlichen Praxis hinausgehen, ist solchen sozialen Disziplinen gewiß nicht verwandter als der Naturwissenschaft. Sein Gegensatz zum traditionellen Begriff von Theorie entspringt überhaupt nicht so sehr aus einer Verschiedenheit der Gegenstände als der Subjekte.«[385]

Daß Pädagogik als kritische Handlungswissenschaft nicht in der von Klafki intendierten Weise auf eine Kooperation empirischer, hermeneutischer und ideologiekritischer Analysen gegründet werden kann, zeigt sich besonders deutlich an jenen Forschungsaufgaben, welche Wolfgang Lempert der emanzipatorischen Pädagogik zuweist. In seiner Abhandlung *Bildungsforschung und Emanzipation* legt Lempert die Differenzierung der Wissenschaften nach Erkenntnisinteressen auf die Pädagogik aus, indem er empirische, hermeneutische und emanzipatorische Frageweisen in einen Zusammenhang wechselseitiger Aufstufung bringt. Er schließt dabei insofern an die Interessenlehre von J. Habermas an, als diese nicht nur beansprucht, die Handlungsbezüge der verschiedenen Wissenschaften zu klären, sondern darüber hinaus zugleich den Zusammenhang der Handlungsbezüge schichtenartig zu erfassen versucht. Dieser Zusammenhang wird darin gesehen, daß alle naturwissenschaftliche Erkenntnis grundsätzlich in einem hermeneutisch zu begreifenden Horizont menschlicher Sinnverständigung steht, der seinerseits auf eine handlungsorientierende Aufklärung im Sinne eines »hypothetischen Vorgriffs« auf künftige Geschichte bezogen ist.[386] Danach verweist die im technischen Interesse angelegte Begrenzung der empirisch-analytischen Wissenschaften auf den »Funktionskreis instrumentalen Handelns« indirekt auf die Aufgabe einer intersubjektiven Verständigung über Ziel und Zweck technisch möglicher Herrschaft über die Natur; und in analoger Weise soll die im kommunikativen Erkenntnisinteresse begründete Einordnung der historisch-hermeneutischen Wissenschaften in den Horizont »der Erhaltung und ... Erweiterung der Intersubjektivität« zugleich dessen Offenheit für einen zumindest potentiell »den Zusammenhang von Tradition als solchen« überschreitenden und die Welt verändernden Entwurf menschlicher Selbstbestimmung herausstellen.[387]

In dem Aufweis, daß das technische Interesse im Horizont des kommunikativen Interesses steht und dieses wiederum offen gegenüber dem Horizont des emanzipatorischen Interesses ist, erblickt Lempert die Gewähr dafür, daß »empirisch-analytische und hermeneutische Forschung als Potentiale kritischer Wissenschaft« fungieren können und »nicht notwendig blind gegenüber den Erfordernissen der Emanzipation« sind. Die Voraussetzungen und den Strukturzusammenhang handlungswissenschaftlicher Forschung bestimmt er dann folgendermaßen: »Kritische Wissenschaft ... macht ... die steuernden Interessen der empirisch-analytischen und der historisch-hermeneutischen Disziplinen ebenso sichtbar wie ihr eigenes Leitmotiv, an dem sie sich als ihrem Wahrheitskriterium orientiert; das emanzipatorische Interesse fordert sowohl empirisch-analytische Informationen – als Bedingungen der technischen Emanzipation von der Natur – als auch historisch-hermeneutische Interpretationen – als Bedingungen der kommunikativen Emanzipation in der Gesellschaft –; es fördert darum rationalere Erkenntnisse zutage als die beiden anderen Interessen.«[388]

Die bei Habermas wenigstens verbal noch vorhandene Unterscheidung zwischen der Geltung wissenschaftlicher Aussagen und ihrem Sinn wird bei Lempert völlig aufgehoben, wenn die Interessen zum »Wahrheitskriterium« wissenschaftlicher Aussagen hypostasiert werden. Gleichzeitig wird deutlich, daß das formale emanzipatorische Interesse für sich genommen den Handlungswissenschaften keine Sonderstellung zu sichern vermag. Indem die besondere Leistung des emanzipatorischen Interesses durch den Komperativ »rationaler« zum Ausdruck gebracht wird, wird dieses letztlich in eine Reihe und auf eine Ebene mit den anderen Interessen gestellt. Von aufschlußreicher Bedeutung für unsere Analyse ist in diesem Zusammenhang, daß Lempert von Emanzipation in zweifacher Weise spricht, nämlich von »technischer Emanzipation« von der Natur und von kommunikativer »Emanzipation in der Gesellschaft«. Beide Emanzipationsbegriffe sprechen nicht nur verschiedene Bereiche an, sondern sind zugleich verschieden ausgerichtet. Technische Emanzipation ist Emanzipation von der Natur durch Herrschaftsausübung über die Natur; kommunikative Emanzipation dagegen ist nicht Emanzipation von der Gesellschaft, sondern Emanzipation in der Gesellschaft. Technische Emanzipation als Befreiung des Menschen von der Ausgeliefertheit an die

Naturgewalten vollzieht sich im Prozeß der Verdinglichung der Natur. Kommunikative Emanzipation dagegen hat ihren Zweck nicht in der Verdinglichung, sondern in deren Aufhebung. Die Frage, wovon und wozu sie frei machen müsse, ist hier nicht in gleicher Weise wie für die technische Emanzipation zu beantworten, denn die kommunikative Emanzipation ist gerade darauf ausgerichtet, der technischen Emanzipation ihr vermeintliches Eigenleben zu nehmen, damit gesellschaftliche und individuelle Freiheit möglich und nicht auf jene Freiräume eingeengt werde, welche der Verdinglichung durch technische Emanzipation noch nicht untergeordnet bzw. grundsätzlich nicht unterzuordnen sind.
Diese Unterscheidung folgt unmittelbar aus der Interessenlehre. Soll sie aber aufrecht erhalten werden, so ergibt sich die Notwendigkeit, den technischen und kommunikativen Emanzipationsbegriff mit einem dritten Begriff von Emanzipation zu konfrontieren, welcher nun seinerseits nicht unter technischem oder kommunikativem, sondern unter emanzipatorischem Interesse bestimmt sein müßte. So wie nämlich im Sinn der schichtenmäßigen Stufung der Handlungsbezüge und Wissenschaften die empirisch-analytischen Wissenschaften durch das technische Erkenntnisinteresse konstituiert sein sollen, dieses aber gerade der empirisch-analytischen Betrachtungsweise entzogen ist, so sind auch die historisch-hermeneutischen Wissenschaften einschließlich der Wissenssoziologie und der Ideologiekritik durch das kommunikative Interesse konstituiert, ohne daß dieses selber der historisch-hermeneutischen Betrachtungsweise zugänglich wäre. Diese steht zwar unter dem Interesse an der Erweiterung von Intersubjektivität, den Zukunftsanspruch und die diesbezügliche Gültigkeit hermeneutisch erweiterter Intersubjektivität vermag sie jedoch ebensowenig zu erschließen, wie die kausal-analytische Betrachtungsweise die kommunikative Verständigung über die Verwertung ihrer Resultate herbeizuführen vermag. Soll aber nun das emanzipatorische Interesse aus der Begrenztheit der Hermeneutik jene Funktion gewinnen, die Habermas anspricht, wenn er diesem die Intentionalität eines »den Zusammenhang von Tradition als solchen« überschreitenden Selbst- und Weltentwurfes zuweist, so darf eben der Beschränktheit des technischen und kommunikativen Interesses wegen von technischer oder kommunikativer Emanzipation nicht gesprochen werden. Jeder Versuch, die auf die Zukunft gerichtete Emanzipation dennoch als Summe von technischer und kommunikativer Emanzipation auszugeben, reduziert vielmehr die mögliche positive Bestimmtheit

emanzipatorischer Praxis auf diejenige einer kommunikativen Verständigung über technologische Handlungsalternativen.
Besonders deutlich zeigt sich dies an Lemperts eigenem Entwuf einer emanzipatorischen Bildungsforschung. Die »Aufgabe der Bildungsforschung ... nach dem emanzipatorischen Interesse« wird in folgender These bestimmt:
»Bildungsprozesse in emanzipatorischer Absicht untersuchen bedeutet vor allem:
– die faktische pädagogische Verdrängung sozial unterdrückter Bedürfnisse ermitteln und kausal analysieren.
– die derart gewonnenen Gesetzesaussagen in den Verständnishorizont der Individuen, für die sie gelten, hinein interpretieren und
– den Einstellungswandel, den ihre Mitteilung bei diesen Individuen hervorruft, experimentell überprüfen.«[389]
Heinz Mosers Beurteilung dieses Ansatzes weist auf fundamentale Schwächen der emanzipatorischen Pädagogik hin. Was Moser gegen Lempert einwendet, trifft indirekt auch auf Habermas zu: »Gesellschaftliche Praxis ist hier nicht mehr unmittelbar mit Bildungsforschung verbunden, und Emanzipation bemißt sich ausschließlich am Modell instrumentalen Handelns. Die abgebrochene Dialektik, welche hier zum Tragen kommt, thematisiert die Angst des bürgerlichen Individuums vor dem praktischen gesellschaftlichen Engagement und das resignierende Bewußtsein, daß in einer verdinglichten Gesellschaft ... gesellschaftsverändernde Praxis kaum mehr möglich ist, was eben in letzter Konsequenz zur ... Fetischisierung von Wissenschaft führt: Einige aufgeklärte Wissenschaftler wiegen das Versagen gesellschaftsverändernder Arbeit an der Basis ... auf und entlasten den Wissenschaftler von der Dringlichkeit dieser Aufgabe, da seine wissenschaftliche Tätigkeit per definitionem emanzipatorische Praxis darstellt.«[390]
Der von Lempert in Aussicht genommene Dreischritt von der kausalanalytischen Ermittlung der Bedingungen unfreier Verhaltensweisen über die therapeutische Interpretation des Verständnishorizontes bis hin zur kausal-analytischen Verifikation der Wirkungen eben dieser Therapie führt in letzter Konsequenz nicht zu emanzipatorischer Praxis, sondern er verhindert sie. Wo Emanzipation restringiert wird auf die therapeutische Eröffnung, daß bestimmte Zwänge nicht in invarianten, sondern in varianten Gesetzmäßigkeiten begründet sind, da vermag die technologisch-experimentelle Überprüfung therapeutisch erzielter Verhaltensänderungen lediglich darüber etwas auszusagen,

ob bestimmte variante Gesetzmäßigkeiten außer Anwendung gesetzt worden sind oder nicht. Dabei besagt weder die kausale Analyse der faktischen Verdrängung sozial unterdrückter Bedürfnisse etwas über die konkrete Kommunikation, die zur Kritik und Selbstreflexion auffordern soll – diese ist sicherlich mehr als ein bloßer Akt der »Mitteilung« –, noch vermag eine experimentelle Überprüfung des womöglich eingetretenen Einstellungswandels eine Erfolgskontrolle der Selbstreflexion zu liefern. Diese wäre bestenfalls in der Lage, zu prüfen, ob die im ersten Schritt angestellte Analyse in ihrem Resultat noch zutrifft oder bereits überholt ist. Wo Emanzipation auf eine Außeranwendungsetzung varianter Gesetzmäßigkeiten reduziert wird, verliert sie die Bestimmung einer handlungswissenschaftlichen Kategorie und verfällt den Beschränktheiten szientifischer Technologie, deren Überwindung der Rekurs auf das emanzipatorische Interesse eigentlich leisten sollte.

Indirekt weist auch Lempert auf diese Gefahr hin, wenn er seine eigenen Überlegungen folgendermaßen kommentiert: »Das Gesagte könnte mißverstanden werden in dem Sinne, als brächten emanzipatorische Einsichten befreiende Handlungen zwangsläufig hervor. Das ist hier nicht gemeint ... Kritik und Selbstreflexion (können) praktisch folgenlos bleiben. Sie sind darum keine hinreichenden, wohl aber notwendige Bedingungen der Emanzipation.«[391] Das zur Diskussion stehende Problem ist freilich auch in dieser Einschränkung nur unzureichend angesprochen. Wenn »emanzipatorische Einsichten« lediglich »notwendige«, nicht aber »hinreichende« Bedingungen der Emanzipation sind, dann handelt es sich bei den angesprochenen Einsichten in die Möglichkeiten sogenannter technischer und kommunikativer Emanzipation entweder gar nicht um emanzipatorische Einsichten, oder aber es muß zwischen emanzipatorischer Einsicht und praktischer Emanzipation unterschieden werden. Auf diese Notwendigkeit kommen wir noch bei der Konfrontation des von Habermas entwickelten Modells der Handlungswissenschaften mit dem Problem von Theorie und Praxis zurück. Zuvor gilt es jedoch Mollenhauers Verständnis von »Erziehung und Emanzipation« in den Blick zu bringen, weil in ihm Möglichkeiten und Grenzen einer emanzipatorischen Handlungswissenschaft besonders deutlich hervortreten und darüber hinaus auf Probleme verwiesen wird, welche letztlich zu einem Hinausgehen über den Ansatz der emanzipatorischen Pädagogik zwingen.

Wie H. Blankertz versucht auch K. Mollenhauer nicht lediglich das

unfruchtbare Nebeneinander von Empirie und Hermeneutik aufzuheben; er fordert zugleich von einer kritischen Handlungswissenschaft die Überwindung der technologischen Affinität von Empirie und Hermeneutik. So wendet er gegen Brezinkas Modell einer Trennung von theoretischer Erziehungswissenschaft und praktischer Pädagogik ein, zwischen erfahrungswissenschaftlicher und normativer Pädagogik könne letztlich nicht radikal getrennt werden, weil beide einander voraussetzen: »Die Ironie der Argumentation Brezinkas ist ... gerade, daß derjenige Wissenschaftszweck, den er ausschließen will, in seinem eigenen Wissenschaftsbegriff als dessen Folge enthalten ist.«[392] Wenn aber im Bereich der Handlungswissenschaften Sein und Sollen in einer Beziehung zueinander stehen, die selbst dort noch aufscheint, wo von dieser Beziehung abstrahiert wird, dann darf Pädagogik dieser Beziehung nicht gleichgültig gegenüber stehen. Sie muß diese vielmehr selber zum Gegenstand ihrer theoretischen Analyse der Möglichkeiten und Aufgaben der Erziehung und zum zentralen Thema ihrer Forschung erheben. Die methodischen Voraussetzungen dafür, daß dies gelingen könne, erblickt Mollenhauer wie die anderen Vertreter der emanzipatorischen Pädagogik in der emanzipatorischen Komplementarität empirischer und hermeneutischer Verfahren.
Deutlich zeigt sich dies an seinen Ausführungen zum Problem der Chancenungleichheit: »Daß die Erziehungsforschung sich immer intensiver der Frage nach der Herstellung der Chancengleichheit im Bildungswesen zuwendet, ist nicht ein für ihren Begründungszusammenhang zufälliges, forschungspsychologisches Datum, sondern gehört selbst notwendig zum Objektbereich dieser Wissenschaft und verändert den Interpretationszusammenhang, in dem ›Erziehung‹ sich konstituiert. Die empirisch zu sichernde Feststellung, daß die Chancengleichheit im Bildungswesen nicht verwirklicht ist, ist überhaupt nur bedeutungsvoll in einer Kommunikationsgemeinschaft, in der ein Interesse an Chancengleichheit mindestens vorkommt. Sonst wäre solche Festestellung nicht interessanter als die, daß es Menschen mit blonden und Menschen mit schwarzen Haaren gibt. Die Feststellung der Chancenungleichheit und die damit zugleich erkennbar werdende Norm der Chancengleichheit bedeuten, daß der Sinn von Erziehung unter anderem darin besteht, im Heranwachsenden Voraussetzungen für eine Beteiligung an gesellschaftlichen Entscheidungsprozessen zu schaffen. Das sind dann allerdings keine normativ-emotionalen Steuerungsvorgänge mehr, sondern allenfalls normativ-rationale. Das

durch Untersuchungen zur Chancengleichheit erworbene Wissen darf dann kein solches sein, das zur Beherrschung von Menschen verwandt werden kann – so wie das Wissen über die Natur zu ihrer Beherrschung dient –, sondern nur ein Wissen, das die Emanzipation aus den Ungleichheiten fördert. Nicht die erfahrungswissenschaftliche Ermittlung von Daten ist für die Theorie das Primäre, sondern der Kommunikationszusammenhang, in dem Tatsachen sich als bedeutungsvoll konstituieren.«[393]

Die Hoffnung auf eine emanzipatorische Kooperation zwischen technologischer, auf die Beschaffung prognostischen Wissens ausgerichteter Empirie und hermeneutischer Analyse basiert darauf, daß – wie Mollenhauer zutreffend formuliert – aus der »Feststellung der Chancengleichheit« zugleich die »Norm der Chancengleichheit« erkennbar werden könne, sofern darauf geachtet werde, daß nicht »die erfahrungswissenschaftliche Ermittlung von Daten ... für die (Handlungs-)Theorie das Primäre (ist), sondern der Kommunikationszusammenhang, in dem Tatsachen sich als bedeutungsvoll konstituieren«. Diese These stützt sich auf die Interessenlehre von Habermas, derzufolge das auf instrumentales Handeln bezogene technologische Erklärungswissen auf jenen Horizont kommunikativer Verständigung hin untersucht werden kann, in welchem das instrumentale Handeln seine jeweilige soziale Bedeutung gewinnt. Wenden wir diese Struktur auf das Problem der Chancengleichheit an, so ergibt sich Mollenhauers Forderung, die »Feststellung der Chancenungleichheit« durch erfahrungswissenschaftliches Erklärungswissen müsse in die Bestimmung der »Norm der Chancengleichheit« nach Maßgabe jenes Kommunikationszusammenhanges eingehen, innerhalb dessen die technologische Erklärung ihre kommunikative Bedeutung erlangt. Werden nun nicht lediglich die Realbedingungen eines bestimmten Verständnisses von Chancenungleichheit durch technologisches Erklärungswissen aufgedeckt, sondern wird zugleich jener Kontext hermeneutisch erschlossen, in welchem das in die Empirie eingehende Vorverständnis von Chancengleichheit resp. Chancenungleichheit steht, so erwächst hieraus die Möglichkeit, den Anwendungshorizont des technologischen Erklärungswissens von Chancengleichheit und Chancenungleichheit nicht einfach dem vorgegebenen Kommunikationszusammenhang blindlings zu überlassen, sondern diesen selber sowohl in seiner Funktion innerhalb der Fragestellungen erkenntniswissenschaftlicher Untersuchungen zur Chancenungleichheit als auch in seiner Relevanz für die Verwertung des kausal-analytischen Wissens

zum Gegenstand wissenschaftlicher Erörterung und kommunikativer Verständigung zu erheben.
Es kann kein Zweifel daran bestehen, daß durch solche Untersuchungen die Zusammenhänge zwischen der »Feststellung der Chancenungleichheit« und der »Norm der Chancengleichheit« aufgedeckt werden können. Aber weder das technische Erklärungswissen noch die hermeneutische Analyse des vorgegebenen Kommunikationshorizontes, noch beide zusammengenommen vermögen eine befriedigende Antwort auf die Frage nach einer sinnvollen Veränderung der Realbedingungen und des Vorverständnisses von Chancengleichheit zu geben. Vielmehr gewinnen die aus solchen Untersuchungen hervorgehenden empirischen und hermeneutischen Resultate ihre praktische Relevanz wiederum im Kontext eines Verständigungshorizontes, der durch sie nicht an seinen aufgegebenen Möglichkeiten orientiert werden kann, sondern dessen kritische Orientierung von anderswoher genommen werden muß. Wir stimmen Mollenhauer in seiner Forderung, das »durch Untersuchungen zur Chancengleichheit erworbene Wissen (dürfe) kein solches sein, das zur Beherrschung von Menschen verwendet werden kann ..., sondern nur ein Wissen, das die Emanzipation aus den Ungleichheiten fördert«, durchaus zu.[394] Soll es aber ein solches Wissen geben, so kann es sich bei ihm nicht um die unter technischem Erkenntnisinteresse gewonnenen Resultate kausal-analytischer Empirie handeln, denn diese können durchaus zur Beherrschung des Menschen verwendet werden und vermögen die Aufrechterhaltung von Chancenungleichheit ebenso zu stützen wie die Realisierung einer bestimmten Norm von Chancengleichheit nach Maßgabe eines wie auch immer bestimmten vorgegebenen Konsenses; soll ferner ein solches Wissen der substanziellen Emanzipation aus den faktischen Ungleichheiten dienen, so muß es einen substanziellen Begriff gesellschaftlicher Gleichheit und Gerechtigkeit aufweisen, der hermeneutisch nur ermittelt werden könnte, wenn die vorgegebene Kommunikationsgemeinschaft die Utopie des herrschaftsfreien Dialogs bereits realisiert hätte, mithin Untersuchungen zum Problem der Chancenungleichheit überflüssig und unmöglich wären.
Damit zeigt sich, daß der Rekurs auf ein methodisch gar nicht zur Geltung kommendes emanzipatorisches Interesse noch keine befriedigende Lösung der Grundlagenprobleme der Erziehungswissenschaft zu liefern vermag, weil der technologisch und kommunikativ ausgerichtete Emanzipationsbegriff selber den Grenzen empirisch-analytischer und historisch-hermeneutischer Rationalität verhaftet bleibt.

Statt diese zu überwinden und zu überschreiten, bedarf gerade der Emanzipationsbegriff einer bildungstheoretischen Orientierung und einer erziehungstheoretischen Fundierung. Empirie und Hermeneutik können nicht »Instrumente« der Emanzipation sein, soll Emanzipation den Horizont technischer Rationalität und vorgegebener Konsenskonstellationen kritisch überschreiten. Indem auch Mollenhauer daran festhält, daß das emanzipatorische Interesse der kausal-analytischen Empirie und der historischen Hermeneutik ihren Stellenwert zuweise, um sich dann ihrer zu bedienen, wird auch bei ihm das Interesse an Selbstreflexion verkürzt auf eine kommunikative Verständigung über die Außeranwendungsetzung varianter Gesetzmäßigkeiten. Dies deutete sich bereits dort an, wo Mollenhauer den Zusammenhang zwischen einer erkenntniswissenschaftlichen Erklärung der Chancenungleichheit und der »Norm der Chancengleichheit« ohne Vermittlung über eine kritische Theorie der Erziehung und Bildung zu bestimmen versuchte. Dies wird besonders deutlich an jener Auflösung, welche er für die von Blankertz aufgestellte Forderung, es gelte »mit der Waffe der empirischen Forschung über das Gegebene« hinauszuführen, vorlegt: »Gerade die Erforschung des ›Naturhaften‹ in den beobachtbaren Erziehungsverhältnissen und -vorgängen ist unerläßlich, wenn das hermeneutische Verfahren selbst nicht zur Ideologie werden will. Denn mit Hilfe solcher Erforschung allein kann ja jenes Unbegriffene, jenes naturhaft Wirkende, das die faktische Verdinglichung des Menschen unter dem Eindruck sozialer Zwänge ist, begriffen und dadurch in rationale Motive überführt werden.«[395]

Eine sich in diesem Sinne begreifende emanzipatorische Erziehungswissenschaft versucht die Realbedingungen bestehender Unfreiheit im Erziehungsprozeß aufzudecken; die praktische Relevanz der kausalanalytischen Befunde soll dabei nicht mehr über eine kritisch-orientierte Entscheidung über ihre Bedeutsamkeit und die in ihnen technologisch begriffene Wirklichkeit gewonnen werden, sondern dadurch zustande kommen, daß »in der logischen Konsequenz der Analyse (bereits, D. B.) der Wille zur Änderung liegt«.[396] Indem den Handlungsmotiven kritischer Praxis die Qualität »logischer Konsequenzen« zuerkannt wird, wird das Problem einer erziehungs- und bildungstheoretischen Orientierung, welches durch den Rekurs auf ein formales emanzipatorisches Interesse nicht gelöst werden kann, letztlich übersprungen. Die Schwierigkeit, daß ein zur Änderung bestehender Realbedingungen faktischer Unfreiheit bereiter Wille bestenfalls nonkonformistisch, niemals jedoch deshalb bereits vernünftig motiviert sein muß, versucht Mollenhauer dadurch zu umgehen, daß er einräumt, »Rationalität« im emanzipatorischen Verstande sei »zunächst immer negativ. Ihre Kritik ist Verneinung der konstatierten Unfreiheit. Sie kritisiert zwar im Namen einer besseren Erziehung – und damit auch im Namen einer besser organisierten Gesellschaft –, tut dies aber dadurch, daß sie die Mangelhaftigkeit des Faktischen durch die Konfrontation mit dem Möglichen erweist. Das bedeutet nicht, daß es Aufgabe der Erziehungswissenschaft sei, inhaltlich detaillierte Entwürfe einer ›besseren Erziehung‹ vorzulegen, da diese, wollen sie nicht utopisch sein, ihrerseits ein Ausdruck bestimmter gesellschaftlicher Interessenlagen sein müßten, also von vornherein ein Gegenstand erziehungswissenschaftlicher Kritik wären. Die Negation, da sie zugleich Aufdeckung eines Möglichen ist, eröffnet lediglich dem geschichtlichen Fortschritt, der Praxis der Vernunft, eine neue Chance«.[397]

Während in der These, der »Wille zur Änderung« folge aus »der logischen Konsequenz der Analyse« Wissenschaft und Erziehung, Theorie und Praxis, Aufklärung und Handlungsentwurf nahezu identisch gesetzt werden, wird hier die Negativität emanzipatorischer Analysen so stark betont, daß sie letztlich keinen Beitrag zur Bestimmung einer »besseren Erziehung« mehr zu geben vermögen. Die Theorielosigkeit emanzipatorischer Pädagogik wird an dieser Stelle, wo die Zirkelstruktur einer emanzipatorisch-technologischen Hermeneutik in den Blick tritt, besonders deutlich: Die Kritik im Namen einer besseren Erziehung begründet sich nicht aus dem Wissen um diese bessere Erziehung, sondern resultiert unmittelbar aus der Mangelhaftigkeit des Faktischen. Dabei verbietet der Zirkel von Mangelhaftigkeit des Faktischen und Kritik im Namen einer unbekannten besseren Erziehung, den Entwurf eben dieser besseren Erziehung aufzustellen, weil dieser unmittelbares Resultat dieses Zirkels sein soll. Sobald er aber vorliegt – daß er einmal vorliegen wird ist die latente und durch nichts als diesen Zirkel selber begründete Hoffnung – unterliegt er bereits von neuem diesem Zirkel. Dabei soll dieser Zirkel, obwohl er im Namen einer besseren und zugleich in Unkenntnis eben dieser besseren Erziehung argumentiert, die Aufdeckung eines Möglichen leisten und dem geschichtlichen Fortschritt eine neue Chance eröffnen. Die Identität von Theorie und Praxis soll dabei die praktische Relevanz der Analyse garantieren, während ihre Nicht-Identität gleichzeitig die Negativität der Analyse rechtfertigen soll. Die

Kooperation von Empirie und Hermeneutik in emanzipatorischer Absicht leistet dabei stets das, was von diesem auf die Zukunft hin geöffneten Zirkel erwartet und erhofft wird; sie leistet dabei, wollen wir uns nicht blindlings jener alles und nichts fundierenden Zirkelbewegung unterstellen, letztlich keinen Beitrag zur kritischen Handlungsorientierung, denn die Aufdeckung eines Möglichen, das nicht bestimmte Möglichkeit einer besseren Erziehung ist, sondern eben dieser Bestimmtheit allererst noch bedarf, vermag den Horizont bloßer Versicherungen nicht zu überschreiten. Hier zeigen sich fundamentale Schwierigkeiten, in welche der Ansatz der emanzipatorischen Pädagogik in Ermangelung einer kritischen Erziehungs- und Bildungstheorie gerät. Er will im Namen einer besseren Erziehung argumentieren, ohne inhaltlich detaillierte Entwürfe liefern zu können oder auch nur zu wollen, und von der Warte einer permanenten Kritik der Realbedingungen von Erziehung Möglichkeiten aufweisen, die selbst nur negativ bestimmt sind und eines geschichtlichen Fortschritts der Praxis der Vernunft bedürfen, um ihre positive Gestalt zu erhalten.

Wo immer die emanzipatorische Pädagogik Mündigkeit und Selbstbestimmung ausschließlich über eine an den Realbedingungen bestehender Unfreiheit ausgerichtete kommunikative Veränderung des Erziehungsprozesses erreichen will, abstrahiert sie von der Aufgabe einer erziehungs- und bildungstheoretischen Bestimmung der Erziehungs- und Unterrichtspraxis und überspringt sie die Differenz zwischen Emanzipation und Mündigkeit im Sinne sittlicher Bemühungen um eine Höherbildung der Gesellschaft. Ein »Akt der Selbstreflexion, der ›ein Leben ändert‹«, mag mit Habermas eine »Bewegung der Emanzipation« genannt werden[398], erstrebenswert ist er nur dann, wenn diese Änderung einen Sinn in sich hat, der über die pragmatische Absicht, Mündigkeit von den Realbedingungen der Freiheit her nicht ausschließen zu wollen, hinausgeht. Soll Pädagogik wirklich zur Handlungswissenschaft erhoben werden, so gilt es die Einzirkelung der Erziehungswissenschaft in eine der Praxis vorgängige und nachfolgende Ideologiekritik und die damit verbundene Einzirkelung der Erziehungspraxis in vorgängige und nachfolgende Interessenlagen der Gesellschaft aufzuheben. Der Zirkel von ideologiekritischer Dekuvrierung der Mangelhaftigkeit des Faktischen und ideologiekritischem Aufweis eines unbestimmt Möglichen leistet letztlich keinen Beitrag zu einem praxeologischen Theorieverständnis, sondern führt zur Erneuerung der bereits von der geisteswissenschaftlichen Pädagogik im hermeneutischen Zirkel angesprochenen Einzirkelung von Theorie in vor- und nachgängige Praxis und Praxis in vor- und nachgängige Theorie[399]. Der Erziehung ist mit einer Erziehungswissenschaft, welche sich der konstruktiven Veränderung der Erziehungspraxis mit dem Argument versagt, solche Veränderung müsse »Ausdruck (je) bestimmter gesellschaftlicher Interessenlagen sein« und bilde alsdann immer schon einen neuen »Gegenstand erziehungswissenschaftlicher Kritik«, nicht geholfen. Pädagogik als kritische Theorie oder handlungsorientierende Wissenschaft von der und für die Erziehung müßte vielmehr diesen Zirkel folgenloser Ideologiekritik, die ihrerseits noch dem gesellschaftlichen Mechanismus verhaftet und ausgeliefert bleibt, durchbrechen.

Wenn wir uns im folgenden den offenen Fragen der emanzipatorischen Pädagogik zuwenden, gehen wir zugleich auf die offenen Fragen der Pädagogik als praktischer Wissenschaft ein.

3 Emanzipatorisches Interesse kontra Emanzipation

Die Überschrift »Emanzipatorisches Interesse kontra Emanzipation« verweist auf den augenfälligsten Widerspruch, in welchem die verschiedenen Ansätze einer emanzipatorischen Pädagogik befangen bleiben. Dieser liegt darin, daß diese Ansätze einerseits vom Interesse an der Ermöglichung von Emanzipation und Mündigkeit her sowohl die empirisch-analytischen als auch die historisch-hermeneutischen Verfahren einer legitimen Kritik unterziehen, welche nachweist, daß diese technischen bzw. kommunikativen Interessen, nicht aber dem Interesse an Emanzipation dienen, daß diese Ansätze anderseits jedoch mit dem Rekurs auf eine gutartige Kooperation von Empirie und Hermeneutik von der eigentlichen Notwendigkeit einer kategorialen und regulativen Begründung praxeologischer Forschungsmethoden abstrahieren.

Hinter dem Widerspruch von emanzipatorischem Interesse und Emanzipation als kommunikativer Verständigung über technisch mögliche Außeranwendungsetzung varianter Gesetzmäßigkeiten verbergen sich drei Probleme, das der Begründung erziehungswissenschaftlicher Erfahrung in praktischer Absicht, das der erziehungs- und bildungstheoretischen Bestimmung des für sich genommen notwendig formalen Emanzipations- und Mündigkeitsbegriffes und das des Verhältnisses von Theorie und Praxis. Wenn die emanzipatorische Pädagogik auch auf keines dieser Probleme eine befriedigende Antwort bisher zu geben vermochte, so waren es doch gerade diese drei Probleme, die sie ihrem eigenen Anspruch und Selbstverständnis nach zu lösen hoffte. Die Komplementarität empirischer und hermeneutischer Verfahren unter emanzipatorischem Interesse sollte die Begründung einer praxeologischen Forschungsmethode leisten, der Rekurs auf das emanzipatorische Interesse sollte zu einer kritischen Erziehungs- und Bildungstheorie hinführen und die These, daß im emanzipatorischen Interesse »Erkenntnis und Interesse eins« seien, sollte das Verhältnis von Theorie und Praxis klären.

Unsere Analyse der Hauptströmungen der Erziehungswissenschaft verfolgte diese Probleme für die verschiedenen Ansätze der Pädagogik. Stand in der Tradition das Problem der Erziehungs- und Bildungstheorie im Vordergrund, so konzentrierten sich die verschiedenen Bemühungen unseres Jahrhunderts mehr oder weniger auf die Begründung einer erziehungswissenschaftlichen Forschungsdisziplin. In der emanzipatorischen Pädagogik gewinnen beide Fragen gleichwertige Bedeutung. Handlungswissenschaftliche Forschung soll ausgerichtet werden am theoretisch-praktischen Interesse an Emanzipation und die theoretische Reflexion der Möglichkeiten und Aufgaben praktischer Emanzipation soll in Verbindung mit einer kritischen Erziehungs- und Bildungsforschung vorgenommen werden. Wenn dabei bisher auch weder die Begründung einer praxeologischen Erfahrungsmethode noch die Begründung einer kritischen Erziehungs- und Bildungstheorie erreicht werden konnte, so sind doch gerade innerhalb der emanzipatorischen Pädagogik verschiedene Überlegungen angestellt worden, welche über die vorliegenden Ansätze der Pädagogik als kritischer Theorie hinaus indirekt auf ernst zu nehmende Lösungsmöglichkeiten hinweisen.

Wenn Mollenhauer in seinen Studien *Erziehung und Emanzipation* auch letztlich über den Rahmen einer Kooperation empirischer und hermeneutischer Verfahren nicht hinausgelangt, so hat er doch jene Richtung angegeben, in der die Lösung der Methodenprobleme einer pädagogischen Handlungswissenschaft gesucht werden muß: »Welche Daten für das Verständnis von Erziehungsphänomenen relevant sind, sagen diese Daten nicht selbst, sondern es ergibt sich aus jener kommunikativen Erfahrung, in der Bedeutungen, das heißt also auch

Bedeutsames und Nicht-Bedeutsames, formuliert werden. Nicht das (technologische, auf prognostisches Wissen abzielende, D. B.) Experiment sollte deshalb als Prototyp erziehungswissenschaftlicher Forschung gelten, sondern die teilnehmende oder besser: die beteiligte Beobachtung. In dieser nämlich, wenn man sie – in Abweichung von dem entsprechenden Terminus der empirischen Sozialforschung – als eine Art ›Rahmenverfahren‹ versteht, werden empirisch ermittelte Daten beständig mit dem Kommunikationszusammenhang verknüpft, in dem sie für die Subjekte dieses Zusammenhangs ihre Bedeutung haben. Aber auch auf das Experiment kann hier nicht verzichtet werden, und zwar sowohl in seiner empirisch-analytischen wie in seiner gesellschaftlich-praktischen Form. Die ›Kommunikationsgemeinschaft‹ ist nicht nur der Interaktionszusammenhang derer, die sich über vorgängige Orientierungen im Handeln verständigen, sondern der Möglichkeit nach zugleich auch eine Experimentiergemeinschaft, in der neue Sinnzusammenhänge entworfen, neue Handlungsorientierungen erprobt werden.«[400]

An dieser Stelle erreicht die emanzipatorische Pädagogik ihr wohl höchstes Problembewußtsein und führt letztlich über sich selbst hinaus. Soll nämlich die »beteiligte Beobachtung« von »gesellschaftlich-praktischen Experimenten« den kategorialen und regulativen Rahmen erziehungswissenschaftlicher Erfahrung bilden, dann darf diese nicht mehr wie die empirisch-analytische Beobachtung unter technischem Erkenntnisinteresse und unter der regulativen Idee eines teleologischen Ordnungszusammenhanges stehen. Mollenhauers Differenzierung zwischen dem kausal-analytischen und dem gesellschaftlich-praktischen Experiment verlangt nämlich nach einer Differenzierung des Empirie- und Erfahrungsbegriffes und damit nach einer Überwindung der Habermasschen Interessenlehre, welche nur eine den technischen Interessen verpflichtete kausal-analytische Empirie kennt.[401]

Mit dem Problem pädagogischer Erfahrung und pädagogischer Experimente setzt sich das Schlußkapitel unserer Arbeit auseinander; hier sollte nur darauf hingewiesen werden, daß die emanzipatorische Pädagogik dort, wo sie das emanzipatorische Interesse nicht auf einen durch das technische und kommunikative Interesse bestimmten Emanzipationsbegriff reduziert, unmittelbar zur Frage nach der Begründung praxeologischer Empirie hinführt.

Mit dem Problem einer substanziellen Bestimmung des für sich genommen noch abstrakten und formalen Emanzipationsbegriffs setzt sich Mollenhauer in seinem Beitrag *Jugend und Schule im Span-*

nungsfeld gesellschaftlicher Widersprüche auseinander. Er weist dabei auf sechs Widersprüche unseres gesellschaftlichen Systems hin, mit welchen die nachwachsende Generation konfrontiert wird und an denen »sie erfährt..., daß diese Gesellschaft eher geneigt ist, an dem festzuhalten, was sie ist, und darüber ihren besseren Begriff zu verleugnen. Sie erfährt, daß diese Gesellschaft ideologisch von sich redet. Sie erfährt, daß sie in Widersprüchen leben muß und daß die erwachsene Generation wenig Anstrengungen macht, diese Widersprüche aufzulösen oder doch wenigstens aufzuklären«.[402] Wir greifen im folgenden einige Widersprüche heraus, um an diesen exemplarisch aufzuzeigen, daß die Konkretisierung des emanzipatorischen Interesses danach verlangt, daß die Widersprüche innerhalb des gesellschaftlichen Systems auf Widersprüche zwischen Idee und Wirklichkeit, zwischen dem »Möglichen« und dem »Faktischen«, hin ausgelegt werden, und daß eine solche Auslegung zu einer Differenzierung des »emanzipatorischen Interesses« und damit letztlich zu seiner bildungstheoretischen Begrenzung führt.
Den »Widerspruch zwischen Integration und kritischer Beteiligung« sieht Mollenhauer darin, daß »ein demokratisches Gemeinwesen auf die Mitverantwortung seiner Bürger angewiesen« ist, daß aber gleichzeitig das hierzu vorauszusetzende kritische Bewußtsein durch Mündigkeitsnormen verhindert wird, denen zufolge der Jugendliche »seine Reife dadurch unter Beweis (zu stellen hat), daß er sich... in der Mehrheit der Fälle dem System einfügt, die sozialen Erwartungen erfüllt, die ihm zugedachte Rolle akzeptiert«.[403] Nun wird sich selbst im günstigsten Fall die nachwachsende Generation niemals anders in die vorgegebenen Sitten einfügen können, als daß sie die von diesen an sie gerichteten Erwartungen kritisch reflektiert und im Sinne der Resultate solcher Auseinandersetzung dann auch erfüllt. Der Widerspruch zwischen Integration und kritischer Beurteilung tritt erst auf, wenn die Sitten, obwohl sie längst fraglich geworden sind, ihre Fraglichkeit ideologisch kaschieren und sich damit jedweder konstruktiv-kritischen Diskussion und Veränderung entziehen. Der Widerspruch zwischen Integration und kritischer Beurteilung ist folglich selber noch nicht der Widerspruch zwischen dem Möglichen und dem Faktischen, der aufgegebenen Idee und der gegebenen Wirklichkeit, sondern ein Widerspruch innerhalb der Tatsächlichkeit des gesellschaftlichen Systems. Die These, das »Erkennen des eigenen Interesses oder der Gruppeninteressen ist... die notwendige, aufklärende Voraussetzung einer politischen Beteiligung« abstrahiert von dem eigentlich

aufzuweisenden Widerspruch zwischen Idee und Wirklichkeit und bleibt damit noch dem gesellschaftlichen Mechanismus verhaftet. Statt aus dem Durchschauen partikularer Interessen das Gemeinwohl zu substituieren, gilt es den Konflikt zwischen den unterschiedlichen Gruppeninteressen als Widerspruch zwischen der Idee und der Wirklichkeit einer humanen Gesellschaft zu begreifen. Hierzu wäre erforderlich, den Widerspruch zwischen den integrativen und unkritischen Gruppeninteressen auf der einen und der Idee des Gemeinwohls, d. h. einer in der volonté générale gegründeten Gesellschaft, auf der anderen Seite zum Inhalt erziehender Aufklärung über die ideologische Selbstdarstellung des gesellschaftlichen Systems und damit zum Orientierungshorizont seiner politischen Höherbildung zu erheben. Das Erkennen des eigenen Interesses oder des Interesses jener Gruppe, der man zugehört, führt nicht notwendig zum Begriff einer humanen Gesellschaft; es gewinnt seine mögliche Positivität allererst, wenn es mit der substanziellen Bestimmung gesellschaftlichen Daseins konfrontiert wird.

Ähnlich verhält es sich mit dem Widerspruch zwischen »Aufstiegschancen und Aufstiegsstreben«, welchen Mollenahauer darin erblickt, daß je »niedriger die Position eines Schülers in der sozialen Rangskala ist, um so geringer ... seine Chancen (sind), durch die Schule zu einer für ihn optimalen Leistung geführt zu werden. Oder, auf den behaupteten Widerspruch hin formuliert: Je niedriger die Rang-Position eines Kindes ist, um so geringer ist die Chance, daß ihm sein Recht auf Bildung tatsächlich zuteil wird. Die Demokratie mag in Parlamenten und Verbänden, in den intellektuellen Auseinandersetzungen und den Regelungen von sozialen Gruppenkonflikten funktionieren oder nicht funktionieren: im Hinblick auf das Recht aller an einer angemessenen Bildung funktioniert sie nicht«.[404] Bei dem von Mollenhauer angesprochenen Tatbestand handelt es sich eigentlich nicht um einen Widerspruch zwischen »Chancen« für den Aufstieg und »Streben« nach Aufstieg, welcher allenfalls darin liegen könnte, daß die Heranwachsenden zum Aufstiegsstreben erzogen werden, derweil keine Aufstiegschancen vorhanden sind. Es handelt sich vielmehr um den Widerspruch zwischen der ideologischen Kaschierung der faktischen Ungleichheit der Aufstiegschancen und der faktischen Honorierung erbrachter Aufstiegsleistungen nach integrativen Normen, nicht aber nach Normen der Kritikfähigkeit. »Die Gesellschaft duldet nicht nur, sondern honoriert solche (integrativen, D. B.) Einstellungen. Sie trägt dazu bei, daß das Interesse an sozialem Aufstieg dadurch, daß es sich nur durch schwere Konflikte hindurch verwirklichen kann, nicht zur Kritik an ihr selbst führt.«[405] Der Widerspruch zwischen der faktischen Ungleichheit der Aufstiegschancen und der faktischen Honorierung eines auf diese Ungleichheit aufbauenden Aufstiegsstrebens entlarvt sich damit als Widerspruch und ideologischer Schein einer Gesellschaft, die sich zwar als Demokratie versteht, die aber gleichzeitig die Aufgabe der eigenen Höherbildung zur Demokratie unterläuft: »Die Unterschicht befindet sich in einer, durch den Wohlstand nur nicht mehr so leicht erkennbaren restriktiven Situation, in der sie Wertorientierungen, Sprachverhalten, Erziehungspraktiken ausbildet, die die Lernmotivationen und Lernfähigkeiten ihrer Kinder auf einem relativ niedrigen Niveau halten. Wenn es aber stimmt, daß die Offenheit und der demokratische Charakter einer Gesellschaft abhängen von der Lernfähigkeit der Bürger und damit vom Niveau ihrer Bildung, dann handelt es sich hier vielleicht um den gravierendsten Widerspruch im Hinblick auf die Demokratisierung unseres Bildungswesens.«[406]

Auch der von Mollenhauer angesprochene Widerspruch zwischen der Ungleichheit der Aufstiegschancen und der Honorierung des Aufstiegsstrebens muß auf den Widerspruch zwischen Idee und Wirklichkeit hin ausgelegt werden. Er kann nämlich nicht dadurch aufgehoben werden, daß gleiche Aufstiegschancen für alle durch Veränderung oder Beeinflussung der sozio-kulturellen Lernbedingungen, d. h. durch Außeranwendungsetzung varianter Gesetzmäßigkeiten, geschaffen werden, derweil der gesellschaftliche Mechanismus selber, der die gesellschaftliche Ungleichheit in neuen Formen reproduzieren würde, unangetastet bleibt. Es kann nicht darum gehen, durch gleiche Aufstiegschancen den Konkurrenzkampf um den Aufstieg zu verschärfen und die in ihm zu verbuchenden Erfolge und Niederlagen der Vielen durch relative Gleichheit innerhalb der Konsumgesellschaft zu entschärfen, sondern es gilt die vorgegebene Ordnung der Arbeitsteilung, welche gesellschaftliche Gleichheit und die Mitverantwortung aller für ihre Arbeit unterbindet, in das Zentrum der Reform zu rücken. Arbeitsteilig bedingte Herrschaft oder Knechtschaft, in welcher der Unterschied zwischen Herr und Knecht zur Äußerlichkeit herabsinkt, weil beide blindlings dem gesellschaftlichen Mechanismus unterliegen, läßt sich einmal dadurch reproduzieren, daß an der Ungleichheit der Aufstiegschancen festgehalten und der Konkurrenzkampf in einer bereits vorsortierten Elite angesetzt wird, sie läßt sich zum anderen auch dadurch reproduzieren, daß die Chancengleichheit

erhöht und der Konkurrenzkampf verstärkt wird. Es wäre folglich abwegig, das zuletzt genannte Verfahren wegen seiner größeren Chancengleichheit hinsichtlich des Eintritts in einen Gleichheit aufhebenden und diese verunmöglichenden Konkurrenzkampf als das demokratischere zu bezeichnen.
Nicht größere Chancengleichheit darf daher die Maxime sein, welche den Widerspruch zwischen Leistungsstreben und der Ungleichheit der Leistungschancen aufzuheben vermöchte; durch sie würde der Widerspruch verschärft und zugleich ideologisch verschleiert. Vielmehr ist die Höherbildung unserer Gesellschaft im Sinne einer substanziellen Demokratisierung darauf angewiesen, daß die Arbeitsteilung, statt der immanenten Dynamik eines irrationalen gesellschaftlichen Mechanismus zu dienen, so geordnet wird, daß menschliche Arbeit ihren Sinn aus der Herstellung ihrer Produkte und nicht mehr aus ihrer anonymen Teilfunktion innerhalb eines rational nicht begründbaren Produktionsprozesses gewinnt.
Diese These leitet über zu dem von Mollenhauer angesprochenen Widerspruch zwischen »ökonomischem Interesse und Bildungsinteresse«, in welchem der Bildungsbegriff selber in den Blick tritt. Mollenhauer setzt diesen Widerspruch da an, wo »das Thema Leistung und Leistungssteigerung die Diskussion beherrscht, und zwar Leistung im Sinne eines ökonomisch verwertbaren Lernerfolges«, was für die Erziehung zur Folge hat, daß »das Problem der Schulreform bisweilen auf die Fragen nach zweckmäßigen Abgangszeugnissen reduziert wird«, weil »die Anforderungen der Wirtschaft zum einflußreichen Kriterium für das werden, was in den Bildungseinrichtungen geschieht«. Dieser Trend steht nach Mollenhauer deshalb in Widerspruch zum »Bildungsinteresse«, weil dieses auf die Ausbildung von »Fähigkeiten« abzielt, »sich in kritischer Diskussion an den Entscheidungen über Belange der Gesellschaft beteiligen zu können«.[407] Auch dieser Widerspruch zwischen dem ökonomischen und dem Bildungsinteresse, zwischen der Effektivität von Lernleistungen für absolut gesetzte Normen von Rentabilität und der kritischen Entscheidung über »Belange der Gesellschaft«, ist ein Widerspruch innerhalb der faktischen Situation des gesellschaftlichen Lebens, welcher auf den Widerspruch zwischen Idee und Wirklichkeit hin ausgelegt werden muß. Bildungsinteresse und ökonomische Interessen stehen in einem Zusammenhang, welcher durch das Prinzip der Rentabilität von Bildungsinvestitionen bei unhinterfragtem Rentabilitätsmaß determiniert ist. Soll dieser Widerspruch wirklich aufgehoben werden, so darf

dem ökonomischen Interesse kein Eigenleben jenseits des Bildungsinteresses mehr zugebilligt werden, da anderenfalls das Bildungsinteresse, das Interesse an vernünftiger Selbstbestimmung, restringiert würde auf ein Interesse an der Verfügung über quasi-natürliche ökonomische Gesetzmäßigkeiten. Dem Interesse an rationaler Selbstbestimmung, welche eine vernünftige Veränderung der ökonomischen Verhältnisse einschließt, kann nicht dadurch gedient werden, daß ihm nach Aufklärung über die bestehenden ökonomischen Gesetzmäßigkeiten allenfalls die Möglichkeit der Außeranwendungsetzung des einen oder anderen Determinationszusammenhanges eröffnet wird; vielmehr verlangt gerade das Bildungsinteresse, soll es auch im Bereich der Ökonomie Geltung gewinnen, nach einer Ordnung der ökonomischen Verhältnisse, welche menschliche Bildung durch Arbeit ermöglicht und in dieser ihren Zweck hat.

Mollenhauers Versuch, das emanzipatorische Interesse durch den Aufweis gesellschaftlicher Widersprüche zu konkretisieren, gewinnt seine substanzielle Bedeutung dann, wenn das emanzipatorische Interesse nicht an der Außeranwendungsetzung varianter Gesetzmäßigkeiten ausgerichtet wird, welche die Produktion und Reproduktion dieser Widersprüche bestimmen, sondern wenn diese Widersprüche einschließlich der sie bestimmenden varianten Gesetzmäßigkeiten in eine positive Analyse des Widerspruchs von Idee und Wirklichkeit einbezogen werden. Erst dann wird der »bessere Begriff« der Gesellschaft nicht verleugnet, sondern als Beweggrund vernünftigen Handelns erschlossen. Soll das emanzipatorische Interesse vor der Beliebigkeit variante Gesetzmäßigkeiten außer Anwendung setzender Akte bewahrt werden, so darf ihm nicht weiterhin der Primat gegenüber einer positiven Bestimmung der Beweggründe sinnvoller Selbst- und Weltbewältigung zuerkannt werden. Vielmehr ist das Interesse an Emanzipation geradezu angewiesen auf eine bildungstheoretische Bestimmung der Beweggründe vernünftiger Weltveränderung, wie anderseits eine kritische Bestimmung der Aufgaben menschlichen Handelns verlangt, daß die Beweggründe unter emanzipatorischem Interesse motivbildend und damit handlungsrelevant werden.

Wo immer die emanzipatorische Pädagogik sich selbst auf Grund des Dreischritts Empirie, Hermeneutik, Emanzipation als Instanz einer handlungsorientierenden kritischen Theorie ausgibt, abstrahiert sie von dieser Notwendigkeit einer Sinnorientierung, welche den Regreß emanzipatorischer Kommunikation über die Möglichkeiten sinnvoller Selbst- und Weltbewältigung anleiten muß. Emanzipation als Aufforderung, »sich seines Verstandes ohne Leitung eines anderen zu bedienen«, wie Kant den »Wahlspruch der Aufklärung« bestimmt hat[408], ist eine Kategorie der Erziehungstheorie, welche auf dem Prinzip der Aufforderung zur Selbsttätigkeit basiert. Sie ist dagegen kein Prinzip einer Bildungstheorie, welche gerade den Sinn- und Verantwortungshorizont solcher Selbsttätigkeit erschließen müßte.

Die von uns mehrfach kritisierte Befangenheit der emanzipatorischen Pädagogik im Horizont technologischer Rationalität ist letztlich eine Konsequenz ihrer Abstraktion vom Bildungsproblem. So wie Rousseau dort, wo er im Gegensatz zu seinem eigenen Gesellschaftsbegriff die menschliche Natur als Zielinstanz der Erziehung ansetzt, die Prinzipien seiner Erziehungstheorie hypostasiert, so wie Schleiermacher in seiner Theorie der Erziehung von einer natürlichen Tendenz zur Versittlichung spricht, um das Bildungsproblem auszuschließen, so droht die emanzipatorische Pädagogik dort, wo sie das emanzipatorische Interesse als einziges Prinzip einer kritischen Erziehungswissenschaft ausgibt, die Lösung des Bildungsproblems und die Frage nach einer Sinnorientierung der Erziehung in einen praktischen Zirkel abzuschieben, und zwar in den Zirekl einer auf Außeranwendungsetzung varianter Gesetzmäßigkeiten ausgerichteten Emanzipation.

Mit der These »Emanzipatorisches Interesse kontra Emanzipation« sollten jene beiden Probleme angesprochen werden, welche in den Ansätzen einer emanzipatorischen Pädagogik bisher nicht gelöst werden konnten. Das eine Problem betrifft die Frage nach der Begründung einer praxeologischen Forschungsdisziplin, welche weder am technologischen Experiment-Begriff noch am hermeneutischen Kommunikations-Begriff ausgerichtet werden dar. Das andere Problem betrifft die Notwendigkeit einer bildungstheoretischen Sinnorientierung der Erziehung, welche wir in der Konfrontation des Herbartschen und Willmanschen Ansatzes sowie in den Prinzipien der pädagogischen Konzentration und der Bildsamkeit angesprochen haben. Darüber hinaus verweist die These »Emanzipatorisches Interesse kontra Emanzipation« auf ein weiteres Problem, auf dasjenige der Beziehung von Theorie und Praxis. Die Frage nach der handlungsanleitenden und -orientierenden Bedeutsamkeit kritischer Theorie und nach ihrer Funktion für die handlungswissenschaftliche Forschung ist in der emanzipatorischen Pädagogik fast nirgends behandelt worden. Habermas These, im emanzipatorischen Interesse seien »Erkenntnis und Interesse eins«, führte vielmehr dazu, daß zwischen der handlungsorientierenden Funktion praktischer Theorie und der handlungsorientierten Praxis selber kaum mehr unterschieden wurde. Soll aber überhaupt das emanzipatorische Interesse den Sinn der Geltung handlungswissenschaftlichen Wissens bestimmen, so darf das emanzipatorische Interesse als fundierende Voraussetzung praktischer Theorie nicht mehr identisch gesetzt werden mit dem emanzipatorischen Interesse des konkreten Handlungsentwurfs. Eine handlungswissenschaftliche Theorie, welche diese Differenz übersieht, gerät in die Gefahr, eine ihrer wichtigsten Aufgaben, diejenige der Klärung und permanenten Reflexion ihrer handlungsorientierenden Funktion, aus dem Blick zu verlieren.

Um die Aufdeckung des Begründungszusammenhanges von handlungswissenschaftlicher Theorie, handlungswissenschaftlicher Forschung und konkreter Erziehungspraxis bemühen sich die folgenden Überlegungen, welche an die Resultate unserer Auseinandersetzung mit der traditionellen Pädagogik anschließen und diese mit den Ergebnissen unserer Analyse der verschiedenen Forschungsansätze der Pädagogik konfrontieren.

F ZUR THEORIE DES PÄDAGOGISCHEN EXPERIMENTS

1 Problem und Aufgabe einer erfahrungswissenschaftlichen Pädagogik in praktischer Absicht

Ungeachtet aller Schwächen und Widersprüche, mit denen der Ansatz der emanzipatorischen Pädagogik behaftet ist, kommt den verschiedenen Bemühungen um eine sich als kritische Theorie begreifende Erziehungswissenschaft das Verdienst zu, die Frage nach der Begründung der Pädagogik als Handlungswissenschaft von der und für die Erziehung neuerlich in das Zentrum des Interesses gerückt zu haben. Diese Frage bestimmte sowohl die Entwicklung des empirischen wie die des hermeneutischen Ansatzes; sie beherrschte auch jene Versuche, empirische und hermeneutische Verfahren miteinander zu vermitteln. Vergleichen wir nun die Fragestellungen, zu welchen unsere Auseinandersetzung mit den traditionellen Ansätzen der Pädagogik hinführte[409], mit dem Ergebnis unserer Analyse der verschiedenen Forschungsansätze der Erziehungswissenschaft des zwanzigsten Jahrhunderts, so zeigt sich, daß es letztlich immer noch dieselben Probleme sind, welche einer dringenden Lösung bedürfen.
Die traditionellen Ansätze bemühten sich um eine Begründung der Pädagogik als Handlungstheorie von der und für die Erziehung. Ihre Erziehungs- und Bildungstheorien verstanden sich als charismatische Handlungslehren für den Praktiker und ihre wissenschaftstheoretischen Analysen konzentrierten sich auf die Fundierung der erziehungs- und bildungstheoretischen Grundbegriffe. Zur Begründung der Pädagogik als Forschungsdisziplin leistete die traditionelle Pädagogik keinen direkten Beitrag.

In den modernen Ansätzen der Erziehungswissenschaft rückte das Interesse an der Aufstellung kritischer Erziehungs- und Bildungstheorien in den Hintergrund. An die Stelle mehr oder weniger kritischer Erziehungs- und Bildungsbegriffe trat die Erziehungswirklichkeit, deren Erforschung nun zum eigentlichen Gegenstand der Erziehungswissenschaft wurde. Die Theorien der Erziehung und Bildung waren für die empirischen und hermeneutischen Analysen nur mehr insoweit von Interesse, als sie die Erziehungswirklichkeit in ihrem Selbstverständnis und in ihren empirisch faßbaren Determinationszusammenhängen bestimmen. Während die hermeneutischen Analysen eine Aufklärung der durch Theorie konstituierten Erziehungswirklichkeit intendieren, bemißt sich der Wert erziehungs- und bildungstheoretischer Reflexion für die Empirie nach ihrem verborgenen oder offenen Gehalt an empirisch verifizierbaren Hypothesen.

Die traditionellen Handlungstheorien zielten ihrem Verständnis nach weniger auf eine hermeneutische Aufdeckung des Vorverständnisses vorliegender Theorienbildungen und eine kausal-analytische Erforschung ihres empirisch verifizierbaren Theoriegehaltes; vielmehr ging es ihnen um eine vernünftige Anleitung und Orientierung des erzieherischen Handelns. Der Übergang von der traditionellen Handlungstheorie zur erziehungswissenschaftlichen Forschung blieb für die Planung und kritische Veränderung der Erziehungswirklichkeit dabei insofern unfruchtbar, als die Empirie, die kausal-analytische wie die historisch-hermeneutische, eine erkenntniswissenschaftliche Position bezog und damit den Primat der Praxis in der Forschung verkümmern ließ. Für diesen Zustand und diese Verfaßtheit der Pädagogik gilt Adornos Feststellung: »Empirie und Theorie lassen sich nicht in ein Kontinuum eintragen« uneingeschränkt.[410] Indessen darf man bei dieser Feststellung nicht stehenbleiben, soll sie nicht dazu führen, daß Empirie und Theorie ein je eigenes Kontinuum zugewiesen wird. Soll Pädagogik zur Handlungswissenschaft erhoben werden, so müssen Theorie und Empirie gemeinsam dem Primat der Praxis unterstellt werden.

Die verschiedenen Vermittlungsversuche, welche diesen Anspruch zum Teil wenigstens verfolgten, vermochten dieses Ziel nicht zu erreichen, weil sie die Theorie im Kontinuum einer charismatischen Handlungstheorie beließen und die Empirie in das Kontinuum einer szientifischen Wirklichkeitsanalyse zwangen. Der Primat der Praxis kann jedoch in der Erziehungswissenschaft als Forschungsdisziplin nur zur Geltung kommen, wenn die Wirklichkeit sowohl von seiten der

Theorie als auch von seiten der Empirie als praktische begriffen wird. Und dies ist nur möglich, wenn Empirie und Theorie in eine Beziehung zueinander treten, die ihrerseits weder auf die Gewinnung prognostischen Wissens noch auf die Aufdeckung der geschichtlichen Gewordenheit der Erziehungswirklichkeit eingeengt, sondern an der vernünftigen Planung und Veränderung der Erziehungswirklichkeit ausgerichtet ist. Unsere Analyse der empirisch-analytischen und historisch-hermeneutischen Pädagogik sowie der Vermittlungsansätze von Empirie und Hermeneutik versuchte zu zeigen, daß das Problem einer im Primat der Praxis stehenden Forschungsmethode die Entwicklung aller Ansätze der modernen Erziehungswissenschaft bestimmte. Die Kontroversen zwischen Lay und Meumann, Petersen und Meumann sowie die Widersprüche innerhalb der empirischen, der hermeneutischen und der emanzipatorischen Pädagogik machten deutlich, wie wenig der Lösung der genannten Probleme mit einer vorschnellen Typisierung erziehungswissenschaftlicher Schulrichtungen nach ihrer vermeintlich je speziellen Leistungsfähigkeit gedient ist. Soll der Primat der Praxis auch in der Forschung Gültigkeit erlangen, so darf diese weder vorrangig auf kausal-analytische und historisch-hermeneutische noch auf gemischte Verfahren gegründet werden, sondern muß eine Forschungsmethode entwickeln, die an einem praktischen Erfahrungsbegriff ausgerichtet ist. Das heißt nicht, daß die Resultate kausal-analytischer und historisch-hermeneutischer Analysen für die Pädagogik bedeutungslos wären; dies besagt vielmehr, daß die durch diese Verfahren erzielten und zu erzielenden Resultate ihre mögliche pädagogische Relevanz weder an sich selber schon besitzen, noch aus einer Kooperation miteinander oder einer ideologiekritischen Überhöhung ableiten dürfen, sondern allererst über eine durch sie selbst nicht begründbare praxeologische Forschungsmethode gewinnen können.
Von dieser Notwendigkeit, auf welche bereits Kant in seiner Begrenzung der traditionellen Ansätze der Pädagogik hinwies, abstrahieren alle bisherigen Forschungsansätze. Dennoch weisen sie auf diese Notwendigkeit indirekt hin. Wir haben dies, um nur einige Beispiele in Erinnerung zu bringen, an der Kontroverse innerhalb der experimentellen Pädagogik, an der Kontroverse zwischen der unterrichtstheoretischen und der experimentellen Pädagogik, an der Diskussion um den Vorrang von philosophischer und erfahrungswissenschaftlicher Pädagogik, an der Entwicklung der emanzipatorischen Pädagogik und an Mollenhauers Unterscheidung zwischen einem kausal-analyti-

schen und einem gesellschaftlich-praktischen Experimentbegriff zu verdeutlichen versucht. Das Problem einer erfahrungswissenschaftlichen Pädagogik läßt sich vor diesem Hintergrund als die Aufgabe bestimmen, das unfruchtbare Nebeneinander von charismatischen Handlungslehren und erkenntniswissenschaftlicher Forschung dadurch zu überwinden, daß einmal der Primat der Praxis nicht nur die Beziehung der Theorie zur Praxis, sondern zugleich die Beziehung der Praxis zur Theorie und damit die Möglichkeit der Weiterentwicklung der Theorie erfaßt, daß zum anderen eine praxeologische Forschungsmethode entwickelt wird, welche die Erziehungswirklichkeit als praktische Handlungssituation zum Gegenstand hat und daß schließlich der Zusammenhang zwischen charismatischer Handlungstheorie und praxeologischer Erfahrung so bestimmt wird, daß die Handlungslehren über die Forschung mit ihrem eigenen Praktischwerden konfrontiert werden und die Forschung zur praxeologischen Erfahrung des Umschlags von Theorie in Praxis wird. Von diesen Fragestellungen abstrahiert sowohl die empirisch-analytische als auch die historisch-hermeneutische Pädagogik. Sie müssen jedoch für eine erfahrungswissenschaftliche Pädagogik in praktischer Absicht konstitutiv werden.

Damit sind wir zu jenen Problemstellungen zurückgekehrt, welche bereits die Begrenzung der traditionellen Ansätze der Pädagogik und unsere Analyse ihrer übergeschichtlichen Bedeutung bestimmten. Vor dem Hintergrund unserer Analyse der Hauptströmungen der Erziehungswissenschaft versuchen wir im folgenden den Strukturzusammenhang zwischen Theorie, Empirie und Praxis und damit jenes Modell erziehungswissenschaftlicher Forschung in praktischer Absicht zu umreißen, welches unserer Systematik pädagogischer Fragestellungen und unserer Analyse der verschiedenen Ansätze der Pädagogik zugrunde liegt.

2 Der Strukturzusammenhang von Theorie, Empirie und Praxis

Als praktische Wissenschaft von der und für die Erziehung hat die Pädagogik die Erziehung nicht wie die Erkenntniswissenschaften als ein theoretisch vorgegebenes, sondern als ein praktisch aufgegebenes Erkenntnisobjekt zu ihrem Gegenstand. Gemäß ihrem Ursprung, der im Fraglichwerden vorgegebener Erziehungs- und Bildungsvorstellungen liegt, bemüht sich die Pädagogik um eine Klärung der Möglichkeiten und Aufgaben sinnbestimmten Erziehens. Ihre Untersuchungen gehen nicht nur von der Problematisierung des Erfahrungs- und Motivationshorizontes der erzieherisch Handelnden aus, sie sind zugleich auf die erzieherische Situationsbewältigung und Sinnstiftung zurückverwiesen. Die erziehungs- und bildungstheoretische Aufklärung der erzieherisch Tätigen will nicht die Möglichkeiten und Aufgaben der Erziehung normativ festlegen, sondern die erzieherische Entscheidungsfindung und Situationsbewältigung heuristisch anleiten und an den Aufgaben kritischer Erziehungspraxis orientieren. Als Handlungswissenschaft steht die Pädagogik im Primat der Praxis, denn die erzieherische Verantwortlichkeit und das erzieherische Gewissen sind ihr weder technisch reglementierbare noch dogmatisch normierbare Größen, sondern Adressat ihrer handlungsanleitenden und handlungsorientierenden Theorie und Vermittlungsinstanz ihres Praktischwerdens.

Soll dieser Primat der Praxis über die Pädagogik als Handlungstheorie hinaus auch für die Pädagogik als Forschungsdisziplin Gültigkeit gewinnen, soll die Pädagogik auch als Forschungsdiziplin Handlungswissenschaft sein, so darf weder die pädagogische Theorie noch das erzieherische Handeln der Praktiker für sich genommen ihre Thematik bestimmen. Vielmehr muß erziehungswissenschaftliche Forschung Praxis und Theorie zugleich umfassen; und dies ist nur möglich, wenn sie die pädagogische Theorie in ihrer handlungsanleitenden und handlungsorientierenden Funktion und das erzieherische Handeln als ein an pädagogischer Theorie ausgerichtetes zum Gegenstand erhebt.

Der damit angesprochene Zusammenhang von Praxis, Theorie und erziehungswissenschaftlicher Forschung soll im folgenden in vier Schritten geklärt werden. In einem ersten Schritt wird das Verhältnis von Theorie und Praxis, in einem zweiten das von Theorie und Forschung und in einem dritten das von Praxis und Forschung bestimmt. In einem vierten und letzten Schritt soll dann der Versuch unternommen werden, den komplexen Zusammenhang von Praxis, Theorie und Forschung in einer Theorie des pädagogischen Experiments auf seinen Begriff zu bringen, welche die Begründung einer handlungswissenschaftlichen Empirie intendiert.

Sofern Theorie Handeln zu ihrem Gegenstand hat, stehen Theorie und Praxis in keinem theoretischen, sondern in einem praktischen Verhältnis. Sie stehen in einer theoretisch nicht überbrückbaren, mithin in einer praktischen Differenz. Wir haben diese Differenz für unsere Wissenschaft und für unseren Gegenstand als pädagogische Differenz bezeichnet. Die pädagogische Differenz von Erziehungswissenschaft und Erziehung ist für die Pädagogik schlechthin konstitutiv. Sie kann und darf von ihr nicht abstrahieren, soll Erziehung als problematisierbares und stets von neuem zum Problem werdendes gesellschaftsbezogenes Handeln ihr Gegenstand sein. Wo Pädagogik von der für sie prinzipiell konstitutiven pädagogischen Differenz abstrahiert, wird die handlungsanleitende und handlungsorientierende Funktion pädagogischer Theorie entweder zu einer bloßen Angelegenheit der Theorie oder zu einer bloßen Angelegenheit der Praxis verkürzt. Im ersten Fall verfällt die Pädagogik dem Dogmatismus normativer Theorie, im zweiten Fall wird die pädagogische Handlungslehre auf den technologischen Horizont positivistischer Theorie reduziert. In beiden Fällen hört Pädagogik auf, praktische Wissenschaft von der Erziehung für die Erziehung zu sein. Theorie und Praxis treten in ein Anwendungsverhältnis, in welchem die Theorie ihre Anwendbarkeit vorgibt und die Praxis sich der anwendbaren Theorie bedient. Der Theorie bleibt dabei die in sie eingehende Problematisierung der Praxis ebenso verborgen, wie die Praxis um den ihr bei der Lösung der praktischen Probleme zukommenden Primat betrogen wird. Eben diesen Primat erkennt die pädagogische Differenz von Theorie und Praxis an, denn in ihr ist sowohl die Angewiesenheit der Praxis auf eine sie in ihrer Entscheidungsfindung heuristisch anleitende und in ihrer Aufgabenbestimmung sinnorientierende Theorie als auch die Verwiesenheit der Theorie auf die Praxis als Vermittlungsinstanz und Ort ihres Praktischwerdens begründet.[411]

Aus dem Verhältnis von Theorie und Praxis folgt das von Theorie und praxeologischer Empirie oder Forschung auf der einen sowie das von praxeologischer Forschung und Praxis auf der anderen Seite. Wir wenden uns zunächst dem Verhältnis von Theorie und praxeologischer Empirie zu.

Gemeinsamer Gegenstand praktischer Theorie und handlungswissenschaftlicher Forschung ist die Erziehungspraxis. Während diese Gegenstand der Theorie ist, insofern die Praxis einer Heuristik erzieherischer Situationsbewältigung und einer bildungstheoretischen Aufgabenorientierung bedarf, hat die praxeologische Empirie das erzieherische Handeln und die erziehende Kommunikation zwischen Erzieher und Heranwachsenden als theoretisch angeleitete und orientierte Praxis zum Gegenstand. Damit gewinnt die pädagogische Differenz zwischen Theorie und Praxis über die Theorie hinaus auch für die erziehungswissenschaftliche Empirie Bedeutung. Da das theoretisch angeleitete und orientierte Erziehungshandeln als Gegenstand handlungswissenschaftlicher Forschung niemals unmittelbare Folge der Theorie, sondern auf Grund der pädagogischen Differenz zwischen Theorie und Praxis praktische Vermittlung von Theorie und Praxis ist, kann die praxeologische Empirie in der Erforschung der Praxis niemals bis zu einer Verifikation der Theorie gelangen. Vielmehr kommt ihr die Aufgabe zu, der Theorie ihr durch die Praxis selbst vermitteltes Praktischwerden rückerfahrbar zu machen, damit diese das Erziehungshandeln erneut zum Gegenstand einer kritischen Analyse der Möglichkeiten und Aufgaben der Erziehung erheben kann. Dabei ist die praxeologische Empirie, weil sie die Theorie als immer schon praktisch gewordene zum Gegenstand hat, ebensowenig unmittelbares Resultat theoretischer Fragestellungen, wie die Theorie als unmittelbare Folge der Empirie ausgegeben werden kann, weil sie die Resultate der Empirie stets auf eine erneute Problematisierung und Reflexion der Möglichkeiten und Aufgaben der Erziehung bezieht. Wo immer von der für das Verhältnis von Theorie und Empirie konstitutiven pädagogischen Differenz abstrahiert wird, treten Theorie und Empirie in ein Kontinuum linearer Anwendung. Dabei maßt Theorie sich nicht allein den Anspruch der Normierung von Praxis an, dabei verliert zugleich die Empirie die ihr innerhalb der Pädagogik als praktischer Wissenschaft zukommende Aufgabe aus dem Blick, die Theorie mit ihrem Praktischwerden zu konfrontieren und so ein Korrektiv für die permanente Revision und Weiterentwicklung der erziehungstheoretischen Handlungsanleitungen und bildungstheoretischen Handlungsorientierungen bereitzustellen.

Aus dem Verhältnis von Theorie und Empirie folgt das Verhältnis von Empirie und Praxis. Wenn die Resultate handlungswissenschaftlicher Empirie nur mittelbar für die Praxis relevant sind und ihre praktische Bedeutung dadurch gewinnen, daß sie der Selbstreflexion der Theorie und der Kontrolle ihres Praktischwerdens im erzieherischen Handeln und durch erzieherisches Handeln dienen, dann kann handlungswissenschaftliche Forschung ebensowenig die Verifikation oder Falsifikation der Praxis intendieren, wie ihr an einer Verifikation oder Falsifikation der Theorie gelegen sein darf. Vielmehr ist die pädagogische Differenz zwischen Theorie und Praxis zugleich für das Verhältnis von Empirie und Praxis konstitutiv. Sie tritt hier als Differenz zwischen erziehungswissenschaftlicher und erzieherischer Erfahrung auf. Während die erzieherische Erfahrung des Praktikers ihren Ort im Rahmen einer theoretisch angeleiteten praktischen Situationsbewältigung und Entscheidungsfindung hat, richtet sich die erziehungswissenschaftliche Erfahrung auf das über die erzieherische Erfahrung vermittelte Praktischwerden der Theorie. Dabei kann die erziehungswissenschaftliche Erfahrung die erzieherische Erfahrung weder vorwegnehmen und darauf verpflichten, daß sich der erzieherisch Handelnde einfach auf die Resultate erziehungswissenschaftlicher Empirie beruft, um von diesen her seine Entscheidungen zu treffen, noch kann sie die erzieherische Erfahrung reglementieren und an standardisierten Handlungsmustern ausrichten. Sowenig sich ein Regelkreis zwischen Theorie und Praxis aufrecht halten läßt, sowenig darf ein Regelkreis zwischen erziehungswissenschaftlicher und erzieherischer Erfahrung konstruiert werden. Wo Forschung und Praxis in eine lineare Beziehung zueinander gebracht werden, tritt an die Stelle von Handlungstheorie und praxeologischer Empirie ein technologisches Modell, in welchem die Theorie sich eine handlungsanweisende Funktion gegenüber der Praxis anmaßt, die Praxis auf zweckrationales Handeln verkürzt und der Reflexion der Zwecke und Mittel enthoben wird und in welchem die Empirie die Entwicklung und Einhaltung der normativ-technologischen Regeln kontrolliert, um so Theorie an Praxis und Praxis an Theorie zu verifizieren. Empirie dient alsdann nicht mehr der Weiterentwicklung der Theorie und der Höherbildung der Praxis, sie zielt vielmehr auf die Konstruktion eines optimal funktionierenden operationalen Systems normativer Steuerung des Erziehungsprozesses, auf eine Manipulation der Erziehenden ebenso wie auf eine Manipulation der Zu-Erziehenden.

Bisher haben wir in unserer Analyse des Verhältnisses von Theorie und Praxis, Empirie und Theorie, Empirie und Praxis den Begriff praxeologischer Forschung und ihr Verhältnis zur Handlungstheorie einerseits und Praxis anderseits nur negativ bestimmt. Seine positive Bestimmung versuchen wir im folgenden dadurch zu gewinnen, daß wir die drei Verhältnisbestimmungen im Begriff des pädagogischen Experiments zusammenfassen, um so eine pädagogische Forschungsstrategie zu entwickeln, welche an unsere Auseinandersetzung mit den traditionellen und modernen Ansätzen der Erziehungswissen-

schaft anschließt und eine Alternative zu den empirischen, hermeneutischen und gemischten Forschungsmodellen anbieten will.
Im Anschluß an Kant[412] hat Erich Heintel zwischen einem technischen und einem praktischen Experiment-Verständnis und der für beide jeweils gültigen Beziehung von Theorie und Praxis unterschieden. Während im »Anwendungsverhältnis von Theorie und Praxis ... Resultate der Wissenschaft für Ziele des Menschen nutzbar gemacht« werden, ohne daß das Anwendungsverhältnis selber dabei hinterfragt werden kann, wird im praktischen Experiment das Verhältnis von Theorie und Praxis selber zum Problem, insofern Theorie hier über Motivation vermittelt ist. Die besondere Bestimmung des praktischen Experiments nimmt Heintel dabei nicht allein durch seine Abhebung gegenüger dem technischen Experiment, sondern zugleich durch eine weitere Unterscheidung, diejenige zwischen »Teilexperiment« und »Totalexperiment«, vor: »Das Experiment in spezifischer Abhebung von Anwendung ist auf den Unterschied von Teilexperiment ... und Totalexperiment ... hin zu bestimmen, und zwar ist das Teilexperiment im Zusammenhang mit dem Daseinssinn und seiner Verwirklichung dadurch definiert, daß es in aller seiner Mannigfaltigkeit und jeweils verschiedenen Gewichtigkeit sich innerhalb des im eigentlichen Sinn Verfügbaren, d. h. als Einzelhandlung innerhalb des bestimmten Motivationshorizontes, vollzieht. Aller Rationalismus geschichtsphilosophischer Provenienz, der an der Zukunft der Menschheit engagiert ist, gehört hierher. Im Gegensatz von Geschichte und Gewissen meldet sich zunächst das alle Teilexperimente überhöhende Totalexperiment an ... Überall, wo ... Handeln im Zeichen der Unverfügbarkeit sich aus bestimmtem Horizont und doch im Risiko über ihn hinaus bewährt, steht der existierende Begriff (der Mensch, D. B.) im Zeichen des Totalexperiments.«[413]
Die besondere Relevanz dieses Experiment-Begriffs für die Pädagogik resultiert aus der Tatsache, daß erzieherisches Handeln in seiner Intentionalität auf die Selbstbestimmung des Heranwachsenden bezogen ist. Erziehung kann dabei der Mündigkeit des Heranwachsenden nur dienen, wenn sie die grundsätzliche Unverfügbarkeit der Selbstbestimmungsversuche des Educandus in jedem erzieherischen Akt anerkennt und darum weiß, daß dessen Selbstwerdung zwar über die erzieherischen Einflußnahmen vermittelt, niemals jedoch deren unmittelbares Resultat ist. Um die Bedeutung des praktischen Experiment-Begriffes für die Erziehungswissenschaft zu erfassen, gilt es zunächst dessen Verhältnis zum technischen Experiment-Begriff zu

klären und genauer zu bestimmen, was hier unter »Unverfügbarkeit« verstanden wird.
Das technische Experiment ist auf die kausal-analytische Verfügbarkeit seines jeweiligen Gegenstandes, sei dieser die Natur, das Individuum oder die Gesellschaft, ausgerichtet. Es hat seinen möglichen Anwendungssinn noch außer sich. Zwar wird im technischen Experiment der jeweilige Gegenstand verfügbar, insofern er auf Grund seiner Erklärbarkeit der Herrschaft des menschlichen Willens unterworfen wird; der Sinn technischer Verfügbarkeit ist jedoch dem Zugriff technischen Experimentierens unverfügbar. Wird nun die technische Verfügbarkeit des Gegenstandes zum Begriff des Gegenstandes hypostasiert, so droht dieser in seiner kausal-analytischen Erklärbarkeit aufzugehen.
Im praktischen Experiment wird der Gegenstand in der Substanz seiner Gegenständlichkeit zum Problem. Das praktische Experiment transzendiert den Horizont technischer Verfügbarkeit in zweifacher Hinsicht. Zum einen fragt es nach dem Sinn technischer Verfügbarkeit und zum anderen versucht es den Gegenstand auch da zu begreifen, wo er noch nicht oder auch grundsätzlich nicht kausal-analytisch erklärbar ist. Der Horizont des praktischen Experiments ist derjenige des motivierten Handelns. In ihm tritt an die Stelle des Anwendungshorizontes der Motivationshorizont der Handelnden. Sich motivieren heißt, einen Gegenstand, auf welchen sich die Motivation bezieht, in seiner praktischen, nicht nur im eigenen, sondern auch im Motivationshorizont der anderen begründeten Bestimmtheit erfassen. An die Stelle der intersubjektiven Nachprüfbarkeit kausal-analytischer Befunde im technischen Experiment tritt im praktischen Experiment die interindividuelle Problem- und Sinnverständigung über menschliche Praxis. Das Verhältnis von Theorie und Praxis ist hier nicht mehr wie im technischen Experiment ein solches zwischen einer anwendbaren Theorie und einer anwendbaren Praxis, sondern ein solches zwischen praktischer Theorie und Handeln. Praktische Theorie dient der Anleitung und Orientierung interindividueller Problem- und Sinnverständigung, sie will die Verständigung der Handelnden an den Möglichkeiten und Aufgaben sinnbestimmten Tuns ausrichten. Die Vermittlung zwischen der theoretischen Ermöglichung sinnbestimmter Praxis und der praktischen Verwirklichung der über Theorie vermittelten Motivation ist dabei die unabnehmbare Aufgabe der Handelnden selbst. Es handelt sich hierbei nicht um ein lineares Praktischwerden der Theorie, sondern um eine zwar theoretisch angelei-

tete und orientierte, letztlich aber nicht über die Theorie selbst, sondern über die Motivation vermittelte praktische Situationsbewältigung und Sinnstiftung. Weder läßt sich die je bestimmte Positivität der Praxis aus der Theorie deduzieren, noch kann diese, sobald sie praktisch gesetzt und bezeugt wird, durch Theorie gerechtfertigt werden. Die Theorie vermag lediglich eine Anleitung der Positivitätssetzung, niemals jedoch eine Norm der Positivität selber zu erbringen. Hierauf beruht der Experiment-Charakter menschlicher Problem- und Sinnverständigung. Jeder Versuch, die prinzipielle Negativität der praktischen Theorie gegenüber dem positiven Handlungsentwurf mittels einer Konstruktion eines Regelkreises von Theorie, Praktischwerden der Theorie durch Praxis und Einholen der Praxis in Theorie aufzuheben oder zu überwinden, abstrahiert davon, daß der Theorie ihr eigenes Praktischwerden ebenso unverfügbar ist wie der Praxis die Folgen ihres Tuns. Gerade weil das Praktischwerden der Theorie über die Motivation des Handelnden vermittelt ist und gerade weil der Handelnde zwar Herr seiner Motivation, niemals aber Herr der Folgen seiner Motivation sein kann, da diese zugleich über die Praxis der anderen vermittelt sind, erweist sich das praktische Experiment als ein »Teilexperiment«. Wo immer sich Praxis zum Totalexperiment hypostasiert, mediatisiert sie die Praxis der anderen und tritt diesen gegenüber dogmatisch auf.

Die These, menschliches Handeln sei notwendig immer »Teilexperiment«, will dabei keineswegs dazu verleiten, daß der Rekurs auf die prinzipielle Unverfügbarkeit der Folgen des eigenen Tuns als Rechtfertigungsbasis für mögliche Unzulänglichkeiten des eigenen Handlungsentwurfs mißbraucht wird. In dem Bewußtsein, daß ihm der totale Horizont seines Experimentierens unverfügbar ist, weiß sich das »Teilexperiment« als Teil des »Totalexperiments« menschlicher Problem- und Sinnverständigung. Aus diesem Wissen muß sich das »Teilexperiment« jeweils als »Totalexperiment« wagen, ohne sich dabei selber als das »Totalexperiment« setzen zu können. Die immer wieder notwendigen Anstrengungen des Menschen, nicht nur Herr seiner Motivation, sondern zugleich Herr der Folgen seines Tuns, mithin Herr der Geschichte zu werden, gewinnen von hierher allererst ihre mögliche Bedeutung. Da der Mensch niemals Herr der Folgen seines Tuns sein kann, insofern diese vermittelt sind über die Motivation der vor ihm, mit ihm und nach ihm Lebenden – es sei denn, es gelänge, das praktische Experiment auf das technische zu reduzieren und dieses als Totalexperiment zu deklarieren, was freilich einem Ende des motivierten Handelns gleichkäme –, gewinnen seine Anstrengungen, Herr der Folgen seines Tuns zu sein, gerade dann den ihnen als »Teilexperiment« innerhalb des »Totalexperiments« menschlicher Problem- und Sinnverständigung zukommenden möglichen Sinn, wenn sie darauf abzielen, die Menschheit zum Herrn ihrer Motivation zu machen.[414] Aus dieser im Primat des »Totalexperiments« menschlicher Existenz stehenden Aufgabe beziehen Ethik, Pädagogik und Politik den ihnen als praktischen Theorien bestimmter Teilexperimente menschlicher Problem- und Sinnverständigung zukommenden Auftrag für die Höherbildung der Menschheit. Sie können diesem Auftrag nur gerecht werden, wenn sie sich als praktische Theorien menschlicher Selbst- und Weltveränderung verstehen und sich nicht in der Ausschöpfung des technisch Möglichen als Erfüllungsgehilfen ideologischer Manipulation menschlichen Problem- und Sinnverständnisses erweisen, sondern das Experiment menschlicher Selbst- und Weltveränderung an den Aufgaben der Höherbildung der Menschheit theoretisch ausrichten.[415]

In dieser Funktion muß die Pädagogik unweigerlich den Charakter einer experimentellen Wissenschaft, einer auf experimentelle Praxis bezogenen Handlungswissenschaft, annehmen. Um dies zu verdeutlichen, brauchen wir lediglich die drei Bestimmungen des Verhältnisses von Theorie und Praxis, Theorie und Empirie und Empirie und Praxis auf den Begriff des praktischen Experiments hin auszulegen.

Daß erstens das Verhältnis von Theorie und Praxis als ein praktisches, d. h. ein theoretisch nicht vermittelbares Verhältnis definiert werden muß, besagt, daß die praktische Vermittlung von theoretischer Ermöglichung sinnbestimmten Erziehungshandelns und praktischer Verwirklichung kritisch orientierter Handlungsentwürfe die unabnehmbare Aufgabe des in konkreten Erziehungssituationen Handelnden ist. Daß sich die Positivität der Praxis niemals einfach aus der Theorie ableiten läßt und daß die in der Praxis allererst sich entwickelnde Positivität niemals durch Theorie gerechtfertigt werden kann, kennzeichnet den aller Erziehung prinzipiell zukommenden Wagnischarakter eines pädagogischen Experiments. Pädagogische Theorie in praktischer Absicht ist a priori Theorie experimentellen Handelns; sie zielt auf die Durchführung pädagogischer Experimente, d. h. auf eine Einrichtung der Erziehungswirklichkeit, welche theoretisch angeleitetem experimentellen Erziehungshandeln förderlich ist. Und pädagogische Empirie ist angewiesen auf die praktische Gegebenheit pädagogischer Experimente, denn sie bezieht ihre Gegenstände nicht

unmittelbar aus der Theorie, sondern aus der theoretisch orientierten Erziehungspraxis selber.
Daß zweitens Theorie und Empirie in keinem Anwendungsverhältnis und mithin in keinem Verhältnis wechselseitiger Verifikation stehen, besagt, daß Empirie nicht auf die Aufhebung des Experimentcharakters der Erziehung zielen kann, sondern der Weiterentwicklung der pädagogischen Theorie und vermittelt über diese der Weiterentwicklung des erzieherischen Experimentierens zu dienen hat. Der Empirie kann es mithin auch nicht um eine schrittweise Aufhebung der pädagogischen Differenz, sondern allein um die Rückerfahrung der zum praktischen Experimentieren in pädagogischer Differenz stehenden Theorie gehen.
Daß drittens Empirie und Praxis in ihrer Beziehung durch die auf die erziehungswissenschaftliche Forschung auszulegende pädagogische Differenz bestimmt sind, welche den Unterschied zwischen erziehungswissenschaftlicher und erzieherischer Erfahrung begründet, erweist sich hier an der Notwendigkeit der Unterscheidung zwischen pädagogischem und erzieherischem Experiment. Das pädagogische Experiment richtet sich auf die Planung und Veränderung der Erziehungswirklichkeit als Ort der erzieherischen Experimente. Der Experimentcharakter des erzieherischen Handelns besteht auch dort, wo keine pädagogischen Experimente unternommen werden. Wo immer aber das in vorgegebenen Institutionen geordnete, sich vorgegebener Lehrpläne und Lehrmethoden bedienende Erziehungsexperiment fraglich wird, stellt sich zumindest potentiell stets auch die Frage nach einer Umgestaltung des institutionalisierten Rahmens der Erziehungswirklichkeit. Das pädagogische Experiment dieser Umgestaltung bildet den Gegenstand praxeologischer Empirie, welche der Weiterentwicklung der Handlungstheorie, nicht aber der Standardisierung der erzieherischen Experimente zu dienen hat.
In diesem Zusammenhang von Handlungstheorie, praxeologischer Empirie und erzieherischer Praxis liegt zugleich die Basis für eine kritische Zusammenarbeit zwischen praxeologischer und erkenntniswissenschaftlicher Empirie, welche erziehungswissenschaftliche Forschung in praktischer Absicht weder auf den Horizont technologischer Empirie und historischer Hermeneutik reduziert noch die kausalanalytischen und historisch-hermeneutischen Verfahren zu pädagogischen Forschungsmethoden hypostasiert. Was die Möglichkeit einer Zusammenarbeit zwischen erkenntniswissenschaftlicher und praxeologischer Empirie betrifft, so muß zwischen erkenntniswissenschaftli-

chen Analysen in zufälligen Erziehungssituationen und erkenntniswissenschaftlichen Erhebungen in pädagogischen Situation, d. h. im Bereich pädagogischer Experimente, unterschieden werden. Über die mögliche pädagogische Relevanz erkenntniswissenschaftlicher Erklärungen bestimmter Regelmäßigkeiten des Erziehungsprozesses kann erst entschieden werden, wenn diese einer erziehungs- und bildungstheoretischen Kritik unterzogen und in pädagogischen Experimenten verändert worden sind, wenn also die »auxiliär-anlaßbietende« Funktion erkenntniswissenschaftlicher Empirie in die Entwicklung eines Reformkonzeptes der Organisation des Erziehungs- und Unterrichtsprozesses und der Lehrplaninhalte aufgehoben worden ist. Zur Entwicklung des Reformkonzeptes leisten die erkenntniswissenschaftlichen Befunde keinen unmittelbaren Beitrag, denn dieses kann weder aus der Anwendung bekannter Gesetzmäßigkeiten noch aus deren Außeranwendungsetzung gewonnen werden. Wenn die emanzipatorische Erziehungswissenschaft die Empirie einem technischen Erkenntnisinteresse zuordnet und in der möglichen Außeranwendungsetzung nomologischer Zusammenhänge, sofern diese auf variante Gesetzmäßigkeiten verweisen und ihre Außerkraftsetzung vom emanzipatorischen Interesse her wünschenswert erscheint, bereits eine sinnvolle Veränderung der Erziehungswirklichkeit erkennt, so wird von ihr übersehen, daß nomologisches Wissen niemals Basis oder Kriterium für Veränderung oder Veränderbarkeit sein kann, daß ferner die Interpretation der Erziehungswirklichkeit nicht vom nomologischen Wissen ihren Ausgang nehmen darf und daß schließlich ein auf der Außerkraftsetzung varianter Gesetzmäßigkeiten und deren Interpretation beruhender Emanzipationsprozeß weiterhin dem Horizont technischer Rationalität verhaftet bleibt.

Zwar vermag die kausal-analytische und historisch-hermeneutische Aufklärung über variante Gesetzeszusammenhänge hilfreiche Hinweise auf die Notwendigkeit der Veränderung bestimmter Variablen zu geben – und hierin liegt die Chance für die Zusammenarbeit von erkenntniswissenschaftlicher und praxeologischer Empirie –, die Veränderung der Variablen läßt sich jedoch nur unzureichend als Außerkraftsetzung varianter Gesetzmäßigkeiten beschreiben. Sie ist vielmehr gebunden an praktische Experimente zur Höherbildung der Gesellschaft, welche einer im Primat dieser Höherbildung stehenden Handlungstheorie bedürfen und Gegenstand einer an dieser Theorie ausgerichteten praxeologischen Erfahrung sind, die sich nicht mit der Feststellung, das variante Gesetzmäßigkeiten verändert worden sind, begnügen kann, sondern eine Analyse der experimentell veränderten Handlungssituation intendiert, um deren erneute Problematisierung möglich zu machen.

Der Unterschied zwischen erkenntniswissenschaftlicher und praxeologischer Empirie läßt sich besonders leicht an der auf die Resultate der Sozialisationsforschung aufbauenden kompensatorischen Erziehung verdeutlichen. Die Sozialisationsforschung und die Sozio-Linguistik haben in den letzten Jahren aufschlußreiche Erklärungsmodelle für die unterschiedlichen Schulleistungen von Kindern aus der Mittel- und Unterschicht vorgelegt. So zeigten sie, daß die mehr zukunftsorientierten, individualisierenden und aktivierenden Verhaltensweisen der Mittelschicht durch Erziehungstechniken reproduziert werden, welche durch hohe Erwartungshaltungen gegenüber der Leistungsfähigkeit der Heranwachsenden, durch Motivierung mittels emotionaler Belohnung, durch ein Bestrafen, welches mehr auf die Absicht und weniger auf die Tat gerichtet ist, und durch sprachlich differenzierte und argumentativ gegliederte Kommunikation bestimmt sind. Die gegenüber der Mittelschicht eher passiven, gegenwartsgebundenen und den Horizont familiärer Interaktion kaum überschreitenden Verhaltensweisen der Unterschicht werden dagegen durch vorrangig disziplinorientierte Erwartungshaltungen, durch Motivierung mittels körperlich-affektiver Belohnung, durch ein Bestrafen, welches eher auf die Tat als die Gesinnung ausgerichtet ist, und durch affektive, sprachlich wenig differenzierte Kommunikation reproduziert. In der Erkenntnis, daß es sich bei diesen signifikanten Merkmalen um variante Größen handelt, wurden verschiedene Programme kompensatorischer Erziehung entwickelt, welche eine Korrektur des Sozialisationsprozesses der Unterschicht anstreben und die für die Leistungsfähigkeit ihrer Kinder und deren Verwertbarkeit im Produktionsprozeß ungünstigen Verhaltensweisen wegsozialisieren sollen.

Die kompensatorische Erziehung wurde von verschiedenen Seiten einer Kritik unterzogen. Man warf ihr vor, sie abstrahiere von der gesellschaftlichen Bedingtheit der zwischen der Unterschicht und Mittelschicht festzustellenden sozio-linguistischen Unterschiede, welche keineswegs in der Gegebenheit nebeneinander existierender Schichten, sondern in Klassenunterschieden basierten, die als solche erkannt werden müßten und nicht wegsozialisiert werden könnten; man kritisierte, kompensatorische Erziehung setzte die mittelständischen Verhaltensweisen und Normen absolut, sie verhindere damit jede Mög-

lichkeit einer kritischen Emanzipation, führe zur Verherrlichung der Lebensart der Mittelschicht und damit zu einer Nivellierung der Klassenunterschiede, nicht aber zu ihrer Überwindung. Diese und weitere Einwände sind durchaus ernstzunehmen. Sie weisen indirekt darauf hin, daß kompensatorische Erziehung in Ermangelung einer kritischen Erziehungs- und Bildungstheorie letztlich darin aufgeht, variante Gesetzmäßigkeiten außerkraft zu setzen und gleichzeitig neue variante Gesetzmäßigkeiten zu produzieren. Der Tatbestand gesellschaftlicher Ungerechtigkeit wird hierdurch zu einem Tatbestand der Benachteiligung durch variante Gesetzmäßigkeiten verniedlicht. Der empirische Sozialwissenschaftler gerät hierdurch, sofern er um die technologische Auslegung seiner szientifischen Einsichten weiß, in die gleiche Situation wie der Naturwissenschaftler: um den Verwertungshorizont seiner Forschungsresultate einer praxeologischen Kritik zu unterziehen, muß er eingestehen, daß das von ihm gelieferte nomologische Wissen nicht zum Begriff der diesem Wissen selber vorausgesetzten Wirklichkeit hypostasiert werden darf. Es ist verdienstvoll, daß Basil Bernstein, der in seinen sozio-linguistischen Forschungen das für die kompensatorische Erziehung erforderliche nomologische Wissen über variante Gesetzmäßigkeiten bereitgestellt hat, auf den »Unfug ... der ›kompensatorischen‹ Erziehung« hingewiesen und deren Absicht, »linguistische Benachteiligung« aufzuheben, als ein technologisches, aus der Hypostasierung nomologischen Wissens gewonnenes Rezept entlarvt hat.[416]
Vom Begriff des pädagogischen Experiments ist eine Weiterführung solcher Kritik an der technologischen Manipulation der Erziehung möglich. Wenn nämlich erzieherische Praxis zureichend nur als experimentelles Handeln bestimmt werden kann, wenn Handlungstheorie Theorie experimenteller Veränderung der Gesellschaft und praxeologische Empirie Analyse der allein im »gesellschaftlich-praktischen Experiment« zu erzielenden Erfahrungen ist, dann gilt es, in der Kritik technologischer Experimente jene Variablen aufzuweisen, welche in diesen konstant gehalten, dem Zugriff des praktischen Experiments entzogen und damit von jeglicher Kritik ausgeschlossen wurden. Für die kompensatorische Erziehung sind dies, um nur auf zwei Möglichkeiten hinzuweisen, die Interdependenz von Sprachcode und Arbeitsplatz des Vaters sowie die Interdependenz zwischen der gesamtgesellschaftlichen Funktion sogenannter Unterpriviligiertheit und dem Wert- und Normhorizont der Priviligierten. Diese Variablen müssen zum Gegenstand experimenteller Handlungstheorie, experi-

menteller Praxis und experimenteller Empirie erhoben werden. Dabei kann der Versuch der Veränderung solcher Variablen nicht neuerlich an der Verwendung varianter Gesetzmäßigkeiten ausgerichtet werden. Abgesehen von der technologischen Befangenheit eines solchen Vorgehens ist dies schon allein deshalb nicht möglich, weil die kausalanalytische Empirie jeweils auf die Vorgegebenheit nomologischer Zusammenhänge angewiesen ist, mithin variante Gesetzmäßigkeiten praktischen Experimentierens gar nicht aufweisen kann, weil dieses in einem Felde tätig ist, das durch das Experiment allererst entsteht. Der Aufweis varianter Gesetzmäßigkeiten kommt für die experimentelle Praxis letztlich immer zu spät. Er ist aufschlußreich, wo Praxis auf Technologie bereits verkürzt worden ist.

Von hierher ergibt sich die Möglichkeit einer Unterscheidung zwischen dem technologischen und dem pädagogischen Experiment, welche in der in beiden angesprochenen Subjekt-Objekt-Korrelation begründet ist.

Im technologischen Experiment ist das Subjekt des Experiments der Experimentator sowie die hinter dessen technischem Interesse stehenden partikularen Interessen; das Objekt des Experiments ist je nach der Bestimmtheit dieser Interessen das milieugeschädigte, das linguistisch benachteiligte, das an Abnehmerbedürfnisse nicht angepaßte Kind. Das technische Interesse enthält dabei jeweils ein technologisch verkürztes praktisches Interesse; bestimmte Milieuschäden und Formen der Benachteiligung, etwa diejenigen auf Grund eines linguistisch deskribierbaren Sprachverhaltens, sollen aufgehoben werden, weil sie der abstrakten Totalität der partikularen Interessen nicht wünschenswert erscheinen, weil z. B. durch sie die Jugendverwahrlosung und Kriminalität zunimmt, die Mobilität der Berufsdifferenzierung gebremst wird oder weil die von partikularen Interessen bestimmten Abnehmerbedürfnisse sich verändert haben. Das technische Experiment ermittelt in kontrollierten Versuchen die für die jeweils unerwünschten Verhaltensweisen maßgeblichen Faktoren und liefert in weiteren Versuchen alternative Empfehlungen zur Veränderung einzelner oder mehrerer Variablen, welche das Auftreten der unerwünschten Verhaltensweisen verhindern und die Produktion der erwünschten Qualifikationen fördern soll. Die Auswahl zwischen den Alternativen wird dabei im Sinne der hinter dem technischen Interesse stehenden partikularen Interessen getroffen.

Im praktischen Experiment ist das Subjekt des Experiments die Gesellschaft und ihr auf den Begriff gebrachter allgemeiner Wille,

welcher an der »Idee ... einer Vollkommenheit, die sich in der Erfahrung noch nicht vorfindet« (Kant), ausgerichtet ist. Das Objekt des Experiments ist die durch Rivalität und Konkurrenz partikularer Interessen gekennzeichnete gesellschaftliche Wirklichkeit, in welcher das Individuum auf Grund der von dieser selbst provozierten Verhaltensweisen der technischen Manipulation durch partikulare Interessen unterworfen ist. Während das Bedürfnis nach technologischen Experimenten aus dem Widerspruch zwischen partikularen Interessen und der Wirklichkeit erwächst, z. B. aus dem Widerspruch zwischen Abnehmerbedürfnissen und Schulleistungen, hat das praktische Experiment seinen Ursprung in Widersprüchen zwischen der Idee und der Wirklichkeit, welche zunächst am Widerstreit partikularer Interessen als Widersprüche innerhalb der vorgegebenen gesellschaftlichen Situation aufscheinen. Indem im praktischen Experiment jeder technologisch reparierbare Widerspruch transzendiert und auf seinen Ursprung im Widerspruch zwischen Idee und Wirklichkeit hin untersucht wird, treten in das praktische Experiment die gesellschaftliche Wirklichkeit und die hinter dieser stehenden partikularen Interessen selber als Variable ein. Die partikularen Interessen und die von diesen beherrschte gesellschaftliche Wirklichkeit werden ihrerseits fraglich; ihr Fraglichwerden unter der regulativen Idee einer in der Erfahrung nicht vorgegebenen Vollkommenheit wird zum Inhalt des praktischen Experiments, welches an der Höherbildung der Gesellschaft und der Verwirklichung der Idee der Vollkommenheit ausgerichtet ist.
Für die Theorie hat Paulo Freire den Unterschied zwischen Technologie und Praxeologie folgendermaßen bestimmt: »In der Theorie der antidialogischen Aktion gehört zur Eroberung ... als ihrem ersten Charakteristikum ... ein Subjekt, das eine andere Person erobert und sie in ein Ding verwandelt. In der dialogischen Aktionstherapie begegnen Subjekte einander in Kooperation, um die Welt zu verwandeln. Das antidialogisch dominierende Ich verwandelt das beherrschte, eroberte Du in ein bloßes Es. Das dialogische Ich jedoch weiß, daß es eben das Du ... ist, das seine eigene Existenz ins Leben gerufen hat. Es weiß auch, daß das Du, das seine eigene Existenz ins Leben ruft, seinerseits ein Ich bildet, das in seinem Ich sein Du hat. Das Ich und das Du werden in der Dialektik dieser Beziehung zwei ›Du‹, die zwei ›Ich‹ werden. Zur dialogischen Aktionstheorie gehört nicht ein Subjekt, das aufgrund der Eroberung herrscht, und ein beherrschtes Objekt. Vielmehr gibt es hier Subjekte, die sich zusammenfinden, um die Welt zu benennen, um sie zu verändern.«[417]

Will die Erziehungswissenschaft der Veränderung der Gesellschaft im Sinne ihrer Höherbildung dienen, so müssen die Erziehungs- und Bildungstheorien der Tradition dahingehend weiterentwickelt werden, daß sie die Möglichkeiten und Aufgaben pädagogischer und erzieherischer Experimente im Kontext der heutigen gesellschaftlichen Situation zu bestimmen vermögen. Die Weiterentwicklung der Handlungstheorie und die Entwicklung von Forschungsmethoden, welche den Anforderungen einer praxeologischen Empirie genügen, ist eine der dringendsten Fragen der heutigen Erziehungswissenschaft. Diese kann nur gelöst werden, wenn es gelingt, die Prinzipien sinnbestimmter Erziehung, wie sie in der traditionellen Pädagogik bereits entwickelt worden sind, zu konstitutiven Prinzipien pädagogischer Empirie zu erheben.
Das folgende Strukturschema skizziert den komplexen Zusammenhang von Theorie, Praxis und Empirie im Rahmen der Erziehungs- und Unterrichtsforschung und gibt damit den Rahmen an, innerhalb dessen die Lösung der anstehenden Probleme gesucht werden muß.

Strukturmodell erziehungswissenschaftlicher Forschung

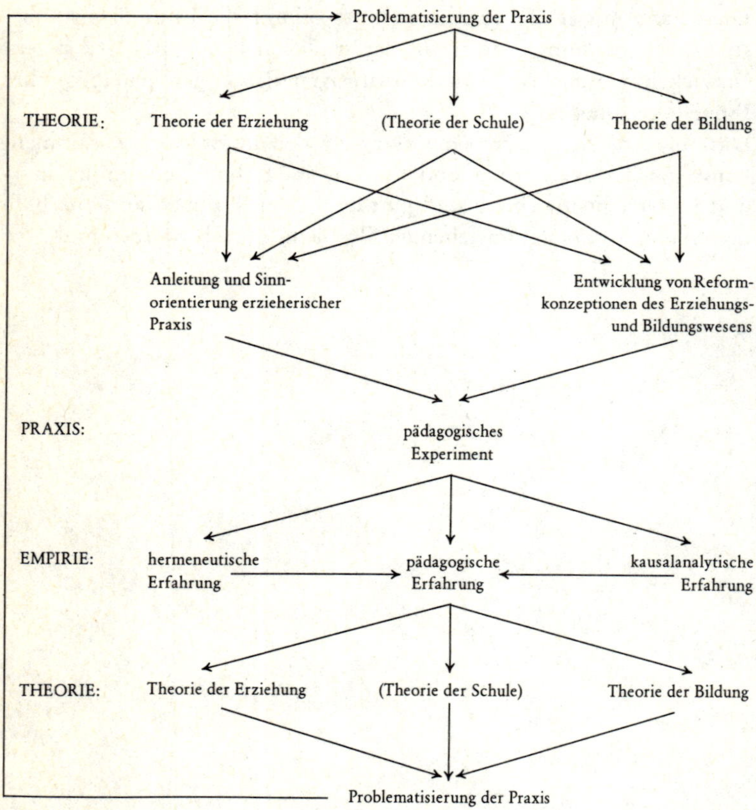

Anmerkungen

Genaue bibliographische Angaben zu den hier aufgeführten Werken enthält das Literaturverzeichnis.

1 Vgl. hierzu: W. Fischer, Schule und kritische Pädagogik, 7 ff.

2 Zur Systematik der drei Fragestellungen der Pädagogik siehe auch: D. Benner, W. Schmied-Kowarzik, Prolegomena zur Grundlegung der Pädagogik I, 125 ff.

3 Zur Theorie der Pädagogik vgl. auch: D. Benner, W. Schmied-Kowarzik, Prolegomena zur Grundlegung der Pädagogik II, 251 ff.

4 Der dritte Band der Prolegomena zur Grundlegung der Pädagogik beabsichtigt eine Analyse der Fragestellung der Erziehungslehre am Beispiel von Rousseau und Schleiermacher. Da dort auch auf die Sekundärliteratur eingegangen werden soll, beschränke ich mich hier, wo lediglich einige Grundgedanken der Erziehungslehre Rousseaus entwickelt werden können, auf M. Rangs Arbeit über Rousseaus Lehre vom Menschen.

5 Die Texte, nach denen Rousseau zitiert wird, sind im Literaturverzeichnis angegeben. Für die häufig zitierten Arbeiten wurden folgende Abkürzungen eingeführt:
Der erste Diskurs: Hat der Wiederaufstieg der Wissenschaften und Künste zur Läuterung der Sitten beigetragen?: *Diskurs I;* Der zweite Diskurs: Über den Ursprung der Ungleichheit unter den Menschen: *Diskurs II;*
Emile oder über die Erziehung: *Emile;*
Contrat social: *Contrat social;*
Betrachtungen über die Verfassung Polens: *Verfassung Polens;* Über die Politische Ökonomie: *Politische Ökonomie.*

6 M. Rang, Rousseaus Lehre vom Menschen, 167; vgl. auch 88–92, 165 f.

7 Rousseau, Verfassung Polens, 297 ff.

8 Rousseau, Contrat social, 29 f. (Hervorhebungen von mir).

9 Rousseau, Diskurs II, 125.

10 Brief Voltaires an Rousseau vom 30. 8. 1755, zitiert nach: J. J. Rousseau, Schriften zur Kulturkritik, 287.

11 Rousseau, Contrat social. Kapitel 2 der ersten Fassung, zitiert nach: J. J. Rousseau, Schriften zur Kulturkritik, 287.

12 Ebd., 299 ff.
13 Rousseau, Contrat social, 43.
14 Ebd., 35.
15 Ebd., 36.
16 Ebd., 44 f.
17 Siehe ebd., 46 und 54.
18 Ebd., 50 f.
19 Ebd., 54.
20 Ebd., 69.
21 Siehe hierzu: I. Fetscher, Rousseaus politische Philosophie, 259 ff.
22 Vgl. hierzu: Rousseau, Contrat social, 58.
23 Rousseau, Emile, 110 ff.
24 Ebd., 103 f.
25 Ebd., 109 f.
26 Ebd., 169.
27 Siehe hierzu: H. Hornstein, Kindheit und Sprache.
28 Rousseau, Emile, 181.
29 Ebd., 184 und 210 ff.
30 Ebd., 197 f.
31 Zum Begriff der pädagogischen Autorität siehe: E. Schütz, Autorität.
32 Rousseau, Emile 344 f.
33 Ebd., 350 und 352.
34 Ebd., 354.
35 Ebd., 424 f.
36 Ebd., 426.
37 Ebd., 443 und 445.
38 Ebd., 687.
39 Ebd., 113.
40 Ebd., 131.
41 Ebd., 197; Rousseaus eigene Anmerkung zu dieser Stelle haben wir in () in das Zitat einen Satz später eingefügt.
42 Rousseau, Verfassung Polens, 295.
43 Siehe hierzu: H. J. Heydorn, Über den Widerspruch von Bildung und Herrschaft, 92 ff.
44 J. Paul, Levana oder Erzieh-Lehre, 48.
45 Schleiermacher, Theorie der Erziehung, 38.
46 Ebd., 41.
47 Ebd., 42.
48 Ebd., 48.
49 Ebd., 51.
50 Ebd., 52.
51 Ebd., 68.
52 Ebd., 63.
53 Ebd., 63 f.

54 Ebd., 64.
55 Ebd., 56.
56 Ebd., 64.
57 Ebd., 78; siehe auch 159 ff.
58 Vgl. H. J. Heydorn, Über den Widerspruch von Bildung und Herrschaft, 65 ff.
59 Schleiermacher, Theorie der Erziehung, 60.
60 Ebd., 89.
61 Ebd., 90.
62 Ebd., 91.
63 Ebd., 93.
64 Ebd., 93 f.
65 Ebd., 95.
66 Vgl. ebd., 96.
67 Ebd., 92 f.
68 Ebd., 173 (Hervorhebung von mir).
69 Rousseau, Emile, 113.
70 Im folgenden stütze ich mich vor allem auf die Analyse der Bildungstheorie Herbarts, die ich gemeinsam mit W. Schmied-Kowarzik im Band der Prolegomena zur Grundlegung der Pädagogik vorgelegt habe.
71 Herbart, A II, 29.
72 Ebd., 19.
73 Ebd., 19.
74 Ebd., 17.
75 Herbart, A I, 105.
76 Ebd., 108 f.
77 Ebd., 120.
78 Herbart, H VIII, 4.
79 Ebd., 127.
80 Siehe hierzu D. Benner, Die Frage nach dem Wesen der Erziehung bei Herbart.
81 Herbart, A III, 165.
82 Ebd., 165 und 157.
83 Herbart, A II, 31 f.
84 Herbart, A I, 117.
85 Ebd., 108.
86 Ebd., 126.
87 Ebd., 126 f.
88 Herbart, A III, 24.
89 Herbart, A I, 119.
90 Herbart, H VIII, 117 f.
91 Herbart, H IX, 351.
92 Siehe hierzu: O. Willmann, Didaktik als Bildungslehre, 49 ff. und 54 ff.
93 Vgl. W. Brezinka, Von der Pädagogik zur Erziehungswissenschaft, 25.

94 Siehe O. Willmann, Didaktik als Bildungslehre, 24 ff.; 51 f.; 61; ferner: O. Willmann, Kleine pädagogische Schriften, 34 und 48.

95 O. Willmann, Didaktik als Bildungslehre, 11.

96 Ebd., 10 f.

97 Ebd., 65.

98 Ebd., 663 f.

99 Ebd., 663.

100 E. Weniger, Didaktik als Bildungslehre, 22.

101 O. Willmann, Didaktik als Bildungslehre, 35.

102 Ebd., 49.

103 Siehe 203 ff., 231 ff., 281 ff.

104 O. Willmann, Didaktik als Bildungslehre, 46.

105 Kontinuität ist kein konstitutives, sondern ein regulatives Prinzip der Erkenntnis geschichtlicher Entwicklungen. Willmanns grundlegender Irrtum beruht auf der Gleichsetzung des regulativen Prinzips der Kontinuität mit der fortwirkenden Bedeutsamkeit als einer Kategorie historischen Erkennens. Vgl. hierzu: D. Benner, Zur Fragestellung einer Wissenschaftstheorie der Historie.

106 O. Willmann, Didaktik als Bildungslehre, 44.

107 Ebd., 36.

108 O. Willmann, Kleine pädagogische Schriften, 39.

109 Herbart, H VIII, 5 ff.

110 Die Gegenüberstellung der Bildungslehren von Herbart und Willmann verlangt nach einer Analyse der modernen Ansätze einer Bildungstheorie. Ich gehe auf sie im Rahmen dieser Arbeit nicht ein, da es mir hier um die Gegenüberstellung von traditioneller Pädagogik und Erziehungswissenschaft als Forschungsdisziplin geht, hoffe aber, in absehbarer Zeit eine Abhandlung über Strukturmomente einer bildungstheoretischen Didaktik vorlegen zu können, in der die Ansätze von Weniger und Litt, F. Fischer und Derbolav, von Hentig und Heydorn berücksichtigt werden.

111 Vgl. hierzu: D. Benner, Ansätze zu einer Erziehungsphilosophie bei den frühen Fichteanern. In: D. Benner, W. Schmied-Kowarzik, Prolegomena zur Grundlegung der Pädagogik II sowie R. Lassahn, Studien zur Wirkungsgeschichte Fichtes als Pädagoge.

112 Zur genaueren Information über die anderen Fichteschüler siehe die in Anm. 111 genannten Arbeiten.

113 Sauer, Über das Problem der Erziehung, 268.

114 Ebd., 269 f.

115 Ebd., 272.

116 Johannsen, Kritik der Pestalozzischen Erziehungs- und Unterrichtsmethode, 10 ff.

117 Sauer, Über das Problem der Erziehung, 275 ff.

118 Ebd., 284.

119 Ebd., 284 f.

120 Ebd., 285.
121 Ebd., 286 f.
122 Ebd., 287 f.
123 Johannsen, Kritik der Pestalozzischen Erziehungs- und Unterrichtsmethode 61 f.
124 Vgl. Fichte, Werke Band I, 43 f.
125 Siehe hierzu: D. Benner, Ansätze zu einer Erziehungsphilosophie bei den frühen Fichteanern, 40 ff.; 63–69; 101 f.
126 Vgl. Herbart, A I, 99 f.; 102; 106; ferner: Herbart H IX, 8.
127 Ich stütze mich im folgenden vor allem auf die Arbeit von W. Schmied-Kowarzik, Die Erziehungsphilosophie Richard Hönigswalds. In: D. Benner, W. Schmied-Kowarzik, Prolegomena zur Grundlegung der Pädagogik. Band II.
128 R. Hönigswald, Über die Grundlagen der Pädagogik, 16.
129 Ebd., 18.
130 Ebd., 43 (das Zitat wurde von mir ins Präsens übertragen).
131 Ebd., 30.
132 Ebd., 35 f.
133 Ebd., 20.
134 Ebd., 22.
135 Ebd., 22.
136 Ebd., 22 f.
137 Ebd., 30.
138 R. Hönigswald, Zur Theorie des Konzentrationsunterrichts, 208.
139 Vgl. hierzu: D. Benner, Hauptströmungen der deutschen Didaktik und Curriculumforschung.
140 R. Hönigswald, Über die Grundlagen der Pädagogik, 21.
141 Ebd., 32 f. und 35.
142 R. Hönigswald, Über die Grundlagen der Pädagogik (2. Aufl.), 86.
143 R. Hönigswald, Über die Grundlagen der Pädagogik, 38.
144 R. Hönigswald, Über die Grundlagen der Pädagogik (2. Aufl.), 119 und 89.
145 R. Hönigswald, Studien zur Theorie pädagogischer Grundbegriffe, 81.
146 Ebd., 9.
147 Vgl. hierzu: W. Fischer, Die Bedeutung erziehungswissenschaftlich-empirischer Forschungen für die Grundlegung der Pädagogik.
148 R. Hönigswald, Über die Grundlagen der Pädagogik, 54.
149 Siehe hierzu 274 ff.
150 Siehe hierzu: H. Blankertz, Theorien und Modelle der Didaktik, 18 ff.
151 Vgl. H. von Hentigs Unterscheidung zwischen Sach- und Systemzwängen, in welcher alle den Zwangscharakter des Systems betreffenden Systemzwänge zu Sachzwängen verniedlicht und nur die systemimmanenten Zwänge als Systemzwänge bezeichnet werden: H. von Hentig, Systemzwang und Selbstbestimmung.

152 Siehe 327 ff.
153 Kant, Werke Band VI, 700.
154 Ebd., 704 f.
155 Ebd., 708.
156 H. Hornstein, Strukturwandel des pädagogischen Denkens? 98 ff.
157 Siehe hierzu: R. Dahrendorf, Gesellschaft und Demokratie in Deutschland, 43 ff.
158 H. Roth, Die Bedeutung der empirischen Forschung für die Pädagogik, 28.
159 Wir konzentrieren uns im folgenden auf Lays Experimentelle Didaktik und Experimentelle Pädagogik sowie auf Meumanns Abriß der experimentellen Pädagogik.
160 W. A. Lay, Experimentelle Pädagogik, 1.
161 Ebd., 1 f.
162 E. Meumann, Abriß der experimentellen Pädagogik, 4 f.
163 W. A. Lay, Experimentelle Pädagogik, 8 f.
164 Ebd., 1.
165 Ebd., 9.
166 W. A. Lay, Experimentelle Didaktik, 53 und 69 f.
167 E. Meumann, Abriß der experimentellen Pädagogik, 12.
168 Ebd., 38 f.
169 W. A. Lay, Experimentelle Didaktik 72.
170 W. A. Lay, Experimentelle Didaktik 43 und 56.
171 Ebd., 68 f.
172 E. Meumann, Abriß der experimentellen Pädagogik, 27.
173 Siehe: W. A. Lay, Experimentelle Pädagogik, 39.
174 Vgl. hierzu die Ausführungen des Petersen Schülers F. Winnefeld über die »Teleologische Struktur des pädagogischen Feldes«, das »Pädagogische Feld als Faktorenkomplexion« und die »Gesetzmäßigkeit pädagogischen Geschehens« in seiner Arbeit Pädagogischer Kontakt und pädagogisches Feld, 32–44.
175 P. und E. Petersen, Die pädagogische Tatsachenforschung, 95 f.
176 Ebd., 99 f.
177 Ebd., 101 f.
178 P. Petersen, Der Kleine Jena-Plan (1. Aufl.), 38.
179 P. und E. Petersen, Die pädagogische Tatsachenforschung, 109.
180 P. Petersen, Führungslehre des Unterrichts, 18.
181 Ebd., 18; zum Begriff der pädagogischen Situation siehe H. Döpp-Vorwald, Die Erziehungslehre P. Petersens, 43–82.
182 P. Petersen, Der kleine Jena-Plan, 17.
183 Ebd., 10 f.
184 Ebd., 12.
185 Ebd., 37.
186 Ebd., 45.

187 P. und E. Petersen, Die pädagogische Tatsachenforschung, 9.
188 Siehe hierzu: G. Slotta, Die pädagogische Tatsachenforschung Peter und Else Petersens, 20–46.
189 Ebd., 39.
190 Ebd., 41.
191 P. und E. Petersen, Die pädagogische Tatsachenforschung, 104 f.
192 G. Slotta, Die pädagogische Tatsachenforschung Peter und Else Petersens, 20 ff.
193 Ebd., 63 ff.
194 Siehe hierzu E. Husserl, Ideen zu einer reinen Phänomenologie und phänomenologischen Philosophie, 54: »es (ist) keine kleine Sache, das rein Gegebene wirklich zu Wort kommen zu lassen gegenüber allen zur Intentionalität der Erfahrungseinstellung sich eindrängenden Transzendenzen ... Wer phänomenologisch geübt ist, sieht ohne weiteres, daß all die wohlgemeinten Deskriptionen der Psychologie kaum die Oberfläche streifen und selbst für die Oberfläche wesentlich verkehrte sind.
195 A. Fischer, Deskriptive Pädagogik, 83 f.
196 Ebd., 84.
197 Ebd., 84.
198 Ebd., 85.
199 Ebd., 88 f.
200 Ebd., 91.
201 R. Lochner, Deskriptive Pädagogik, 6 f.
202 A. Fischer, Deskriptive Pädagogik, 95.
203 R. Lochner, Erziehungswissenschaft, 2.
204 R. Lochner, Deutsche Erziehungswissenschaft, 522.
205 W. Brezinka, Von der Pädagogik zur Erziehungswissenschaft, 22.
206 Ebd., 22 f.
207 Ebd., 51 f.
208 Ebd., 15.
209 Ebd., 21.
210 Ebd., 33.
211 Ebd., 40.
212 Ebd., 47.
213 Ebd., 67–72.
214 Ebd., 73.
215 Ebd., 26 f.
216 Ebd., 31.
217 K. Mollenhauer, Erziehung und Emanzipation, 14.
218 J. Habermas, Analytische Wissenschaftstheorie und Dialektik, 292.
219 W. Brezinka, Von der Pädagogik zur Erziehungswissenschaft, 84.
220 K.-O. Apel, Wissenschaft als Emanzipation? 183.
221 W. Brezinka, Von der Pädagogik zur Erziehungswissenschaft, 84 f.
222 Ebd., 38 f.

223 H. Bokelmann, Pädagogik: Erziehung, Erziehungswissenschaft, 207.
224 H. Blankertz, Theorien und Modelle der Didaktik, 31.
225 Vgl. M. Frischeisen-Köhler, Philosophie und Pädagogik; G. Reichwein, Kritische Umrisse einer geisteswissenschaftlichen Bildungstheorie.
226 W. Dilthey, Werke Band VII, 290 f.
227 H. Nohl, Die pädagogische Bewegung in Deutschland und ihre Theorie, 119 f.
228 Ebd., 119.
229 Ebd., 119.
230 Ebd., 218 f.
231 W. Dilthey, Über die Möglichkeit einer allgemeingültigen pädagogischen Wissenschaft, 16.
232 H. Nohl, Die pädagogische Bewegung in Deutschland und ihre Theorie, 112.
233 Ebd., 135 f.
234 Ebd., 127 f.
235 Ebd., 120.
236 H. Bokelmann, Die Bedeutung der »Geschichte der Pädagogik« im hermeneutischen Verständnis, 78.
237 E. Weniger, Die Eigenständigkeit der Erziehung in Theorie und Praxis. Probleme der akademischen Lehrerbildung.
238 H. Bokelmann, Die Bedeutung der »Geschichte der Pädagogik« im hermeneutischen Verständnis, 78.
239 E. Weniger, Zur Geistesgeschichte und Soziologie der pädagogischen Fragestellung, 348 f.
240 E. Weniger, Die Eigenständigkeit der Erziehung in Theorie und Praxis, 76.
241 Ebd., 75.
242 Ebd., 75 f.
243 Ebd., 76 f.
244 I. Dahmer, Erziehungswissenschaft als kritische Theorie und ihre Funktion in der Lehrerbildung, 24 f.
245 E. Weniger, Die Eigenständigkeit der Erziehung und Theorie und Praxis, 11 f.
246 Ebd., 12.
247 Ebd., 16.
248 Ebd., 17.
249 Ebd., 19 f.
250 Ebd., 161 f.
251 Siehe hierzu: E. Weniger, Didaktik als Bildungslehre, 64.
252 I. Dahmer, Erziehungswissenschaft als kritische Theorie und ihre Funktion in der Lehrerbildung, 26.
253 Vgl. W. Flitner, Das Selbstverständnis der Erziehungswissenschaft in der Gegenwart, 22.

254 W. Flitner, Stellung und Methode der Erziehungswissenschaft, 139.
255 W. Flitner, Das Selbstverständnis der Erziehungswissenschaft in der Gegenwart, 23.
256 Ebd., 24.
257 Ebd., 24.
258 Ebd., 22.
259 W. Flitner, Die Geisteswissenschaften und die pädagogische Aufgabe, 90 f.
260 W. Flitner, Das Selbstverständnis der Erziehungswissenschaft in der Gegenwart, 18.
261 W. Flitner, Die Geisteswissenschaften und die pädagogische Aufgabe, 91.
262 W. Flitner, Theorie des pädagogischen Weges und der Methode, 46.
263 H. Wagner, Philosophie und Reflexion, 392 f.
264 Die Petzelt-Schule hat sich vor allem um eine pädagogische Analyse des Erziehungs- und Unterrichtsbegriffes bemüht. Während bei Petzelt die transzendentale Systematik der erziehungstheoretischen Grundbegriffe im Vordergrund stand, legen vor allem W. Fischer, J. Ruhloff und M. Heitger die Systematik auf Einzelfragen aus. Siehe hierzu: W. Fischer (Hrg.), Schule und kritische Pädagogik; W. Fischer, J. Ruhloff u. a., Normenprobleme in der Sexualpädagogik; M. Heitger (Hrg.), Erziehung oder Manipulation. Die Problematik der Erziehungsmittel; J. Ruhloff, Ein Schulkonflikt wird durchgespielt.
265 A. Petzelt, Grundzüge systematischer Pädagogik, 18.
266 Ebd., 18 f.
267 Ebd., 21.
268 Ebd., 57.
269 Vgl. ebd., 24.
270 Ebd., 21 f.
271 Ebd., 263.
272 Ebd., 313.
273 Ebd., 296 f.
274 Ebd., 316.
275 Ich verweise hier auf den bildungskategorialen Ansatz von F. Fischer und J. Derbolav, dem es um eine Vermittlung von szientifischem Wissen und Handlungssinn und um den Aufweis von differenzierten Beweggrundhorizonten geht, welche zum einen eine Bestimmung der Gültigkeit wissenschaftlicher Aussagen, zum anderen eine Klärung ihrer Bildungsbezüge und schließlich eine Basis für die kritische Analyse des gesellschaftlichen Verwertungszusammenhanges von Wissenschaft erbringen sollen. Siehe auch Anm. 110.
276 Die Haltungsbezogenheit naturwissenschaftlichen Wissens ist freilich eine andere als diejenige gesellschaftswissenschaftlichen oder handlungswissenschaftlichen Wissens, da sich die einzelnen Wissenschaften nicht nur durch ihre jeweiligen Gegenstände, sondern zugleich durch ihre unter-

schiedlichen Praxisbezüge voneinander unterscheiden. Diese Verschiedenartigkeit der Haltungsbezüge muß der erziehende Unterricht vermitteln. Er kann diese Aufgabe nur wahrnehmen, wenn die Haltungsbezogenheit des Wissens zum Gegenstand des Unterrichts und die Erkenntnisbezogenheit der Haltung zum Gegenstand der Erziehung erhoben wird. Um dies an einem Beispiel zu verdeutlichen: der Geschichtsunterricht darf sich nicht damit begnügen, dem Heranwachsenden ein bloßes Faktenwissen zu vermitteln – hiergegen wendet sich auch Petzelt –, er hat aber auch dann nicht sein Ziel erreicht, wenn er zur historischen Erkenntnis der Kontinuität der geschichtlichen Tradition in ihrer je einmaligen Bestimmtheit und fortwirkenden Bedeutsamkeit führt – hiermit würde sich Petzelt zufriedengeben. Vielmehr fällt dem Geschichtsunterricht als erziehendem Unterricht die Aufgabe zu, die historische Aufklärung der Heranwachsenden über die Vorgeschichte ihrer Gegenwart einzubeziehen in die Reflexion der in der Gegenwart selber anstehenden Probleme und Aufgaben. Der Geschichtsunterricht muß die historisches Wissen als solches transzendierende Haltungsbezogenheit des historischen Bewußtseins herstellen. Nur dann kann vermieden werden, daß geschichtliches Wissen vom Heranwachsenden hernach in einen moralisierenden Verwendungszusammenhang zu dessen Haltung gesetzt wird. Die Differenz zwischen der Erkenntnis der Geschichte und der praktischen Beurteilung der geschichtlich gewordenen Gegenwart muß konstitutiv für den Geschichtsunterricht werden, da dieser die Haltungsbezogenheit historischer Erkenntnis weder unmittelbar der Geschichtswissenschaft noch einer isolierten Haltungserziehung entnehmen kann, sondern auf der Konzentriertheit und Konzentrierbarkeit der verschiedenen Wissens- und Handlungsbereiche begründen muß.

277 A. Petzelt, Grundzüge systematischer Pädagogik, 29 f.
278 Vgl. 79 ff.
279 A. Petzelt, Grundzüge systematischer Pädagogik, 32.
280 Ebd., 31.
281 Ebd., 158.
282 Ebd., 160.
283 A. Petzelt, Pädagogik und Philosophie, 23.
284 Ebd., 24.
285 W. Fischer, Die Bedeutung erziehungswissenschaftlich-empirischer Forschungen für die Grundlegung der Pädagogik, 54.
286 Ebd., 58 f.
287 Ebd., 59 und 61.
288 Ebd., 57.
289 W. Fischer, Kritik der lebensphilosophischen Ansätze der Pädagogik, 31.
290 Ebd., 32.
291 W. Fischer, Einige Gedanken zum Dialogischen im Begriff der Bildung, 65.

292 W. Fischer, Kritik der lebensphilosophischen Ansätze der Pädagogik, 33.
293 W. Fischer, Einige Gedanken zum Dialogischen im Begriff der Bildung, 66.
294 Vgl. J. G. Droysen, Historik, 189 ff.
295 Siehe hierzu: H. Wagner, Philosophie und Reflexion, 284 f.
296 W. Brezinka, Von der Pädagogik zur Erziehungswissenschaft, 95.
297 Vgl. hierzu 189 ff.
298 W. Brezinka, Von der Pädagogik zur Erziehungswissenschaft, 93; Brezinka meint hier nicht die im Postulat der Einheitswissenschaft vernachlässigten kategorialen Differenzierungen der Wirklichkeit, sondern lediglich Anwendungsschwierigkeiten der positivistischen Wissenschaftsnorm.
299 Ebd., 94.
300 Ebd., 101 f.
301 Vgl. hierzu V. Krafft, Geschichtsforschung als strenge Wissenschaft; siehe auch: D. Benner, Zur Fragestellung einer Wissenschaftstheorie der Historie, 62 ff.
302 J. G. Droysen, Historik, 20.
303 Siehe hierzu ebd., 31 ff.
304 Ebd., 29.
305 E. Heintel, »Wie es eigentlich gewesen ist«, 228.
306 W. Brezinka, Von der Pädagogik zur Erziehungswissenschaft, 108. Brezinkas Konzeption geht auf W. A. Lay, Experimentelle Pädagogik, 8, zurück.
307 Vgl. F. Winnefeld, Pädagogischer Kontakt und Pädagogisches Feld, 39.
308 Vgl. hierzu auch D. Benner, Pädagogische Anthropologie und pädagogische Erfahrung.
309 Siehe H. Roth, Empirische pädagogische Anthropologie, 208 f.
310 H. Thiersch, Hermeneutik und Erfahrungswissenschaft, 3.
311 H. Roth, Empirische pädagogische Anthropologie, 208 f.
312 C. Menze, Pädagogik als Wissenschaft zwischen Empirie und Spekulation, 205.
313 H. Roth, Die realistische Wendung in der Pädagogischen Forschung, 180.
314 H. Roth, Die Bedeutung der empirischen Forschung für die Pädagogik, 16.
315 Ebd., 33.
316 H. Roth, Empirische pädagogische Anthropologie, 209.
317 Ebd., 214 f.
318 Ebd., 216.
319 Ebd., 220 f.
320 H. Roth, Die realistische Wendung in der Pädagogischen Forschung, 188.
321 Ebd., 188.
322 Vgl. W. Brezinka, Von der Pädagogik zur Erziehungswissenschaft, 105.
323 H. Roth, Die Bedeutung der empirischen Forschung für die Pädagogik, 36 f.

324 H. Thiersch, Hermeneutik und Erfahrungswissenschaft, 6.
325 Ebd., 6.
326 Ebd., 7 f.
327 H. Roth, Die realistische Wendung in der Pädagogischen Forschung, 184.
328 H. Thiersch, Hermeneutik und Erfahrungswissenschaft, 11 f.
329 Ebd., 18.
330 Ebd., 19.
331 H. Roth, Empirische Pädagogische Anthropologie, 215.
332 Ebd., 215 f.
333 Vgl. hierzu: D. Benner, Pädagogische Anthropologie und pädagogische Erfahrung.
334 H. Roth (Hrg.) Begabung und Lernen, 22.
335 Siehe S. 21 ff. und 51 f.
336 H. Roth (Hrg.), Begabung und Lernen, 65.
337 Ebd., 22.
338 H. Roth, Lernprozeß und Freiheit, 212 f.
339 H. Roth, Die Bedeutung der empirischen Forschung für die Pädagogik, 55.
340 H. Roth, Pädagogische Anthropologie. Band I, 179.
341 H. Roth, Pädagogische Anthropologie. Band II, 307 f.
342 H. Roth, Pädagogische Anthropologie. Band I, 94.
343 H. Blankertz, Pädagogische Theorie und empirische Forschung, 71.
344 Ebd., 70 f.
345 Zur Kritik der kritischen Theorie siehe: M. Theunissen, Gesellschaft und Geschichte; G. Rohrmoser, Das Elend der kritischen Theorie; H.-D. Bahr, Kritik der ›Politischen Technologie‹.
346 M. Horkheimer, Traditionelle und kritische Theorie, 12 und 17.
347 Ebd., 17.
348 Ebd., 18.
349 Ebd., 18.
350 Ebd., 19 f.
351 Für die Systemtheorie siehe N. Luhmann, Sinn als Grundbegriff der Soziologie; für die Pädagogik H. von Hentig, Schule im Regelkreis, 12 ff.
352 Vgl. M. Horkheimer, Traditionelle und kritische Theorie, 29.
353 Ebd., 27 f.
354 Ebd., 29.
355 Ebd., 44.
356 Ebd., 49.
357 Ebd., 36.
358 Vgl. hierzu: Th. W. Adorno, Negative Dialektik, 7 f.; D. Benner, Theorie und Praxis, 18 ff. und 163 ff.
359 M. Horkheimer, Th. W. Adorno, Dialektik der Aufklärung, 183 f.; 185; 199.
360 J. Habermas, Vom sozialen Wandel akademischer Bildung, 24.

361 J. Habermas, Technik und Wissenschaft als »Ideologie«, 155; Habermasens Begriff der traditionellen Theorie hat nichts mit Horkheimers Gegenüberstellung von traditioneller und kritischer Theorie zu tun; unter traditioneller Theorie versteht Habermas philosophische Theorien von Platon bis Schelling und Husserl.

362 Ebd., 156.

363 Vgl. Kant, Kritik der Urteilskraft, Werke Band V, 510 ff.

364 J. Habermas, Technik und Wissenschaft als »Ideologie«, 157.

365 Ebd., 157.

366 Siehe hierzu meine Droysen-Interpretation in meinem Aufsatz: Zur Fragestellung einer Wissenschaftstheorie der Historie, 88 ff.

367 J. Habermas, Technik und Wissenschaft als »Ideologie«, 158.

368 Ich schließe mich hier der Sprachregelung von W. Lempert, Leistungsprinzip und Emanzipation, 317, an.

369 Vgl. hierzu: W. Schmied-Kowarzik, Marginalien zu einer dialektischen Grundlegung der Pädagogik, 879 ff.

370 J. Habermas, Technik und Wissenschaft als »Ideologie«, 158 f.

371 Siehe ebd., 159; Habermas spricht lediglich von der Ontologisierung philosophischer Reflexion.

372 Vgl. H.-G. Gadamer, Replik, 307 ff.

373 J. Habermas, Technik und Wissenschaft als »Ideologie«, 164.

374 K.-O. Apel, Wissenschaft als Emanzipation? 193 f.

375 J. Habermas, Theorie der Gesellschaft oder Sozialtechnologie? 228 f.

376 C. Menze, Überlegungen zur Anwendungsmöglichkeit der Entscheidungslogik auf die Curriculum-Konstruktion, 27.

377 H. Blankertz, Pädagogische Theorie und empirische Forschung, 70 f.

378 Ebd., 71.

379 Ebd., 74 f.

380 Vgl. ebd., 70.

381 W. Klafki, Erziehungswissenschaft als kritisch-konstruktive Theorie, 374.

382 Ebd., 380.

383 Ebd., 384 f.

384 H.-G. Gadamer, Replik, 308.

385 M. Horkheimer, Traditionelle und kritische Theorie, 29.

386 J. Habermas, Zur Logik der Sozialwissenschaften, 180.

387 Ebd., 176; siehe auch J. Habermas, Erkenntnis und Interesse, 156 ff.

388 W. Lempert, Leistungsprinzip und Emanzipation, 323.

389 Ebd., 328.

390 H. Moser, Programmatik einer kritischen Erziehungswissenschaft, 651 f.

391 W. Lempert, Leistungsprinzip und Emanzipation, 318 f.

392 K. Mollenhauer, Erziehung und Emanzipation, 14.

393 Ebd., 15 f.

394 Ebd., 16.

395 Ebd., 18.

396 Ebd., 161.
397 Ebd., 69.
398 J. Habermas, Erkenntnis und Interesse, 261.
399 Siehe 217 ff.
400 K. Mollenhauer, Erziehung und Emanzipation, 20.
401 Vgl. hierzu: D. Benner, Pädagogisches Experiment zwischen Technologie und Praxeologie; G. Auernheimer, Pädagogische Forschungspraxis und Emanzipation; D. Benner, Pädagogische Differenz und pädagogische Forschung.
402 K. Mollenhauer, Erziehung und Emanzipation, 102.
403 Ebd., 102 f.
404 Ebd., 106.
405 Ebd., 105.
406 Ebd., 107.
407 Ebd., 110.
408 Kant, Werke Band VI, 53.
409 Siehe 121 ff. und 126 ff.
410 Th. W. Adorno, Soziologie und empirische Forschung, 207.
411 Siehe hierzu 15 ff.; vgl. auch: D. Benner, W. Schmied-Kowarzik, Prolegomena zur Grundlegung der Pädagogik. Band I, 125 ff.
412 Kant, Einleitung in die Kritik der Urteilskraft, erste Fassung, Werke Band V, 175 ff.
413 E. Heintel, Die beiden Labyrinthe der Philosophie, Band I, 735 ff.
414 Selbst wenn es gelänge, die Menschheit zum Herrn ihrer Motivation zu machen, wäre sie hierdurch noch keinesfalls Herr ihrer Geschichte. Zur These, daß der Mensch und die Menschheit niemals Herr der Geschichte werden könne, siehe D. Benner, Pädagogische Differenz und pädagogische Forschung, 777 ff.
415 Vgl. E. Schütz, Autorität, 90 ff.; E. Schütz bestimmt dieses Experiment vor dem Hintergrund des Ausfallens jedweder Ziel-Autorität als Versuch einer »Selbstübernahme aller Autorität«.
416 B. Bernstein, Der Unfug mit der »kompensatorischen« Erziehung, 41.
417 P. Freire, Pädagogik der Unterdrückten, 198.

Literaturverzeichnis

Th. W. Adorno, Negative Dialektik, Frankfurt 1966

–, Soziologie und empirische Forschung. In: M. Horkheimer, Th. W. Adorno, Sociologica II. Reden und Vorträge, 2. Auflage Frankfurt 1967

H. Albert, Traktat über kritische Vernunft, Tübingen 1968

–, Wertfreiheit als methodisches Prinzip. In: E. Topitsch (Hrsg.), Logik der Sozialwissenschaften, 3. Auflage Köln/Berlin 1966, 181–210

K.-O. Apel, Wissenschaft als Emanzipation? In: Zeitschrift für allgemeine Wissenschaftstheorie 1 (1970), 173–195

G. Auernheimer, Erziehungswissenschaft kontra Pädagogik. Historisch-systematische Untersuchungen zum Theoriebegriff der Dilthey-Schule, P. Natorps und R. Hönigswalds. In: Neue Folge der Ergänzungshefte zur Vierteljahresschrift für wissenschaftliche Pädagogik, Heft 9, Bochum 1968

–, Pädagogische Forschungspraxis und Emanzipation. Bemerkungen zu Dietrich Benners Konzeption des pädagogischen Experiments. In: Pädagogische Rundschau 26 (1972), 760–774

H.-D. Bahr, Kritik der ›Politischen Technologie‹. Eine Auseinandersetzung mit H. Marcuse und J. Habermas, Frankfurt/Wien 1970

D. Benner, Ansätze zu einer Erziehungsphilosophie bei den frühen Fichteanern. In: D. Benner, W. Schmied-Kowarzik, Prolegomena zur Grundlegung der Pädagogik II. Die Pädagogik der frühen Fichteaner und Hönigswalds, Wuppertal/Ratingen/Düsseldorf, 1969, 11–123

–, Erziehung und Emanzipation. In: Pädagogische Rundschau 24 (1970), 503–518

–, Die Frage nach dem Wesen der Erziehung bei Herbart. In: Pädagogische Rundschau 23 (1969), 358–376

–, Zur Fragestellung einer Wissenschaftstheorie der Historie. In: Wiener Jahrbuch für Philosophie 2 (1969), 52–97

–, Hauptströmungen der deutschen Didaktik und Curriculumforschung. In: Göttingische gelehrte Anzeigen 223 (1971), 292–323

–, Herbarts praktische Philosophie als Grundlegung seiner Pädagogik. In: D.

Benner, W. Schmied-Kowarzik, Prolegomena zur Grundlegung der Pädagogik I. Herbarts praktische Philosophie und Pädagogik, Ratingen 1967, 11–51
–, Pädagogische Anthropologie und pädagogische Erfahrung. In: Pädagogische Rundschau 26 (1972), 226–254
–, Pädagogisches Experiment zwischen Technologie und Praxeologie. – Wissenschaftstheoretische Überlegungen zum Erfahrungsbegriff in der Pädagogik. In: Pädagogische Rundschau 26 (1972), 25–53
–, Pädagogische Differenz und pädagogische Forschung. In: Pädagogische Rundschau 26 (1972), 775–784
–, Theorie und Praxis, Systemtheoretische Betrachtungen zu Hegel und Marx, Wien/München 1966
D. Benner, W. Schmied-Kowarzik, Prolegomena zur Grundlegung der Pädagogik I. Herbarts praktische Philosophie und Pädagogik. Möglichkeiten und Grenzen einer Erziehungsphänomenologie, Ratingen 1967
–, Prolegomena zur Grundlegung der Pädagogik II. Die Pädagogik der frühen Fichteaner und Hönigswalds. Möglichkeiten und Grenzen einer Erziehungsphilosophie, Wuppertal/Ratingen/Düsseldorf 1969
B. Bernstein, Lernen und soziale Struktur. Ein sozio-linguistischer Aufsatz. In: Lernen und soziale Struktur, Amsterdam 1970
–, Der Unfug mit der ›Kompensatorischen Erziehung‹. In: Lernen und soziale Struktur, Amsterdam 1970
H. Blankertz, Pädagogik unter wissenschaftstheoretischer Kritik. In: Erziehungswissenschaft 1971, Wuppertal 1971, 20–33
–, Pädagogische Theorie und empirische Forschung. In: Neue Folge der Ergänzungshefte zur Vierteljahresschrift für wissenschaftliche Pädagogik, Heft 5, Bochum 1966, 65–78
–, Theorien und Modelle der Didaktik, 2. Auflage München 1969
H. Bokelmann, Die Bedeutung der ›Geschichte der Pädagogik‹ im hermeneutischen Verständnis – Zum Problem pädagogischer Theorienbildung. In: Neue Folge der Ergänzungshefte zur Vierteljahresschrift für wissenschaftliche Pädagogik, Heft 10, Bochum 1969, 63–92
–, Pädagogik: Erziehung, Erziehungswissenschaft. In: Handbuch pädagogischer Grundbegriffe, Band II, München 1970, 178–267
–, Wozu taugen historische Erkenntnisse? – Pädagogische Materialien für die Beurteilung einer umstrittenen Frage. In: Die Deutsche Berufs- und Fachschule 68 (1972), 898–922
–, Zukunft – ein Bestimmungsort erzieherischen Handelns. Vorüberlegungen zu einer Theorie der Propädeutik. In: Vierteljahresschrift für wissenschaftliche Pädagogik 45 (1969), 173–206
O. F. Bollnow, Der Erfahrungsbegriff in der Pädagogik. In: Zeitschrift für Pädagogik 14 (1968), 221–252
W. Brezinka, Von der Pädagogik zur Erziehungswissenschaft. Eine Einführung in die Metatheorie der Erziehung, Weinheim/Berlin/Basel 1971

I. Dahmer, Erziehungswissenschaft als kritische Theorie und ihre Funktion in der Lehrerbildung. In: didactica 3 (1969), 16–32 und 157–165
R. Dahrendorf, Gesellschaft und Demokratie in Deutschland, München, 1965
J. Derbolav, Die Entwicklungskrise der deutschen Pädagogik und ihre wissenschaftspolitischen Konsequenzen, Wuppertal/Ratingen/Düsseldorf 1970
–, Frage und Anspruch. Pädagogische Studien und Analysen, Wuppertal/Ratingen/Düsseldorf 1970
–, Systematische Perspektiven der Pädagogik, Heidelberg 1971
W. Dilthey, Gesammelte Werke, Band VII, 2. Auflage Stuttgart 1959
–, Über die Möglichkeit einer allgemeingültigen pädagogischen Wissenschaft, 4. Auflage Weinheim 1963
H. Döpp-Vorwald, Die Erziehungslehre P. Petersens, Ratingen 1962
–, Erziehungswissenschaft und Erziehungsphilosophie, 2. Auflage Ratingen 1967
–, Pädagogie – Pädagogik – Erziehungswissenschaft. In: Pädagogische Rundschau 17 (1963), 355–365
J. G. Droysen, Historik. Vorlesungen über Enzyklopädie und Methodologie der Geschichte, 5. Auflage Darmstadt 1967
I. Fetscher, Rousseaus politische Philosophie. Zur Geschichte des demokratischen Freiheitsbegriffs, Neuwied 1960
J. G. Fichte, Werke in 6 Bänden, Darmstandt 1962
A. Fischer, Deskriptive Pädagogik (1914). In: Denkformen und Forschungsmethoden der Erziehungswissenschaft I, 83–99
F. Fischer, Die Erziehung des Gewissens. In: Geist und Erziehung. Aus dem Gespräch zwischen Philosophie und Pädagogik, Bonn 1955, 147–188
W. Fischer, Die Bedeutung erziehungswissenschaftlich-empirischer Forschungen für die Grundlegung der Pädagogik, erörtert an einer fiktiven Untersuchung über die Wirkung von Strafen. In: Neue Folge der Ergänzungshefte zur Vierteljahresschrift für wissenschaftliche Pädagogik, Heft 7, Bochum 1968, 50–61
–, Einige Gedanken zum Dialogischen im Begriff der Bildung. In: A. Petzelt u. a., Einführung in die pädagogische Fragestellung. Aufsätze zu einer Theorie der Bildung, Teil II, Freiburg 1963, 63–81
–, Kritik der lebensphilosophischen Ansätze der Pädagogik. In: Neue Folge der Ergänzungshefte zur Vierteljahresschrift für wissenschaftliche Pädagogik, Heft 4, Bochum 1966, 21–35
–, Der pädagogische Zweifel an der Schule und die kritische Pädagogik. In: W. Fischer (Hrg.), Schule und kritische Pädagogik, Heidelberg 1972, 7–16
–, Zur systematischen Problematik des Verhältnisses von Schule und Leistung. In: W. Fischer (Hrg.), Schule und kritische Pädagogik, Heidelberg 1972, 16–42
W. Fischer (Hrg.), Schule und kritische Pädagogik. Fünf Studien zu einer pädagogischen Theorie der Schule, Heidelberg 1972
W. Flitner, Die Geisteswissenschaften und die pädagogische Aufgabe. In:

Erziehungswissenschaft und Erziehungswirklichkeit, Frankfurt 1967, 85–91
–, Das Selbstverständnis der Erziehungswissenschaft in der Gegenwart, 4. Auflage Heidelberg 1966
–, Stellung und Methode der Erziehungswissenschaft. In: Erziehungswissenschaft und Erziehungswirklichkeit, Frankfurt 1967, 127–144
–, Theorie des pädagogischen Weges und der Methode (1928/1950), 2. Auflage Weinheim 1953
P. Freire, Pädagogik der Unterdrückten, 2. Auflage Stuttgart/Berlin 1972
M. Frischeisen-Köhler, Philosophie und Pädagogik, 2. Auflage Weinheim 1962
G. Funke, Möglichkeiten und Grenzen des hermeneutischen Ansatzes für die Grundlegung der Pädagogik. In: Neue Folge der Ergänzungshefte zur Vierteljahresschrift für wissenschaftliche Pädagogik, Heft 4, Bochum 1966, 58–79
–, Die Problematik einer rein empirisch betriebenen Pädagogik. In: Neue Folge der Ergänzungshefte zur Vierteljahresschrift für wissenschaftliche Pädagogik, Heft 7, Bochum 1968, 62–93
H.-G. Gadamer, Replik. In: Hermeneutik und Ideologiekritik, Frankfurt 1971, 283–317
–, Rhetorik, Hermeneutik und Ideologiekritik. Metakritische Erörterungen zu ›Wahrheit und Methode‹. In: Hermeneutik und Ideologiekritik, Frankfurt 1971, 57–82
–, Wahrheit und Methode. Grundzüge einer philosophischen Hermeneutik, 2. Auflage Tübingen 1965
J. Habermas, Analytische Wissenschaftstheorie und Dialektik. Ein Nachtrag zur Kontroverse zwischen Popper und Adorno. In: E. Topitsch (Hrg.), Logik der Sozialwissenschaften, 3. Auflage Köln/Berlin 1966, 291–311
–, Erkenntnis und Interesse, Frankfurt 1968
–, Technik und Wissenschaft als ›Ideologie‹, Frankfurt 1968
–, Theorie der Gesellschaft oder Sozialtechnologie? Eine Auseinandersetzung mit Niklas Luhmann. In: J. Habermas, N. Luhmann, Theorie der Gesellschaft oder Sozialtechnologie – Was leistet die Systemforschung? Frankfurt 1971
–, Theorie und Praxis. Sozialphilosophische Studien, 4. Auflage Frankfurt 1971
–, Vom sozialen Wandel akademischer Bildung. In: S. Leibfried (Hrg.), Wider die Untertanenfabrik, Köln 1967
–, Zur Logik der Sozialwissenschaften. In: Beiheft der Philosophischen Rundschau, Nr. 5, Tübingen 1967
E. Heintel, Die beiden Labyrinthe der Philosophie. Systemtheoretische Betrachtungen zur Fundamentalphilosophie des abendländischen Denkens, Band 1, Wien/München 1968
–, ›Wie es eigentlich gewesen ist‹. Ein geschichtsphilosophischer Beitrag zum Problem der Methode der Historie. In: Erkenntnis und Verantwortung. Festschrift für Th. Litt, Düsseldorf 1960, 207–230

M. Heitger, Über den Begriff der Normativität in der Pädagogik. In: Pädagogische Grundprobleme in transzendentalkritischer Sicht, Bad Heilbrunn 1968, 96–106

–, Die Zerstörung der pädagogischen Absicht durch den Einsatz von Erziehungs-›mitteln‹. In: M. Heitger, Erziehung oder Manipulation, München 1969

M. Heitger (Hrg.), Erziehung oder Manipulation. Die Problematik der Erziehungsmittel, München 1969

H. von Hentig, Die Schule im Regelkreis. Ein neues Modell für die Funktionen von Erziehung und Bildung, 2. Auflage Stuttgart 1969

–, Systemzwang und Selbstbestimmung. Über die Bedingungen der Gesamtschule in der Industriegesellschaft, 3. Auflage Stuttgart 1970

J. F. Herbart, Sämmtliche Werke, hrg. von G. Hartenstein, Leipzig 1850–1852 (diese Ausgabe wird zitiert als H I bis H XII)

–, Pädagogische Schriften, hrg. von W. Asmus, Düsseldorf/München 1964–1965 (diese Ausgabe wird zitiert als A I bis A III)

H. J. Heydorn, Über den Widerspruch von Bildung und Herrschaft, Frankfurt 1970

–, Zu einer Neufassung des Bildungsbegriffs, Frankfurt 1972

R. Hönigswald, Studien zur Theorie pädagogischer Grundbegriffe. Eine kritische Untersuchung, Darmstadt 1966 (Nachdruck von 1913)

–, Über die Grundlagen der Pädagogik, München 1918

–, Über die Grundlagen der Pädagogik, 2. veränderte Auflage München 1927

–, Zur Theorie des Konzentrationsunterrichts. Eine kritische Untersuchung zum Begriff der Pädagogik. In: Zeitschrift für Philosophie und philosophische Kritik 163 (1917), 207–233

M. Horkheimer, Traditionelle und kritische Theorie. Vier Aufsätze, Frankfurt 1970

M. Horkheimer, Th. W. Adorno, Dialektik der Aufklärung. Philosophische Fragmente, Frankfurt 1971

H. Hornstein, Kindheit und Sprache. Zum Problem des kindlichen Spracherwerbs. In: Wirkendes Wort 17 (1966), 145–154

–, Strukturwandel des pädagogischen Denkens? In: Vierteljahresschrift für wissenschaftliche Pädagogik 45 (1969), 98–110

E. Husserl, Ideen zu einer reinen Phänomenologie und phänomenologischen Philosophie, Haag 1952

J. Paul, Levana oder Erzieh-Lehre, Leipzig o. J.

Johannsen, Kritik der Pestalozzischen Erziehungs- und Unterrichtsmethode nebst einer Erörterung der Hauptbegriffe der Erziehungswissenschaft, Jena 1804

I. Kant, Werke in 6 Bänden, Darmstadt 1963–1966

W. Klafki, Dialektisches Denken in der Pädagogik. In: Denkformen und Forschungsmethoden der Erziehungswissenschaft, Band I: Hermeneutik – Phänomenologie – Dialektik, München 1966, 159–182

–, Erziehungswissenschaft als kritisch-konstruktive Theorie: Hermeneutik – Empirie – Ideologiekritik. Heinrich Roth zum 65. Geburtstag gewidmet. In: Zeitschrift für Pädagogik 17 (1971) 351–385

V. Krafft, Geschichtsforschung als strenge Wissenschaft. In: E. Topitsch (Hrg.), Logik der Sozialwissenschaften, 4. Auflage Köln/Berlin 1967, 72–82

H. Lange, Über den Zusammenhang von Politik und Pädagogik. Bemerkungen über die Schlüssigkeit emanzipatorischer Bildungstheorien. In: Bildung und Erziehung 22 (1970), 161–183

R. Lassahn, Studien zur Wirkungsgeschichte Fichtes als Pädagoge, Heidelberg 1970

W. A. Lay, Experimentelle Didaktik (1903), 4. Auflage Leipzig 1920

–, Experimentelle Pädagogik mit besonderer Rücksicht auf die Erziehung durch die Tat, Leipzig 1908

W. Lempert, Leistungsprinzip und Emanzipation, Frankfurt 1971

W. Loch, Elementare Funktionen und Erfordernisse des pädagogischen Experiments. In: Team Teaching-Konkret, Freiburg 1968, 124–132

R. Lochner, Deskriptive Pädagogik, Reichenberg 1927

–, Deutsche Erziehungswissenschaft, Meisenheim 1963

–, Erziehungswissenschaft. Kurzgefaßtes Lehrbuch zum Gebrauch an Hochschulen, zweite Auflage Reichenberg 1934

N. Luhmann, Moderne Systemtheorien als Form gesamtgesellschaftlicher Analyse. In: J. Habermas, N. Luhmann, Theorie der Gesellschaft oder Sozialtechnologie – Was leistet die Systemforschung?, Frankfurt 1971

–, Sinn als Grundbegriff der Soziologie. In: J. Habermas, N. Luhmann, Theorie der Gesellschaft oder Sozialtechnologie – Was leistet die Systemforschung?, Frankfurt 1971

C. Menze, Erziehungswissenschaft und Erziehungslehre. In: Pädagogische Blätter, Düsseldorf 1967, 303–332

–, Die Hinwendung der deutschen Pädagogik zu den Erfahrungswissenschaften. Eine geschichtliche Betrachtung. In: Neue Folge der Ergänzungshefte zur Vierteljahresschrift für wissenschaftliche Pädagogik, Heft 5, Bochum 1966, 26–52

–, Pädagogik als Wissenschaft zwischen Empirie und Spekulation. In: Realschulpost 11 (1967), 203–212

–, Überlegungen zur Anwendungsmöglichkeit der Entscheidungslogik auf die Curriculum-Konstruktion. In: Neue Folge der Ergänzungshefte zur Vierteljahresschrift für wissenschaftliche Pädagogik, Heft 12, Bochum 1970, 5–30

E. Meumann, Abriß der experimentellen Pädagogik, Leipzig/Berlin 1914

K. Mollenhauer, Erziehung und Emanzipation. Polemische Skizzen, München 1968

H. Moser, Programmatik einer kritischen Erziehungswissenschaft. In: Zeitschrift für Pädagogik 18 (1972) 639–657

H. Nohl, Die pädagogische Bewegung in Deutschland und ihre Theorie, 2. Auflage Frankfurt 1948

P. Petersen, Führungslehre des Unterrichts, 6. Auflage Braunschweig 1959
–, Der kleine Jena-Plan, Langensalza 1927 (Der Jena-Plan einer freien allgemeinen Volksschule)
–, Der kleine Jena-Plan, 51. Auflage Weinheim 1968
P. und *E. Petersen,* Die pädagogische Tatsachenforschung, Paderborn 1965
A. Petzelt, Grundzüge systematischer Pädagogik, 3. Auflage Freiburg 1964
–, Pädagogik und Philosophie. In: A. Petzelt u. a., Einführung in die pädagogische Fragestellung. Aufsätze zur Theorie der Bildung, Teil I, Freiburg 1967
K. R. Popper, Logik der Forschung (1935), Tübingen 1966
M. Rang, Rousseaus Lehre vom Menschen, Göttingen 1959
G. Reichwein, Kritische Umrisse einer geisteswissenschaftlichen Bildungstheorie (1926–1933), Bad Heilbrunn 1963
G. Rohrmoser, Das Elend der kritischen Theorie. Theodor W. Adorno – Herbert Marcuse – Jürgen Habermas, Freiburg 1970
H. Roth, Die Bedeutung der empirischen Forschung für die Pädagogik. In: Denkformen und Forschungsmethoden der Erziehungswissenschaft, Band II: Empirische Forschungsmethoden, München 1969, 15–62
–, Empirische Pädagogische Anthropologie. Konzeption und Schwierigkeiten. In: Zeitschrift für Pädagogik 13 (1965), 207–221
–, Lernprozeß und Freiheit. In: Freiheit und Verantwortung in Gesellschaft und Erziehung. Festschrift für E. Stein, Bad Homburg 1969, 205–216
–, Pädagogische Anthropologie, Band I: Bildsamkeit und Bestimmung, 3. Auflage Hannover 1971
–, Pädagogische Anthropologie, Band II: Entwicklung und Erziehung, Hannover 1971
–, Die realistische Wendung in der pädagogischen Forschung. In: Erziehungswissenschaft und Erziehungswirklichkeit, 2. Auflage Frankfurt 1967, 179–191
H. Roth (Hrg.), Begabung und Lernen, Stuttgart 1969
J. J. Rousseau, Abhandlung über die Frage: Hat der Wiederaufstieg der Wissenschaften und Künste zur Läuterung der Sitten beigetragen? (Diskurs I) In: J. J. Rousseau, Schriften zur Kulturkritik, Hamburg 1955, 3–59
–, Abhandlung über den Ursprung und die Grundlagen der Ungleichheit unter den Menschen (Diskurs II). In: J. J. Rousseau, Schriften zur Kulturkritik, Hamburg 1955, 63–269
–, Betrachtungen über die Verfassung Polens (Verfassung Polens). In: J. J. Rousseau, Die Krisis der Kultur, 2. Auflage Stuttgart 1956, 292–299
–, Emile oder über die Erziehung (Emile), Stuttgart 1965
–, Der Gesellschaftsvertrag (Contrat social), Stuttgart 1966
–, Von der Ökonomie des Staates (Politische Ökonomie). In: J. J. Rousseau, Frühe Schriften, Leipzig 1965, 247–295
J. Ruhloff, Ein Schulkonflikt wird durchgespielt, Heidelberg 1970
–, Zur Kritik der emanzipatorischen Pädagogik-Konzeption. In: W. Fischer, J. Ruhloff, Aufsätze zu Problemen des Unterrichts, Nürnberg 1972

Sauer, Über das Problem der Erziehung. In: Philosophisches Journal 9 (1798) 264–290 und 306–357

F. E. D. Schleiermacher, Theorie der Erziehung (1826). In: F. E. D. Schleiermacher, Ausgewählte pädagogische Schriften, 2. Auflage Paderborn 1964

W. Schmied-Kowarzik, Die Erziehungsphilosophie Richard Hönigswalds. In: D. Benner, W. Schmied-Kowarzik, Prolegomena zur Grundlegung der Pädagogik II. Die Pädagogik der frühen Fichteaner und Hönigswalds, Wuppertal/Ratingen/Düsseldorf 1969, 125–250

–, Herbarts Begründung einer Erziehungsphänomenologie. In: D. Benner, W. Schmied-Kowarzik, Prolegomena zur Grundlegung der Pädagogik I. Herbarts praktische Philosophie und Pädagogik, Ratingen 1967, 53–124

–, Marginalien zu einer dialektischen Begründung der Pädagogik. In: Pädagogische Rundschau 26 (1972), 853–886

–, Theorie und Praxis. In: Handbuch pädagogischer Grundbegriffe, Band II, München 1970, 590–623

W. Schmied-Kowarzik, D. Benner: siehe: D. Benner, W. Schmied-Kowarzik

G. Slotta, Die pädagogische Tatsachenforschung Peter und Else Petersens, Weinheim 1962

E. Schütz, Autorität. Ein Traktat, Heidelberg 1971

M. Theunissen, Gesellschaft und Geschichte. Zur Kritik der kritischen Theorie, Berlin 1969

H. Thiersch, Hermeneutik und Erfahrungswissenschaft. In: Die Deutsche Schule 58 (1966), 3–21

Voltaire, Brief an Rousseau vom 30. 8. 1755. In: J. J. Rousseau, Schriften zur Kulturkritik, Hamburg 1955, 301–309

H. Wagner, Philosophie und Reflexion, München 1959

F. Wellendorf, Ansätze zur erziehungswissenschaftlichen Theoriebildung in der BRD. In: Erziehungswissenschaft als Gesellschaftswissenschaft. Probleme und Ansätze, Heidelberg 1969

E. Weniger, Didaktik als Bildungslehre. Teil I: Theorie der Bildungsinhalte und des Lehrplans, 8. Auflage Weinheim 1965

–, Die Eigenständigkeit der Erziehung in Theorie und Praxis. Probleme der akademischen Lehrerbildung, Weinheim 1953

–, Zur Geistesgeschichte und Soziologie der pädagogischen Fragestellung. Prolegomena zu einer Geschichte der pädagogischen Theorie. In: Erziehungswissenschaft und Erziehungswirklichkeit, 2. Auflage Frankfurt 1967

O. *Willmann*, Didaktik als Bildungslehre nach ihren Beziehungen zur Sozialforschung und zur Geschichte der Bildung (1882 und 1888), 7. Auflage Freiburg 1957

–, Kleine pädagogische Schriften, Paderborn 1959

F. Winnefeld, Pädagogischer Kontakt und Pädagogisches Feld. Beiträge zur pädagogischen Psychologie, 4. Auflage München/Basel 1967

Namenregister

Sachregister